中国社会学会学术年会获奖论文集
（2013·贵阳）

美丽中国：
城镇化与社会发展

Beautiful China:
Urbanization and Social Development

主　编／吴大华　李建军

社会科学文献出版社
SOCIAL SCIENCES ACADEMIC PRESS (CHINA)

《美丽中国：城镇化与社会发展》编委会

主　　编	吴大华　李建军
执行主编	王兴骥　周芳苓
成　　员	史昭乐　庄　勇　罗玉达　王国勇　黄德林
	高　刚　杨红英　杜双燕　王义飞　林　苑
作　　者	（按文序排列）
	柴民权　管　健　肖　林　严　霞　郑卫东
	陈　涛　狄金华　钟涨宝　胡宝荣　江立华
	谷玉良　黎相宜　马继迁　汤艳文　王程韡
	王　晶　王　铁　曹　莹　王　星　王增鹏
	洪　伟　吴长青　周芳苓　刘玉连　周　皓
	朱　妍

目 录

一　讲话与致辞

贵州省社会科学院院长吴大华致欢迎词 …………………………………… /3
中国社会学会会长宋林飞致开幕词 ………………………………………… /6
贵州省人民政府副省长何力讲话 …………………………………………… /10
中国社会科学院副院长李培林讲话 ………………………………………… /12
中国社会学会名誉会长郑杭生讲话 ………………………………………… /15
中国社会学会会长宋林飞致闭幕词 ………………………………………… /20

二　一等奖论文

群际关系的社会结构特征与新生代农民工的认同管理策略
　　——基于社会认同理论的视角 ……………………… 柴民权　管　健 /27
国家渗透能力建设
　　——社区治理挑战下的国家应对策略 ………………………… 肖　林 /47
"公款吃喝"何以成为非正式制度
　　——一个中国县级政府的个案研究 …………………………… 严　霞 /64
农民工维权意愿的影响模式研究
　　——基于长三角地区的问卷调查 ……………………………… 郑卫东 /83

三　二等奖论文

失范缺失了什么？ ………………………………………………… 陈　涛 /111

黑地作为一种治理资源：变迁中的基层治理
　　——基于鄂西南河村的个案分析 ………………… 狄金华　钟涨宝 / 131
论户籍制度与人的城镇化 ……………………………………… 胡宝荣 / 151
居住空间类型与农民工的城市融合途径
　　——基于空间视角的探讨 ………………………… 江立华　谷玉良 / 164
跨国空间下的消费价值剩余转移
　　——以福州官镇移民为例 ………………………………… 黎相宜 / 175
农民工就业质量的省际差异
　　——江苏与浙江的比较 …………………………………… 马继迁 / 195
嵌入差异与街区公共服务供给：上海市 FL 街道社区养老服务的
　　组织与管理研究 ………………………………………… 汤艳文 / 207
舌尖上的中国梦：论禁欲、食文化与国家发展 ……………… 王程韡 / 225
生命历程、代际交换与农村老年精神健康 …………………… 王　晶 / 241
"嵌入"还是"融入"
　　——中国新型城镇化与农民工"嵌入态"生存
　　………………………………………………… 王　铁　曹　莹 / 257
逐利动机、劳资分立与利益政治
　　——清末民初学徒制工业化转型素描 …………………… 王　星 / 277
科学社会学视野下的默会知识转移
　　——科林斯默会知识转移理论解析 ……………… 王增鹏　洪　伟 / 298
英雄伦理与抗争行动的持续性
　　——以鲁西农民抗争积极分子为例 ……………………… 吴长青 / 314
社会建设进程中西部职业结构 30 年嬗变及特征分析
　　………………………………………………… 周芳苓　刘玉连 / 332
制度安排与流动人口社会融合 ………………………………… 周　皓 / 349
影响工人组织忠诚的非正式机制
　　——两种类型的初级社会连带 …………………………… 朱　妍 / 365

附录一　2013 年年会 41 个分论坛目录 ……………………………… / 380
附录二　2013 年获奖论文与优秀论坛名单 …………………………… / 385

一　讲话与致辞

贵州省社会科学院院长吴大华致欢迎词

尊敬的李培林副院长，尊敬的何力副省长，尊敬的各位专家学者、来宾朋友们：

大家上午好。

今天，"中国社会学会 2013 年学术年会"在贵阳隆重举行之际，我谨代表贵州省社会科学院向出席会议的各位领导、各位嘉宾致以最热烈的欢迎！并借此机会向长期以来关心、支持我院发展的各位领导和长期以来奋战在社会学界的各位专家学者致以深深的谢意和崇高的敬意！

据我所知，新中国成立以来，中国社会学大致经历了调整、停滞、恢复重建和不断发展四个时期，以 1979 年为界，前期为调整与停滞期，后期为恢复重建和发展期。从这个意义上说，中国社会学学科建设与改革开放同步，历经 30 多年的发展，学科地位日益提高，社会作用不断增强。尤其是在国家的大力支持下，在社会学界老前辈和新生代的共同努力下，中国社会学获得空前发展。突出表现在：学科体系基本建立，教学科研机构布局趋于合理，教学科研队伍日益壮大，专业化水平明显提高，参与国家建设事业的能力不断增强，与国际社会学界对话交流的空间不断扩大。如此等等，可以说中国社会学已然进入发展快车道。今天的贵州饭店国际会议中心大礼堂高朋满座，群星闪耀，一定程度上就是社会学学科繁荣兴旺的真实反映。

贵州省社会科学院的发展历程和社会学学科发展历程极为相似。1979 年 2 月，中共贵州省委批复同意将贵州省哲学社会科学研究所改为贵州省社会科学院。经过 54 年的发展，现已形成具有一定规模的省级社会科学院，目前有11个研究所，专职研究人员110余人，其中社会学研究所是我院传统强所，从这里走出了叶小文等一批知名社会学者，而"应用社会学"作为我院哲学社会科学创新工程中学科体系创新的六大重点学科之一，学科发展势头很好。

大家知道，地方社科院的定位是地方党委政府重要的"思想库"和"智囊团"，为更好地成为省委省政府"想得起，用得上，信得过，离不开"的参谋助手，全省哲学社会科学研究的最高殿堂，贵州经济社会发展"走出去"战略的学术窗口和哲学社会科学研究的人才高地，近年来，贵州省社会科学院狠抓科研、人才、管理三个制约发展的核心要素，各项工作有了新的更大发展。党的十八大将理论创新纳入中国特色社会主义事业总体布局之后，以中国社会科学院为龙头的哲学社会科学创新工程进一步深入推进，我们贵州院也结合省情、院情做了一些尝试，取得了一些成效。

事实上，社会学作为哲学社会科学的一个重要组成部分，自身的发展也是一个不断扬弃和创新的过程，其中的一些方法论对于地方社科院哲学社会科学创新工程具有学习借鉴意义，尤其对我们贵州院更是如此。比如社会学的本土化就是一个适应地方特性并最终形成较为系统的中国特色社会学理论的过程，这就启示我们贵州社科院的创新工程必须立足地方发展实际，通过解放思想破除制约发展的思想根源，通过主动贴近党委政府中心工作和重大关切，使劲靠拢实际工作部门和社会现实问题，注意跟踪重大决策部署的贯彻落实等，最终成为具有地方特色和全国视野的社会科学院。比如社会学在研究方法和对象上尤其注重现实针对性，这就启示我们贵州社科院的创新工程必须"接地气"，带着目的，带着任务，组织社科专家走基层；走出书斋，实事求是，坚持服务发展转作风；咨政育人，服务社会，围绕成果转化改文风。再比如社会学在学科体系构建上强调从表层向深层推进并最终揭示问题本质，这就启示我们贵州社科院必须以方法体系创新为突破口，循序渐进构建创新制度。如此等等，我相信，这次社会学年会的成功举办，必将对贵州社科院哲学社会科学创新工程产生积极而深远的影响，必将对贵州社会学学科发展起到很好的推动作用。

各位领导，同志们，朋友们，我们非常感谢中国社会学会的充分信任，将2013年学术年会的承办事宜交由我们负责。能够承办这样高层次、高水平的学术盛会我们感到十分荣幸，也高度重视，希望把会办好。尽管我们尽了最大的努力，但大会的筹备工作肯定有很多不周之处，还请各位领导、各位专家学者多多批评，多多包涵。

我们真诚地欢迎来自海内外的专家学者能够到贵州省社科院做客，多给我们以指导，加强交流和多合作，进一步提升我院的科研实力和学术水平。

最后，预祝大会圆满成功。祝各位领导、各位专家学者在黔期间身体健康，万事如意！谢谢大家！

中国社会学会会长宋林飞致开幕词

各位领导，各位来宾，各位专家学者：

中国社会学会于今明两天在贵州省贵阳市召开2013年社会学学术年会。今年年会入选论文1250多篇；参加年会人数从前两年的500多与800多增加到1000以上；分论坛从前两年的17个、37个增加到41个。这表明，中国社会学事业欣欣向荣，中国社会学队伍不断壮大，中国社会学者参加学术交流的热情高涨。同时，美国、俄罗斯、韩国等国家的社会学者，也来参加我们的年会。在这里，我代表中国社会学会，向参加年会的中外社会学者表示热烈的欢迎！向贵州省政府领导、各位来宾表示衷心的感谢！

首先，我向大会报告中国社会学会工作。

近年来，中国社会学会积极组织国内与国际学术交流活动，主题集中在社会建设、社会管理、社会现代化、社会学学科建设等领域。2012年8月，中国社会学会与北京工业大学、英国诺丁汉大学联合举办了"中国未来的发展——社会建设与社会治理"国际论坛。2012年10月，中国社会学会与中国社会科学院社会学研究所、光明日报社、吴江市人民政府联合主办了"文化自觉与率先基本实现现代化"学术研讨会，同时举行首届"费孝通学术成就奖"颁奖典礼，陆学艺研究员、郑杭生教授荣获此奖。2012年11月，中国社会学会与中国社会科学院社会学研究所、江苏太仓市人民政府共同举办了以"社会建设的太仓实践"为主题的学术研讨会。2012年11月，中国社会学会与江苏省委党校、常州市委党校共同主办"长三角地区社会现代化高层论坛"。

目前，中国社会学会共有23个专业委员会，各个专业委员会近年来开展了一系列学术活动。劳动社会学专业委员会与中国社会科学院社会学研究所、北京师范大学、美国加州大学伯克利分校共同主办了"全球化背景中的劳动关系与集体协商国际研讨会"。社会政策研究专业委员会与北京师范大学等共同主办了"第八届社会政策国际论坛",主题是"老龄时代的新思维"。法律社会学专业委员会与华东政法大学主办了"法律社会学学科体系建设"论坛。家庭社会学专业委员会与深圳大学等共同主办了"两岸四地反家暴论坛"。中国社会学会劳动社会学专业委员会与浙江省义乌市总工会等共同主办"企业社会责任"学术论坛。

有些专业委员会出版了著作,编发情况通报。劳动社会学专业委员会出版了《聚焦当代中国社会劳动热点问题(2012~2013)》,社会政策专业委员会出版了《当代社会政策研究Ⅶ》,家庭社会学专业委员会等出版了《中国家庭研究》(第七卷)等。民族社会学专业委员会、农村社会学专业委员会编发纸质《简报》;劳动社会学专业委员会、城市社会学专业委员会、家庭社会学专业委员会、社会网与资本研究专业委员会等编发电子版《简讯》;社会网暨社会资本研究专业委员会、劳动社会学专业委员会、社会分层与流动专业委员会独立主办网站;社会调查与研究专业委员会与其他单位合办网站,家庭社会学研究专业委员会、性别研究专业委员在相关网站开办专栏。

在社会团体管理方面,中国社会学会完成了学会的年检工作。根据民政部要求,评估机构将对中国社会学会进行评估。学会自我评估材料已经申报,评估机构将向学会会员、理事发放问卷,评价内容包括能力建设、队伍建设、创新能力和推动学术发展等。请接到问卷的会员、理事配合完成测评工作。今后,我们要按照这些测评要求,活跃学会工作,加强学会建设。

回顾一年来的学会工作,最大的损失是原会长陆学艺先生于5月13日因突发心脏病不幸逝世。以前,每次参加年会我们都能看到他的身影和新成果。昨天我刚到会议报到地点,又想起他,不禁黯然。陆学艺先生是中国社会学界一位脚踏实地、不断进取的优秀学者。他一直重视实际调查,在中国农村、中国社会结构、中国社会建设等领域,取得了突出的学术成果和社会影响,对于推进中国社会学发展做出了重要的贡献!我在这里再次对陆学艺先生表示深切的怀念!

其次,我对年会的主题发表一些个人看法。

今年年会的主题是"美丽中国:城镇化与社会发展"。围绕这一主题,我探讨几个理论问题。

一是我国城镇化的阶段性特征。目前，我国城镇化仍然处于快速发展阶段。过去5年，全国共转移8463万农村人口，城镇化率由45.9%提高到52.6%，社会结构发生了历史性变化。今后20年，城镇化水平将继续快速地提高20个百分点左右。这是我国经济社会发展的又一个黄金期。当前，中国经济面临产能过剩、消费不足、贫富分化等突出问题。扩大内需最大的潜力在城镇化，未来城镇化进程中将创造大量新的投资需求与消费需求，应进一步增加公共服务，改变城乡面貌与改善民生，从而有效应对这些难题。"人口红利"并没有消失，而是在转型，以低技能廉价劳动力赢得竞争优势的第一次人口红利呈下降趋势，但以中高技能劳动就业为特征的第二次"人口红利"正在兴起，应抓住机遇，充分发挥城镇化过程中人力资本积聚对经济增长的溢出作用，促进中国经济持续发展。

二是新型城镇化道路。改革开放以来，我国城镇化加速发展，极大地改变了城乡面貌，但也出现了环境污染、土地浪费、农民工不能完全市民化等现象。今后，不能再重复这种粗放型的城镇化模式，要走出一条新型城镇化道路。新在什么地方？是否可以这样概括：绿色低碳（与新型工业化相呼应），集约高效（防止土地等资源浪费），多元形态（大中小城市与小城镇并举），公平共享（促进农民工市民化），城乡协调（城市反哺农村，城乡一体化）。为此，未来我国城镇化将发生重要的转型，面临一系列的严峻挑战。

三是美丽城市建设。党的十八大报告提出了建设"美丽中国"的要求，这是关系全体中国人切身利益的重要任务。基于历史与现实的原因，我们中国还有许多不美丽的地方与因素。工业化带来了大量的财富与就业机会，但也带来了严重的污染。在许多城市甚至有些农村，要看到蓝天白云，呼吸到洁净的空气，吃到安全食品，并不容易了。今年3月份以来，我先后赴浙江、广东、湖北、湖南、江苏与江西进行实地调查，既总结了各地城镇化的一些宝贵经验，也发现了一些令人不安的问题。有一位同志对我说，中国现在需要开展"生态救亡"，这使我久久不能忘怀。美与陋有多种标准。美丽中国的标准，首先应该是生态文明。美丽城市建设，也应该将生态文明建设放在突出的地位。目前，我国各地正在普遍开展美丽城市建设的探索，已经形成了"一核多元"的建设格局，即以绿色低碳发展为核心，将生态文明建设融入经济、政治、文化与社会建设的各个方面，呈现绿色智慧型、绿色人文型、绿色品质型、绿色循环型、绿色效益型、绿色统筹型等模式。我期望建设具有绿色、低碳、自然的生态美，洁净、安全、畅通的健康美，崇文、幸福、品质的人文美，集约、智能、开放的现代美的"四美"城市。

四是政府引导。城镇化是现代化的重要途径，是振兴中华的必由之路。因此，要理直气壮地推进城镇化。同时，也要讲求科学。城镇化是一个自然历史过程，各级政府推进城镇化的工作方法，应是在尊重城镇化规律的前提下，因势利导、顺势作为，而不能操之过急，搞缺乏产业支撑的"造镇"甚至"造城"运动。不能把城镇化变成房地产化，滋生新的房地产泡沫。降低农民进城的生活成本与社会风险。正确处理政府与市场的关系，能让市场干的坚决让市场去干，充分发挥民营企业的作用，防止地方政府债务膨胀。正确处理政府与社会的关系，能让社会去做的坚决让社会去做，充分发挥社会组织的作用，增强社会活力，化解社会矛盾，促进社会和谐。

如何积极稳妥地推进城镇化？这是中国社会学研究面临的重大前沿课题。我们社会学者要有历史担当的高度责任感，为社会学理论发展做出新的贡献，为决策科学化提供理论支持。我们要结合各地生动丰富的实践，研究中国新型城镇化道路、模式与政策。

这么多人集中在这里进行学术交流，办会是个大工程，不容易。我代表中国社会学会和全体与会人员，对热情支持这次会议举办的贵州省委、省政府，对认真承办这次会议的贵州省社会科学院、贵州省社会学学会，表示诚挚的感谢！

现在，我宣布，2013年中国社会学会学术年会开幕！

贵州省人民政府副省长何力讲话

尊敬的李扬副院长、李培林副会长、宋林飞会长，各位来宾、专家学者们：

大家上午好！

今天，在多彩的贵州、爽爽的贵阳，我们怀着喜悦的心情迎来了全国各地的社会学专家学者，在这里隆重举行中国社会学会2013年学术年会。首先，我代表中共贵州省委、省人民政府，对年会的召开表示热烈祝贺，向各位社会学专家学者表示诚挚欢迎，并向长期以来大力支持贵州经济社会事业发展的中国社会学会和中国社会科学院表示衷心感谢！

贵州省地处中国的西南部，地域广袤，气候宜人，历史悠久，民族众多。国土面积17.6万平方公里，辖6个地级市、3个自治州，共有88个县（市、区、特区）。贵州被称为"山地省"，喀斯特地貌特点十分突出，是喀斯特地学的天然百科全书。黄果树大瀑布和荔波小七孔等壮美秀丽的风景名胜，便是喀斯特地貌的典型代表。贵州又被誉为"公园省"，生态环境良好，是理想的旅游、休闲和避暑胜地。贵州具有悠久的历史，是中国古文化的发源地和古人类的发祥地之一；贵州有着神秘古朴的夜郎文化、丰富多彩的民族民间文化，为中华文化宝库增添了浓墨重彩的一笔；贵州承载着光荣的革命传统，长征途中遵义会议的召开成为中国革命历史上的重要转折。

近年来，我省贯彻党中央、国务院的各项决策，按照省第十一次党代会的部署，围绕"加速发展、加快转型、推动跨越"主基调，实施工业化和城镇化带动战略，着力保增长、调结构、增活力、惠民生、促和谐，经济保持平稳较快发展，这两年经济增长速度排位上升到全国第三位和第二位，城镇化步伐加快，城镇化率提高到36.5%。全省注重社会与经济的统筹发展，保障改善民生力度持续加大，人民生活水平得到新提高，各项社会事业取得显著新成就，社会管理创新取得新进展。同时，我省也十分看重可持续发展，在生态文明理念的引领下，大力推动绿色发展、低碳发展、循环发展，力求青山绿水与金山银山的协调统一，促进了人与自然和谐相处，贵州也变得越来越美丽。

此次中国社会学会学术年会的主题是"美丽中国：城镇化与社会发展"，我们认为这也是一个很好的实践主题。党的十八大报告提出"建设美丽中国"，就是要把生态文明建设放在突出位置，融入经济建设、政治建设、文化建设、社会建设的各方面和全过程，实现中华民族永续发展。生态文明建设是关系人民福祉、关乎民族未来的长远大计，也是"建设美丽中国"的基本要义。十分巧合的是，同样是在7月19~21日，另一个800人参加的盛会——生态文明贵阳国际论坛2013年年会也在我省的贵阳举行，这是继博鳌亚洲论坛之后又一个得到中国政府大力支持、中国唯一一个专注于推动生态文明建设与可持续发展的高端国际论坛。这种巧合在一定意义上表明我们贵州省对生态文明建设的高度重视与大力推进。同时，坚持在加快城镇化和社会发展过程中做好生态文明建设工作，实现城镇化与社会发展的协调推进，努力走出一条绿色、宜居、有活力、可持续的城镇化发展之路，也都与"美丽中国"建设目标息息相关。因此，大会的主题紧贴时代脉搏，具有重大的理论及现实意义，充分展现了中国社会学者高度的社会责任感和历史使命感，将对美丽中国的建设产生积极的影响。

中国社会学年会作为代表中国社会学研究最高水平的学术盛会，这次在贵州召开，也将对贵州的社会建设和城镇化进程产生积极促进作用。借此机会，衷心希望专家学者们能更多地关注贵州社会发展，为建设美丽贵州，为贵州与全国同步全面建成小康社会建言献策！同时，贵州的社会学界教学研究人员、社会建设部门的同志也要珍惜此次难得的学习机会，向全国社会学同仁虚心学习交流，博采众长，为美丽贵州的建设，为贵州社会学的发展繁荣服务。

最后，衷心祝愿各位领导、各位来宾和专家学者在黔期间心情愉快、身体健康、工作顺利，亲身感受贵州淳朴热情的民风、舒适宜人的气候、秀美多彩的风景！预祝本次年会取得圆满成功！

谢谢大家！

中国社会科学院副院长李培林讲话

尊敬的贵州省各位领导，各位专家学者、各位来宾：

大家上午好！

今天，来自全国各地的社会学人汇集贵阳，参加中国社会学会2013年学术年会，可谓群贤毕至、高朋满座，展示出中国社会学近年来的蓬勃发展，也展示出中国社会学界为国家富强、社会进步而努力的坚实步伐。在此，我谨代表中国社会科学院和王伟光院长，对这次盛会的召开表示热烈的祝贺，对关心和支持这次会议的贵州省委、省政府，对承办这次会议并做了大量辛苦而细致工作的贵州省社会科学院、贵州省社会学学会以及贵州省各高校表示衷心的感谢！

此次学术年会以"美丽中国：城镇化与社会发展"为主题，意义非常重大。最近几年的中央经济工作会议，都将城镇化作为核心议题。党的十八大报告，有七次论述城镇化问题。2012年11月15日，习近平同志在党的十八届一中全会讲话中，着重强调了促进工业化、信息化、城镇化、农业现代化同步发展的问题。2013年5月3日，李克强总理在中欧城镇化伙伴关系高层会议的讲话明确表示，"我们推进城镇化，需要走节约集约利用资源、保护自然生态和文化特征、大中小城市和小城镇并举的可持续发展之路"。2013年7月9日，李克强总理再次强调，要推进以人为核心的新型城镇化。

现在，中国的城镇化水平已经超过52%。在过去的五年，中国的城镇化率以年均1.3%的速度在提升，这在中国这样一个世界人口大国具有非同寻常的意义——意味着每年要新增1700万城市人口，相当于一个中等规模国家的人口。按照国际城镇化的经验，只要中国的发展得以持续，则在今后一个相当长的历史时期，城镇化率仍会保持较高的增长态势。中国城镇化水平的提升和社会转型，既意味着巨大的机遇，也蕴含着巨大的挑战。在我国从乡土中国向城镇中国转变的过程中，社会学研究的议题和范式也必然会发生很大的变化。

费孝通先生在改革开放之初就对城镇化问题和区域发展问题高度关注，先后提出了"小城镇　大问题"的著名论断和区域发展模式问题，这些论断至今仍具有重要的现实意义。费老的"志在富民"理想、"从实求知"精神和"为了中国"的学术追求，影响了几代学人，鼓励着后来的社会学研究者不断地去根据中国的发展而开展"理论结合实际"的学术研究。

中国快速的城镇化和社会转型，将发达国家曾经用上百年甚至数百年时间经历的工业化和城镇化过程，压缩在短短的几十年内进行，很多发展问题也集中凸显。例如，城镇化的道路问题、户籍制度改革问题、农民工的社会融合问题、覆盖城乡的社会保障问题、公共服务的城乡均等化问题、城乡社区的社会管理问题、公共资源配置的公平公正问题、社会转型的心理适应问题等，这些都需要社会学界深入研究。

从本次年会的41个分论坛来看，其中有30多个涉及城镇化问题与城镇化过程的社会发展问题。大家对城镇化问题有很多不同的看法，需要讨论和争论，但社会学界在这方面已经取得的一个共识，就是中国的城镇化应该是新型城镇化，新型城镇化是以人为核心的城镇化，是绿色的城镇化，是和谐的城镇化。党的十八大报告强调，要把生态文明建设放在突出地位，要融入经济建设、政治建设、文化建设、社会建设各方面和全过程，要努力建设美丽中国，要实现中华民族永续发展，这彰显了中华民族对子孙后代、对整个世界负责的精神。

我们在工业化与城镇化过程中碰到了前所未有的环境问题，特别是城市空气质量下降、雾霾天气明显增多的问题，波及范围越来越大，严重影响了人们的生活质量。人民群众生活水平和生活要求的不断提高，提升了他们对环境恶化问题的警觉，这使中国正在步入一个特殊的环保敏感期，由环境问题引发的群体性事件不断增多。实践表明，生态文明建设搞得不好，就会影响经济发展和社会和谐。建设美丽中国和实现中国梦，就是要坚持科学发展，着力满足人民群众生态需求，维护人民群众生态利益。这不仅是对人民群众迫切诉求的回应，也关系国家和社会的永续发展、长治久安。贵州省在生态文明建设方面堪称典范，希望社会学工作者从贵州的实践中汲取经验。

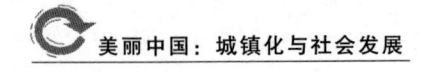

今年5月13日，著名社会学家和"三农"问题专家、中国社会科学院荣誉学部委员、中国社会学会名誉会长陆学艺教授，不幸因病去世。陆学艺教授毕生以让农民富裕起来为己任，坚持直面我国经济社会发展中的重大理论和现实问题，为中国社会学的发展壮大殚精竭虑。在此，让我们向他表示沉痛悼念和深切缅怀，继承他的遗志，完成他未竟的事业。

各位领导，各位专家学者，在工业化和城镇化过程中，我们还将面临很多挑战，这正是我们学术界大展宏图的时候。在这个伟大的社会实践中，中国社会学一定会为社会发展和建设做出更大的贡献。

最后，祝愿各位专家学者在贵阳有丰硕的学术收获，同时也享受学术讨论的乐趣、天气的凉爽和东道主的热情。

最后，预祝本次年会圆满成功！谢谢大家！

中国社会学会名誉会长郑杭生讲话*

从2009年开始，在每一次中国社会学学术年会的开幕式上，总有陆学艺和我两位作为本会的名誉会长致辞。这已经延续了5年。学艺不幸在今年5月13日突然离我们而去，因而在这次年会上再也听不到他那带着浓厚无锡乡音而富有深刻内容的讲话了，这不能不使我产生一种感伤和遗憾！我在《悼念挚友陆学艺》一文中表示："我们应该像继承和发展费老、雷老的事业一样，也要更好继承和发展老陆的事业，推进中国社会学的发展，使中国成为世界社会学一个既繁荣又有活力的学术中心。"

为了更好地推进这一事业，推进处在"理论自觉"阶段的中国社会学，真正把"理论自觉"贯彻到学科建设和理论研究的实处，我愿意在今天这个隆重的有上千人参加的场合，简要地、提纲挈领地讲一个题目，这就是《再评判、再认识、再提炼——中国社会学在"理论自觉"阶段的基本功》。这里三个"再"代表中国社会学必须面对的三种基本关系：中西关系，今古关系，理实关系——理论与现实、理论与实践的关系。这三种关系都与我们会议的主题"美丽中国：城镇化与社会发展"有关。

第一个"再评判"着重于中西关系，即中国社会学与西方社会学的关系。中西关系在近现代中国是一种主导关系，一种支配其他关系的关系，所以放在最前面。

社会学是作为西学的一种引入中国的，是一种西方的舶来品。在这个意

---

* 中国社会学会名誉会长郑杭生在2013年学术年会上的讲话标题为"再评判、再认识、再提炼——中国社会学在'理论自觉'阶段的基本功"。

义上,我们必须承认,没有西方社会学就没有中国社会学。因此我们必须学习它们,弄懂它们,借鉴它们。这是一方面。另一方面,我们又必须看到,西方社会科学是如何产生的?沃勒斯坦说得好:"在欧洲支配整个世界体系的历史时刻,社会科学为回答欧洲的问题而兴起","它在选题、推理、方法论和认识论上都反映这个熔炉的局限"。[①] 这说明西方社会学同样是普遍性与特殊性的统一,不可能是纯粹普世的。因此,西方社会学不能代替中国社会学,我们必须跳出西方,不断进行社会学中国化的努力。同时由于在社会学的世界格局中,中国社会学和西方社会学长期处在一种"边陲—中心"关系之中,中国社会学者容易形成一种根深蒂固的"边陲思维",这就是对国外理论这样那样地照抄照搬、亦步亦趋,拔高甚至神化,还自以为站在社会学前沿。

因此在社会学"中西关系"上落实"理论自觉",我们必须既借鉴西方,又要跳出西方,树立主体意识,破除边陲思维,用建设性的批判反思精神来看待西方社会学的一些观点,来看待一些被误解的西方社会学观点,提出我们自己的看法,这样才能真正达到洋为中用。这就是我们说的"再评判"。

这里说几个例子。我们的学术团队在近来的学术讨论中经常提到的有:韦伯关于中国近代以前不存在城市现象的极端观点,韦伯从宗教伦理分析资本主义产生的片面观点等。韦伯是中国社会学恢复重建后最先重点介绍研究的西方社会学的实际奠基人之一,他的观点对中国社会学界影响很大、很深。很有必要进行再评价:肯定和发掘他在方法论等根本观点上对我们的启示,梳理他在各种涉及中国社会的具体观点的真伪。再如,关于米尔斯的社会学的想象力经常被误解。有时人们记住了他对宏大理论的批评,却忘记了他对宏观理论的重视,这种理解本身就违背了社会学的想象力本身的含义。因为,米尔斯将社会学的想象力称为视角转换的能力,这种转换使社会学对社会与个人、宏观与微观日常的研究连为一体。

这里,我要顺便提到对于经典作品我们应当一读再读。我们坚持认为,一部经典、一种理论应当放在历史和学术发展的过程中去理解,在传统与现代、中国与西方的比较中去理解,否则就会抽除其本身有血有肉的品格,使其成为不合理的僵死的教条。对于"回归经典"的提法,我们也应当在借

[①] 〔美〕伊曼努尔·沃勒斯坦:《所知世界的终结——二十一世纪的社会科学》,中国社会科学出版社,第183页。

鉴西方、跳出西方和理论自觉的框架中加以正确理解。

第二个"再认识",着重指今古关系,即首先指当代中国社会学与历代学术传统,特别是社会思想的关系,其次指我们这一代社会学者与我们社会学先辈的关系。如果说,我们对西方社会学往往是评判过高的话,那么,我们对自己的学术传统、对先辈的贡献则往往是认识不足。因此,我们不仅要对西方社会学进行再评判,而且要对我们的学术传统进行再认识。这两者构成理论自觉相互联系的两个方面。我本人近年来已经发表了三篇文章,对费孝通、林耀华、孙本文等社会学家的杰出贡献给予了"再认识"。[①]

近来,我们团队的一些成员,在自己的文章中,更是对费老的一个原创性贡献做了"再认识",这就是费老对城乡二元结构理论的原创性贡献。[②] 在经济学上,刘易斯1954年出版的《劳动力无限供给下的经济发展》是最先阐述这一理论的。而在社会学上,费老通过对中国社会的实地研究,形成了对城乡二元结构的实际感知,并提升到了理论层面给予系统的阐述。他1939年出版的《江村经济》、1947~1948年出版的《乡土重建》、1948年出版的《乡土中国》等都是这方面的代表性作品。通过这些著作,费老对中国社会结构的二元性认识不断深入,从中提炼出了一套范式和框架,如乡土社会与城市社会、乡下人与城里人、熟人社会与陌生人社会、礼治与法治、习惯与契约、安土重迁与分化流动等等。费老上述作品的发表都早于刘易斯的著作。对于费老这一原创性的学术贡献,我们作为后辈学者有责任实事求是地予以确认。

严复根据荀子关于"群"的思想把社会学称为"群学",并根据历代社会思想家关于治乱兴衰的思想,把群学定义为"研究社会治乱兴衰原因,揭示社会何以达到治的方法或规律的学问",也是汲取了传统的学术资源的。这方面我们对严复的原创性贡献也研究不够。先秦的社会思想,特别是战国时期的思想,是一个巨大的学术宝库,需要我们好好开发。42年中访问中国超过80次的基辛格,在2011年发表的《论中国》一书中曾谈到有两段历史对当代中国产生最深远的影响:"一是2000多年前的战国时代,那个

[①] 郑杭生:《费孝通先生对当代中国社会学所做贡献的再认识》,《西北民族研究》2010年第2期;《林耀华先生对当代中国人类学所做贡献再认识》,《广西民族大学学报》(哲学社会科学版)2010年第3期;《孙本文先生对早期中国社会学贡献的再认识》,《华中师范大学学报》(人文社会科学版)2013年第1期。

[②] 杨敏:《三元化利益格局下"身份—权利—待遇"体系的重建——走向包容、公平、共享的新型城市化》,《社会学评论》(创刊号)2013年第1期。

战火纷飞的时代让中国人相信混乱局势的危害是巨大的。二是19世纪，中国从曾经世界最富有的国家沦落到外国列强掠夺瓜分的境地。"我想我们也应该在学术上重视这两段历史对我们学科的深远影响。中国历史的一个特点是，每个重要事件都有丰富的地下文物可以佐证，这与西方古代历史，例如古希腊的历史不同，它们大多以神话、传说、寓言为根据，这为后人伪造历史留下了广阔的空间。

可以这样说，如果没有对中国丰富的传统学术资源的再开发、再认识，有历史厚重底蕴的中国社会学就不会真正建立起来，理论自觉也落不到实处。

第三个"再提炼"着重指理实关系，即理论与现实、理论与实践的关系。这里，现实主要指社会转型的现实、社会风险的现实、集体意识构成的"社会事实"的现实；实践主要指中国经验三个层次的丰富多彩的探索。所有这些都是发生在一个有着五千年连续不断文明历史，有着13亿多人口，有着960万平方公里的巨型社会主义国家中。我们这一代社会学者应该感到非常荣幸，能够亲眼见证、亲身体验这样伟大的时代。这个时代为我们提供了前所未有的历史性巨大舞台和现实性宝贵资源，为我们创造自己的理论、自己的学术话语，为世界社会学增添我们中国社会学者自己的创造，提供了宝贵的条件。但是必须指出，这个历史性巨大舞台和现实性宝贵资源，只属于有"理论自觉"的学者，而不属于那些对西方理论亦步亦趋、照抄照搬的有"边陲思维"的人，因为他们把本来的源变成了流，把本来的本变成了末，成了源流错位、本末倒置的人。这样，他们就会对这个历史性巨大舞台和现实性宝贵资源，视而不见，听而不闻，错过发展自己的机缘。在提炼现实方面，我们的先辈社会学家就非常善于这样做。当年费老对乡土社会的提炼，对差距格局的提炼，改革开放后他对温州模式、苏南模式、小城镇的提炼等，就是如此。陆学艺对"我们的社会结构至少落后于经济结构15年"著名论断的提炼也是如此。我们对社会运行，对转型度、转型势，对社会互构、新型现代性等的提炼，也是这方面的尝试。

要正确提炼现实，必须有两方面的基本素质：一方面是要有学科的前沿意识，掌握本学科最新的理论、方法、发展趋势等；另一方面又要有草根情怀，深入基层，对我国基层社会的实际运行情况有真实的了解，通俗地说，就是"要接地气"。把这两方面结合起来，就是一种"顶天立地"的精神。这两者是缺一不可的。缺乏前沿意识的草根情怀，往往是狭隘的；而缺乏草根情怀的前沿意识，则往往是无根的。有这样的素质，我们的社会学是从现实中、实践中提炼出来的，因此能够回到现实和实践中去，成为一种对实际社会生活、对千百万普通老百姓的民生福利、对中华民族复兴发挥作用的社会学，而不同于那种闭门造车的单纯的"书斋社会学"，使自己的说话比较靠谱，而不会太离谱。

只有把上述三个方面结合起来，真正做到"借鉴西方，跳出西方"，不断进行"再评判"，做到"开发传统，超越传统"，不断进行"再认识"，做到"提炼现实，高于现实"，不断进行"再提炼"，我们才能真正创新我们的学术话语，创造我们的学术特色，也才能形成为数众多的真正的中国学派。

我希望，我们社会学界，特别是青年学者，要敢于和善于"再评判""再认识""再提炼"，在不断做好这些方面基本功的同时，不断增强自己的实际功力，扎扎实实提高自己的理论自觉水平，使自己在学术上、理论上更加成熟，对社会建设与社会管理、对新型城镇化发挥更大作用，最后涌现一批社会学的名家，甚至社会学的大师。

这是我们这一代担负承前启后、铺路搭桥的社会学者的真诚希望！

谢谢大家！

中国社会学会会长宋林飞致闭幕词

各位社会学同仁，各位来宾：

今年社会学学术年会活动的两天议程，即将结束。从大会发言到各个分论坛发言，与会代表进行了认真的研讨。现在，我对本次年会进行总结。

一　本次学术年会的特点与主要议题

本次年会有五个特点：一是规模大、人数多，论文1200多篇，注册人数超过1000人。二是重视现实研究与实地调查，城镇化、城市病、网络社会、社会矛盾、犯罪等社会热点问题受到关注。三是对中国经济社会现象的理解进一步深化，解释力进一步增强。一些论坛探讨了经济社会学、家庭社会学、科学社会学等领域的前沿理论议题。四是应用对策研究成果增多。许多论文不仅重视描述与解释社会现象，同时也重视规范研究，努力寻找解决问题的思路。五是探讨了一些新的社会现象。有些论文以新的社会现象作为研究对象，如"离村上学儿童""微博打拐行动""中坚农民"等。

本次年会的各个分论坛都有一些亮点，现将主要议题概括如下。

1. 关于新型城镇化道路与实现路径

有些学者对新型城镇化道路进行了探索，提出绿色低碳、集约高效、多元形态、公平共享、城乡协调等新型城镇化的基本内涵。有些学者对新型城镇化的路径进行了探讨，提出大城市主体带动战略，大城市率先推进农民工市民化，消除农业转移人口市民化的制度性障碍；发展特色小城镇；拓宽城市反哺农村的渠道。有些学者探讨了城市人居环境质量下降、公共服务不足、城市的基础设施不完善、城市建设用地浪费严重等"城市病"问题，分析了郊区化的无序蔓延对城市发展质量的影响；探讨新型城镇化的政策支撑，如户籍制度改革、集体土地制度改革、城乡并轨的社会保障措施等。

2. 关于美丽城市与美丽乡村建设

有论文指出，美丽城市是生态文明的具体形态；发展低碳经济，建设"美丽城市"，是转变城市发展方式，促进城市可持续发展的基本途径；建设生态文明为核心的美丽城市，在生态文明视域下重新审视城市文化定位；主张发展生态产业促进环境保护与经济发展的互利共生；探讨了地方生态知识传承与创新，建议构建集中管理与分散治理相结合的公共管理新框架，建立城郊一体化公共管理与服务体系。同时，探讨了美丽乡村建设问题。有人认为，加强农村公共服务是建设美丽乡村的关键；女性发展是美丽乡村建设的重要内容。有人考察了农村"空心化"问题，主张促进农业规模化经营，提高农村社区的公共服务能力，让农村人口过上高品质的生活；考察了农村"要超生"行为与"不准生"制度间的矛盾困境，指出"黑人口"现象至今仍然存在。有论文指出，农村大量空巢老人需要养老服务，应构建农村养老服务体系。

3. 关于社会管理与社会建设

有论坛探讨了社会建设的地方经验，主张加快建立政府管理与社会自治紧密结合、良性互动、协调作用的社会管理体制机制；推进社会关系的再塑和再建构；将社会工作方法引入矿区社会管理能够有效实现矿区的和谐发展，将社会管理从管制模式向协商模式转换。有学者探讨了公共服务资源紧张、城市管理压力巨大、社会治安形势严峻以及群体性矛盾风险积聚等问题；有学者提出了一种通过开发邻里社会资本和睦邻文化资源建构社区生活共同体的主张；有些论文研究了人口迁移与流动、非自愿移民及相关问题。

有论文考察了一些企业拒绝签署劳动合同与企业员工的不同态度，认为未来农民工的维权意识将上升，维权压力将加大。当前信访中影响接访质量的因素，是对上访人处理措施、跟踪督办、信访干部责任制、领导接访方式等。有学者提出城市居民的休闲方式对其集体行动倾向具有显著的影响。有些互联网与虚拟社会的实证研究表明，网络社会人际关系具有高密度、群簇化、非正式、弱关系等特性，扩散性动员容易得到社会支持；社交网站、微博等网民交流场域，带来了新型的交流模式，也产生了网络谣言等问题；政治参与正在网络社会中广泛形成。有论文认为，公民网络反腐是公民行使监督权的现代政治行动，有望在新的政治环境中获得新的发展。

4. 关于社会学理论建设

经济社会学研究成果关注中国社会转型中的重大经济社会现象、人口经济、民族经济和市场经济秩序。海洋社会学研究成果关注海洋社会变迁与海洋强国建设，在海洋意识、海洋环境和海洋社会建设等领域积极探索，提供发展思路和解决难题的智慧。工程社会学研究成果关注工程项目的社会风险评估。

二 关于今后学会工作的意见

1. 在社会学话语系统中多一些"中国概念"

描述与说明中国速度、中国经验、中国道路，需要建立一些社会学独有的分析性概念。这种概念，不能都来自国外社会学论著，要从生动丰富的实践中提炼出一些中国概念，提高社会学的理解力与解释力，从而为构建符合中国国情的社会学理论体系奠定基础，为世界社会学理论发展贡献中国元素，同时让世界更好地了解中国与理解中国。

2. 在实践与决策中多一些"社会学声音"

社会科学推动经济社会发展的作用日益显著，相对而言，经济学的声音较强，社会学的声音较弱。社会学者要更加关注社会现实，在推动社会发展的实践中有更多的"社会学声音"。建设美丽中国、实现中国梦的社会实践，需要更多更响亮的"社会学声音"，需要社会学担当更多更重要的社会责任。

学会工作的方向，是基础研究与应用研究并举。中国社会学会能不能建设成为现代智库？现在是大科学时代，科技创新需要跨部门、跨单位协同创新，社会科学也需要跨部门、跨单位协同创新。中国社会学会要打造一个能够回答重大理论与实践问题、由全国各地优秀社会学者组成的"集合型现代智库"。

3. 拓宽学会国内外合作的渠道

学会理事一般来自大学和科研机构，因此学会与大学和科研机构的合作比较多，也比较成功，今后继续开展这样的合作，重点提高合作的水平。加强国际学术交流，了解世界社会学的最新发展，扩大中国社会学的影响。同时，加强学会与有关省市党政部门合作。近年来，学会在这方面的合作取得了新的进展。今后，学会要充分发挥学会专家资源丰富的优势，与各级党政部门合作举办高层论坛，探讨我国经济社会发展进程中重大实践与理论问题。这是发挥咨政作用的一个有效途径。

4. 支持青年社会学者参与学术交流

我在去年年会闭幕词中提出了举办青年博士论坛的想法，得到北京大学和南京大学社会学院系的响应，他们共同主办了第一次"青年博士论坛"。论坛基础研究涉及社会学经典理论的再阐释与当代理论的新进展，应用研究涉及宗教社会学、政治社会学、城乡社会学、网络社会学等方面。中国社会学会的学术年会，应是社会学青年才俊发表成果的平台，也是他们迈入社会学共同体的一座桥梁。因此，希望这样的论坛继续办下去，其他的论坛也要重视青年学者的参与。本次年会上获奖作者也向中青年社会学者倾斜，鼓励他们参与学会活动。

5. 完善学术年会的办会机制

年会参与人数的规模应适当控制。现在已经突破1000人，看来今后要有所控制，办法是提高论文入选标准，不能有论文投就发年会通知。论坛不宜再增加，每个论坛参与人数也要有个上限。40个论坛，每个论坛25人，总数就是1000人。人数规模过大，大会会场、相对集中住宿等安排就比较困难。

年会论文不能重复出现在不同的论坛。一稿可以多投，但作者接到入选通知时，如果入选多个论坛，只能选择参加一个论坛。参加年会人员可以听取非入选论文的论坛发言。

参加年会人员经费自己承担，年会分论坛经费由论坛主持人负责。这已经实施了，今后如有会务费，以伙食费标准收取。

公平公正进行年会学术论文评奖。我们提倡向中青年学者倾斜，已经做到了。以后论坛推选，评委遴选，共同努力把真正优秀的论文选出来。

6. 明年年会举办地

经过理事会同意，明年年会在武汉召开。下半年开始启动换届工作。各省、市、自治区社会学会，各专业委员会，请在2014年2月28日前完成换届、推荐第九届中国社会学会理事等有关事宜。

承办本次年会的贵州省社会科学院、贵州省社会学学会，做了大量的工作，支持会议顺利进行。贵州大学、贵州师范大学、贵州民族大学、贵州财经大学、贵州师范学院、安顺学院、贵阳学院参与协办，许多大学生志愿者参加了服务，给与会代表营造了温馨的环境。我代表中国社会学会，向他们表示衷心的感谢！

本次年会的各项议程已经完成，现在我宣布，中国社会学会 2013 年学术年会闭幕！

二 一等奖论文

群际关系的社会结构特征与新生代农民工的认同管理策略

——基于社会认同理论的视角

柴民权 管 健[*]

内容摘要：当前农民工的社会认同研究存在社会结构和认同管理两种路径。本文试图将二者结合起来，基于社会认同理论的研究视角，对群际关系的社会结构特征与新生代农民工的社会认同管理策略间的关系进行系统探讨，并对新生代农民工的社会认同在这一过程中的中介作用给予充分关照。研究结果表明，社会结构与新生代农民工社会认同的建构和管理间存在复杂的影响因素和深刻的心理机制；群际地位的合理性对新生代农民工的社会认同建构有重要影响；新生代农民工的城市人认同在其社会认同过程中具有与其农村人认同同样重要的地位；新生代农民工的社会认同的建构和管理有其主体性。

关键词：群际关系的社会结构特征 认同管理策略 社会认同

一 引言

农民工的社会认同问题一直是多学科领域学者关注的重要议题。由于城乡二元体制和二元社会的限制，农民工在我国的社会结构中仍然属于农民阶层，然而由于长期居留城市，其对自身农民身份的心理认同感逐渐降低。这种制度安排、社会结构与心理归属的矛盾性使农民工的社会认同问题成为学

---

[*] 作者简介：柴民权，南开大学周恩来政府管理学院社会心理学系博士生；管健，南开大学周恩来政府管理学院社会心理学系博士、副教授。

界的争议性论题。部分学者从社会制度和社会结构的角度出发，试图在广域的社会结构中寻求农民工的"社会定位"，以及农民工在与社会结构的一种或多种社会关系互动中所形成的"自我标示"。[1][2][3] 而随着户籍制度的放宽和新生代农民工逐渐成为农民工群体的主体，社会文化生活和农民工个体的社会资本对其社会认同的作用逐渐凸显。[4][5] 因此，一些学者认为农民工并非镶嵌于社会结构中的固定角色，而是不断地探索适合自身的新的生存方式和身份定位，对自身的社会认同进行主体性的建构和管理。[6][7][8] 这些研究对农民工社会认同的主体建构和管理给予了充分的关照，积极探索农民工社会认同的管理策略，试图揭示农民工城市融入的有效路径。

本文试图将上述两种研究路径结合起来，系统研究对群际关系的社会结构特征的感知如何影响农民工群体的社会认同状况，以及进而如何影响其认同管理策略的选取。因此，本文基于社会认同理论，选取新生代农民工群体，探索其对群际关系社会结构特征的感知对其认同管理策略选择的影响，以及其社会认同在二者关系中的中介性作用。

二　文献回顾与研究假设

（一）农民工社会认同的研究路径：从社会结构到认同管理

对社会结构作用的重视在农民工研究中由来已久，这一研究路径在农民工社会认同的研究中注重社会制度和社会结构的决定与制约作用，侧重

---

[1] 唐斌：《"双重边缘人"：城市农民工自我认同的形成及社会影响》，《中南民族大学学报（人文社会科学版）》2002年第22期。

[2] 王春光：《农村流动人口的半城市化问题研究》，《社会学研究》2006年第5期。

[3] 张海波、童星：《被动城市化群体城市适应性与现代性获得中的自我认同：基于南京市561位失地农民的实证研究》，《社会学研究》2006年第2期。

[4] 张文宏、雷开春：《城市新移民社会融合的结构、现状与影响因素分析》，《社会学研究》2008年第5期。

[5] 王桂新、武俊奎：《城市农民工与本地居民社会距离影响因素分析》，《社会学研究》2011年第2期。

[6] 潘泽泉：《自我认同与底层社会建构：迈向经验解释的中国农民工》，《社会科学》2010年第5期。

[7] 余晓敏、潘毅：《消费社会与"新生代打工妹"主体性再造》，《社会学研究》2008年第3期。

[8] 郑松泰：《"信息主导"背景下农民工的生存状态和身份认同》，《社会学研究》2010年第2期。

在广域的社会结构中寻求农民工的"社会定位",以及农民工在与社会结构下的一种或多种社会关系互动中所形成的"社会自我标示"。如王春光阐述了包括二元社会结构在内的社会时空对农民工社会认同的建构和解构过程;[①] 唐斌阐述了在城乡二元社会结构下,城市和农村的双重外推力导致农民工"双重边缘人"的形成;[②] 江立华论证了农民工在与城市特有的社会结构和社会文化生活的接触和互动过程中重构自我认同的两种途径和方式。[③]

总体而言,持社会结构论点的研究者都强调社会制度和社会结构对农民工社会认同的决定作用,认为这是我国特有的社会制度,尤其是户籍制度的特征所决定的。城乡二元体制是我国最为鲜明的社会制度,这一体制通过户籍制度而得以稳定和固化,这就使得我国出现了行政主导下的社会分割。在这一社会制度下,"农民工"既是一种制度安排的结果,同时也是社会大众广泛承认的社会身份。由此,"农民工"这一群体类别就具有了制度上的刚性和稳定性。城乡二元体制的强力制度作用进一步渗透到社会文化和社会生活领域,造成人为性的城乡社会文化和生活的流通阻隔和分离,转而使城乡二元社会结构更为稳固。恰恰是社会制度的某种特性使农民工的社会认同缺乏主体建构的空间,社会安排为农民工预设了特定的社会角色,同时以一代农民工为主体的农民工群体拥有强烈的乡土记忆,对城市缺乏主动融合的意愿和动机,因此社会安排下的社会角色与农民工的社会心理特征相结合,农民工完全内化了社会安排赋予其的社会角色,其社会角色认同几乎等同于社会心理认同。

近年来,我国加快了对以户籍制度为核心的城乡二元体制的改革进程,一些鼓励农民工成为城市市民的相关政策相继出台,社会制度对农民工的阻隔作用正在逐渐弱化,社会文化生活和社会资本对农民工社会认同的影响作用开始凸显。[④][⑤] 同时,新生代群体逐渐成为农民工的主体力量,这一群体

---

① 王春光:《新生代农村流动人口的社会认同与城乡融合的关系》,《社会学研究》2001年第3期。
② 唐斌:《"双重边缘人":城市农民工自我认同的形成及社会影响》,《中南民族大学学报(人文社会科学版)》2002年第22期。
③ 江立华:《城市性与农民工的城市适应》,《社会科学研究》2003年第5期。
④ 张文宏、雷开春:《城市新移民社会融合的结构、现状与影响因素分析》,《社会学研究》2008年第5期。
⑤ 王桂新、武俊奎:《城市农民工与本地居民社会距离影响因素分析》,《社会学研究》2011年第2期。

一般是指出生于 20 世纪 80 年代以后,在 20 世纪 90 年代末或 21 世纪初外出打工的农民工群体。[1][2] 学者们认为该群体从学校毕业之后就进入城市打工,乡村记忆较第一代农民工更加单薄,"失根"现象更为严重。他们进入城市的主要动机不再是谋求生计,而是融入城市社会。[3] 这一群体似乎并非镶嵌在社会结构中的固定角色,他们也并不满足于社会结构赋予的社会定位,而是在不断地探索新的生存方式和身份定位系统,而这种新的定位系统并不与社会制度和社会结构所赋予他们的新的身份和角色定位一一对应,甚至有较大的偏移和背离。

户籍制度的松动拓宽了农民工群体社会认同的主体建构空间,而新生代农民工群体的社会心理特征使该群体社会认同的主体建构成为可能。对农民工社会认同主体建构性的重新审视,促使研究者们开始关注农民工的社会认同管理问题。社会认同管理是指处于劣势社会地位群体中的个体希望修复消极的和否定的社会认同,并建立积极的和有价值的社会认同,而概念化的方式就是社会认同管理策略。[4][5] 新近研究对农民工群体的社会认同管理策略给予了极大关注。如余晓敏和潘毅发现,借助消费社会的到来和消费对自我与社会、文化与身份的建构作用,新生代打工妹对自身的身份认同进行了主体性再造,她们虽然被社会赋予较低的社会阶层定位,却有着城市中产阶级的消费观念和思想;[6] 郑松泰探讨了信息主导社会背景下农民工的身份认同状况,发现虚拟的信息社会导致农民工的身份认同偏离社会结构和社会制度的制约,发生不可估计的变数。[7]

本文试图将社会结构路径和认同管理策略路径的农民工社会认同研究结合起来,既秉持社会结构特征对农民工的社会认同有重要影响作用的观点,又承认农民工对自身社会认同的主体建构作用。在这一研究前提下,本文基

---

[1] 王春光:《农村流动人口的半城市化问题研究》,《社会学研究》2006 年第 5 期。
[2] 郑梓桢、刘凤至、马凯:《新生代外来务工人员城市适应性:个人因素与制度因素的比较——基于中山市的实证研究》,《人口研究》2011 年第 3 期。
[3] 魏万清:《户籍制度改革对流动人口收入的影响》,《社会学研究》2012 年第 1 期。
[4] Niens, U. & E. Cairns. "Explaining social change and identity management strategies: New directions for future research." Theory & Psychology, Vol. 13, No. 4, 2003.
[5] 管健:《社会认同复杂性与认同管理策略探析》,《南京师大学报(社会科学版)》2011 年第 2 期。
[6] 余晓敏、潘毅:《消费社会与"新生代打工妹"主体性再造》,《社会学研究》2008 年第 3 期。
[7] 郑松泰:《"信息主导"背景下农民工的生存状态和身份认同》,《社会学研究》2010 年第 2 期。

于社会认同理论视角，致力于探讨社会结构的群体关系特征对不同社会认同状况的新生代农民工个体社会认同管理策略选择的影响作用，以期达到以下研究目的：第一，探索持有不同社会认同状况的新生代农民工个体如何感知社会结构的群际关系特征；第二，探索社会结构的群际关系特征如何影响新生代农民工群体社会认同管理策略的选择；第三，探索新生代农民工群体的社会认同状况在社会结构的群际关系特征和其社会认同管理策略的关系中扮演何种角色。

（二）来自社会认同理论的研究视角

社会认同理论（Social Identity Theory，SIT）是起源于欧洲，于20世纪70～80年代发展成熟的社会心理学理论[1][2]，该理论认为社会认同是指"个体意识到其属于特定群体，并意识到作为该群体成员所带来的情感和价值意义"。[3] 该理论假设人们都有对个体和他人进行社会分类的需要，倾向于将个体所属的群体（内群体）与他人所属群体（外群体）区分开来并加以比较，而个体对其社会认同的自我评价来源于内群体与外群体间的社会比较。该理论进一步假设人们都追求积极的比较结果，即获得积极的社会认同。[4]

当内群体与外群体的比较产生消极结果，即个体意识到其所属的群体处于相对的劣势地位，其社会认同面临消极评价时，社会认同威胁就产生了。社会认同威胁（Social Identity Threat）是指"个体通过内群体与外群体的比较，不能获得肯定和积极的评价，无法确定自己处于一定的社会群体、社会类别或社会范畴中而对个体社会认同的威胁"。[5] 当面对社会认同威胁时，个体倾向于通过采取某种行为，改变其个体或所属群体的消极群体地位，以重新获取积极的社会认同，这种行为就是"社会认同管理策略"（Social

---

[1] Tajfel, H. "Social identity and intergroup behavior." *Social Sience Information*, Vol. 13, 1974.

[2] Tajfel, H. *Differentiation Between Social Groups: Studies in the Social Psychology of Intergroup Relations*. London: Academic Press, 1978.

[3] Tajfel, H., & Turner, J. C. "An integrative theory of intergroup confict." In W. G. Austin, & S. Worchel (Eds), *The social psychology of intergroup relations*. Monterey, CA: Brooks/Cole, 1979.

[4] Tajfel, H., & Turner, J. C. "The social identity theory of intergroup behaviour." In S. Worchel, & W. G. Austin (Eds), *Psychology of intergroup relations* (2nd ed.). Chicago: Nelson-Hall, 1986.

[5] 王沛、刘峰：《社会认同理论视野下的社会认同威胁》，《心理科学进展》2007年第5期。

Identity Management Strategy）。[1]

泰弗尔和特纳指出了三种广泛存在的社会认同管理策略：①个体流动。个体通过脱离处于劣势地位或消极评价的群体，转向处于优势地位或积极评价的群体，从而重新获取积极的社会认同。这一策略是个体性策略，个体流动并不改变群体间的相对社会地位。②社会创造。个体通过改变或创造群际比较的情景而重新获取积极的社会认同，较为常见的社会创造策略有改变比较维度和改变比较对象等。③社会竞争。个体致力于改变群际的社会地位，通过与相对应的外群体展开群体间竞争，提高内群体的社会地位，从而获得积极的社会认同。[2][3] 社会创造和社会竞争是集体性的策略，都是通过改变内群体在群际比较中的消极地位而获取积极的社会认同。[4]

社会认同理论进一步假设，在不同的社会和历史背景下，个体对特定的群际关系特征所持有的信念会影响其社会认同管理策略的选择。[5] 相关研究验证了这一假设[6][7]，并发现有三个群际关系的社会结构特征对个体的社会认同管理策略选择有显著的影响作用：①群体关系的稳定性（Stablility）是个体对群体间关系和相对地位是否易于改变的感知。②群体关系的合理性（Legitimacy）是个体对群体间的优劣地位是否通过正当合理的途径获得的感知。③群体关系的可渗透性（Permeability）是个体对不同群体间的个体流动渠道是否通畅的感知。

同时，个体的社会认同在群体关系的社会结构特征和社会认同管理策

---

[1] Eller, A., & Abrams, D. "Come together: Longitudinal comparisons of Pettigrew's reformulated intergroup contact model and the Common Ingroup Identity Model in Anglo-French and Mexican - American contexts." *European Journal of Social Psychology*, Vol. 34, 2004.

[2] Tajfel, H., & Turner, J. C. "An integrative theory of intergroup conflict." In W. G. Austin, & S. Worchel (Eds), *The social psychology of intergroup relations*. Monterey, CA: Brooks/Cole, 1979.

[3] Tajfel, H., & Turner, J. C. "The social identity theory of intergroup behaviour." In S. Worchel, & W. G. Austin (Eds), *Psychology of intergroup relations* (2nd ed.). Chicago: Nelson-Hall, 1986.

[4] Lemaine, G., Kastersztein, J., & Personnaz, B. "Social differentiation." In H. Tajfel (Ed.), *Diferentiation between social groups. Studies in the social psychology of intergroup relations*. London: Academic Press, 1978.

[5] Hogg, M. A., & Abrams, D. Social identifications. London: Routledge, 1988.

[6] Wright, S. C., Taylor, D. M., & Moghaddam, F. M. "Responding to membership in a disadvantaged group: From acceptance to collective protest." *Journal of Personality and Social Psychology*, Vol. 58, 1990.

[7] Lalonde, R. N., & Silverman, R. A. "Behavioral preferences to social injustice: The effects of group permeability and social identity salience." *Journal of Personality and Social Psychology*, Vol. 66, No. 1, 1994.

略间的作用也得到了研究者的重视，研究者发现个体的社会认同状况是二者关系的重要中介变量。个体对群际关系的社会结构的感知影响个体的社会认同水平，如个体越是认为现有群际关系是不合理的，其内群认同就越高；而个体的社会认同水平则对其社会认同管理策略的选择有显著影响，如具有越高的内群认同，个体就越不会选取个体流动的社会认同管理策略。[1][2]

（三）研究框架和研究假设

基于上述社会认同理论的研究视角，我们可以得出以下整体假设。

（1）人们都有追求积极社会认同的需要，因此当其所属群体处于劣势地位或面临消极评价时，个体倾向于采取社会认同管理策略应对社会认同威胁。

（2）个体对群体关系的社会结构特征的感知（稳定性、合理性和可渗透性）会显著影响其社会认同管理策略的选择。

（3）个体的社会认同状况在群际关系的社会结构特征和社会认同管理策略的选择的关系中具有显著的中介作用。

在社会认同的理论视角和以上3个整体假设的指导下，我们建构了本文的整体研究框架。

1. 群际关系的社会结构特征为预测变量

与社会认同理论和相关研究相符，本文选取了群际关系的稳定性、合理性和可渗透性作为预测变量，探索其对新生代农民工群体的社会认同和其社会认同管理策略的作用。

2. 新生代农民工的社会认同为中介变量

本文选取新生代农民工的农村人认同和城市人认同作为中介变量。

在以往研究中，研究者们往往选取某群体的内群认同作为中介变量，然而本文认为，与以往研究相比，新生代农民工群体的社会认同有其特异性：其一，在以往研究中，研究者们所选取的目标群体的群体属性往往是天然

---

[1] Ellemers, N., Wilke, H., & van Knippenberg, A. "Effects of the legitimacy of low group or individual status on individual and collective identity enhancement strategies." *Journal of Personality and Social Psychology*, Vol. 64, No. 5, 1993.

[2] Verkuyten, M., & Reijerse, A. "Reijerseial-psychological perspectives. Amsterdam: Swets & Zeitlinger. er. r. groups: The interactive effects of perceived stability, legitimacy and permeability." *European Journal of Social Psychology*, Vol. 38, 2008.

的、很难改变的，如非裔黑人、女性等①②，这些群体具有稳定而明确的内群体，而农民工群体则是我国制度安排的结果，其群体属性是不稳定的和模糊的，该群体并没有明确的内群体。其二，已有研究表明，对于农民工群体而言，城市人认同和农村人认同并非一种线性认同的两个极端，而是两种互相平行的不同认同类别。③ 因此，对农民工而言，高度的城市人认同并不意味着较低的农村人认同，反之亦然，只用城市人认同和农村人认同二者中的一个代表农民工的社会认同状况是偏颇的，甚至是错误的。其三，加入城市人认同作为中介变量，可以探讨新生代农民工城市人认同的心理机制，对探索促进新生代农民工城市融入的有效途径具有重要意义。

3. 社会认同管理策略为因变量

本文选取了个体流动、社会创造、社会竞争和群体接触四种社会认同管理策略作为因变量。

社会创造是多种社会认同管理策略形式的统称，如个体化、转向历时比较、转变比较维度等④，因此本文选取了转向内群体比较和转变比较维度两种最具代表性的社会创造策略。转向内群体比较是指个体并不与处于优势地位的外群体进行比较，而是转向群体内部，通过与处于较低地位的内群体个体相比较而获取积极的社会认同评价；转变比较维度则是指在与处于优势地位的外群体相比较时，个体并不在外群体处于优势地位的维度上与外群体进行比较，而是选取个体认为的本群体处于优势地位的维度进行比较，从而获得积极的社会认同评价。

群体接触是在不改变群际结构和个体的群体属性的前提下，通过群体间个体的有效接触，改变群体间的态度，降低群际偏见和歧视，增加群际信任，从而最终达成融洽的群际关系。⑤ 研究表明，群际接触可以有效地改善群际关系，以及不同群体间个体的相互态度和行为。⑥ 但是，也有

---

① Verkuyten, M., & Reijerse, A. "Reijerseial-psychological perspectives. Amsterdam: Swets & Zeitlinger. er. r. groups: The interactive effects of perceived stability, legitimacy and permeability." *European Journal of Social Psychology*, Vol. 38, 2008.
② Hersby, M. D., Ryan, M. K., & Jetten, J. "Getting together to get ahead: The impact of social structure on women's networking." *British Journal of Management*, Vol. 20, 2009.
③ 郭星华、李飞：《漂泊与寻根：农民工社会认同的二重性》，《人口研究》2009年第6期。
④ 王沛、刘峰：《社会认同理论视野下的社会认同威胁》，《心理科学进展》2007年第5期。
⑤ 辛素飞、明朗、辛自强：《群际信任的增进：社会认同与群际接触的方法》，《心理科学进展》2013年第2期。
⑥ Pettigrew, T. F., & Tropp, L. R. "A meta-analytic test of intergroup contact theory." *Journal of Personality and Social Psychology*, Vol. 90, 2007.

研究发现了矛盾性的结果,认为在某些情境中,群际接触反而会损害群际关系,造成消极后果。[①][②] 因此,本文加入群际接触作为因变量,试图探讨个体对群际关系的社会结构特征的感知以及个体的社会认同状况对个体群际接触的意愿和效果的影响,以明确这一重要的社会认同管理策略的适用性。

总体而言,本文以群际关系的社会结构特征(稳定性、合理性和可渗透性)为预测变量,以新生代农民工群体的城市人认同和农村人认同为中介变量,以四种社会认同管理策略(个体流动、社会创造、社会竞争和群体接触)为因变量,构建出本文的整体研究框架(如图1所示)。

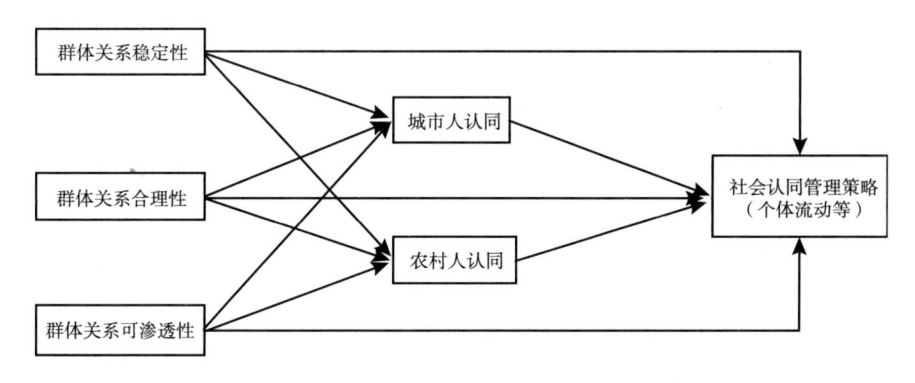

图1 群际关系的社会结构特征、新生代农民工社会认同和社会认同管理策略的假设路径

三 研究方法和问卷编制

(一)样本抽取

本文以新生代农民工为抽样群体。首先遵循自愿原则,在参与本校某项全国性社会实践活动的学生中招募调查员220余名,经过仔细甄选,得到有调查经验的调查员100名;经过系统的培训后,每位调查员携带8份问卷在

[①] Ensari, N. & N. Miller. "The out-group must not be so bad after all: the effects of self-disclosure, typicality, and salience on intergroup bias." *Journal of Personality and Social Psychology*, Vol. 83, 2002.

[②] Trawalter, S., Richeson, J. A. & Shelton, J. N. "Predicting behavior during interracial interactions: A stress and coping approach." *Personality Social Psychology Review*, Vol. 13, 2009.

社会实践的目的地向新生代农民工发放，问卷回收后经研究人员检查，按有效问卷数量付给调查员报酬。共发放问卷800份，回收有效问卷721份，问卷有效率达90%。

被试来自河北、河南、山东、安徽、贵州等20余个省/直辖市/自治区；其中男性497人（68.9%），女性224人（31.1%）；平均年龄26.7岁（SD=4.4）；未婚者326人（45.2%），已婚者395人（54.8%），无丧偶和离异者；在已婚者中，无子女者69人（9.6%），一个子女者207人（28.7%），两个子女者100人（13.9%），三个子女者22人（3.1%），三个以上子女3人（0.4%）；学历水平为小学未毕业者23人（3.2%），小学水平者97人（13.5%），初中水平者346人（48%），高中水平者185人（25.7%），本科或大专水平者70人（9.7%）；持农村户口者610人（84.6%），城市户口者79人（11%），暂住证者27人（3.7%），居住证者1人（0.1%），城市集体户口者4人（0.6%）；平均进城务工年数5.7年（SD=3.8）；平均月收入2445.5元（SD=987.5）；有552人在家乡还保有土地（76.6%），169人已经没有土地（23.4%）；每年基本不回家乡者80人（11.1%），只有过年才回家乡者429人（59.5），农忙和过年回家乡者184人（25.5%），每年有一半时间以上在家乡者28人（3.9%）；有168人为建筑工人（23.6%），101人为饭店服务员（14%），96人为公司员工（收银员、销售员、接话员等）（13.2%），85人为工厂流水线工人（11.8%），48人为个体户（6.6%），其余还有出租司机、家政服务人员、厨师、快递员等。

（二）研究工具

本文对所选取的问卷进行了筛选和编制。

1. 群际关系的社会结构特征问卷

其中群际关系的社会结构特征问卷改编自Mummendey等人在研究中所使用的问卷[①]，该问卷中群际关系的稳定性、合理性和可渗透性量表都由3个题目组成，每个题目都是李克特5点评分题目，以每个量表3个题目的总分表示被试在该量表上的得分。该量表在Mummendey的研究中用以测量东

[①] Mummendey, A., Klink, A., Mielke, R., Wenzel, M., & Blanz, M. "Socio-structural characteristics of intergroup relations and identity management strategies: Results from a field study in East Germany." *European Journal of Social Psychology*, Vol. 29, 1999.

西德合并后原东德地区的德国人对原东德地区德国人群体和原西德地区德国人群体间关系的感知，研究证明 Mummendey 的这一量表用于其他群体也具有较好的信度和效度。①② 因此本研究将本量表进行改编，用以测量新生代农民工群体对城市人和农村人群体群际关系的结构特征的感知。

2. 城市人和农村人认同量表

该量表改编自 Mael 和 Ashforth 编制的组织认同量表③，该量表由 6 个 5 点李克特评分题目组成，着重测量个体的组织认同对其的情感和价值意义，量表简洁明了，信效度较高，研究者发现该量表对个体的群体认同也有很好的测量效果。④ 因此本文对该量表进行了改编，将该量表题目中的组织名称改为"城市人"或"农村人"，分别形成城市人认同量表和农村人认同量表，每个量表 6 个题目的总分为新生代农民工个体的城市人认同得分和农村人认同得分。

3. 社会认同管理策略量表

其中个体流动、社会创造和社会竞争量表改编自 Blanz 等人所使用的量表⑤，该量表中个体流动和社会竞争各有 3 个 5 点评分的李克特题目组成，而社会创造所包含的转向内群比较和转变比较维度也各有 3 个 5 点评分的李克特题目组成。该量表在 Blanz 等人的研究中用以测量东西德合并后原东德地区的德国人在与原西德地区德国人群体相比较时所采用的社会认同管理策略，研究证明该量表用于其他群体时也有较好的效果。⑥ 因此本文将该量表进行改编，以测量新生代农民工对个体流动、社会创造和社会竞争策略的使用。

---

① Niens, U. & E. Cairns. "Idntity management strategies in northern Ireland." *The Journal of Social Psychology*, Vol. 142, No. 3, 2002.

② Verkuyten, M., & Reijerse, A. "Reijerseial-psychological perspectives. Amsterdam: Swets & Zeitlinger. er. r. groups: The interactive effects of perceived stability, legitimacy and permeability." *European Journal of Social Psychology*, Vol. 38, 2008.

③ Mael, F. A., & Ashforth, B. E. "Alumni and their alma mater: A partial test of the reformulated model of organizational identification." *Journal of Organizational Behavior*, Vol. 13, 1992.

④ 石晶、郝振、崔丽娟：《群体认同对极端群体行为的影响：中介及调节效应的检验》，《心理科学》2012 年第 2 期。

⑤ Blanz, M., Mummendey, A., Mielke, R., & Klink, A. 1998, "Responding to negative social identity: A taxonomy of identity management strategies." *European Journal of Social Psychology*, Vol. 28, 1998.

⑥ Hersby, M. D., Ryan, M. K., & Jetten, J. "Getting together to get ahead: The impact of social structure on women's networking." *British Journal of Management*, Vol. 20, 2009.

而群体接触量表吸纳了 Islam 和 Hewstone[①]以及 Eller 和 Abrams[②] 所使用的群体接触量表编制而成,该量表由 5 个李克特 5 点评分题目组成,以测量新生代农民工与城市人接触的频率、感知和意愿。个体在这 5 个题目上的总分表示其群体接触的总体情况,总分越高,表明新生代农民工与城市人接触的总体情况越良好。

四 结果分析

(一) 基本情况分析

1. 信效度检验

本研究所使用的社会结构的群际关系特征量表、社会认同量表和社会认同管理策略量表的内部一致性信度在 0.757 (城市人认同量表) 到 0.864 (转向内群比较量表) 之间,表现出良好的信度水平。

本研究对所用的问卷进行了验证性因子分析,以检验问卷的结构效度。在对所有问卷题目进行因子分析后,所得因子与本文假设完全相同。同时,除群体接触量表中表示群体接触感知的一个题项(我从未感到接触到的城市人歧视我)由于因子载荷不足 0.4 而被直接删除之外,其他因子所包含的题目与研究假设相同,表现出良好的结构效度。

2. 新生代农民工的认同状况

对新生代农民工的农村人认同和城市人认同进行配对样本 t 检验发现,新生代农民工的农村人认同显著高于城市人认同 ($M_{农村}$ = 20.98, SD = 4.05; $M_{城市}$ = 14.92, SD = 4.33; t = 28.65***, df = 720),表明相对于城市人,新生代农民工更加认同其农村人的群体身份。

3. 各变量间的相关关系

由表 1 可见,社会结构的群体关系特征都与新生代农民工的城市人认同显著相关,而只有群体地位的合理性与其农村人认同显著相关;新生代农民

[①] Islam, M. R., & Hewstone, M. "Dimensions of contact as predictors of intergroup anxiety, perceived outgroup variability, and out-group attitude: An integrative model." *Personality and Social Psychology Bulletin*, Vol. 19, 1993.

[②] Eller, A., & Abrams, D. "Come together: Longitudinal comparisons of Pettigrew's reformulated intergroup contact model and the Common Ingroup Identity Model in Anglo-French and Mexican-American contexts." *European Journal of Social Psychology*, Vol. 34, 2004.

表1 假设路径模型中各变量间的相关关系（N=721）

	农村人认同	城市人认同	稳定性	合理性	不可渗透性	个体流动	转变维度	内群比较	社会竞争	群际接触
农村人认同	1									
城市人认同	0.083*	1								
稳定性	0.003	−0.089*	1							
合理性	−0.104**	0.293***	−0.048	1						
不可渗透性	0.031	−0.076*	0.001	0.182***	1					
个体流动	0.052	0.242***	0.101**	0.171***	0.012					
转变维度	0.072	0.065	0.009	0.125**	0.054					
内群比较	0.059	0.238***	0.018	0.201***	0.015			0.245***		
社会竞争	0.234***	−0.049	−0.106**	−0.293***	0.146***	0.149***	0.142***	0.15***		
群际接触	0.068	0.342***	0.107**	0.007	−0.26***	−0.016	0.093*	0.107***	1	
M	20.98	14.92	9.42	6.81	8.36	9.77	9.37	8.85	10.86	19.33
SD	4.05	4.33	1.56	2.39	2.18	2.4	2.13	1.98	2.05	3.85

注：* $P<0.05$，** $P<0.01$，*** $P<0.001$。

工的农村人认同与其社会竞争策略显著相关,而其城市人认同则与其个体流动、社会竞争和群际接触策略显著相关;群际关系的稳定性与新生代农民工的个体流动、社会竞争和群际接触策略显著相关,群际关系的合理性与其个体流动、社会创造(转变比较维度和转向内群比较)和社会竞争策略显著相关,群际关系的不可渗透性与其社会竞争和群际接触策略显著相关。

(二) 路径分析结果

首先对所用问卷的数据进行标准化,然后使用 LISREL8.7 对图 1 中的假设路径模型进行路径分析,结果发现该路径模型的 [2 (11) = 59.32, p = 0.000, CFI = 0.939, NNFI = 0.977, GFI = 0.989, RMSEA = 0.011, AIC = 137.32 (vs 饱和模型的 110)] 各项拟合指标都达到良好水平,表明该模型有很好的拟合效果。

路径分析结果如表 2 所示,社会结构的群际关系特征对新生代农民工的城市人和农村人认同和其社会认同管理策略表现出显著的总体效应。

表 2　假设路径模型中各路径间的直接、间接和总体效应 (N = 721)

		农村人认同	城市人认同	个体流动	转变维度	内群比较	社会竞争	群体接触
解释变异百分比(%)		3.3	10.8	7.1	5.7	7.2	10.4	8.3
农村人认同		—	—	0.03	0.049*	0.034	0.129***	0.042
城市人认同		—	—	0.129***	0.042	0.101***	0.004	0.319***
群体地位稳定性	直接	0.003	-0.074*	0.126***	0.016	0.042	0.094**	0.136***
	间接	—	—	-0.016	-0.007	-0.014	-0.001	-0.026
	总体	0.003	-0.074*	0.11***	0.01	0.028	0.093**	0.11***
群体地位不可渗透性	直接	0.051	-0.133***	0.005	0.13***	0.000	0.107**	-0.228***
	间接	—	—	-0.026	-0.007	-0.023	0.01	-0.044*
	总体	0.051	-0.133***	-0.021	0.124***	-0.022	0.097**	-0.271***
群体地位合理性	直接	-0.113***	0.313***	0.117**	0.071	0.153***	-0.25***	-0.042
	间接	—	—	0.062*	0.017	0.054*	-0.022	0.104***
	总体	-0.113	0.313	0.18***	0.088*	0.207***	-0.271***	0.062*

注:* P < 0.05,** P < 0.01,*** P < 0.001。

1. 群际关系特征对被试农村人认同的作用

由表 2 可见,在 3 个社会结构的群际关系特征中,只有群体地位的合理性对新生代农民工表现出显著的负向效应,即新生代农民工越感知到城市人和农村人群体间的群体地位是不合理的,其农村人认同就越高;而群体地位的稳定性和不可渗透性对其农村人认同无显著影响。

2. 群际关系特征对被试城市人认同的作用

由表2可见,群体地位的稳定性、不可渗透性和合理性都对新生代农民工的城市人认同有显著效应,其中群体地位稳定性和不可渗透性对其城市人认同的效应是负向的,而群体地位合理性对其作用是正向的,即新生代农民工越感知到城市人和农村人群体间的群体地位是不稳定的、可渗透的和合理的,其城市人认同就越高。

3. 社会认同对被试社会认同管理策略的作用

由表2可见,新生代农民工的农村人认同对其转变比较维度和社会竞争策略有显著的正向效应,转变比较维度是社会创造策略的一种,因此,新生代农民工的农村人认同对其社会竞争和社会创造策略有显著影响,其农村人认同越高,则其越倾向于使用社会竞争和社会创造策略,而对其个体流动和群际接触策略无显著作用;而新生代农民工的城市人认同对其个体流动、转向内群比较和群际接触策略有显著的正向效应,转向内群比较也是社会创造策略的一种,因此新生代农民工的城市人认同对其个体流动、社会创造和群际接触策略的使用有显著影响,即新生代农民工的城市人认同越高,其就越倾向于使用个体流动、群际接触和社会创造策略,而其城市人认同对社会竞争策略的使用无显著作用。

4. 群际关系特征对被试个体流动策略的作用

从表2可见,群体地位的稳定性和合理性对新生代农民工的个体流动策略有显著的正向总体效应,表明如果新生代农民工认为城市人和农村人群体间的群体地位是稳定的和合理的,那么他们就更多地采用个体流动策略;而群体地位不可渗透性对其个体流动策略的使用无显著效应。同时,根据温忠麟等人提出的中介效应的检验程序发现①,新生代农民工的城市人认同部分地中介了群体地位的稳定性和合理性对其个体流动的效应,新生代农民工越是认为城市人和农村人群体间的群体地位是不稳定的和合理的,其城市人认同就越高,从而导致其采取个体流动策略的意愿就越高;而其农村人认同则在群际关系特征与个体流动间无任何显

---

① 温忠麟、张雷、侯杰泰、刘红云:《中介效应检验程序及其应用》,《心理学报》2004年第5期。

著的中介作用。

5. 群际关系特征对被试社会创造策略的作用

社会创造策略包含转变比较维度和转向内群体比较两个策略。

首先，由表2可见，群体地位的不可渗透性和合理性都对转变比较维度策略有显著的正向总体效应，即新生代农民工越是认为城市人和农村人间的群际关系是不可渗透的和合理的，其就越可能采取转变比较维度的社会创造策略。同时，根据温忠麟等人提出的中介效应的检验程序发现，新生代农民工的农村人认同完全中介了群体地位合理性对转变比较维度策略的效应，新生代农民工越是认为城市人和农村人间的群际关系是不合理的，其农村人认同就越高，从而导致其更可能采取转变比较维度的策略。

其次，由表2可见，只有群体地位的合理性对新生代农民工的转向内群比较策略有显著的正向总体效应，即新生代农民工越是认为城市人和农村人间的群际关系是合理的，其就越有可能采取转向内群比较的策略。同时，根据温忠麟等人提出的中介效应的检验程序发现，新生代农民工的城市人认同部分地中介了群体地位的合理性对转向内群比较的效应，新生代农民工越是认为城市人和农村人间的群际关系是合理的，其城市人认同就越低，从而导致其更可能采取转向内群比较的策略。

综合转变比较维度和转向内群比较策略的结果，我们可以发现，群体关系的合理性对新生代农民工社会创造策略的使用具有显著正向作用，新生代农民工越是认为城市人和农村人间的群际关系是合理的，其采用社会创造策略的意愿就越高。同时，新生代农民工的城市人认同和农村人认同部分地中介了二者间的关系，但是其城市人认同和农村人认同的中介作用表现在不同的社会创造策略中。

6. 群际关系特征对被试社会竞争策略的作用

由表2可见，群体地位的稳定性和不可渗透性对社会竞争策略有显著的正向总体效应，而群体地位的合理性对社会竞争策略有显著的负向总体效应，即新生代农民工越是认为城市人和农村人间的群际关系是稳定的、不可渗透的和不合理的，其采取社会竞争策略的意愿就越高。同时，根据温忠麟等人提出的中介效应的检验程序发现，新生代农民工的农村人认同在群体地位的合理性和社会竞争策略间关系中起到部分的中介作用，新生代农民工越是认为城市人和农村人间的群际关系是不合理的，其农村人认同就越高，导致其采取社会竞争策略的意愿就越高。

7. 群体关系特征对被试群际接触策略的作用

由表2可见，群体地位的稳定性和合理性对群际接触策略有显著的正向总体效应，而群体地位的可渗透性对社会竞争策略有显著的负向总体效应，即新生代农民工越是认为城市人和农村人间的群际关系是稳定的、合理的和可渗透的，其采取群际接触策略的意愿越高。同时，根据温忠麟等人提出的中介效应的检验程序发现，新生代农民工的城市人认同部分地中介了群体地位的稳定性和不可渗透性对群际接触策略的总体效应，并完全中介了群体地位的合理性对群际接触的总体效应，新生代农民工越是认为城市人和农村人间的群际关系是不稳定的、可渗透的和合理的，其城市人认同就越高，从而导致其更可能采取群际接触的策略。

五　结论与讨论

本文基于社会认同理论的研究视角，对社会结构的群际关系特征、新生代农民工的社会认同和其社会认同管理策略间的关系进行了系统探讨，通过路径分析的结果可以发现：①社会结构的群际关系特征对新生代农民工的社会认同状况有差异性的影响；②新生代农民工的城市人和农村人认同对其社会认同管理策略的使用有不同影响；③社会结构的群际关系特征对新生代农民工的社会认同管理策略有差异化作用；④新生代农民工的社会认同在社会结构的群际关系特征对其社会认同管理策略的影响中起到了部分或完全的中介作用。

（一）城市人认同在新生代农民工社会认同管理过程中的凸显

由本研究的结果可以发现，相对于农村人认同，新生代农民工的城市人认同在其社会认同管理过程中的作用更为凸显：其一，三个社会结构的群际关系特征都对新生代农民工的城市人认同有显著效应，而只有群际关系的合理性对其农村人认同有显著效应；其二，新生代农民工的城市人认同与其个体流动、社会创造（转向内群比较）和群际接触策略显著相关，且对其有显著的直接效应，而其农村人认同只与其社会竞争策略显著相关并对其有显著的直接效应；其三，在社会结构的群际关系特征对其社会认同管理策略的作用中，新生代农民工的城市人认同与其农村人认同相比同样起到了重要的中介作用。

首先，这一结果直接验证了本文的相关论述，即对新生代农民工而言，城市人认同和农村人认同是两个相互平行的认同类型,因为二者具有不同的影响因素和心理机制。新生代农民工的农村人认同受到群际关系特征中的合理性的显著影响,因此其对群际关系合理性的感知可以直接影响其农村人认同,而其城市人认同则受群际关系特征的合理性、稳定性和不可渗透性的显著影响,其影响机制更为复杂;同时,下文将提出,新生代农民工的城市人认同与农村人认同在其群际关系特征与社会认同管理策略关系中的中介作用有其特异性,二者分别在不同的群际关系特征和认同管理策略中发挥中介作用,这表明二者很可能具有不同的心理机制,从而导致这种特异性的影响作用。因此,新生代农民工的城市人认同和农村人认同显然不是同一认同的两端,而是具有不同影响因素和心理机制的两种认同。

其次,城市人认同在新生代农民工社会认同管理过程中的独特作用也为农民工社会认同研究提供了新的视角。在以往研究中,研究者往往习惯性地将农村人作为农民工天然的内群体,并认为从乡村到城市的社会时空转移促使农民工对其乡土记忆和乡村认同进行解构和重构,从而形成适应性的自我认同。[1][2] 本研究的结果则表明,城市人认同和农村人认同并非一种认同的两端,农民工对其农村人认同的解构过程并不与其城市人认同的建构过程相契合,而是两种截然不同的心理过程;同时,农民工的城市人认同也并非只是农民工在制度安排和社会结构影响下重构其自我认同的被动产物,而是与其农村人认同一样,在其对自我的社会身份和社会认同进行主体建构过程中有着重要的潜在作用。因此,在将来的研究中,研究者们可以尝试从农民工的城市人认同出发,或者将其农村人认同和城市人认同相结合,从这一新的视角考察农民工的城市融合和其社会认同的主体建构过程。

(二)新生代农民工社会认同建构和管理的主体性

本研究结果表明,新生代农民工对其社会认同的建构和管理有其主体性,这种主体性表现在三个方面:其一,新生代农民工对社会结构群际关系特征的感知影响其对自身社会认同的建构,对群体关系合理性的感知影响其农村人认同的建构,而群际关系稳定性、合理性和不可渗透性则共同影响其

---

[1] 王春光:《新生代农村流动人口的社会认同与城乡融合的关系》,《社会学研究》2001年第3期。

[2] 潘泽泉:《自我认同与底层社会建构:迈向经验解释的中国农民工》,《社会科学》2010年第5期。

城市人认同的建构；其二，对社会结构的群际关系特征的感知导致新生代农民工社会认同管理策略选取的特异化，例如对高稳定性、高不可渗透性和低合理性的群际地位的感知可以促进其社会竞争策略的使用，而对高稳定性、高合理性和低不可渗透性的群际地位的感知则可以促进其群际接触策略的使用；其三，新生代农民工的社会认同对社会结构的群际关系特征和其社会认同管理策略间的关系有特异性的影响作用，新生代农民工的城市人认同在其群际关系特征与个体流动和群际接触策略的关系中有重要的中介作用，而其农村人认同则主要在其群际关系特征与社会竞争策略的关系中有显著的中介作用，而其城市人认同和农村人认同则在其两种社会创造策略的选取中各有侧重。

　　新生代农民工对其社会认同的主体性建构和管理，对农民工社会认同研究的两种路径都有所启发：一方面，本研究证明了新生代农民工的主体性的选择和接受社会制度和社会结构对其的影响，从而对其城市人认同和农村人认同进行差异化的建构，新生代农民工的社会认同并非如社会结构论的研究者所假设的那样完全或几乎等同于社会制度和社会结构赋予其的社会角色；另一方面，本研究也表明新生代农民工对社会认同管理策略的选取并非无差异的，其对社会认同管理策略的选取有不同的影响因素和心理机制，并对其影响因素和心理机制做了初步探讨。本研究结果表明了社会结构的群际关系特征对新生代农民工社会认同管理策略的差异化影响作用，但这显然并非新生代农民工社会认同管理策略的唯一影响因素，其他具有广泛影响作用的因素，如人格、社会情境、个体社会资本等对新生代农民工社会认同管理策略的作用还有待考察。另外，本研究结果发现新生代农民工的城市人认同和农村人认同在其社会认同管理策略的选取中有差异化的中介作用，这表明二者可能在其社会认同管理策略中具有不同的影响机制，需要我们在以后研究中进行深入探讨。

　　总体而言，本研究将农民工社会认同研究的社会结构路径和认同管理路径相结合的探索是初步的。本研究表明了社会结构和新生代农民工社会认同的建构和管理间有复杂的影响因素和深刻的心理机制，这也是本文最主要的贡献所在，但是本文没有能力做更为深入的探讨，以挖掘完整的影响因素结构和潜在心理过程，这需要后来的研究者继续完成。同时，本文也没有探讨社会结构的群际关系特征对新生代农民工群体社会认同管理策略的交互作用，虽然这并非本文的主要研究目的，但进行这方面的探索显然是十分有益的。

本文立足于社会认同理论视角，对社会结构的群际特征和新生代农民工社会认同管理策略间的关系进行了系统探讨，研究结果表明群体地位的合理性对新生代农民工的社会认同建构有特殊作用，城市人认同在其社会认同过程中具有与其农村人认同同样重要的地位，而这都表明了新生代农民工在其社会认同的建构和管理中发挥了主体性作用。这些结果一定程度上弥补了以往研究的不足，也为当前农民工社会认同研究展示了新的视角。

国家渗透能力建设

——社区治理挑战下的国家应对策略[*]

肖 林[**]

内容摘要：改革开放以来，社会与国家的相互分离成为明显趋势。不应忽视的是，国家也在不断加强其对基层社会的渗透能力建设，这模糊了国家与社会之间的边界。文章指出，国家在社区治理过程中面临着新的挑战和制度约束，选择了强化渗透能力的应对策略，具体通过组织渗透、功能渗透和程序渗透这三种密切关联的方式。这些策略调整的同时带来多种积极效果和消极后果，不同渗透策略对不同类型的合法性影响也不同。就社会的成长而言，国家渗透能力建设的重要意义在于它同时也提供了社会对国家反向渗透的机会。

关键词：国家渗透能力　社区治理　策略

在传统单位体制下，城市社会生活乃至私人领域都处于国家的高度控制和全面渗透之下。工作单位具有经济、社会、政治和意识形态的多重功能，成为国家进行整合、控制和动员的关键载体。个人高度依附于单位，自主性的社会几乎没有存在的空间。在城市管理中，住宅区只是单位制在居住空间上的功能延伸，街道—居委会体系对单位制起到拾遗补阙的作用。

改革开放以来，国家与社会相互分离的趋势日益明显，国家从局部性领

---

[*] 年会原文删减后刊发于《哈尔滨工业大学学报（社会科学版）》2013 年第 6 期，本文略有不同。

[**] 肖林，中国社会科学院社会学研究所副研究员。

域退出或者改变权力运作方式，相对独立的社会空间逐渐浮现。市场体系的建立和单位制的衰落使得国家对社会成员的控制能力大不如前，在城市基层社会面临着重建权威的挑战。随着社区制取代单位制和街居制成为城市管理的基础，国家以新的策略和途径重新渗透到基层社会之中。

转型时期国家对城市基层社会的再渗透与单位制时期的全面渗透之间既有着一定的延续关系也有着明显的区别。面对市场化和城市化的新挑战以及法制化的制度约束，为了尽可能地实现对基层社会的有效管理，国家作为具有高度自主性的行动主体选择了哪些应对策略来重新渗透到基层社会之中？这些渗透策略和途径具有什么样的新特征？由此产生了怎样的效果和后果？又如何影响着国家与社会之间的互动关系？这些正是本文所要探讨的问题。

一　文献回顾

国家渗透能力属于"国家能力"（state capacity）的一种，西方学术界"国家能力"概念建立在"国家自主性"理论的基础之上。国家自主性理论反对结构功能主义和多元主义把国家单纯地视为各种社会力量相互博弈、争夺利益的平台，而将其看作有目的、理性的行动者，强调国家自身的意志、利益、逻辑和能力。

迈克尔·曼（Michael Mann）对国家权力性质的划分对国家能力研究产生重要影响。他指出国家权力具有两个不同的维度：一种是"专制（断）权力"（despotic power），指的是国家精英可以在不必与市民社会各集团进行例行化、制度化讨价还价的前提下自行行动的权力。另一种是"基础性权力"（infrastructural power），指的是国家事实上贯穿市民社会，在其领土范围内有效贯彻其政治决策的能力，是一种国家渗透和集中地协调市民社会活动的权力。在他看来，基础性权力大为增强是现代国家的重要特征，现代国家和市民社会进行了非常紧密的相互渗透（迈克尔·曼，2007：68~71）。

曼的"基础性权力"概念激发了政治学界对"国家能力"和"国家建设"（state building）问题的关注。在对第三世界国家建设的研究中，米格达尔（Joel S. Migdal）认为，国家政权向社会的渗透（penetration）不仅包括国家机构和人员的下沉，而且还包括国家通过配置资源以实现特定目的的能力和管理民众日常行为的能力，是国家成功地使用国家规定的规则取代人们自己社会行为的倾向或者别的社会组织规定的社会行为的能力（黄冬娅，

2009）。他划分了四种国家能力：社会渗透能力、调节社会关系的能力、汲取资源的能力以及按既定的方式拨款或使用资源的能力，这些能力的高低决定了国家的"强"或"弱"（Joel S., 1988）。

受到米格达尔的启发，王绍光和胡鞍钢在国内最先提出了中国国家能力及其建设的问题，并区分了汲取、调控、合法化和强制这四种国家能力，但其研究主要聚焦于如何提高中央政府的财政汲取能力（王绍光、胡鞍钢，1993）。李强认为必须区分"国家权力"与"国家能力"，他借助曼的概念指出，传统中华帝国有两个基本特征，即国家管辖范围（权力）宽泛与国家实际渗透社会能力软弱，而缩小国家专断权力的同时扩大基础权力是构建现代国家面临的任务和挑战（李强，1998）。

在城市社区研究中，朱健刚较早地明确提出了"国家权力是如何渗透到城市的基层社会的"这一问题，并且重点关注基层党组织。他指出政府积极地构建街区"权力的三叠组织网络"以保证权威的合法性，即正式行政权力网络（街道办与居委会）、非正式权力网络或行政支持网络（社会中介组织）以及党的组织网络（对上述两重网络的渗透构成）。一方面是行政权力在街区的不断强化，另一方面是社会自治空间的成长，由此可能形成国家与社会的良性互动的"强国家、强社会"格局（朱健刚，1997）。何艳玲指出，在后单位制时期，街道的党组织和行政组织体系通过扩大组织边界和改变权力运作方式的不同途径来重建城市基层政权的权威，国家权力对基层的这种"渗透"逻辑与原有的"直接干预"有所不同（何艳玲，2006）。

正如桂勇所言，社区建设运动中国家权力向城市基层的渗透是一个不容置疑的事实，但国家也无法再拥有过去那种强大的动员和控制能力（桂勇，2007）。在社区建设运动中，作为"自治组织"的居委会不断被"行政化"，这已成为共识。某些改革设计（"议行分设""居站分离"）旨在将社区居委会的行政职能剥离出去而恢复其自治组织的社会属性，但实际上，这并没有为社区自治提供更大的自主性空间。受街道雇用和直接领导的"执行层"（社区工作站）被强化，民选产生的"议事层"（社区居委会）的民主决策权被悬置，两者的实践关系"在实质上是'国家与社会'的关系"（姚华，2010）。这使"行政体系有意无意地在基层社区名正言顺地站稳了脚跟，是国家行政力量向社会深入渗透的表现"（李骏，2006）。设立社区工作站及对其工作人员的素质要求属于国家"能力建设"过程，而社区内的协商咨询机制则属于"吸纳政治"，两者一起强化曼所说的国家"基础性权力"（耿曙、陈奕伶，2007）。

商品房小区更是独立于国家力量之外的新社会空间，它削弱了国家在基层的影响力。不少学者都试图从中寻找"公民社会"发育的希望，把业主维权、业主委员会和业主自我治理视为推动和培育中国公民社会的重要力量。然而，业委会换届、小区日常集体活动和业主维权等过程一直是在政府的"参与"和"在场"下实现的。"基层社会自治的发育也是国家干预和制度安排的产物"，其中"浸透着国家的身影和力量"，这不仅包括党组织的影响，还包括话语和意识形态的渗透（王汉生、吴莹，2011）。在新型商品房社区中，国家力量在局部退却和控制力明显下降的同时，也通过加大社区建设的资源投入、加强社区党组织的领导地位、赋予社区居委会新的权力、鼓励社区组织间的"交叉任职"等新的途径重新渗透到基层社会（肖林，2013）。

上述对国家如何渗透基层社会的研究丰富了我们对国家与社会复杂关系的认识，然而它们的一个不足之处在于，很少有研究把"国家渗透能力"作为明确的研究对象进行完整的分析，也未能将这种渗透现象明确地纳入"国家能力建设"范畴。此外，多数研究使用"渗透"一词时都明显地带有贬义和批判色彩，将"渗透"与"控制"，甚至是"宰制"联系在一起或等同起来。应该看到的是，在国家理论中"渗透能力"其实是中性的含义，甚至是现代国家的一个重要特征。国家渗透能力建设既可能带来负面后果，也可能产生积极效果。

本文对"国家渗透能力"的定义是：国家（党和政府）在掌握必要资源的基础上，在社会结构和法律制度的约束下，通过一定手段（主要为非强制性）和途径去有效地影响社会领域中行动者（组织或个体）的行为和意识，争取它们的认同与合作，从而使自身的特定意图得以贯彻和落实的能力。

二 社区治理中国家面临的新挑战和制度约束

在市场化和城市化进程中，人口流动加快、社会阶层和利益结构日益复杂、新的经济和社会组织不断涌现、价值观愈发多元，这都对国家提出了诸多挑战。首先，大量"单位人"转变为"社会人"，国家自上而下地推动了社区建设运动，试图用"社区"作为新的载体来填补"单位制"衰落后留下的组织空白。其次，随着"服务型政府"目标的确立，地方政府向社区居民提供多层次公共服务的职责也越来越重。最后，社区中利益主体的多元化也考验着国家化解矛盾冲突的能力。地方政府维护"社会稳定"的压力很大,对"维稳"的指标考核已经成为"一票否决"的重要内容。

以住房私有产权为基础的住宅小区成为城市社区的基本单元和主体,但其对外部的干预具有强烈的排他性,甚至成为国家权力的"飞地"。业主群体在某些政府官员的眼中成了"麻烦制造者"和"不稳定因素"。业主组织、物业服务企业的出现改变了原有的社区权力格局。业主委员会在合法性基础、选举、运作方式以及与政府关系上都和社区居委会有着明显不同。国家不得不适应这种社区权力格局去中心化的发展趋势,逐渐从单纯靠行政命令的单方统治向依赖协商合作的多方治理转变。

与业主权利意识高涨形成对比的是业主自治能力的薄弱。虽然小区业主自治比国家主导的"社区自治"更具有草根性和实质意义,但其发展仍然处于萌芽阶段并有诸多内部脆弱性。小区从初期维权转入长期治理后暴露出诸多问题:互不妥协的派系斗争、业委会缺乏监督、共同决议得不到遵守、换届选举不透明等。业主与市场组织冲突及其内部矛盾不仅为国家的干预和渗透提供了必要性,而且也提供了可能性。

从法律环境上看,正式写入宪法的"依法治国"成为国家政治生活的基本原则,这构成了对国家行为最重要的制度约束。立法公开、依法行政、程序正当都对国家提出了更高的要求。执政党强调"要善于使党的主张通过法定程序成为国家意志",政府"依法行政"成为不可逆转的趋势。

在小区物业管理中,国家法律确认了业主在物业事务管理中的权力主体地位。《物权法》和《物业管理条例》明确规定全体业主对共有部分享有共同管理的权力,制定和修改业主大会议事规则和管理规约、选举业主委员会、选聘物业服务企业、筹集和使用公共维修资金、改建和重建建筑物及其附属设施等重大事项均由业主共同决定。对业主自治的直接行政干预存在着较高的法律和社会风险。就社区自治的法律依据而言,1989年颁布的《居委会组织法》早已远远落后于实践的发展,不适应市场经济和社会发展的客观要求。在社区治理中无论是政府还是社区居委会都在一定程度上面临着"无法可依"的困境。这一方面给国家对基层社会的渗透提供了弹性空间,另一方面也引发社会对国家干预是否具有法律依据的质疑。

转型时期,国家逐渐失去原先赖以控制社会的资源和权力垄断,意识形态的影响力也大大降低。面临着体制外力量的不断壮大、民众权利意识的高涨等诸多新挑战以及"依法治国"的制度性约束,国家要实现对社会的有效治理就必须适应环境的变化，主动地改变行动策略，对基层社会进行"再渗透"。

三 社区治理中国家渗透能力建设的三种途径

国家通过组织渗透、功能渗透和程序渗透三种不同的途径重新渗透到城市基层社会从而实现自身意图，三者之间互为补充、彼此促进。

（一）组织渗透

组织渗透是国家在社会中"在场"并发挥作用的根本保障。国家渗透能力建设首先是通过加强基层代理组织来实现的。基层代理组织既是国家在城市基层的"神经末梢"，也是连接国家与社会的"桥梁"。组织渗透又分为对既有组织的强化、新建组织的替代以及组织间的人事交叉这三个方面。

（1）对既有组织的强化

社区党组织是中国共产党在城市社区的基层组织，是执政党领导地位在最基层的体现，也是社区各种组织和各项工作的"领导核心"，它在街道党组织的直接领导下开展工作。社区党组织建设对于巩固党在城市基层的执政基础、增强党的执政能力具有重要意义。

新时期的社区党建尤其重视向新空间（城市新区、开发区和新建居民区）、新组织（新经济组织和新社会组织这两新组织）和特定人群（离退休人员、下岗失业人员、流动人口和城市白领）延伸。这些既是原有社区党建工作的空白点，也是新时期党建工作的重点和难点。社区党建的覆盖目标就是在这些空间、组织和人群中掌握基础信息、加强指导和联络、建立党组织并开展活动；其实质是对分散化、去组织化的党员进行再组织，使党的"触角"不断地渗透到基层社会肌体。社区党建也从过去的"支部建在居委会"逐渐发展为支部建在团体、非公企业甚至业委会之上，不少社区党支部因此升级为社区党总支或社区党委。

对社区居委会的强化更直接地表现出国家向基层社会的渗透意图。社区居民委员在法律上是"基层群众性自治组织"，但在现实中带有浓厚的官方色彩。社区居委会的设立、撤销和规模调整都是由地方政府决定，其办公场所、经费报酬和人事安排也都高度依赖地方政府。加强居委会建设的重要举措包括：将社区居委会的工作经费及人员报酬等经费纳入财政预算、提高社区居委会成员和社区专职工作者的报酬待遇、保障办公用房和公益服务设施等。这些做法旨在通过为居委会提供更多的资源来加强它的管理和服务能力、激励成员的积极性，但也进一步增强了它对国家的依赖性而削弱了其自主性。

（2）新建组织的替代

社区居委会承担过多的行政事务有悖于"自治组织"的法律地位。近年来不少地方大力推行"议行分设""居站分离"的改革，试图把原来由居委会承担的行政事务和相关公共服务转交给社区工作站或社区服务站，通过为居委会"减负"从而恢复其自治组织的社会属性。社区工作站或服务站的负责人和办事人员直接由基层政府任命和聘用，其经费也由财政直接支付或政府承担，因而他们成为地方政府在基层新的"代理人"，更直接地受到政府的领导和控制。在社区工作站居强势位置的地方，社区工作站在很大程度上替代了居委会，承担起服务、组织和整合的功能，社区居委会则失去原有资源和功能而被边缘化和虚化。

（3）组织间的人事交叉

国家渗透能力建设还突出地表现在不同社区组织成员"交叉任职"这一具有"中国特色"的任职方式上，社区党组织向其他社区组织（居委会、工作站和业委会）进行"人事渗透"，意在确保社区党组织对其他社区组织的领导权和影响力，这使得国家和社会之间的边界变得更加模糊。

中央文件提出"社区党组织领导班子成员与社区居委会中的党员成员可以交叉任职，提倡社区党支部（总支、党委）书记和社区居委会主任经过民主选举由一人担任"[①]。实践中的常见格局就是社区党组织书记（或副书记）兼任居委会主任以及"两委"成员之间交叉任职。例如，2009年北京市社区党组织书记、居委会主任"一肩挑"比例为56.8%，两委成员交叉任职比例为42.1%。[②] 全国其他地方的情况也基本类似。

相对于居委会而言，业主委员会的草根性和自治色彩更浓，国家对其渗透难度也更大。中央因此进一步"提倡社区党组织班子成员、社区居民委员会成员与业主委员会成员交叉任职"[③]，不少地方政府也积极鼓励这种新的"交叉任职"方式并有使其扩大的趋势。在中小城市或者老旧小区、保

[①] 中共中央办公厅转发《中共中央组织部关于进一步加强和改进街道社区党的建设工作的意见》（中办发〔2004〕25号），2004年10月。

[②] 《北京8成社区直选书记，居委会选举放宽地域限制》，《京华时报》2012年2月22日。

[③] 中共中央办公厅、国务院办公厅《关于加强和改进城市社区居民委员会建设工作的意见》（中办发〔2010〕27号），2010年11月。

障性或安置房小区中，由于行政影响力较强而业主权利意识较弱，这种交叉任职更易实现。一些地方还尝试建立居委会、业主委员会、物业公司与社区党支部"四位一体"的交叉任职制度。

（二）功能渗透

与组织渗透配合的是功能渗透，一定的组织必然承担特定的功能。1949年以后国家除了通过基层政权建设的"政权下乡"之外（徐勇，2007），还通过"服务下乡"的途径对乡村社会进行"服务性渗透"——在乡镇一级设立各种服务机构并为农民提供公共服务，由此实现国家对基层社会的"软性整合"，构建农民对国家权威的认同等目标（徐勇，2009）。在城市社区建设中也存在政府各项公共服务"进社区"的类似现象，但社区自治组织的功能不仅包括协助政府提供公共服务的功能，还包括协调利益矛盾以及指导和监督等的功能。

（1）服务功能

社区服务早在1980年代中期就开展起来，在社区建设运动中进一步得到发展。2006年《国务院关于加强和改进社区服务工作的意见》提出要"大力推进公共服务体系建设，使政府公共服务覆盖到社区"。无论是社区居委会、社区党组织都越来越强调其服务功能，注重"寓管理于服务"。

目前社区居委会的主要服务对象是低收入群体、下岗失业人员、退休老年人以及流动人口，协助地方政府完成社会保障和社会救济、再就业培训、计划生育、卫生、养老、安全以及文化体育等公共服务，组织开展一些低偿或无偿的社区生活服务。在"居站分设"的地方，社区工作站或服务站则替代了社区居委会向居民递送行政性公共服务。

社区党组织、居委会和工作站也积极组织和开展社区文化体育活动。在经费、培训、场地和合法性等方面对各种社区兴趣团体给予支持。只有通过这种方式，居委会和工作站获得居民的信任和支持，才能将政府委托的各项任务落实下去。此外，居委会借助和行政资源的密切关系为辖区组织提供服务以换取后者在社会事务管理上的配合。

（2）指导与监督功能

国家还通过赋予原有组织新的职能来增强其渗透能力，这集中体现在社区居委会对业主组织进行"指导和监督"上。

《物权法》规定"地方人民政府有关部门应当对设立业主大会和选举业主

委员会给予指导和协助",但并未规定居委会的权限和职责。《物业管理条例》《业主大会和业主委员会指导规则》中却增加了业主大会、业主委员会应当接受居委会"指导和监督"的相关规定。从法律效力上看,全国人大法律要高于国务院行政法规和住建部的部门规章,因此,社区居委会"指导和监督"业主组织的职责（或权力）并未得到《物权法》的明确支持,而更多地反映了行政权力的意志。在地方政府"属地化管理"原则下,居委会作为政府的"腿"受其委托代为履行"指导和监督"职责更为直接和方便。

另外,现有的《城市居民委员会组织法》完全没有涉及住房私有化后出现的业主组织及其与居委会的关系问题。为此,中共中央办公厅、国务院办公厅印发的〔2010〕27号文件中第一次明确把"依法依规组织开展有关监督活动"提升为社区居民委员会三大主要职责之一[①],提出居委会要"指导和监督社区内社会组织、业主委员会、业主大会、物业服务企业开展工作"。

虽然居委会获得了有限的授权,但在实践中,这种"指导和监督"具有较大的弹性和任意性,有些基层政府和居委会把这种"指导"错误地理解为"领导",而居委会是否具备这种能力并承担相应的责任也存在问题。政府"公权力"与业主组织"私权力"之间的边界有时难以明确,"指导"既可能是合法合理的,也可能是违背法治精神的越位。

（3）协调功能

调解民间纠纷一直是居委会的一项传统职能。当居民之间发生日常纠纷时,居委会往往扮演着协调者的角色,通过自身的民间权威和协调技巧来化解矛盾。随着社区利益主体和社区组织的多元化,协调和解决它们之间的矛盾成为社区治理的一项重要内容。不少地方都尝试建立"联席会议"的机制来协调利益、化解矛盾。这种联席会议并不是一个实体性组织,而是为解决特定问题所采取的手段;其中一种就是"物业管理联席会议",它由街道办事处、乡镇政府负责召集,房地产行政主管部门、派出所、居委会、业委会和物业服务企业等方面的代表参加,共同协调解决物业管理中遇到的问题。[②]可见,虽然《物权法》明确规定了全体业主对小区物业事务的共同管

[①] 另外两项是"依法组织居民开展自治活动"和"依法协助城市基层人民政府或者它的派出机关开展工作"。

[②] 主要包括:业主委员会未依法履行职责或未依法换届、未履行物业服务合同中出现的重大矛盾纠纷、提前终止物业服务合同、物业服务企业未依法退出以及协调解决其他物业管理问题。

理权，但现实存在的矛盾冲突使得政府认识到有必要在某些情况下进行"适度"干预以降低"不稳定"的风险。

（三）程序渗透

在依法治国的原则下，政治组织的领导人选确定以及国家对社会的治理都应遵循程序合法性、正当性的要求，无论是国家宏观政治还是社区微观政治均是如此。居委会选举与业委会选举是两种主要的城市基层选举，选举办法由相关法律规定。前者由政府主导，在政府资源支持下能顺利展开；后者由小区业主在政府指导下自行举行但组织成本很高。地方政府对于居委会选举进行统一部署、周密安排，尽可能地实现自身意图；而影响业委会选举则相对困难得多。

程序渗透策略在商品房小区表现得尤为明显。作为国家基层代理人的社区居委会在以中产阶层为主体的商品房小区往往会遭遇"组织失灵"问题。国家只好采取其他策略来对这一新的社会空间进行渗透，这就产生了"程序渗透"：基层政权通过对业主组织的成立、选举和换届过程中制定具体程序的规定来介入和影响小区治理，虽然这些程序规定未必有法律依据。

召开业主大会是选举业主委员会的前提。按照住建部的相关规定，首次业主大会会议筹备组由业主、建设单位、街道办事处、乡镇人民政府和居民委员会等各方代表组成；筹备组组长由街道办事处、乡镇人民政府代表担任；业主代表由街道办事处、乡镇人民政府或者居民委员会组织业主推荐。由于由谁来筹备关系到业主大会的主导权，确认由哪些业主代表来参与筹备则容易转化成一种资格限制，所以，政府通过某种"挑选"来实现自身意图。

按照法律规定，在业委会选举产生之日起30日内应当到所在地房地产行政主管部门和街道办事处、乡镇人民政府备案，这意味着业委会只有在获得了政府的承认之后才能正常运作。在一些地方的实践中，这演变成必须先由居委会盖章的"必经程序"，得到居委会的"支持"就成为业委会成立的关键步骤。有研究指出，这把法律上业委会对居委会的礼貌性"告知"变成了"一个变相的行政前置程序"，地方政府的这种附加性政策是"政策细节中的魔鬼"而有悖于法律精神（翟校义，2008）。

四 国家渗透策略的效果与后果

国家对社会的"渗透"是中性意义的。我们需要区分国家渗透策略对于自身主观目标达成的效果以及它对社会所产生的客观作用。国家渗透能力的增强既可能产生积极效果也可能造成负面后果。

（一）积极作用

总体而言，国家渗透策略不仅对实现其自身目标起到积极作用，也有助于推动从"统治"向"治理"的转变。社区被国家视为维护和谐稳定的"第一道防线"，加强国家渗透能力无疑会有助于政府实现"维稳"目标。当然，国家渗透能力建设的作用还包括提高政府的绩效合法性、培育社区社会资本等，也有引导和扶植社会的自我管理。

组织渗透策略的效果。社区党组织的覆盖延伸，使部分居民，特别是退休老党员重新找到了类似于单位制下的归属感和认同感，这是国家意图在社区中得以落实的一个重要心理基础。从这个意义上看，新时期的社区党建工作是有效的，它把那些离开单位的老党员以居住地为依托重新组织起来，他们成为社区治理中国家可以有效动员和依赖的重要力量。社区党组织和居委会成员之间的交叉任职保证了党在社区的领导地位；居委会与业委会交叉任职则在一定程度上缓和了两种自治组织之间的紧张关系。

功能渗透策略的效果。地方政府通过社区向居民提供公共服务和社会保障不仅具有减少贫富差距的社会再分配作用，而且具有增强政权合法性的意义。海贝勒指出，社区作为一种新的"社会制度"通过传递社会保障和公共服务的功能从政绩角度增强了政府的合法性；而加强对没有组织关系的党员的（再）组织，使他们融入社区建设和社区服务则有助于建立党的合法性，但这种效应主要局限于低收入和弱势群体的范围（托马斯·海贝勒，2007）。再者，社区党组织和居委会对社区各种兴趣活动团体的积极支持有助于培育社区社会资本。这在新建小区中尤其重要，在一定程度上推动着它从"陌生人社区"向"熟人社区"转变，为社区参与和社区治理提供了必要条件。此外，在业主自我组织能力较低的情况下，居委会具有一定的公信力和组织网络优势，有可能履行对业委会的监督职能。实践中，不少小区业委会就主动邀请居委会参与协助业主大会投票的监票和计票工作。就协调功能而言，诸如"联席会议"的协调机制增强了国家协调社会生活的能力，起到沟通不同利益主体、协商解决矛盾的作用。

程序渗透策略的效果。在首次业主大会筹备和业委会选举过程中存在着业主之间彼此陌生、信任度不高、缺乏必要时间和参与不足等问题，由基层政府牵头（居委会协助）的筹备工作有其现实必要性，这也体现出政府对业主自治的指导、支持和协助的作用，有利于降低组织成本。同样，当业主内部出现重大分歧导致业委会难产或是与物业公司的冲突难以调和时，基层政府和居委会的适当介入也有助于化解矛盾和恢复小区秩序。

（二）消极作用

我们也不能忽视国家强化渗透能力所导致的消极作用和负面后果，特别是可能抑制社会自组织的能力并引发新的合法性危机。

在组织渗透中，工作站或服务站的设立使得行政力量进一步渗透到基层社会，它们成为政府新的"腿"。某些地方的居委会丧失了原有资源而被边缘化，其服务社区居民的能力也明显下降。

无论是组织渗透、功能渗透还是程序渗透，当其法律依据和程序正当性存在问题时，都会受到社会的质疑和批评。2010年《北京市住宅区业主大会和业主委员会指导规则》两次征求社会意见过程中所经历的摇摆反复就突出地体现了社会对国家不合理干预的抵制（赵莹莹，2010）。有关业主大会、业委会"应当接受社区居民委员会的指导和监督""提倡社区党组织班子成员、社区居委会委员与业主委员会成员依法交叉任职"的条款由于有悖于《物权法》中对业主权利的保障而遭到专家和业主的反对，在最终实施版本中均被删除。① 同样，2007年广州市就新的物业管理条例向市民征求意见时，市民也对意见稿中"由居委会代表担任业委会筹备小组组长"的规定表示异议，认为居委会"手伸得太长"而且与《物权法》有抵触之嫌（朱小勇，2007）。在上海市，一些小区居委会成员通过"交叉任职"而直接介入业委会的做法（社区党组织书记和居委会主任分别兼任小区业委会正副主任）同样引起了业主的质疑和担忧（聂琳琳、周夏莹，2008）。这使得业委会的"民间"色彩淡化而"官方"色彩加强，居委会同时扮演"运动员"和"裁判员"角色而丧失其"客观中立"的立场。更何况，居委会有着自身的利益诉求而并非价值中立的，它既可能背离政府"代理人"的角色，也可能与其他社区组织产生利益矛盾，甚至存在利用政府授予的某些权力进行"寻租"的可能。

赵鼎新对国家权力的合法性基础划分了三种理想类型：意识形态型（基于一个被民众广为信仰的价值体系）、绩效型（国家向社会提供公共物

---

① 前一条款被改为"社区居民委员会应当协助街道办事处、乡镇人民政府，指导、监督社区内的业主委员会开展工作"，这实际上是政府意图与社会意志之间的一种妥协。

品的能力）和程序型（通过一个被大多数人认可的程序来产生领导者）（Dingxin Zhao, 2000）。我们将其分析逻辑从国家层面引入基层社会治理之中可以发现，不同的国家渗透策略对不同类型的权力合法性所产生的影响也是不同的：服务功能渗透策略有助于提高绩效合法性，而程序渗透的策略有可能损害程序合法性。基于物权的业委会选举有着自身内在的逻辑和要求，基层政府的程序渗透和过度干预会导致业主对程序正当性的质疑，即便选举顺利完成，也可能给当选业委会的合法性埋下隐患。同样，即使政府主导的居委会直选得以顺利实施，由于地方政府对整个过程的周密安排和高度渗透，在贯彻上级组织意图和反映真实民意之间也存在着紧张关系。

另外，虽然在社会自组织能力比较低的现状下政府及其代理者承担一定的牵头组织工作是必要的，但由此可能形成一种"恶性循环"：社会自治能力薄弱—政府干预的必要—自治能力进一步受到抑制—政府再次干预，这种"路径依赖"值得警惕。

五 总结与讨论

（一）总结

在极权体制下，国家对社会的渗透和控制是全方位的。单位是这种体制的细胞，渗透赖以实现的基础是国家通过单位对各种资源的垄断和对意识形态的控制。在威权体制下，国家通过社区对基层社会进行再渗透，这种再渗透策略背景、手段和效果都有很大不同。它产生于相对自主的社会空间出现之后，受到宏观社会结构和法治环境的制约，更多地依赖非强制性的手段。一方面它仍然体现了国家控制社会的意图，另一方面它也具有现代国家建设的意义。本文所讨论的国家渗透能力属于国家基础能力的一部分。从总体上看，国家渗透能力的建设符合从"统治"向"治理"的转变趋势。正如欧树军所言："国家治理理论的主要关切正是国家基础能力的制度建设"（欧树军，2012）。

国家对基层社会渗透能力的加强是通过组织渗透、功能渗透和程序渗透这三种途径来实现的，三者密切联系，相互依赖。组织策略意在建立并扩展国家（党政）力量在基层社区中的组织网络和人力资源，它是国家渗透能力建设的基石；功能策略则凸显了国家在新的阶段所面临的任务和挑战，例如，提供公共服务、协调不同利益以及维持社会秩序；程序渗透更明显地体现了国家对新社会空间管理的间接性。一方面，程序渗透是功能渗透（特别是"指导和监督"功能）在社区治理中的具体体现；另一方面，正是通过程序渗透国家才能在一定程度上实现其组织渗透和人事安排。

国家渗透能力建设有助于国家在基层社会贯彻和落实自身的意图并且产生客观的积极效果，这包括维护社会稳定和既有秩序、增强政权的绩效合法性、培育社区社会资本、协调利益矛盾并在一定程度上降低社会的自组织成本；但国家渗透能力建设的负面后果也同样明显，特别是进一步抑制了社会自主性的发展、损害了程序合法性并且产生了因社会自组织能力被削弱而需要国家进一步干预的路径依赖风险。

（二）讨论

对于西方学术界而言，国家主义者呼吁"把国家带回来"，其前提是批判多元论者将国家化约为利益集团竞争的舞台而忽视了国家相对于社会的自主性。对于具有"强国家"传统的中国而言，学者们更为关注的是"社会的自主性"问题。一方面，社会的"生产"及其成长有着自身的内在逻辑，另一方面，这一过程始终无法离开与国家的密切互动。中国现实的复杂性和特殊性在于：国家建设与社会建设都是当下面临的重要任务，两者需要同时展开。

本文的分析表明，国家渗透能力建设使得国家与社会在相互分离之后彼此的边界又重新变得模糊。曼指出，国家的基础性权力是一个"双向车道"（a two-way street），它也使得市民社会具备控制国家的能力。基础权力不仅从国家对社会的向外辐射而渗透整个疆域，也从市民社会——通过政党和压力团体——对国家的向内辐射而进入国家的不同地方，以及控制国家的努力（迈克尔·曼，2007：69）。换言之，在国家不断向社会渗透的同时，社会也在不断地争取渗透到国家。这种"相互渗透"使我们必须再次回到曼提出的问题："国家从哪里结束？市民社会又从哪里开始？"（迈克尔·曼，2007：71）。

以"交叉任职"为例，我们不难发现当国家凭此途径对商品房小区进行组织渗透时，业主也在对原有体制进行"反向渗透"。虽然国家动员具有业主身份的居委会委员依法参选业委会，业主自我动员依法参选所在小区的社区居委会，但这两者的性质截然相反：前者是国家向社会的渗透，后者是社会向国家的渗透。发生"反向渗透"的原因在于，业委会发现它的正常运作离不开居委会的协助和合作，或者受到后者的阻碍和干预。基层政府和居委会对业主维权的干涉更激发了业主通过参选居委会等制度性的渠道去行使法律所赋予权利的愿望（管兵，2010）。有研究揭示了住房产权对居民的社区政治参与（参加居委会选举投票、对居委会的关注程度）和地方性政治参与均产生积极影响，业主可能通过既有体制平台（而非外生的、对抗性方式）逐步实现民主诉求（李骏，2009）。为了更好地实现业主自治，更有保障而有效的手段就是通过积极参与，选出真正代表自身利益的居委会。不仅如此，北京和深圳等地还出现过业主自荐参选地方人大代表的情况，还有一些业主代表在国家和地方立法过程中也发挥了积极作用。

回到国家与社会关系这一学术界核心问题上来。目前社区研究和NGO研究中大致存在三种理论视角或范式："公民社会"理论（社会中心论）、"法团主义"理论（国家中心论）和"社会中的国家"理论。第一种视角更强调国家与社会的分离和社会的自主性，社会不受国家力量支配并且能够自我建设和自我协调，在此基础上与国家抗衡进而有效地影响国家政策。第二种视角则强调国家与社会的融合以及社会对国家的依附性，利益群体和社会组织被整合进国家，受到国家的控制和约束。第三种视角则试图打破国家—社会的二元划分局限，注重在两者的交叉渗透和复杂互动中发现彼此合作、相互促进的可能。

"社会中心"和"国家中心"两类视角的研究往往容易从理论出发进行应然性判断，得出国家与社会之间"零和博弈"而此强彼弱的结论。实际上，国家既存在通过社区建设强化基层社会管理的控制意图，从而抑制社区的自主性空间和可能出现的公民社会；也可能通过合作、赋权或妥协而为社区自治提供新的机会。反过来，基层社会中既存在着体制外的对抗冲突，也有试图通过合作和渗透进而影响现有体制的迹象。这在很大程度上是由于国家和社会两者内部都存在着分化和间隙，从而为彼此都提供了新的机会。

本文虽然从国家的视角出发，但实际上更接近于第三种视角，或者说更关注一种"中间道路"即国家与社会的相互渗透、相互型塑以及两者良性互动的未来可能性。分析国家渗透能力建设的一个重要意义或许在于：借用曼"双向车道"的比喻，我们可以发现国家渗透能力的增强在客观上使得这条"双向车道"变得更宽，从而社会力量对国家进行反向渗透的机会也越大。如果社会能够从国家的渗透策略中找到发展自身的机会、能够借助国家的"他组织"来推动社会的"自组织"，那么实现国家与社会之间的良性互动就是有可能的。

参考文献

耿曙、陈奕伶，2007，《中国大陆的社区治理与政治转型：发展促变或政权维稳？》，《远景基金会季刊》第 8 卷第 1 期。

管兵，2010，《维权行动和基层民主参与：以 B 市商品房业主为例》，《社会》第 5 期。

桂勇，2007，《邻里政治：城市基层的权力操作策略与国家—社会的粘连模式》，《社会》第 6 期。

——，2011，《国家如何塑造抗争政治——关于社会抗争中国家角色的研究评》，《社会学研究》第 2 期。

何海兵，2006，《"国家——社会"范式框架下的中国城市社区研究》，《上海行政学院学报》第 4 期。

何艳玲，2006，《社区建设运动中的城市基层政权及其权威重建》，《广东社会科学》第 1 期。

黄冬娅，2009，《比较政治学视野下的国家分殊性、自主性和有效性》，《武汉大学学报（哲学社会科学版）》第 4 期。

李骏，2006，《真实社区生活中的国家—社会关系特征——实践社会学的一项个案考察》，《上海行政学院学报》第 3 期。

李骏，2009，《住房产权与政治参与：中国城市的基层社区民主》，《社会学研究》第 5 期。

李强，1998，《国家能力与国家权力的悖论》，《中国书评》第 11 期。

迈克尔·曼，2007，《社会权力的来源》（第二卷·上），陈海宏等译，上海世纪出版集团。

聂琳琳、周夏莹，《居委会一二把手分兼业委会正副主任：业主担心肩挑"两会"维权难》，《新闻晨报》2008 年 9 月 4 日。

欧树军，2012，《"治理问题体制化"的思想误区》，《文化纵横》第 4 期。

史焕高，《权力与国家：评迈克尔·曼〈社会权力的来源〉》，强世功主编，《政治与法律评论（2010 年卷）》，北京大学出版社。

托马斯·海贝勒，2007，《以新的社会保障模式来重塑政府的合法性——社区作为合法性重塑的制度设计》，载何增科、托马斯·海贝勒、根特·舒伯特主编《城乡公民参与和政治合法性》，中央编译出版社。

王汉生、吴莹，2011，《基层社会中"看得见"与"看不见"的国家——发生在一个商品房小区中的几个"故事"》，《社会学研究》第 1 期。

王绍光、胡鞍钢，1993，《中国国家能力报告》，辽宁人民出版社。

肖林，2011，《"'社区'研究"与"社区研究"——近年来我国城市社区研究述评》，《社会学研究》第4期。肖林，2013，《重塑的边界：中国新型城市社区中的国家、市场与社会》，日中社会学会主编，《21世纪东亚社会学》第5期。

徐勇，2009，《服务下乡：国家对乡村社会的服务性渗透》，《东南学术》第1期。

徐勇，2007，《政权下乡：现代国家对乡土社会的整合》，《贵州社会科学》第11期。

姚华，2010，《社区自治：自主性空间的缺失与居民参与的困境——以上海市J居委会"议行分设"的实践过程为个案》，《社会科学战线》第8期。

翟校义，2008，《社区居民委员会与业主委员会的权利结构及其在北京市政策执行中的演化》，《北京行政学院学报》第6期。

张紧跟，2012，《从结构论争到行动分析：海外中国NGO研究述评》，《社会》第3期。

赵莹莹，《业主大会和业委会指导规则公布，业主大会不受居委会监督》，《北京晚报》2010年12月31日。

朱健刚，1997，《城市街区的权力变迁：强国家与强社会模式———对一个街区权力结构的分析》，《战略与管理》第4期。

朱小勇，《市民炮轰居委会插手业委会》，《信息时报》2007年4月22日。

Dingxin Zhao. 2000. "State-Society Relations and the Discourses and Activities of the 1989 Beijing Student Movement." *The American Journal of Sociology* 105 (6); 赵鼎新，2012，《当今中国会不会发生革命？》，《二十一世纪》12月号（第134期）。

Mann, Michael. 1986. "The Autonomous Power of the State." in Hall, John A. (eds.) *States in History*. Oxford: B. Blackwell.

Migdal, Joel S. 1988. *Strong Societies and Weak States: State-Society Relations and State Capabilities in the Third World*. Princeton, N. J.: Princeton University Press.

Migdal, Joel S. 1988. *Strong Societies and Weak States: State-Society Relations and State Capabilities in the Third World*. Princeton, N. J.: Princeton University Press, pp. 4-6.

"公款吃喝"何以成为非正式制度

——一个中国县级政府的个案研究[*]

严 霞[**]

内容摘要:"公款吃喝"指政府组织使用公共财政资金进行的超出正式制度规定标准的公务接待行为。本文通过对中国一个经济发展相对落后的县政府进行个案研究,探讨这类政府组织"公款吃喝"行为背后的文化和制度根源。正式制度本身存在漏洞,使得人情文化得以渗透到组织制度中,变成一种非正式制度,形成约束组织成员行动的主导力量。"公款吃喝"因此成为一种非正式制度,接待档次也在竞争性的接待中不断被拔高。

关键词:社会学中的新制度主义 非正式制度 人情文化 "公款吃喝"

一 问题的提出

政府组织中因公务请客吃饭的行为通常被称为公务接待,1998年公务接待被正式纳入政府财政预算收支科目。[①] 为了规范接待行为,中央政府和地方政府先后出台过若干规定,如《行政事业单位业务招待费列支管理规

---

[*] 感谢此次社会学年会上为笔者提供宝贵意见的各位学者,笔者与王宁老师对本文做了较大幅度的修改,最终联名发表于《社会学研究》2013年第5期。文章标题为:"公款吃喝"的隐性制度化——一个中国县级政府的个案研究。

[**] 严霞,中山大学社会学与人类学学院。

[①] 1998年财政部颁发的《1999年政府预算收支科目》(参见附录1),增设"业务招待费"科目,规定各级政府及行政事业单位实际发生的业务招待费必须统一在该科目中列支。

定》《党政机关国内公务接待管理规定》《关于坚决刹住用公款大吃大喝歪风的紧急通知》等。然而，在实际的政府接待中普遍存在违反规定的接待现象。这类现象也就是常常见诸报端的"公款吃喝"，"公款吃喝"成为近年媒体和社会公众广泛使用的非学术词汇。笔者使用带双引号的"公款吃喝"——政府组织公务接待中违反正式制度规定的公务宴请行为——指代研究对象，是在中性的意义上使用该词。

面对高额的"公款吃喝"支出，部分媒体和社会公众把原因归咎于公务员个人素养不高、缺乏职业道德。然而，受到社会谴责的公务员并非都乐于"公款吃喝"，对其"既爱又恨"。一方面，他们能在饭局中获益，离不开"公款吃喝"；另一方面，频繁的饭局占用了休息时间，过度饮酒也影响了身体健康，他们对饭局也有满腹牢骚。为什么公务员在实际的接待过程中不按正式文件规定的标准执行，违背正式制度的规定，超标准接待？为什么中央政府屡次下文禁止"公款吃喝"行为却都没有持久的效用？为什么公务员把"公款吃喝"称为一种无可奈何之举？导致他们无可奈何的原因是什么？本文基于对以上经验性问题的思考，试图通过个案研究分析政府组织"公款吃喝"背后的根源。

研究选取中阳县这个经济发展相对落后[①]、流入人口较少的熟人社区作为调查点。中阳县政府的人员构成以本地人为主，当地人力资源和社会保障局的统计数据显示中阳县政府及事业单位中约97%（4855人）的公务员是本省人。笔者实习所在部门共有41人，其中35人是本县人，40人是本省人。选择这个较为封闭的熟人社区作为调查点，是基于典型性和可进入性两个方面的考虑。笔者认为，在以熟人为主的组织中，人情文化的规则对组织行为的影响往往更大。中阳县能代表倾向于违背正式制度、按照文化规则办事的一类政府。需要指出的是，这一个案研究的结论适用于某些具有相似性的其他政府组织，但是政府层级、人员构成及所在地经济发展等方面的差异也会影响组织的实际行为，使其呈现出不同的特点。笔者无意把这一个案的研究结论推广到其他所有县级政府或者省市级甚至更高一级的政府组织，只是就这一个案进行深入探讨。为了遵守对参与者无害和资料匿名、学术保密的原则，笔者对文章中出现的地名、组织名称及人名均进行了匿名处理。

---

① 中阳县2013年的《政府工作报告》显示当地2012年地方生产总值为84.89亿元，地方财政总收入为9.6亿元。

二 已有研究回顾

由于近距离地观察政府内部行为过程有一定的难度，所以目前对中国政府组织的微观过程研究存在明显的缺失（周雪光，2009）。对政府"公款吃喝"这一现象的研究也是如此，存在实证资料不足的缺陷，在研究资料相对有限的情况下，为数不多的学者对与"公款吃喝"相关的主题进行了专门的研究。其中，以公共管理学这一学科视角进行的研究为主，这类研究具有较强的应用性，试图在分析其社会后果和原因机制的基础上提出相应的政策建议。根据研究视角的差异，笔者把以往的研究分为文化视角分析和制度视角分析两种。

（一）人情文化的视角

从文化视角进行研究的学者认为，"公款吃喝"是中国的人情、面子文化机制下的宴请风俗在政府组织领域的延伸，人情关系与面子是"公款吃喝"运作的文化逻辑。送礼和宴请是中国人建立、维持关系的重要方式（Yang，1994；Hwang，1987）。围绕着宴请，中国已经形成了一套具体的行为规则。在是否宴请、如何设宴、是否赴宴、谁付账以及就餐期间的互动等问题上有一套相应的饮食社交（边燕杰等，2004；阎云翔，2000）规则。可见，人情文化赋予了宴请行为特定的含义，人们必须按照这套文化规则行动，否则很可能因为这套文化规则传递的负面信息而不利于关系的建立和维持。

关系具有资源再分配的功能（Yang，1982），个人可以通过"拉关系""走后门"这类行为策略，从掌握资源和资源分配权力的人那里获得所需资源（Fox；1982；Walder，1983；Yang，1994）。饮食社交便是人们进行关系再生产的一种途径，有利于人们利用在餐桌上建立、拉近的关系获取所需的资源，谋求政治、经济等方面的利益。宴请所具有的以上功能在政府组织中同样适用。非正式关系在中国政府组织运作过程中普遍存在，特殊的社会关系模式作用于科层制体系，构成共产主义政治社会的实际运行基础（Weber，1968；Walder，1986；Oi，1985；Wank，1999；周雪光、练宏，2011）。"公款吃喝"作为政府组织间互动的重要方式，在改革开放后逐渐凸显出来，甚至在政府组织内部已经形成一种共识：事情能否办成的关键不在于办公桌上的谈判，而在于餐桌上的互动。

以上研究虽然有助于揭示"公款吃喝"背后的文化逻辑，但是忽视了文化在日常生活领域与政治组织中的差异。文化未必都能在组织领域发挥相应的作用，成为人们选择行动的最高准则。在有一套系统的正式制度的政府组织中，并非每一种文化规则都能成功移植到政府组织成为约束组织行动的规则。尤其是当文化规则与组织制度发生冲突时，组织成员怎么选择他们的行动策略是这种研究视角无法回答的。以政府的公务接待为例，为何约束政府公务接待的正式制度在同样有人情文化传统的社会产生了完全不同的效用？为什么中国香港、台湾等地区的政府组织成员更倾向于遵守正式制度，而中国大陆地区的政府组织成员则更倾向于打破正式制度的约束，导致"公款吃喝"的现象屡禁不止？显然，文化视角无法为这一问题提供一个完整的解释。

（二）制度的视角

已有研究绝大多数是从制度的视角进行分析，认为包括"公款吃喝"在内的公款消费之所以屡禁不止是由于制度本身存在漏洞，使得组织成员有空可钻。约束公务接待的制度主要包括公共财政制度和公务接待制度两类。

一方面，公共财政制度本身存在的问题为"公款吃喝"提供了资金支持。目前政府零碎化的、落后的正式预算制度为组织成员非正式地渗透进正式的预算结构、程序与规则提供了机会（马骏、侯一麟，2004），各种非正式制度对中国的预算仍产生重要的影响，很难被替代（周飞舟，2006；马骏、侯一麟，2004），私人关系在争夺预算资源的讨价还价中也扮演着重要角色（Lampton，1992）。这使得我国的预算体制变得弹性化，容易变通，缺乏执行的刚性约束。除了预算内资金约束软化外，我国还存在大量的预算外和制度外资金未纳入监管范围（周雪光，2005；范柏乃、班鹏，2008）等问题，这无疑为公务员不计成本地"公款吃喝"提供丰厚的资金基础。

另一方面，制约"公款吃喝"行为的公务接待制度本身也存在漏洞，缺乏可行性和约束效力，使得文件本身失去效力，无法约束政府组织成员的行为。这主要体现在制度规定缺乏可实施性（龙太江，2006），与现有制度冲突、不完全匹配（李景平、薛艺艺，2010）以及现有的制度监管缺位和缺乏法律约束力（张今文，2007；蒋洪，2011）三个方面。

以上制度分析视角下的研究只看到制度本身的问题，没有对制度实施过程及这类具体制度背后更深层次的问题进行分析，无法就"公款吃喝"为何屡禁不止这个问题提供一种有力的解释。

从已有研究中可以看出，无论是文化视角还是制度视角的研究都存在或多或少的局限，在已有文献的基础上，本文试图结合文化分析与制度分析的视角，在实地调查资料的基础上，探讨中国政府组织内部超标准的公务接待背后的深层原因。

三 "公款吃喝"的行动空间：制度漏洞与制度软约束

违背正式规则的"公款吃喝"得以实现的一个重要前提是组织的正式制度为其提供了存在空间。这主要体现在制度本身存在漏洞和制度软约束两个方面。

（一）制度漏洞：渐进式改革的伴生物

改革开放后，中国采取的是通过渐进式路径进行社会改革，新制度从建立到完善要经历一个较为漫长的过程，它一方面受残余旧制度及其代理人的钳制，另一方面又受时间、经验的约束，因此制度存在漏洞的问题不可避免（王宁，2011：22）。约束政府组织公务接待的正式制度也不可避免地存在漏洞，主要体现在规定模糊不清、设计理想化、制度僵化与碎片化以及与其他制度不匹配四个方面。

第一，制度规定模糊不清。

目前，无论是中央还是地方政府出台的政策，都存在模糊化、缺乏具体实施细则的问题。中央出台的《党政机关国内公务接待管理规定》《机关事务管理条例》等政策，多是指导方针式的政策，可操作性较低，这类政策可能演变成应付上级的形式文本，对组织的实际行为不产生约束效力。中央政府颁布的政策通常都会规定"各级党政机关结合当地的具体情况制定相应的实施办法"，把制定可操作化规则的权力下放给地方政府，地方政府因此具有了较大的自由裁量权。中央出台的政策，一方面有利于各地因地制宜，制定符合地方实际情况的具体规定；另一方面也难免因此存在无法有效地约束地方政府接待行为的情况。

从中阳县的实践来看，地方政府要么未能及时制定出相关的具体实施规则，要么出台的政策不够明确、不具有可操作性。笔者查阅中阳县所在的省、市的政府文件后发现，市政府直到2008年，也就是中央政策出台两年后才出台了地方性的《接待管理办法》，制定了具体接待标准。同时，在地方政府的政策文件中也有不少模糊不清的规定。例如，省政府2011年出台了《关于重申公务接待中"四个严禁"的通知》,"严禁不必要的迎送、层层陪同、铺张浪费和安排未成年中小学生参加各类公务接待活动"。但是文件中没有进一步对如何界定"不必要的迎送""铺张浪费"做出说明,使得违规行为与合法行为之间的界限变得模糊,存在大范围的灰色区域。

第二,制度设计理想化。

政府内部关于公务接待的相关政策规定大部分属于理想型的制度,是组织精英根据组织宗旨和宏观目标制定的,较为理想化,难以严格执行。以中阳县的《接待管理办法》为例,其中规定每人每餐的最高接待标准为:接待省一级政府部门为每人60元,接待市一级政府部门为每人50元,接待市级以下政府部门为每人30元。被访者几乎都在"这个标准不切实际、执行不了"这一点上达成共识。

> 好多(规定)执行不下去嘛。现在生活标准提高了,比如说按照最高(标准)的规定,60块钱一个人,你能吃什么啊。而且我们这边过去接待的人都不止两三个人,照这个标准,上面来三个人,才180块,哪里够?现在随随便便一餐饭都要至少两三百元,而且还不加买烟和酒的钱。(财经局商务办主任,王大志)[1]

王主任觉得规定不合理、无法执行的原因有两个:一是没有把接待方的陪同人员计算在内;二是没有把宴席中常见的烟、酒这类消费品纳入接待品的范围,虽没有严禁消费,但又没有把这类消费纳入接待标准。可见,当地政府的公务员之所以认为接待制度不够合理,一个很重要的因素是制度脱离了约束行为的实践情境。这将会增加制度实施过程中的阻力,提高制度实施的成本。

此外,被访者评判接待标准是否恰当的另一个重要的参考因素是人情文化中尊客、好客的文化规则。公务员认为评判制度规定的标准高低不是以是否满足被接待者的生理需求为准,而是以是否符合待客之礼或能否充分表达情感为判断依据。也就是说,根据中国的人情规则,接待者不仅要让客人"吃饱",还要尽量让客人"吃好",这样才符合好客之礼。部分公务员认为政府在制定接待标准上没有考虑到人情文化的以上规则,因而难以实施。

---

[1] 文中出现的地名、政府部门名称及人名均为化名。访谈资料中括号内注释的内容为笔者根据访谈内容而添加的注释,以便读者理解。

按照人情文化的逻辑，主人宴请档次的高低能体现出对客人欢迎、尊重程度，招待越尊贵的客人宴请档次应该越高。当这种好客文化形成以后，人们会不自觉地通过主人宴请的档次高低来辨别自己是否受主人欢迎、尊重。招待档次低于客人的期待可能会引起对方的不悦，进而影响主客间的关系。为了避免这种负面后果，公务员更倾向于选择违背正式制度的标准。因此，没有考虑具体实践情境和文化规则的正式制度往往难以内化为组织成员自觉遵守的规则，难以获得持久的合法性。必须依靠强制的外力才能保证制度的实施，过于理想化的制度无疑增加了制度的运行成本，最终可能完全被组织的非正式行为肢解，变成一纸空文。

第三，制度僵化与碎片化。

再完善的制度也可能因为客观现实条件的变化而沦为落后制度，因此适时调整制度才能保持制度本身的活力。对于政府公务接待这类涉及具体行为规范的制度，更需要有关部门根据财政收入、物价水平等现实情况不断更新。否则，制度僵化不变将导致制度不符合现实，降低制度的可行性。中阳县的公务接待制度一定程度上存在制度僵化、更新周期过长的问题。

从制定《接待管理办法》至今的五年里，中国的物价水平有较大幅度的变化，但是中阳县的公务接待标准并未随之做出调整。虽然按照当地政府2008年设定的标准如今仍然能够进行"吃饱饭"的接待，但是如果五年、十年后仍然未能对制度进行调整，可能会出现宴请标准无法满足基本生理需求的情况。

伴随着制度僵化的另一个问题是制度缺乏系统性，呈现零碎化的特点。关于公务接待的核心规范包括中央政府颁布的《党政机关国内公务接待管理办法》和地方性政府的《接待管理办法》，这两项制度颁布以后，政府很少适时地进行修改、调整，而是代之以增加一系列新的补充意见、附加规定。这使得约束公务接待的规则呈现出零碎化的特点，缺少一个统合各项规定的系统文件。在诸如《公务员行为规范》《关于进一步加强领导干部作风建设的意见》《关于规范和做好接待工作的意见》《关于禁止迎来送往和工作日午间饮酒行为的通知》等文件中都能见到对于公务接待的相关规定，虽然禁止午间饮酒这类新的规定出台，但这类规定并未同步纳入地方的《接待管理办法》，出现多份正式文件规范同一类组织行为的情况。这一方面体现了政府组织对此项行为的重视，另一方面也是组织制度零碎不系统的表现。过于繁多、零碎且时效性强的政策一方面在瓦解制度自身的合法性，另一方面也不利于组织成员学习制度内容,将制度规定内化为一种强约束的行为规则。

第四,制度间不匹配、不配套。

制度设计过程中产生的制度漏洞还体现在制度之间不匹配,甚至相互冲突上。已有文献对这一点也有所论述。例如,文献综述中所提到的要求公开"三公消费"的规定与国家《保密法》之间的冲突。这一点笔者在调查期间也能感受到。虽然近两年地方政府在《政府工作报告》和《政府信息公开暂行规定》等文件中明确列出公开"三公消费"的规定,但是,当笔者按照相关规定向当地政府申请获取当地公务接待支出的数据和相关的政策文件时都屡遭拒绝。

另外,缺乏配套的公共财政报销制度也是一个重要的制度漏洞。有关公务接待的政策规定中没有明确细化、规范化公务接待费用的报销标准和程序,从而使得"公款吃喝"的费用报销可以通畅无阻。在当地政府只要有领导的签字,就算是白条也可以报销。当然,公共财政制度本身的漏洞也为政府"公款吃喝"提供了极大的资金基础。关于公共财政制度中的漏洞和软约束问题,已有相关文献进行详细论述,不赘述。

政府组织的正式制度存在以上四个方面的问题降低了制度本身的可行性和合法性。尽管如此,政府也可以通过实行制度硬约束,增强外部约束的力度(严厉的监督和惩罚措施)来保证制度的运行。否则,制度的约束一旦软化,组织成员将会通过各种变通策略,钻制度的漏洞,最终瓦解制度对其行为的约束力。

(二)制度软约束:经济绩效至上的逻辑

除了正式制度本身的漏洞之外,制度执行过程中的软约束也是导致"公款吃喝"无法控制的一个重要原因。制度之所以在执行时出现软约束有两方面的原因。一是作为一种社会转型中的过渡性制度,制度本身存在不完善之处,执行过程往往具有软约束的特征。二是当这类下位制度与上位制度出现冲突时,为了保证上位制度的有效执行,政府采取对下位制度实行软约束的策略。上位制度主要指涉及组织宗旨、目标及组织合法性等意识形态方面内容的核心制度,不涉及这方面内容的制度通常从属于上位制度,我们称之为下位制度。下位制度在组织中的实施状况取决于它与上位制度的匹配程度,越与上位制度匹配,越能实行硬约束;反之,与上位制度冲突越大,越需要做出让步进行软约束,保证上位制度得以执行。

改革开放后，经济绩效合法性成为中国政府组织政权合法性的重要保障，取代了原来的意识形态合法性（Zhao，2001；赵鼎新等，2012）。邓小平提出的"发展才是硬道理"至今仍未过时，经济发展仍然是政府组织维持其合法性的重要依据。在中阳县政府及其所属的市政府、省政府2000年以来的《政府工作报告》中，有关地方经济发展的篇幅最多。虽然约束"公款吃喝"的制度在一定程度上也对国家的道德合法性有所影响，但是在经济绩效合法性占主导地位的情况下，经济发展而非道德才是至上的合法性依据。

在视经济发展为第一要务的政府组织中，是否符合经济绩效成为政府判定其他制度执行力度的重要标准。从某种程度上说，公务接待的相关制度不利于政府组织灵活地运用非正式手段获取资源、提高经济效益，进而不利于经济绩效的实现，因此政府组织尽管出台了若干约束"公款吃喝"的制度，但是对违规行为都并未进行硬约束，也很少进行追究。从而出现一边出台政策整治"公款吃喝"，一边实行软约束，不严格执行相应规定的境况。换句话说，在处理"公款吃喝"这一问题上，政府组织采取的策略是"形式上的硬约束，执行上的软约束"。执行过程中的软约束主要体现在监管不力、违规惩罚缺位、弱化两个方面。

从监督上看，很少有专职的监督部门或者人员对各个部门执行政策的情况进行持续性的跟踪监督、检查。各地的纪律检查委员会（简称"纪委"）也只是偶尔根据上级的安排进行不定期的抽查。即使是这类不定期的抽查，在非正式关系的作用下，也常常不能发挥实际的效用。2013年1月中共中央总书记、中央军委主席习近平做了关于"厉行节约、反对浪费"的重要批示，再次要求各级政府部门采取针对性、操作性、指导性强的举措，加强监督检查，鼓励节约，整治公款浪费的现象。春节前后，各级纪委成立了调查小组，对中高档饭店进行较为频繁的突击暗查。虽然名为"暗查"，要求在检查前不事先告知被检查区域，但是绝大多数政府部门都能够通过各种渠道提前获知纪委的行动计划，并据此提前做好准备以应对检查。笔者实习期间的某个上午，秘书科的罗京跑到笔者所在的办公室让笔者与她一起打电话通知各个部门纪委的行动计划。

上级部门和纪委等检查部门来之前，被检查的各个单位通常都会提前收到这类非正式通知。"让领导亲自过问，做到心中有数"已经成了当地政府部门的暗号。所以，只要提到这一句，不用过多解释，对方都能明白可能有上级暗查此事。进而，各个部门都会提前做好安排部署，以免在检查时出现问题。这是监管上存在的问题，此外，违规行为被发现后，违规者也未必受罚，存在违规惩罚缺位、弱化的问题。春节前，中阳大学的一位校领导在某四星级饭店的高档包房宴请时，正巧被纪委的检查小组抓到。这则内部新闻在市各个政府部门的非正式谈话中传播开了，然而在一个月后，笔者调查结束时，仍然没有看到有关部门公布处理此事的正式文本，也没有听到这位校领导因此被处罚的消息。中阳县的几位被访者认为，违规宴请的这位校领导未被处罚是意料之中的事情，这种违规后不受惩罚的情况在中阳县也常有。水清镇的上一任镇长也表示除非是被政治竞争中的对手利用，否则很少有因此而被处罚的情况。

这种（违规使用资金）情况很多，政府拆东墙补西墙、打白条（报销）的资金多了。我从水清镇调走的时候，审计就发现有10万块没有单（使用凭证），那10万块是给地税局完成税收目标的钱，相当于回扣一样的奖金。当时可能我也忘记了（办理相关手续）。后来他们查出来也没有任何事情（处罚），叫我回去补了张条子就解决了。

由此可见，当地政府违背正式制度的成本几乎为零。当违规风险很低时，政府组织成员在具体的实践过程中便可以肆无忌惮地违背制度规定，最后通过做假账、报销假发票等方式使得这类违规行为具有文本形式上的合法性，从而避开相应的惩罚。

四 "公款吃喝"的人情逻辑

正式制度的漏洞以及制度的软约束，使得传统的人情文化得以移植到政府组织内部的公务接待实践中。中国是一个注重人情关系的社会（Weber，1968；翟学伟，2004；梁漱溟，2010），人们为人、处世的基本逻辑是基于关系与人情文化，关系之外的理性、制度相比之下显得无足轻重（翟学伟，2004）。即使经历了战争、政治变迁、全球化等巨大的社会变动，关系和人情文化仍然在中国社会中占有举足轻重的位置，在日常生活、政治、经济等领域都发挥着作用（Jacobs，1979；Parish，1973；Whyte&Parish，1984；Oi，1985；Walder，1986；Wank，1999）。请客吃饭是人情关系运作的主要方式之一，一定程度上政府组织在宴请时也遵循着这种人情文化中的规则。

（一）工具性宴请：人情关系的功利化倾向

与送礼一样，宴请也是一种重要的关系运作手段。请客吃饭之所以在中国如此盛行，不仅仅是因为其具有情感表达的功能，让邀请者借此表达对被邀请者的情感。实际上，现实生活中有许多宴请行为已经成为一种谋利途径。高棣民（Thomas Gold）认为人情关系工具化是改革开放后中国人际关系的主要特征（1985）。在这种关系模式下，组织的公共事务可以转变为私人事务，按照人情文化的逻辑处理。这样将有利于消除不确定性，提高办事的效率。因为按照人情文化，对于"自己人"我们的处事逻辑是不分你我的、利他的、不计较利益得失的。对于圈外的人，我们的处事逻辑是你我有别、自私的、计较个人利益的，处理公务时是按照人情文化之外的组织规范、法律等正式制度行事，即"公事公办"。但是，在中国"公事公办"往往意味着公事难办、拖着不办。相反，把公务嫁接在人情关系之上，转化为私事之后，办事便更加容易、高效了。

"公款吃喝"也是这种人情关系功利化的一种体现，变成了处理公务的人情成本。在饭桌上，因公务而产生互动的人变成熟人，进而被纳入个人的人情圈，再运用人情文化的逻辑处理公务会更有效。当然，笔者不否认政府组织进行的公务接待活动中有一些基于情感表达动机的宴请，但是无论是从笔者观察还是从被访者的描述中都能看出，"公款吃喝"是具有较强工具性的一类宴请。中阳县的黄县长在县长办公会上的一次讲话揭示了地方政府公务接待背后的工具性目的之一，即获取上级的资源。

> 茅台虽好，喝多了也伤身……各位在工作上还是要坚持"多上办公桌，少上餐桌"，能在办公室解决的问题就不要拉到酒桌上面讲。如果是为了争资金，跑项目，这样是好的。但是喝要保证喝的效率，要讲质量，不要又没有项目，又没有资金，你还跑去喝。……对上（上级）可以主动请邀。有的虽然只是处长，但是只要是能给县里争取到资金、项目，你都要盛情款待。

可见，当地政府邀请上级领导吃饭其实是"醉翁之意不在酒"，除了希望借此获得领导掌握的资源之外，应对上级的检查也是公务接待的一种必要的非正式手段。计生局局长的很多公务接待活动是为了应付上级的检查，在局长看来招待是否周到会直接影响上级的检查结果，有时候还要辅以红包讨好上级，这样才能顺利应付上级的检查。

> 拿计划生育工作来说，说起来是国策，检查如何严。……他们（上级部门）下来检查，我们都是拿最好的招待，生怕把他们得罪了。……有的（工作）本来没有问题的，都可以给你查出问题，给你说一大堆（工作存在的问题），吓得你鸡飞狗跳的，你就晓得招待不周了，领导不满意了。红包没有拿的，赶快拿。红包拿了以后，问题就不了了之，大事化小，小事化了。

由此可见，政府组织中的公务接待不能单纯地被视为一种待客礼仪或者情感表达的方式，它已经更多地变成了一种功利性较强的互动手段。有时是为了主动获得被邀请者掌握的资源，有时则是为了避免某些负面后果。因此，笔者认为"公款吃喝"正是人情关系功利化的一种具体实践。

（二）人情竞争：居高难下的接待标准

目前，公务接待的宴请档次超出正式制度规定已经是政府组织普遍存在的违规现象，并且这个标准在以超过物价增长水平的速度往上涨。早在20世纪90年代就有媒体报道在广东出现了上万元的"黄金宴"，如今即使在经济较不发达的中阳县，政府公款宴请消费过万的情况也不罕见。春节前，县委书记李连杰邀请曾经在中阳县任职的几位领导吃饭便花费了8万元。我们无法否认存在部分官员借奢侈宴会炫耀权力、财富的情况（李成言、黄国珍，2007），但是这种看似炫耀性消费的"公款吃喝"的绝大多数动机并不在于炫耀，而在于争夺人情竞争中的优势。

正如上文所述，接待的档次越高，表明主人对客人越敬重，反之则越怠慢。被接待者往往也会以这种接待规则评价接待者的"心意"，因此接待的档次宜高不宜低，接待的最低标准至少不能低于同级接待方的平均标准，否则可能产生得罪接待者的负面后果。由于被接待者并非只接受一方的邀请，邀请方之间在接待档次上会相互竞争。如果接待档次低于其他部门，就会失去竞争优势，在竞争性接待中处于下风，导致未能取悦被接待者的后果，进而丧失与其他部门竞争资源、机会的优势。尤其是当被接待者是掌握政治、经济资源分配权的上级领导时，这种竞争便更加激烈。

在中国政府的科层制体制中，中央政府掌握着行政统辖规划的支配权和最终决定权，这体现在资源调配和人事安排上（周雪光，2011）。地方政府组织的上下级部门之间的权力关系也与此类似，上一级的政府组织通过掌握下级政府的人事安排、资源配置的权力，获得政治权威和对下级的控制权。在上级政府组织运行权力的过程中，集大权于一身的组织领导个人扮演着非常重要的角色。能否取悦上级领导可能影响对资源的获取。为了争取更多的资源，下级便以各种方式讨好上级，获得上级的"特殊照顾"，使得资源向自己所在部门倾斜。以高于其他竞争者的标准宴请领导是取悦他们的一种必要手段。

因此，在实际的接待过程中，各个下级部门以想象中其他部门的或者组织间口口相传的标准为参照，相互攀比和进行隐蔽的竞争。邀请方不得不一再提高请客吃饭的档次来获得竞争优势，一餐几十万元甚至上百万元的天价公款宴会便由此产生。这种接待档次在竞争性的接待实践中是动态变化的，标准在竞争中被不断提升，而且这种标准提高后是不可逆的，只可能继续提高，不可能降低。由此，便不难理解为何"公款吃喝"的消费居高难下。接待者们并非因为"好面子"，而打肿脸来充胖子，以高价的奢侈宴招待重要客人，而是为了在宴请竞赛中获胜，进而博得被招待者的眷顾。

五 "公款吃喝"的非正式制度化

在正式制度存在漏洞、约束软化的情况下，人情文化得以发挥作用。当一种文化规则在组织中广为接受后，也会对组织成员的行为构成约束。周雪光认为这将诱使或者迫使组织采纳与之相符的制度和组织结构（周雪光，2003）。从正式制度的层面上看，正式制度并未赋予人情文化合法性。然而，作为制度执行者的组织成员都理解并且认同"公款吃喝"背后的人情逻辑，认为其具有一定的合理性。在其未被纳入正式制度的情况下，通过反复实践，人情文化的规则逐渐实现了非正式制度化的过程，成为一套标准化、合法化的行为规范，变成约束组织成员的一种非正式规则。虽然没有明确的规定，但是人情文化已经成为成员共享的一种行为规范，被组织成员广泛接受。"公款吃喝"在这种非正式制度的框架下便具有了合法性。

在两种制度（正式制度与非正式制度）对同一类行为的约束存在冲突时，两种制度约束力的强弱关系是最终影响组织成员行动的因素。当非正式制度的约束力较强时，人们将会遵循非正式制度行动，正式制度的作用逐渐弱化，甚至失效；当正式制度相对力量较强时，非正式制度被压制则需要极大的监管力度,这意味着需要消耗大量的资源用于对正式制度实施过程的监督和惩罚(Nee & Ingram, 1998)。正如 Zucker 所说,文化对于制度的维持有着重要的作用,一旦某种文化制度化并被视为组织的一部分后就会稳定地维持、扩散下去(Zucker, 1977),非正式制度因此具有强大的行为惯性和生命力。十八大以后,新一届政府加强了对"公务接待"的监管力度。在正式制度的约束力度强化的情况下,中阳县的"公款吃喝"现象并未因此大幅度减少或消失,政府采取变通策略,继续"吃喝"。笔者调查期间观察到的变通策略主要包括接待隐蔽化、做账专业化、消费品变装三类。

(一)接待隐蔽化

当"公款吃喝"成为纪委检查的重点对象时,那些无法取消的公务接待活动便朝着隐蔽化的方向发展。这主要体现在接待程序和接待地点的隐蔽化。按当地《接待管理办法》的规定,接待前要制订详细的接待方案,系统安排接待时间、陪同人员、接待餐以及接待期间的座谈会务与参观线路等事项。2013 年笔者再次到中阳县政府办实习时,发现秘书科制订的接待方案数量明显减少,数量仅为之前的 1/4。书面接待方案数量的减少,一方面是由于处在政府"狠抓公款浪费"的敏感时期,到中阳县调研、检查的上级部门也相应地减少;另一方面的原因是非公务接待隐蔽化导致部分接待从正式的书面接待方案中被抹去,部分过去需要制订的书面接待方案被口头接待方案替代。

另外,接待的地点也变得越来越隐蔽,出现从城市转向郊区、农村,从半公开的餐厅转向内部指定就餐点的趋势。春节前夕,和其他省市一样,中阳县内的高档餐厅和娱乐会所是纪委检查的重点对象,也是记者明察暗访时常常光顾的地方。当这类对外公开的餐厅成为敏感地带后,那些偏僻的、没有进入纪委检查范围的乡镇、郊区的餐厅渐渐变成政府新的"公款吃喝"根据地。当地公务员认为,如果纪委的监察力度一直保持下去,农家山庄可能变成新的"公款吃喝"根据地。当地的公务员带有讽刺意味地把这一现象称为"农村包围城市"的新运动。

(二)做账专业化

我国的财政制度软约束已经是一个由来已久、有待解决的问题(马骏、侯一麟,2004)。由于对公共财政资金的监管、审查力度不足,政府组织有很大的自由空间运转财政经费。只要保证账本符合正式制度的规范,就可以避免违规使用财政资金潜在的风险。因此,"做假账"已经成为政府组织应付正式制度的一种惯用手段,也是财务人员必须具备的一项工作技能。也就是说,相对公开的账本是已经经过财务人员重新设计过的、符合正式制度要求的"象征性账本"。此外,这类象征性账本的另一个特征是统计类目笼统,缺乏具体明细。工会主席的一番话说明了笼统特征背后的主要原因:使非法使用资金的行为不可见。所以我们很难从这些账目上辨别出"公款吃喝"的消费行为。

> 财务收支是一个部门最敏感的部分。实际上,很多支出是不合规矩的,不能往(账本)上写的。所以统计的都是很笼统的,很大的。

除了财务人员以外,报销接待费用的人员也参与到制造假账的行列中。通过做假账的方式,违规的行为在形式上合法化。用合法消费类别的发票为违规行为买单,把大额的账单拆分成多份小额账单是最常见的两种报账技巧。

(三) 消费品变装

2012年"两会"期间,全国政协委员林嘉騋提交了《关于禁止使用公款消费茅台酒的提案》,使得公款消费茅台酒成为社会关注的热点问题,茅台酒也成了"公款吃喝"中的"敏感酒"。中阳县政府办公室采购的茅台酒数量也因此有所下降,部分接待用酒已经换成了当地酒厂生产的另一种价格为600多元的本地酒。

虽然被访者表示自己可以不喝茅台酒,但是如果被接待的领导暗示要喝茅台酒,他们便会想方设法把敏感的茅台酒带到餐桌上。其中一种办法就是把茅台酒倒到其他酒瓶中带进餐厅。时隔半年之后,2012年3月27经济观察网发布的《外面不安全,请客到食堂》一文,便揭露了类似做法。当这类消费需求出现后,商家便开始提供这类专业化的服务。2013年笔者再次到中阳县进行调查时,已经有经销商为政府提供未贴牌的茅台酒了。与此同时,采购茅台酒的行为也变得更加隐蔽,经销商的仓库、司机家、领导用车的后备箱成为替代办公室的存酒处。

从中阳县的以上实践可以看出,即便是上级政府组织制定了更严厉的正式制度,下级政府组织也时常采取"阳奉阴违"的方式,既不与新规定的正式制度形成正面冲突,也不抛弃已经形成的"公款吃喝"的非正式制度,规避违背硬约束下的正式制度的风险。这恰恰说明了作为一种非正式制度的"公款吃喝"已经具有了强大的生命力。

六 结语

综上所述，笔者认为面对政府组织"公款吃喝"愈演愈烈的现实，从道德、价值观的层面对政府官员进行道德谴责无济于事。政府组织的"公款吃喝"现象之所以难禁与组织内部的正式制度软约束以及正式制度与作为非正式制度的文化规则有关，见图1。

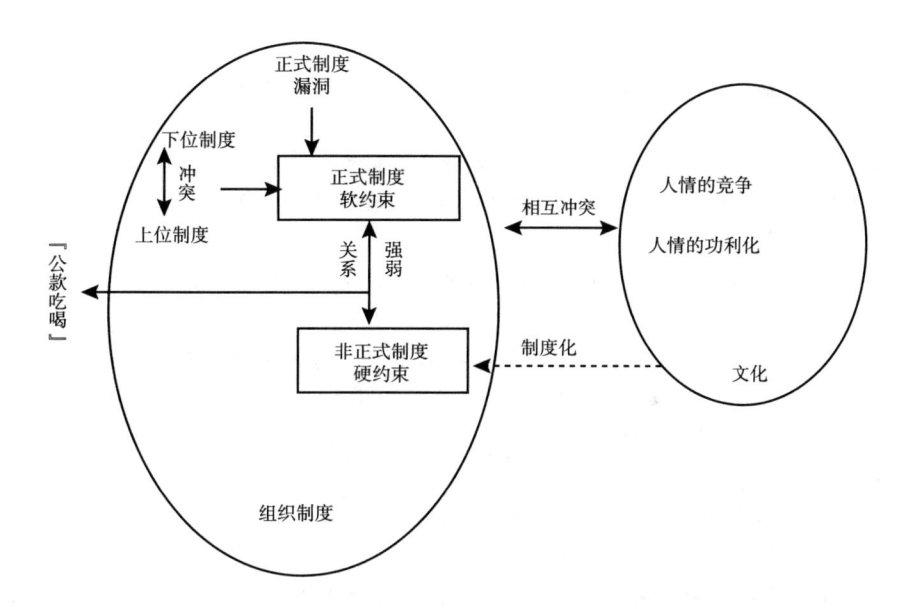

图1 "公款吃喝"与组织制度、文化的关系

如图1所示，当正式制度与文化规则相冲突时，正式制度的软约束将为文化规则制度化为非正式制度提供空隙。当文化规则在实践中不断内化为组织内部的非正式制度后，文化规则将具有较强的内部约束力，组织成员就不再能按照意愿进行自主选择了。请客吃饭变成一种缄默的非正式制度后，组织成员就会形成一种制度化的心理预期，违背预期可能引起被接待方的误解，影响公务的进展甚至是个人的政治命运。在这种情况下，"公款吃喝"可以带来正面的效应，但是不吃不喝不仅没有正面效应还会给组织、组织成员带来负面影响。所以不论政府组织的成员是否愿意，他们仍然会以超出正式制度规定的标准"公款吃喝"。因此,把"公款吃喝"污名化,归因于个人道德问题将无益于从根本上解决"公款吃喝"的问题。只有先从客观的角度审视"公款吃喝"存在的根源,才能进而设计出相应的、更加恰当的正式制度,从而将这种行为规范化,纳入政府可以控制的范围。

参考文献

边燕杰、刘翠霞、林聚任,2004,《中国城市中的关系资本与饮食社交:理论模型与经验分析》,《开放时代》第 4 期。

道格拉斯·C. 诺思,2012,《制度、制度变迁与经济绩效》,格致出版社。

范柏乃、班鹏,2008,《政府浪费与治理对策研究》,《浙江大学学报(人文社会科学版)》第 6 期。

高培勇,1998,《进一步完善中国的财政税收制度》,《国际经济评论》Z5 期。

胡鞍钢、过勇,2002,《公务员腐败成本——收益的经济学分析》,《经济社会体制比较》第 4 期。

黄光国,1988,《人情与面子:中国人的权力游戏》,《中国人的权力游戏》,巨流图书公司。

蒋洪,2011,《〈预算法〉应具有法律约束性》,《地方财政研究》第 1 期。

金耀基,1993,《人际关系中的人情之分析》,《中国社会与文化》,牛津大学出版社。

李成言、黄国珍,2007,《炫耀性政治行为现象及动因分析》,《广州大学学报(社会科学版)》第 10 期。

李景平、薛艺艺,2010,《当前地方政府"公款吃喝"现象及治理研究》,《行政与法》第 6 期。

林南,2004,《社会资本——关于社会结构与行动的理论》,上海人民出版社。

林洁,2008,《公务消费:问题·成因·对策》,《唯实》第 1 期。

龙太江,2006,《我国公务接待恶性发展 2004 年"公款吃喝"3700 亿元》,《瞭望》第 10 期。

梁漱溟,2010,《中国文化的命运》,中信出版社。

马骏、侯一麟,2004,《中国省级预算中的非正式制度:一个交易费用理论框架》,《经济研究》第 10 期。

王宁,2011,《制度漏洞根源与"改革悖论"》,《人民论坛》第 S2 期。

于学强,2011,《"公款吃喝"腐败析议》,《广州大学学报(社会科学版)》第 6 期。

阎云翔,2000,《礼物的流动:一个中国村庄中的互惠原则与社会网络》,上海人民出版社。

周标龙,2007,《"公款吃喝"的法律控制》,《法学与实践》第 5 期。

赵鼎新等，2012，《"天命观"及政绩合法性在古代和当代中国的体现》，《经济社会体制比较》第1期。

周飞舟，2006，《分税制十年：制度及其影响》，《中国社会科学》第6期。

张今文，2007，《"公款吃喝"的法律规制——基于公务开支规范化的法律思考》，《贵州民族学院学报（哲学社会科学版）》第6期。

翟学伟，1995，《中国人的脸面观》，桂冠图书公司。

——，2004，《人情、面子与权力的再生产——情理社会中的社会交换方式》，《社会学研究》第5期。

周雪光，1999，《西方社会学关于中国组织与制度变迁研究状况述评》，《社会学研究》第4期。

——，2003，《组织社会学十讲》，社会科学文献出版社。

——，2005，《"逆向软预算约束"：一个政府行为的组织分析》，《中国社会科学》第2期。

——，2009，《英文文献中的中国组织现象研究》，《社会学研究》第6期。

——，2011，《权威体制与有效治理：当代中国国家治理的制度逻辑》，《开放时代》第10期。

周雪光、练宏，2011，《政府内部上下级部门间谈判的一个分析模型——以环境政策实施为例》，《中国社会科学》第5期。

Gold, Thomas B. 1985. "After Comradeship: Personal Relations in China since the Cultural Revolution." *China Quarterly* (104).

Hu, Hsien-Chin. 1944. "The Chinese Concepts of 'face'." *American Anthropologist* (29).

Hwang, K. K. 1987. "Face and Favor: the Chinese Power Game." *American Journal of Sociology* (92).

Hall, Peter A. & Taylor, Rosemary C. R. 1996. "Political Science and the Three New Institutionalism." *Political studies* (44).

Jacbos, Bruce J. 1979. "A preliminary Model of Particularistic Ties in Chinese Political Alliances: Kan-ching and Kuan-hsi in a Rural Taiwanese Township." *China Quarterly* (78).

Lampton, D. M. 1992. "A Plum for Peach." In K. G. Lieberthal & D. M. Lampton. (eds.) *Bureaucracy, Politics, and Decision-making in Post-Mao China*. California: University of California Press.

Nee, Victor. 1998. "Sources of the New Institutionalism." In Brinton, Mary C. & Nee, Victor. (eds.) *The New Institutionalism in Sociology*. New York: Russell Sage.

Nee, Victor & Ingram, Paul. 1998. "Embeddedness and Beyond: Institutions, Exchanges, and Social Structure." In Brinton, Mary C. & Nee, Victor. (eds.) *The new Institutionalism in Sociology*. New York: Russell Sage.

Oi, Jean C. 1985. *State and Peasant in Contemporary China: The Political Economy of Village Government*. Berkeley: University of California Press.

Parish, William L. 1973. "Factions in Chinese Military Politics." *The China Quarterly* (56).

Walder, Andrew G. 1983. "Organized Dependency and Cultures of Authority in Chinese Industry." *Journal of Asian Studies* (43).

——. 1986. *Communist Neo-traditionalism: Work and Authority in Chinese Industry*. Berkeley: University of California Press.

Wank, David. 1999. *Commodifying Communism: Business, Trust, and Politics in a Chinese City*. New York: Cambridge University Press.

Weber, Max. 1968. *The Religion of China: Confucianism and Taoism*. New York: The Free Press.

Whyte, Martin & William Parish. 1984. *Urban Life in Contemporary China*. Chicago: Chicago University Press.

Yang, Chung-Fang. 1982. "The 'Tao' to Chinese Consumer Behavior." *Unpublished manuscript*, Hong Kong: The Chinese University of Hong Kong.

Yang Mayfair Mei-hui. 1994. *Gifts, Favors and Banquets: The Art of Social Relationships in China*. New York: Cornell University Press.

Zhao, Dingxin. 2001. "China's Prolonged Stability and Political Future: Same Political System, Different Policies and Methods." *Journal of Contemporary China* (10).

Zucker, Lynne G. 1977. "The Role of Institutionalization in Cultural Persistence." *American Sociological Review* (42).

农民工维权意愿的影响模式研究

——基于长三角地区的问卷调查[*]

郑卫东[**]

内容摘要：在农民工维护劳动权益的现有研究中，维权态度是一个尚未得到应有重视的议题。本文利用长三角地区农民工的调查数据，从同期群、务工资历、单位特征三个维度考察农民工维权意愿的影响模式。研究发现，同期群、法律认知水平、工作职位、单位性质等变量对农民工维权意愿影响显著，而更换工作次数、维权经历评价、加入社团数量等变量影响不显著。深入分析发现，农民工维权意愿的变动不仅受单位及国家制度环境的影响，亦受其情感、人力资本、社会阅历等内在力量的综合作用影响。其中，基于文化程度、法律认知、工作职位等的维权能力，成为影响农民工维权意愿的重要因素。联系中国经济社会快速发展的现实，本文认为农民工的维权意识会持续上升，这将对既有的劳工维权体系造成较大压力。

关键词：同期群 务工资历 单位特征 维权意愿 农民工

近年来国内劳资冲突及劳工维权群体性事件数量的快速增长与规模的不

---

[*] 本文已发表于《社会》2014 年第 1 期。本研究受到教育部人文社会科学研究规划基金项目（13YZA840037）和上海市教委科研创新项目（14ZS144）的资助。本研究先后在上海大学第一届应用社会科学研究方法培训暨研讨班、复旦大学"资料分析与研究论文撰写"2013 暑期工作坊上讨论。感谢吴晓刚、程金华、桂勇、刘永根和郑世林等对本文提出的建设性意见。另外，胡小琴和朱亚等同学参与了问卷调查，在此一并致谢。文责自负。

[**] 郑卫东，华东政法大学社会发展学院。

断扩大,既是中国改革中矛盾长期积累的结果,也与中国经济社会发展进入社会矛盾突发期相关(蔡禾等,2009;Chen,2007)。现有农民工维护劳动权益的研究,主要存在两个方向。其一是工人抗争与阶级形成研究。近两亿农民工已经成为中国产业工人的主体,由此产生的劳动关系问题,尤其是劳资冲突问题,引起了国内学者对"工人阶级的形成"这一西方经典学术话题的浓厚兴趣,及其在中国的意义的思考(于建嵘,2006;陈锋,2009;沈原,2006;Cai,2002;Chen,2007;Hurst,2009;Lee,1998;Pun,2005)。其二是农民工维权抗争行为研究。农民与农民工维权抗争一直是中国底层维权抗争研究的主要对象,并且保持着延续性的学术沟通对话(Perry,2008;O'Brien,1996;Isabelle Thireau & Hua Linshan,2003;应星,2007;冯仕政,2006;任焰等,2006;郑广怀,2005,2007;蔡禾等,2009;刘林平、郑广怀、孙中伟,2011)。在总结既有研究成果的同时,我们发现,农民工的维权态度是一个尚未得到应有重视的议题,相关分析散见于一些描述性的调查统计,但规范的解释性经验研究几近于无(王春光,2005;肖富群等,2010;中国青少年研究中心,2008;国家统计局住户调查办公室,2011;全国总工会,2010;上海市总工会,2011;刘传江等,2012)。而且,近年来农民工群体的规模及内部结构悄悄发生的变化与当下的劳资冲突及劳工群体性事件之间的关系,也未得到深入的讨论。在"新生代农民工"[①]概念已经广为使用的今天,关于农民工维权意愿"代际"差异的研究却很少见。由此,我们的问题是:新生代农民工是否具有比传统农民工更强烈的维权意愿?在不断增长的劳工维权事件中,新生代农民工是否已经成为策动维权活动发生、发展的主力?影响农民工维权意愿的主要因素有哪些?这些因素又是通过何种机制建构了怎样的维权意愿影响模式?仔细研究当前中国农民工维权意愿的影响模式,对于准确把握农民工维权态度的变动特征,科学应对农民工维权的群体性事件,以及构建和谐社会具有重要的理论和现实意义。

态度研究一向是社会心理学研究的重点,其非常重要的一个方面就是把对态度与行为的预测直接联系起来。但在一定历史时期,社会心理学曾侧重于行为与态度的关系不一致的内部原因的研究,认为"态度与行为的直接相关程度很低,以至于心理学家遇到了前所未有的挑战"(Cooper & Croyle,1984)。随着公共话题与私人话题、外显态度与内隐态度(Fiske,2004)、行为控制感知(Tesser& Shaffer,1990)、态度强度(Bizer& Krosnick,2001)

[①] 在本文中,新生代农民工系指1980年后出生的14周岁以上的农村进城务工青年。

等概念的提出，态度与行为之间的密切联系进一步被人们揭示出来（Gibb，2006）。尽管有人发现参与集体抗争前的态度表示与参与集体抗争的实际行为之间会有较大的落差（Oegema & Klandermans，1994），但笔者并不认同态度研究没有太大价值的说法（冯仕政，2006）。相反，在国家维稳工作重点从应急处理转向建立源头治理、动态管理、应急处置相结合的社会管理机制的时候，重点人群的态度研究的重要性更加突出。农民工的维权态度包括对劳动侵权事件的内在感受（道德观和价值观）、情感（即"喜欢-厌恶""爱-恨"等）和意向（谋略、企图等）三个方面。本文关注农民工的维权意愿，主要分析农民工遭遇劳动侵权事件后是否有想要维权的愿望，也会涉及维权方式偏好的讨论。

　　态度与行为联系密切，影响态度与影响行为的因素之间也有很多共通之处。郑广怀从个人背景特征（性别、年龄、文化程度）、外出及工作情况（收入、工作职位、外出时间、工作流动、工会会员身份）、企业特征（企业性质和企业规模）和信息获得（相关权利信息的获得）四个方面考察影响农民工维权行动的微观因素（郑广怀，2007）；蔡禾等从剥夺感、社会资本、企业制度环境三个维度建构农民工利益抗争行为的影响模式（蔡禾等，2009）；刘林平等则从劳动权益状况、劳动条件、社会网络等三个维度分析影响农民工精神健康的因素（刘林平、郑广怀、孙中伟，2011）。本文关于农民工维权意愿影响因素的讨论也将涉及个人背景特征、外出及工作情况、维权经历与企业特征等测量维度。基于相关理论，我们把上述维度重新整合，将一些变量（性别、文化程度、婚姻状况、月工资等）作为控制变量，将其余变量组合为同期群（年龄、法律认知水平等）、务工资历（工作流动、工作职位、维权经验、社会资本等）与企业特征（单位性质，单位管理制度化水平等）三个维度。需要说明两点：其一，本文未把单位规模作为单位特征的考察维度，这与绝大多数的研究不同（谭深，2003；刘林平、郑广怀、孙中伟，2011；斯格特，2002）。相关研究皆把单位规模视为测量单位管理规范化的指标，笔者认为，对于同类型企业，从单位规模考察其管理制度化水平是有意义的；反之，则意义不大。其二，提出同期群的测量维度。本研究关注农民工群体内部的结构性分化对农民工维权意愿的影响。目前，关于农民工的"代际"划分普遍地采用"新生代农民工"与"传统农民工"的二分法。实际上，这种以1980年为界区分"新生代农民工"与"传统农民工"的两分法过于粗略，不足以准确把握农民工因年龄形成的结构性差异。本文在传统农民工与新生代农民工二分法的基础上，引入生命历程理论中的同期群概念。同期群（cohort）指同一年代出生的一群人，可理解为由年龄近似者构成的阶层。因为每代人所处的历史背景、社会环境相似，经历了相同的社会历史事件，因而展现出相似的性格特征（佟新，2010：163；埃尔德，2002：421；Ryder, 1965；Riley et al., 1972）。同期群人口在社会变迁的研究中具有特殊意义。引入同期群概念，利于总结和把握各同期群的特征，便于同期群间的比较，而且不影响传统农民工与新生代农民工的划分。

接下来，我们首先在简要回顾相关文献的基础上提出分析视角与研究假说，然后介绍抽样与测量的方法。接着，对调查数据进行统计分析，通过建立维权意愿的 logistic 回归模型，对影响农民工维权意愿的因素进行多元回归分析。最后，总结本文的主要发现，并讨论这些发现的理论贡献和政策含义。

一 文献综述与研究假说

国内外关于中国农民工维权抗争的研究基本上是从社会运动与集体行为理论中汲取资源。按时间顺序，集体行动与社会运动理论先后递替的研究范式可归结为三种：古典理论范式（Smelser, 1962；Gurr, 1970）、主流理论范式与新社会运动理论范式（Touraine, 1971；Habermas, 1975）。其中，主流理论范式以资源动员理论（McCarthy&Zald, 1973）和政治过程理论（Tilly, 1978；McAdam, 1982；Tarrow, 1998；Gamson&Meyer, 1996）为代表。农民工维权态度与行动属于传统的利益抗争类型，相关研究中应用较多的是古典理论、资源动员理论与政治过程理论。接下来分别从这三个方面评述既有文献并提出本研究的假设。

（一）心理学视角与研究假设

美国早期关于集体行动、社会运动和革命的研究是在勒庞（Le Bon, 1979）的社会心理学研究基础上起步的（赵鼎新，2006：26~27）。从勒庞的心智归一法则（the law of mental unity）到布鲁默（Blumer, 1946）的循环反应（circular reaction），再到格尔（Gurr, 1970）的相对剥夺感（relative deprivation）及斯梅尔赛（Smelser, 1962）的加值理论（value-added theory）等，古典理论体系得以逐渐建构并完善。古典理论有几个隐含的假设，例如，病理性假设、直接性假设、非理性假设等，它认为如果发生了集体行动，那么肯定有破坏性心理状态（disruptive psychological states）

的存在，或者有个人怨恨和不满（personal grievance/discontent）的存在，因此，个人的心理状态和运动参与之间是一种直接的关系。特别是雷斯基等人的地位不协调理论（Lenski, 1954; Geschwender, 1967）与格尔的相对剥夺理论对于农民工维权研究具有很强的现实意义。

诸多研究把农民工维权事件的快速增长与农民工群体内部的结构性分化联系起来，其逻辑基础在于：新生代农民工是计划生育后娇生惯养的一代，从小养成了以自我为中心的生活习惯，他们的行为方式与传统农民工显著不同，自我认同为城里人胜过农村人，往往产生强烈的认知失调问题与严重的相对剥夺感。这些特征决定了新生代农民工在遭遇利益侵害的时候，可能比他们的父辈有更强烈的利益抗争冲动和更持久的利益抗争行为（蔡禾等，2009）。可见，关于新生代农民工具有更强烈维权意愿的解释主要基于社会心理学视角。由此，我们提出假设1a：年龄越小的同期群，维权意愿越强。

从同期群生活史角度解释农民工维权意愿差异内含了雷斯基等人的地位不协调理论与格尔的相对剥夺理论。农民工相对剥夺感的来源既包括参照群体，也包括其对劳动侵权事件的认知能力。关于农民工同期群间相对剥夺感的参照群体结构及其变动趋势研究比较复杂（李培林等，2007; 蔡禾等，2009），笔者另拟文专题讨论，在此着重分析农民工的法律认知水平对其维权意愿的影响。早在19世纪，马克思就论述革命理论在工人阶级从自在阶级转变到自为阶级过程中的重要性。已有学者指出，仅仅有利益失衡，但缺乏利益意识或许无法形成不公正感，也就不会产生集体行动（于建嵘，2004; 应星，2007; 刘能，2004）。随着农民工文化水平的整体提高，以及普法宣传及言传身教，农民工的法律认知水平也在提高，这会直接影响他们对相对剥夺感的体认（蔡禾等，2009），进而影响其维权意愿。一般认为，新生代农民工的平均受教育水平高过传统农民工，他们在学校学习了更多的法律课程，因而掌握更多的法律知识。另有观点认为，法律知识是实用性知识，仅靠书本上的学习是不够的，只有在应用中学到的法律知识才是有效的。外出务工时间越长，越可能掌握更多的法律知识。尽管学界对农民工同期群法律知识孰多孰少存在争议，但对于法律认知水平有助于提升劳动侵权认知能力则看法基本一致。由此，我们提出假设1b：法律认知水平越高的农民工，维权意愿越强。

（二）务工资历与研究假设

与古典理论的消极的和负面的参与者模型不同，资源动员理论重新把

"理性"赋予运动参与者。随着资源动员理论取代古典理论成为社会运动研究领域内的主流理论，研究者把成本—收益的权衡和计算，而非剥夺感和怨恨放在分析的中心，关注的问题是社会运动所能获取的资源以及资源是如何被动员组织起来的，等等。

影响农民工维权意愿的资源因素可以从人力资本与社会资本两方面来分析。刘传江等（2012）认为，在次属劳动力市场，农民工人力资本的增加往往带来资产专用性的增加，资产专用性的增加则会导致劳资关系中劳方势力的提升（刘传江等，2012）。郑广怀发现，资历（包括年龄、工作职位和工作流动性）是影响农民工维权的重要因素。较长的外出时间意味着较为丰富的打工经验，经验越丰富越有可能发现和认识工厂的侵权行为，进而维护自身的权利。农民工在维权之前会考虑维权可能带来的风险（例如被厂方解雇、找不到工作等）。对那些已经换过工作的农民工而言，他们在换工作的过程中已经积累了承担风险的经验。而那些没有换过工作的农民工缺乏承担风险的经验，他们担心维权导致自己陷入失业的困境。相对于管理人员和技术工人而言，普通工人或服务员的文化程度和收入水平都较低，承担风险及与厂方讨价还价的能力较弱，维权能力不足，不倾向于采取维权行动（郑广怀，2007）。外出务工过程中的维权经历对于农民工的维权意识无疑会产生直接的影响，但成功或失败的维权经历对农民工维权意识的影响可能差别很大，成功的维权经历会增强他们的维权意识，而失败的维权经历有可能削弱他们的维权意愿。需要说明的是，因为外出务工时间与年龄及更换工作次数具有较强的共线性，本研究重点考察更换工作次数、工作职位与成功维权经历等变量对维权意愿的影响。

在城乡二元体制下，进城农民工的劳动与生活缺乏正式的制度性保障，对亲友、同乡、同事这样的社会网络有更大的依赖性。近年来的一些经验研究都证明了社会网络对农民工求职、升迁、融入城市生活起到重要作用（李培林，1996；刘林平，2001；翟学伟，2003）。林南把嵌入个人社会网络的资源叫作社会资本，它不是个人拥有的东西，而是个人通过直接或间接的社会联系而从他人那里汲取的资源（Lin, 2001）。科尔曼（Coleman, 1988）指出社会资本存在于社会关系网中，个人参与的社会团体越多，社会网络规模越大，社会资本也越丰富。社会网络理论表明单纯网络规模并不能说明社会网络的个人效用，还要看网络的质量，包括强关系与弱关系（Granovetter, 1973）及结构洞（伯特，2008）等。蔡禾等发现，网络规模对农民工参加利益抗争行为有正向影响，即在打工地的朋友越多，参加利益抗争行为的程度越高。农民工是否参加企业同乡会对参加利益抗争行为的影响不显著（蔡禾等，2009）。刘林平等有相反的发现，"工作车间有老乡的农民工的精神健康状况会更差"（刘林平、郑广怀、孙中伟，2011）。可见，目前关于社会网络与农民工城市生活的研究尚缺乏深入性和系统性，一些基本的命题依然需要经验验证。基于上述理论与经验研究，我们提出如下假设。

假设2a：更换工作次数越多的农民工，维权意愿越强。

假设2b：工作职位越高的农民工，维权意愿越强。

假设2c：维权经历评价越积极的农民工，维权意愿越强。

假设2d：参加各种社团或组织数量越多的农民工，维权意愿越强。

（三）单位特征与研究假设

政治过程理论与资源动员理论都强调社会运动和革命是一个过程，运动参与者参与社会运动的动机是出于利益和理性选择，组织和社会网络是社会运动动员的关键，资源和政治机会在社会运动的发起和发展中起着重要的作用（赵鼎新，2006：182~183）。但政治过程理论更强调政治机会结构和集体动员的关系，以及社会运动在特定政治结构下的策略选择等。蔡禾等认为，政治机会结构理论的核心是强调正式制度安排对行为的影响。其实，任何制度，无论是宏观制度还是中观、微观制度，对于置身其中的行动者来讲，都是行动机会的规则。务工单位是农民工在城市工作与生活的主要场所。对于农民工来讲，企业的制度安排同样是制约他们在企业内部开展利益诉求的机会结构（蔡禾等，2009）。

在中国，工业组织与国家间的所有权关系标志着其在社会主义再分配体制中的地位（Lin & Bian，1991；Walder，1992；Wu，2002；Nee，1989；周雪光、侯立仁，2003），工作单位的性质特征意味着不同的产权归属和不同的职工权益文化传统（李汉林等，2002；刘林平等，2007；蔡禾等，2009；李培林等，2007）。鉴于工作单位性质与职工劳动权益之间的密切勾连，不同学者对务工单位性质与农民工权益保障之间的关系做了假设性评说，如蔡禾等认为："公有制企业在为农民工开展利益协商和谈判方面有更多的制度安排，大量的劳资纠纷有可能通过企业内部的协商或劳资谈判得到解决，从而大大减少通过外部投诉和群体性事件的抗争方式来表达利益诉求"（蔡禾等，2009）。万向东等认为："中国的国有企业存在着处理劳资关系的社会主义传统；城乡集体企业是社区型的企业，劳资关系深深地嵌入到社区的人际关系网络，人情关系削减了劳资关系；私有企业大多是由个体经济发展而来，由于产权特性和规模不大，处于发展的初级阶段，对劳资关系的处理比较简单粗糙；就外资来说，欧美企业有较为深远的法制传统，处理劳资关系的模式可能是'法治化'的，日韩企业次之，港台企业更次之"（万向东等，2006）。然而令人吃惊的是，尽管经验数据不同，研究时间也有差别，但一些有影响的研究皆否定了上述假说（蔡禾等，2009；刘林平等，2007；郑广怀，2007）。如蔡禾等发现，"企业所有制对减少农民工在企业外部展开利益抗争，或者在引导农民工用体制内方式解决利益纠纷问题上没有显著性影响"（蔡禾等，2009）。为什么经验数据与理论假设会有不同？难道是不同性质企业为农民工维权提供了相似的制度环境（刘林平等，2007；Peng，1992），还是决定农民工是否维权的不是企业性质这样的微观因素，而是更宏大的超出企业本身的体制或制度因素？（郑广怀，2007；徐昕，2008）

笔者认为，既有的经验研究尚不足以断言企业性质与农民工的维权意愿或维权行动没有显著关系，单位特征与农民工维权意愿的关系依然需要经验数据检验。构成单位特征的因素有很多，如所有制性质、规模、行业等，在此我们主要考察"工作单位性质"与"单位管理的制度化水平"两个维度。不同性质的单位在提供员工维权制度环境与民主法治氛围方面是有差异的。一般认为，国家机构、国有企事业单位等具有社会主义传统，在为职工开展利益协商和谈判方面有更多的制度安排，方便职工维护自身权益；外资企业的相关制度建设大多比较完善，重视职工权益保障，处理劳资关系的"法治化"水平较高；而中国民营企业，大多处于发展的初级阶段，对劳资关系的处理比较简单粗糙。单位管理的制度化水平高低反映单位的管理制度是否健全，管理是否规范，单位是否正式。我们认为不同类型的工作单位有着不同的工作环境、制度环境和人文环境，会形成不同的权益认知与维权意愿。由此形成假设如下。

假设3a：从"国有/事业单位"到"外资企业"，再到"民营企业"，在遭遇劳动权益受侵害事件时，农民工的维权意愿逐渐降低。

假设3b：单位管理的制度化水平越高，农民工的维权意愿越强。

二 抽样、变量与测量

（一）抽样

本研究以长江三角洲地区的农民工为研究对象。长江三角洲是中国经济发展基础最雄厚的地区之一，同时也是大量外来工聚集的地区之一。受地域文化、管理传统、产业结构等影响，长三角地区在市场化浪潮中形成了与珠三角地区和京津冀地区有显著差别的劳资关系模式，吸引着国内外的研究者开展外来工劳动权益的地域研究或区域比较研究（万向东等，2006；刘林平、雍昕、舒玢玢，2011）。笔者于2012年元旦前后在上海、南京、无锡、常州、杭州、绍兴、湖州七座城市组织开展了针对农民工群体的问卷调查。本次调查采用按比例配额抽样的方法。具体来说，根据各城市2010年底外来常住人口数据，按万分之一的比例分配样本数额。在每一城市抽样时考虑性别、年龄、行业、企业性质等结构性分布，也顾及农民工的工作职位等因素。任一城市的调查均包括车站、工作场所、宿舍区等地点。实际发放调查问卷1670份，回收1586份，整理得到有效问卷1355份（详见表1）。

表1 调查问卷各城市分配表

	南京	常州	无锡	杭州	绍兴	湖州	上海	合计
外来常住人口（万人）	167.9	98.4	171.0	180.9	52.3	31.2	890.3	1592
发放数量（份）	180	100	180	200	60	50	900	1670
有效问卷（份）	167	89	157	192	54	47	649	1355

注：各城市2011年外来常住人口数据根据各市相关年份的统计年鉴、人口与计划生育年鉴等整理。

Guo和Hussey的研究表明，这种"多地点、多机构的非概率抽样方式"（nonprobability sampling），有助于克服抽样时的地理集中（geographic concentration）和隐藏的选择偏见（hidden selection bias），从而提高样本的代表性和推论统计（inferential statistics）的可靠性（Guo, S. et al., 2004，转引刘林平、郑广怀等，2011）。本文所用数据尽管并非严格意义上的随机样本，但仍然具有一定的代表性。当然，它也不可避免地包含非随机抽样的局限性。

（二）因变量

农民工维权意愿，指在发生劳动权益侵犯事件之后，农民工有采取行动维护权益的主观意向，以及对维权方式的偏好。本文分别建立了二元logistic回归模型和多元logistic回归模型，前者测量维权意愿的有无，后者测量维权方式偏好。测量因变量的问题是："如果工作单位拒绝和你签劳动合同，你会怎么办",选项包括:①找单位人事部门解决;②找单位工会反映;③求助街道(乡镇)调解委员会;④打官司;⑤投诉或申请劳动争议仲裁;⑥辞职跳槽;⑦不采取行动;⑧不知道怎么办,共8个选项。在第一个模型中,①~⑥选项皆被视为"有采取维权行动的意愿";而⑦和⑧两个选项被视为"无采取维权行动意愿"。由此形成测量农民工维权意愿的二分变量:有采取维权行动意愿=1,无采取维权行动意愿=0。在第二个模型中,只分析有维权意愿的被访者,即把选择⑦与⑧的被访者过滤掉,重新定义变量标签,视选项①与②为"企业内部协商维权",选项③~⑤为"官方渠道维权",⑥为"退出"。新变量值:企业内部协商维权=1,官方渠道维权=2,退出=0。

(三) 自变量

1. 同期群

(1) 同期群。本文把农民工的出生年份分为:1969年之前(69前农民工)、1970~1979年(70代农民工)、1980~1989年(80代农民工)和1990年之后(90后农民工)四个同期群。其中,80代农民工与90后农民工合称"新生代农民工",而69前农民工与70代农民工合称"传统农民工"。分组后变量值标签:1969年之前=3,1970~1979年=2,1980~1989年=1,1990年之后=0。(2) 劳动法律认知情况。测量方法是列出《劳动法》《劳动合同法》《劳动争议调解仲裁法》《妇女权益保障法》《安全生产监督法》和《工伤保险条例》六部法律,根据农民工对其的了解程度赋值,即没听说过=0,听说过=1,了解一点=2,很熟悉=3,之后进行简单相加,得到每位被调查者的劳动法律知识认知得分。

2. 务工资历

(1) 工作职位。普工=0,技工=1,班组长、领班=2,主管=3,其他=4。

(2) 更换工作次数。测量问题是"您外出务工以来曾经换过多少次工作"。

(3) 参加各种社团或组织数量。测量问题是"你是否参加了以下团体或组织"(多选题),罗列了工会、党组织、民间团体、兴趣小组(如钓鱼协会)、同乡会和其他6个选项,每个选项赋值1分,根据答卷人选择选项数量计算分值。

(4) 维权经历。对被访者维权经历的考察包括两个问题:一是"外出务工过程中您是否有因为个人权益受损而向单位或政府机关投诉的经历",二是"外出务工过程中您是否参加过群体性维权活动",两个问题中任一个选择"有",即表示被访者有个人或集体维权经历。维权者对维权活动结果的评价:不满意= -3,说不清=1,一般=2,满意=3,没有参加维权活动=0。个体维权者与集体维权者对维权活动结果的评价得分合计就是被访者的维权经历得分,得分为正说明是积极的维权经历,得分为负说明是消极的维权经历。

3. 工作单位特征

（1）单位性质。国有企事业单位=1,外资企业=2,民营企业=0。

（2）单位管理的制度化水平。测量问题包括"您目前是否参加了以下保险","您是否签订劳动合同"和"若签订劳动合同,是否参与合同的协商",罗列了工伤保险、医疗保险、养老保险、失业保险4个险种。每个险种选择"参加"得1分,"没参加"得0分,"不知道"得0.5分。与单位签订劳动合同得1分,未签订合同得0分;参与合同的协商得1分,没参与协商得0分。各项目得分合计就是该单位管理的制度化水平得分。

（四）控制变量

本研究将性别、婚姻、教育程度和月工资水平（取对数）作为控制变量。各变量的描述及统计结果详见表2。

表2 变量描述及统计结果

变量	频次	百分比(%)	变量	频次	百分比(%)
维权意愿			同期群		
无(=0)	526	38.8	90后农民工(=0)	242	17.9
有(=1)	829	61.2	80代农民工(=1)	546	40.3
维权方式偏好			70代农民工(=2)	284	21.0
退出(=0)	268	32.3	69前农民工(=3)	283	20.9
企业内部协商维权(=1)	357	43.1	工作职位		
官方渠道维权(=2)	204	24.6	普工(=0)	645	47.6
性别			技工(=1)	408	30.1
女(=0)	465	34.3	班组长、领班(=2)	125	9.2
男(=1)	889	65.7	主管(=3)	66	4.9
婚姻状况			其他(=4)	111	8.2

续表

变量	频次	百分比（%）	变量	频次	百分比（%）
未婚（=0）	507	37.4	教育程度		
已婚或其他（=1）	848	62.6	小学及以下（=0）	178	13.2
单位性质			初中（=1）	641	47.3
民营企业（=0）	915	67.8	高中、中专、职高（=2）	392	28.9
国有企事业单位（=1）	301	22.3	大专及以上（=3）	144	10.6
外资企业（=2）	133	9.9			
变量	均值	标准差	变量	均值	标准差
劳动法律认知	6.24	3.96	单位管理制度化水平	2.51	1.57
维权经历评价	0.23	1.09	参加社团数量	0.96	0.56
月工资（log）	7.90	0.42			

注：

三 统计结果

（一）农民工是否有维权意愿的影响因素分析

表3是一个嵌套模型。其中，模型一由控制变量构成；模型二在模型一的基础上增加了与同期群相关的变量，包括同期群与法律认知水平；模型三在模型二的基础上增加了务工资历相关变量；模型四在模型三的基础上增加了单位特征变量，包括单位性质与单位管理制度化水平；模型五在模型四的基础上增加了"单位性质"与"单位管理的制度化水平"的交互项。

从表3可见，性别、婚姻状况、教育程度对农民工的维权意愿有显著影响，表现为男性比女性的维权意愿更强，已婚的比未婚的维权意愿更强。以"小学以下文化程度"为参照，初中文化程度受访者的维权意愿与其差异不显著，而高中（中专）与大专以上文化程度者的维权意愿皆与其差异显著（$\alpha=0.01$），表现出教育程度愈高，维权意愿则愈强的"·132·态势"。衡量绝对剥夺的月工资收入与农民工的维权意愿作用不显著。

同期群：80代、70代与69前农民工的维权意愿皆与90后农民工差异显著（显著水平α皆在0.05以上）；从系数值来看，自90后至69前农民工的维权意愿逐渐降低。在控制其他变量的情况下，法律认知水平对于农民工的维权意愿影响显著（$\alpha=0.01$），二者呈正相关。因此，假设1a与假设1b通过检验。

表3 农民工是否有维权意愿的影响因素（Logistic Regression）

变量	模型一	模型二	模型三	模型四	模型五
男（=1）	0.341***(0.126)	0.363***(0.135)	0.335**(0.143)	0.310**(0.154)	0.314**(0.154)
已婚（=1）	0.112(0.133)	0.392**(0.176)	0.450**(0.184)	0.491**(0.197)	0.489**(0.198)
初中	0.754***(0.179)	0.369*(0.196)	0.267(0.206)	0.286(0.219)	0.304(0.220)
高中、中专等	1.391***(0.203)	0.806***(0.225)	0.708***(0.237)	0.647**(0.251)	0.665***(0.252)
大专以下	2.171***(0.294)	1.607***(0.330)	1.543***(0.353)	1.478***(0.381)	1.491***(0.381)
月工资（log）	0.254*(0.152)	0.187(0.161)	0.0424(0.172)	0.0547(0.186)	0.0639(0.187)
80代农民工		-0.427**(0.194)	-0.415**(0.202)	-0.562***(0.215)	-0.558***(0.216)
70代农民工		-0.525**(0.254)	-0.569**(0.264)	-0.732***(0.281)	-0.719**(0.282)
69前农民工		-0.993***(0.260)	-0.924***(0.272)	-0.895***(0.288)	-0.873***(0.289)
法律认知水平		0.139***(0.018)	0.135***(0.020)	0.090***(0.022)	0.0894***(0.0217)
更换工作次数			0.006(0.013)	0.013(0.013)	0.0127(0.0129)
技工			0.293*(0.155)	0.352**(0.165)	0.358**(0.165)
班组长、领班			0.316(0.247)	0.260(0.269)	0.280(0.270)
主管			0.796*(0.419)	0.861**(0.439)	0.845*(0.439)
加入社团数量			0.293**(0.136)	0.0411(0.145)	0.0323(0.146)
维权经历评价			0.075(0.065)	0.042(0.071)	0.0401(0.0706)
国有企事业单位				0.588***(0.180)	0.721**(0.369)
外资企业				0.807***(0.295)	1.839***(0.702)
单位管理制度化水平				0.313***(0.052)	0.347***(0.0592)
国有企事业单位×单位管理制度化水平					-0.0569(0.131)
外资企业×单位管理制度化水平					-0.324*(0.191)
常数	-2.817**(1.171)	-2.430**(1.239)	-1.674(1.334)	-2.146(1.443)	-2.309(1.450)
样本数	1318	1266	1193	1121	1121
Pseudo R²	0.063	0.118	0.134	0.179	0.1807
Log likelihood	-828.398	-753.743	-695.432	-621.127	-619.621

*** $p<0.01$，** $p<0.05$，* $p<0.1$。

注：括号内为标准误。

务工资历：更换工作次数对于农民工的维权意愿影响不显著。工作职位对于农民工的维权意愿影响显著，以普工为参照对象，技工的维权意愿显著增强（$\alpha=0.05$），班组长、领班与普工相比差异不显著，主管比普工又显著增强（$\alpha=0.1$）。维权经历评价与加入社团组织数量对于农民工维权意愿的影响皆不显著。因此，假设2b被部分证实，假设2a、假设2c、假设2d皆未通过检验。

单位特征：单位性质与单位管理制度化水平对于农民工的维权意愿皆作用显著。以民营企业为参照，国有企事业单位与外资企业农民工的维权意愿皆显著增强（$\alpha=0.01$）；从系数值来看，外资企业农民工的维权意愿最强，国有企事业单位居次，民营企业农民工维权意愿则最低。在单位管理制度化水平方面，农民工的维权意愿随单位管理制度化水平提高而显著增强（$\alpha=0.01$）。因此，假设3a部分被证实，假设3b被证实。在引入"单位性质"与"单位管理制度化水平"交互项后，"单位管理制度化水平"的影响依然显著（$\alpha=0.01$）。而且，在管理制度化水平最低的企业当中，国有企事业单位与外资企业农民工的维权意愿依然显著强过民营企业，其显著水平分别为（$\alpha=0.1$ 与 $\alpha=0.01$）。

从交互项的情况来看，如果民营企业的管理制度化水平提高，民营企业农民工与国有企事业单位和外资企业农民工的维权意愿之间的差距会缩小，其中，民营企业农民工与外资企业农民工之间维权意愿的差距会显著缩小（$\alpha=0.1$），而民营企业农民工与国有企事业单位农民工之间的维权意愿的差距缩小则不明显。

（二）农民工维权方式偏好的影响因素分析

当权益被侵犯时，1355名受访者中有829名表示有维权意愿，表4显示了这些有维权意愿农民工的维权方式偏好的影响因素。

由表4可见，性别对维权方式偏好影响不显著。婚姻状况对农民工维权方式偏好影响显著（$\alpha=0.1$），表现为已婚者更倾向于选择"单位内部维权"或"官方渠道维权"而不愿意选择"退出"。教育程度以小学文化程度为参照，只有高中（含中专、职高）与其差异显著（$\alpha=0.05$），表现为具有高中（含中专、职高）学历者更倾向于选择"官方渠道维权"，而不是选择"单位内部维权"。月工资额显著影响维权方式偏好，月工资额越高，在"官方渠道维权"与"退出"之间更倾向于选择"退出"（$\alpha=0.05$），在"单位内部维权"与"官方渠道维权"之间更倾向于选择"单位内部维权"（$\alpha=0.1$）。

表 4 农民工维权方式偏好的影响因素 ($N=668$)

变量	单位内部维权 vs 退出	官方渠道维权 vs 退出	单位内部维权 vs 官方渠道维权
男(=1)	-0.0804(0.210)	0.182(0.251)	-0.262(0.235)
已婚(=1)	0.471*(0.258)	0.620*(0.322)	-0.149(0.308)
初中	-0.180(0.361)	0.636(0.432)	-0.543(0.418)
高中、中专、职高	-0.631(0.390)	0.324(0.468)	-0.955**(0.453)
大专以上	0.0570(0.452)	0.557(0.556)	-0.500(0.522)
月工资(log)	-0.215(0.263)	-0.743**(0.306)	0.528*(0.284)
80代农民工	0.727**(0.286)	-0.587(0.357)	-0.140(0.335)
70代农民工	-0.487(0.378)	-0.0546(0.456)	-0.433(0.421)
69前农民工	-1.167***(0.426)	-0.0113(0.481)	-1.156**(0.468)
法律认知水平	0.0198(0.0286)	0.0571*(0.0322)	-0.0374(0.0299)
更换工作次数	-0.0386**(0.0188)	-0.0364*(0.0200)	-0.00219(0.0218)
技工	0.241(0.227)	-0.189(0.270)	0.430(0.262)
班组长、领班	1.286***(0.387)	1.223***(0.428)	0.0632(0.348)
主管	0.0518(0.440)	0.207(0.505)	-0.156(0.476)
加入社团数量	0.103(0.167)	-0.0715(0.196)	0.174(0.178)
维权经历评价	0.229***(0.0852)	0.166*(0.0998)	0.0630(0.0907)
国有企业事业单位	0.754***(0.235)	0.813***(0.269)	-0.0596(0.236)
外资企业	0.127(0.285)	0.0135(0.356)	0.113(0.339)
单位管理制度化水平	0.0383(0.0704)	-0.0791(0.0818)	0.117(0.0781)
常数	1.883(2.027)	4.619**(2.355)	-2.736(2.176)
Pseudo R^2		0.066	
Log likelihood		-664.786	

*** $p<0.01$, ** $p<0.05$, * $p<0.1$。
注：括号内为标准误。

同期群：以 90 后农民工为参照对象，80 代农民工仅与其在"单位内部维权"和"退出"比较时差异显著（$\alpha=0.05$），80 代农民工更倾向于选择"退出"；70 代农民工的维权方式偏好与 90 后农民工无显著差异；相比 90 后农民工，69 前农民工在"单位内部维权"与"退出"比较时更倾向于选择"退出"（$\alpha=0.01$），在"单位内部维权"与"官方渠道维权"比较时更愿意选择"官方渠道维权"（$\alpha=0.05$）。总体来看，在遭遇劳动权益侵害事件时，90 后农民工更愿意采取"单位内部维权"，而不愿意选择"退出"或"官方渠道维权"。法律认知水平仅在"官方渠道维权"与"退出"之间比较时影响显著,表现为法律认知水平越高的农民工越倾向于选择"官方渠道维权",而不选择"退出"($\alpha=0.1$)。

务工资历与加入社团组织:更换工作次数越多的农民工,越倾向于选择"退出",而不是"单位内部维权"($\alpha=0.05$)或"官方渠道维权"($\alpha=0.1$)。技工、主管的维权方式偏好与普工无显著差异;而班组长(领班)与普工相比,更愿意选择"单位内部维权"或"官方渠道维权",而不愿意选择"退出"($\alpha=0.01$)。加入社团组织数量对于农民工的维权方式偏好无显著影响。维权经历评价越积极的农民工越倾向于采取"单位内部维权"($\alpha=0.05$)或"官方渠道维权"($\alpha=0.1$),而不愿意选择"退出"。

单位特征:以民营企业为参照对象,国有企事业单位的农民工更倾向于选择"单位内部维权"($\alpha=0.01$)或"官方渠道维权"($\alpha=0.01$),而不愿意选择"退出"。外资企业农民工的维权方式偏好与民营企业没有显著差别;单位管理的制度化水平对于农民工的维权方式偏好的影响不显著。

四 讨论

(一) 同期群:维权意愿代际变动的心理学解释

从表3有关同期群的数据来看,自90后至69前农民工各同期群的维权意愿逐渐降低,这在一定程度上验证了关于农民工维权意愿代际差异的一般观点,即90后的农村少年离开学校后进入城市打工,他们较多地保留独生子女的生活习惯,以自我为中心,追求享受,耐受力低,维权意愿强烈且易受情感波动影响。而以69前同期群为代表的传统农民工,外出务工目的明确,肯吃苦,抗压力强,只要能顺利赚到钱,就能够容忍一定程度的权益被侵犯。这种从"小皇帝""小公主"独特生活经历出发的解释,关注新生代农民工的心智成熟与维权意愿的情感驱动。表3中各同期群维权意愿近似线性递减的统计结果,似乎完美地解释了在维权制度环境尚不健全的情况下,农民工随着年龄增长,其维权意愿从情感驱动型向理性选择型转变的过程。它明确展示了以90后为代表的新生代农民工在外显层面具有比传统农民工更强烈的维权意愿的事实。

按此解释,90后同期群维权意愿最强烈与他们有较强的相对剥夺感有很大关系。虽然本文未对何种同期群农民工更倾向于选择横向或纵向(李培林、李炜,2007)参照群体展开讨论,但本研究验证了法律认知水平对维权意愿的显著影响。农民工欲维护受损的劳动权益，需要一定的劳动法律知识。劳动法律认知使农民工知晓依法维权的方式与程序，决定着农民工对劳动权益的定义。这正如埃利斯（Ellis，1962）所说，人们对诱发性事件所持有的认识和信念才是引起人的行为反应的直接原因。法律知识不仅提高了农民工对劳动侵权事件的认知能力，而且提高了他们的依法维权的能力，这些均有助于提高其维权意愿。从"独生子女"生活经历及情感驱动等方面分析90后同期群维权意愿的非理性特征，是目前学界的普遍观点。但是，这在一定程度上忽略了新生代农民工比较强烈的维权意识的合理性及其与现代文明的天然联系。从这个角度而言，90后农民工较高的维权意愿恰恰是其与现代文明天然联系而产生的某些现代公民气质，而维权意愿被岁月消磨并走向忍耐与逃避则是现代公民气质缺失的表现。这提示我们，对心理学解释的过分强调存在风险，须全面认识新生代农民工的维权意愿特征，并追问农民工维权意愿变动的机制。

（二）务工资历：人力资本的提升与维权能力的增长

郑广怀（2007）在一项研究中得出如下结论：资历（包括年龄、工作职位与工作流动）是影响农民工维权的重要微观因素，这是因为外出务工时间、工作职位与工作流动增强了农民工的维权能力。但本研究发现，单纯的更换工作次数，甚至成功的维权经验对于农民工的维权意愿并没有显著影响，实际发挥作用的是农民工取得的工作职位：普工维权意愿最弱，技工显著增强，班组长、领班与普工差异不显著，主管的维权意愿最强。这显示维权意愿确实与维权能力相关，而维权能力不在于外出务工时间长短及更换工作次数，而在于实际工作技能提高及工作职位上升。班组长、领班的维权意愿与普工无显著差异，这或许是因为班组长、领班已经进入单位的职级序列并激发起其升职的期望，但他们尚处于序列的底层，若想升职必须更多地表示出对单位的忠诚。

维权活动是农民工经历的重要事件，对其人生观、价值观和法治观等会产生深远的影响。一般认为，积极的维权经历评价会助长维权意愿，而失败的维权经历则可能抑制维权意愿。但从表3看，维权经历评价与维权意愿二者关系并不显著。可以说，这是由当下农民工维权的复杂性和困难性决定的。在当代中国，工人维权行动特别是集体维权行动，往往被赋予了一定的政治色彩，使之超越了单纯的劳资纠纷性质，因而扩大了维权行动的风险（应星，2007）。农民工维权行动普遍存在维权成本高、举证难、执行难、仲裁和法律程序设置不合理等制度性障碍（Zhang，2005；Thireau and Hua，2003；徐昕，2008）。即使是成功的维权经历，其曾经的困难、周折也令农民工不堪回首，从而使他们对新的维权行动望而却步。

一些经验研究发现，同乡会等社会组织在农民工维权方面发挥着重要作用（韩福国等，2008）。而本研究发现，参与的社会组织数量对于农民工的维权意愿影响不大。其原因可能是：①能够在农民工维权行动中发挥突出作用的同乡会组织仅是局部地区存在的现象，并没有在广域范围产生影响；②局部地区存在的同乡会等社会组织并不具备代理农民工维权的合法身份，其维权方式、效力、成本等都存在诸多风险，影响其作用的发挥；③中国社会尚未形成超越地域、族群、阶层等系统的农民工维权团体，专注农民工维权的社会组织种类与数量均偏少，农民工参加各类社会组织的比率整体较低。农民外出务工过程也是积累与发展其人力资本的过程。虽然务工资历丰富并不必然意味着人力资本的提升，但人力资本的积累一定与务工时间长短有关。从人力资本与维权能力之间的关系来看，90后、80代、70代、69前各同期群的维权意愿应呈递增的趋势（改革开放后最早一批民工潮的主体是70代青年农民），这与表3的统计结果相反。

对此合理的解释在于当下农民工维权制度性障碍的消极影响：尽管国家已经为劳工维权建构起比较完善的法制体系，但这套制度体系面对快速变革的社会现实显然有太多不适应的地方，并不能有效响应农民工日益增长的权益诉求，甚至自外而内地抑制了农民工随人力资本提升而不断增长的维权愿望。也就是说，表3中自90后至69前各同期群依次递减的维权意愿统计结果可能并非其维权意愿的真实表达，而是个体意愿与外在结构性制约妥协的结果。

（三）单位特征：内部制度环境的作用

在当下的中国，产权性质总是与特定的管理文化、内部传统有或强或弱的联系。尽管存在各种关于单位产权与管理文化、内部传统的想象，但蔡禾等（2009）和郑广怀（2005）的研究均发现农民工的维权行动不受企业性质的影响。刘林平、张春泥（2007）对此等现象的解释是："国有企业对其正式员工有一套区别于市场体制的工资决定机制，但这套机制并不适用于农民工。农民工在什么性质的企业都是农民工，差异性可能在于用工制度的二元结构，在于高端的劳动力市场，而不是低端劳动力市场。"简言之，在城乡二元体制、劳动力市场分割（Piore，2008）及市场转型的背景下，农民工在哪都是农民工，他们只能在次要劳动市场从事技术含量低、报酬低、风险高和不稳定的工作，其所遭遇的歧视不受工作单位产权性质影响，他们采取的维权反抗行动与单位产权性质无关。现在看来，这样的判断有失偏颇。因为它不仅忽略了"农民工"称谓下群体构成的复杂性，亦不能解释本研究所发现的农民工维权意愿与工作单位特征显著相关的现象。

中国正处于市场化快速转型时期，企业产权构成具有多元化的特征，受产业、行业、历史传统、国际化等多重因素的影响，不同产权性质单位的内部制度环境是有差异的。"单位内部制度环境"指单位内部相关劳动关系的规章制度的完善程度，相关制度与法治精神、人本精神的契合程度，相关制度与国际标准接轨的程度，制度的执行力等。对于外资企业，特别是欧美知名企业，它们不仅要遵守我国的法律法规，国际相关标准也是其行为的规范。虽然外资企业亦参差不齐，但就其整体来说，其内部制度环境相对完善规范。英格尔斯曾经说过，工厂是近代文明的工业形态的缩影……是一所培养人的现代性的学校（Alex and Smith, 1974）。在外资企业工作的农民工，受到现代文明制度的熏陶，维权意愿较强；而在国家机构和国有企事业单位，农民工面对的是户籍歧视，他们很难有机会成为在编工，只能从事初级的勤杂工作。一方面，虽然公有制单位有相对健全的规章制度，但这些制度主要服务于正式职工。另一方面，公有制单位毕竟有社会主义的传统和意识形态的压力，它们会尽量与国家政策保持一致，注意照顾农民工的合法权益，特别忌讳群体性事件的发生。而农民工在与公有制单位的利益博弈中，也逐渐掌握了一定的斗争策略（应星，2001；Cai, 2002），一定程度上能够维护自己的合法权益。所以，在公有制单位就业的农民工的维权意愿较高。另外，表3引入"单位性质"与"单位管理制度化水平"的交互项之后发现，即使同样都在最低的单位管理制度水平下，国有企事业单位和外资企业农民工的维权意愿依然强过民营企业农民工，这表明，除单位管理制度化水平之外，还有其他因素，比如单位文化等在发挥作用，影响农民工维权意愿。中国当下的民营企业大多尚处于资本积累时期，相关制度不健全、不规范，管理较为粗放。民营企业农民工权益被侵犯是更为普遍的现实，维权面临更多困难。在"强资本、弱劳工"的情况下，农民工维权往往面临资本与权力的联合压制（郑广怀，2005；Lee, 1998），其合法权益较难通过制度化渠道得到正常维护，忍受和回避是他们对待劳动侵权最常见的态度。但是，一旦民营企业提高了管理的制度化水平，民营企业农民工与国有企事业单位农民工、外资企业农民工维权意愿之间的差距就会缩小，特别是民营企业农民工与外资企业农民工之间的差距会显著缩小。这进一步凸显了单位管理制度化水平对农民工维权意愿的影响。

(四) 维权方式偏好：理性维权特征明显

一些调查强化了农民工的如下刻板印象：新生代农民工职业期望值高、对物质和精神享受要求高，但是工作耐受力低，对工作挑三拣四，习惯于"跳槽"；而传统农民工则任劳任怨，为了能赚到钱甚至可以逆来顺受。本次调查却发现，农民工各同期群在维权方式选择方面均表现出较强的理性特征。从同期群角度看，90后同期群维权意愿最强，但限于维权能力，他们较多地选择"单位内部维权"，而很少选择"退出"或"官方渠道维权"，即"跳槽"并不是90后农民工维权的主要方式；反而是80代农民工更多地选择"退出"，并与90后农民工形成显著差异（$\alpha = 0.05$），这是因为80代农民工已经积累了一定的人力资本，提升了维权能力；相比90后农民工，69前农民工更愿意选择"退出"（$\alpha = 0.01$）或"官方渠道维权"（$\alpha = 0.05$），而不选择"单位内部维权"，这反映了传统农民工并不总是习惯逆来顺受。

影响农民工维权方式偏好的机制主要表现在两个方面：其一，维权能力。农民工维权方式偏好明显受其维权能力的影响，如教育程度具有高中（含中专、职高）学历者更倾向于选择"官方渠道维权"，而不选择"单位内部维权"；法律认知水平越高的农民工，越倾向于选择"官方渠道维权"，而不选择"退出"（$\alpha = 0.1$）；更换工作次数越多的农民工，越倾向于选择"退出"，而不是"单位内部维权"（$\alpha = 0.05$）或"官方渠道维权"（$\alpha = 0.1$）。其二，对维权方式成本与收益的权衡。农民工在选择维权方式时会根据自身条件，综合权衡各种维权方式的成本与收益，做出最优选择。如班组长（领班）已经进入单位的职级序列，与单位有了更加密切的利益勾连，与普工相比，他们更愿意选择"单位内部维权"或"官方渠道维权"，而不愿意选择"退出"（$\alpha = 0.01$）；月工资额高，一方面说明其人力资本高，所以在"官方渠道维权"与"退出"之间倾向于选择"退出"（$\alpha = 0.05$）；另一方面，月工资高也提高了因维权方式不当而失去高工资的风险，因而在"单位内部维权"与"官方渠道维权"之间高工资者倾向于选择"单位内部维权"（$\alpha = 0.1$）；维权经历评价越积极的农民工越倾向于采取"单位内部维权"（$\alpha = 0.05$）或"官方渠道维权"（$\alpha = 0.1$），而不愿意选择"退出"。

可见，当遭遇劳动侵权事件时，农民工会综合并权衡各种维权方式的成本、收益、资源、机遇等因素，从中选择使自身利益最大化或损失最小化的维权方式，这是各同期群的基本特征。农民工维权方式偏好的理性特征为与利益相关方的对话博弈开辟了空间，政府的责任主要是：既要要求用人单位履行社会责任，也要为农民工维护劳动权益提供制度化保障，以及便捷充分的信息。

五　结语

同期群、务工资历与单位特征通过各种机制影响了农民工的维权意愿。本文得出的结论是：①同期群是影响维权意愿的重要因素，自90后至69前各同期群的维权意愿逐渐降低；②劳动法律认知水平显著影响农民工的维权意愿；③务工资历中的更换工作次数、成功维权经验等对农民工维权意愿的影响皆不显著，唯一影响显著的是农民工的工作职位；④与大多数研究认为单位性质对农民工维权行动无显著影响不同，本文发现单位性质是影响农民工维权意愿的显著因素；⑤单位性质对农民工维权意愿的影响，在一定程度上，可由不同性质单位的管理制度化水平来解释，即单位管理制度化水平越高，维权意愿越强。

概而言之，农民工维权意愿的变动不仅受单位和国家制度环境的影响，也受其内在三股力量的作用。其一是年少型动力，指年少的农村青年加入农民工大军，他们年轻气盛又少不更事，大多延续独生子女的生活处世习惯，维权意愿强烈。其维权意愿具有浓厚的非理性色彩，情感驱动是其基本特征，但限于维权能力，大多选择"单位内部维权"。其二是发展型动力，是与农民工外出务工阅历增加相伴随的人力资本的提高、工作职位提升等促使农民工维权意愿增强的力量。人力资本的提升不仅增强了农民工的维权能力（包括理性比较不同维权方式成本与效力的能力），也提高了他们的"权利意识"和"规则意识"（Perry，2008）。其三是年长型阻力，这是随着年龄增长及外出务工阅历增加而产生的一股抑制维权意愿发展的力量，它使农民工对待劳动侵权事件态度消极，行事更趋谨慎。在一定程度上，年长型阻力是农民工维权外部障碍的内化结果，但它会随社会管理法治化水平提高而走向衰弱。在具体维权情境中，这三股力量加上单位及国家提供的制度环境共同作用于农民工个体，决定着农民工维权意愿的变动特征。现在看来，过去将农民工群体简单以1980年为界划分为传统农民工与现代农民工两种类型并直接展开对比的做法是不科学的，因为每一类型内部都有复杂的构成。可以预判，在未来一段时间，农民工的维权意愿将持续上升，并对既有的劳工维权体系造成较大压力。这是因为：①目前90后、80代同期群已经成为农民工的主体，近中期将有更多的90后，甚至2000年后同期群人口涌入农民工队伍，进一步改变农民工群体的内部结构；②随着中国经济社会快速发展与法治国家建设推进，农民工的教育水平及法律知识认知水平会不断提高；③中国企业管理方式日益与国际接轨，不仅显著提高了企业管理的制度化水平，而且对农民工现代性的成长发挥更加重要的作用。鉴于此，本文建议：①加强农民工群体的劳动法律知识教育，明确政府、企业、农民工等在法律培训中的责任，完善政府购买培训机构服务方式，提高农民工法律知识水平；②切实促进《劳动法》的落实，通过制度建设激励并约束用人单位履行社会责任，提高农民工的劳动合同签约率和养老保险、医疗保险、失业保险、工伤保险等覆盖率，惩治故意拖欠工资、拒不支付加班工资等行为，促使企业管理规范化，保障农民工合法劳动权益；③畅通用人单位、行政、司法、仲裁、工会等农民工利益表达渠道，发挥劳动争议大调解体系的作用，完善法律援助，降低农民工的维权成本，提高法律救济效力，如可以考虑在劳动诉讼中取消仲裁前置的限制，减收或免收农民工诉讼费，扩大先予执行、惩罚性赔偿金等的适用范围等；④城市通过建立"外来务工者之家"等服务机构，为农民工提供心理辅导、职业规划、就业信息、阅读和交友等温馨服务，关心、帮助农民工健康发展，促使其更好地融入城市生活。

本研究尚存不少缺陷，如样本规模偏小，使得50年代同期群（仅46个样本）不足以单独纳入模型，也无法通过外资企业农民工（133个样本）做美资、欧资、日韩资等企业的细分讨论；没有系统讨论同期群间参照群体结构与维权意愿的关系；维权意愿的测量也有一定的问题，因为每个人对劳动侵权事件的定义是不一样的；用长三角地区数据得出的结论不一定适合在全国推广，等等。这些问题有待在后续研究中改进。

参考文献

埃尔德，2002，《大萧条的孩子们》，田禾、马春华译，译林出版社。
伯特，2008，《结构洞：竞争的社会结构》，格致出版社，上海人民出版社。
蔡禾、李超海、冯建华，2009，《利益受损农民工利益抗争行为研究——基于珠三角企业的调查》，《社会学研究》第1期。

陈峰，2009，《国家、制度与工人阶级的形成——西方文献评述及其对中国劳工问题研究的意义》，《社会学研究》第5期。

冯仕政，2006，《单位分割与集体抗争》，《社会学研究》第3期。

国家统计局住户调查办公室，2011，《新生代农民工的数量、结构和特点》，（2011-03-11）http://www.stats.gov.cn/tjfx/fxbg/t20110310_402710032.htm。

韩福国等，2008，《新产业工人与中国工会——"义务工会社会化维权模式"研究》，上海人民出版社。

李汉林、李路路，2002，《单位成员的满意度和相对剥夺感——单位组织中依赖结构的主观层面》，《社会学研究》第2期。

李培林，1996，《流动民工的社会网络和社会地位》，《社会学研究》第4期。

李培林、李炜，2007，《农民工在中国转型中的经济地位和社会态度》，《社会学研究》第3期。

刘传江、赵颖智、董延芳，2012，《不一致的意愿与行动：农民工群体性事件参与探悉》，《中国人口科学》第2期。

刘林平，2001，《外来人群中的关系运用——以深圳"平江村"为个案》，《中国社会科学》第5期。

刘林平、雍昕、舒玢玢，2011，《劳动权益的地区差异——基于对珠三角和长三角地区外来工的问卷调查》，《中国社会科学》第2期。

刘林平、张春泥，2007，《农民工工资：人力资本、社会资本、企业制度还是社会环境？——珠江三角洲农民工工资的决定模型》，《社会学研究》第6期。

刘林平、郑广怀、孙中伟，2011，《劳动权益与精神健康——基于对长三角和珠三角外来工的问卷调查》，《社会学研究》第4期。

刘能，2004，《怨恨解释、动员结构和理性选择——有关中国都市地区集体行动发生可能性的分析》，《开放时代》第4期。

罗霞、王春光，2003，《新生代农村流动人口的外出动因与行动选择》，《浙江社会科学》第1期。

全国总工会，2010，《关于新生代农民工问题的研究报告》，（2010-06-21）http://www.chinanews.com/gn/news/2010/06-21/2353233.shtml。

任焰、潘毅，2006，《跨国劳动过程的空间政治：全球化时代的宿舍劳动体制》，《社会学研究》第4期。

上海市总工会，2011，《上海新生代农民工思想、生产、生活状况的调查》，《中国工运》第7期。

沈原，2006，《社会转型与工人阶级再形成》，《社会学研究》第2期。

斯格特，2002，《组织理论》，黄洋、李霞、申薇、席侃译，华夏出版社。

谭深，2003，《珠江三角洲外来女工与外资企业、当地政府和社会之间的关系》，杜芳琴等主编《妇女与社会性别研究在中国（1987~2003）》，天津人民出版社。

佟新，2010，《人口社会学》，北京大学出版社。

万向东、刘林平、张永宏，2006，《工资福利、权益保障与外部环境——珠三角与长三角外来工的比较研究》,《管理世界》第6期。

王春光,2005,《农民工的"半城市化"问题》,载李真主编《流动与融合》,团结出版社。

王春光,2001,《新生代农村流动人口的社会认同与城乡融合的关系》,《社会学研究》第3期。

肖富群、风笑天,2010,《我国独生子女研究30年:两种视角及其局限》,《南京社会科学》第7期。

徐昕,2008,《为权利而自杀:转型农民工以死抗争》,载北京天则研究所主编《中国制度变迁的案例研究》(第六集),中国财政经济出版社、中山大学出版社联合出版。

应星,2001,《大河移民上访的故事》,三联书店。

应星,2007,《草根动员与农民群体利益的表达机制——四个个案的比较研究》,《社会学研究》第2期。

于建嵘,2004,《当前农民维权活动的一个解释框架》,《社会学研究》第2期。

于建嵘,2006,《中国工人阶级状况:安源实录》,明镜出版社。

翟学伟,2003,《社会流动与关系信任——也论关系强度与农民工的求职策略》,《社会学研究》第1期。

赵鼎新,2006,《社会与政治运动讲义》,社会科学文献出版社。

郑广怀,2005,《伤残农民工:无法被赋权的群体》,《社会学研究》第3期。

郑广怀,2007,《资历与信息的制约——影响农民工维权的微观因素分析》,《清华法律评论》第二卷第一辑。

中国青少年研究中心,2008,《中国新生代农民工发展状况及代际对比研究报告》,(2008 - 08 - 03) http://www.cycs.org/Article.asp?ID=7879。

周雪光、侯立仁,2003,《文革中的孩子们——当代中国的国家与生命历程》,毕向阳译,《中国社会学》(第2卷),上海人民出版社。

Alex Inkeles, David Horton Smith, 1974, *Becoming Modern: Individual Change in Six Developing Countries*, Harvard University Press.

Blumer, Herbert, 1946, "Elementary Collective Behavior," in *New Outline of the Principles of Sociology*, (ed.) by Alfred MeClung Lee, New York: Barnes&Noble, Inc.

Bizer G. Y., Krosnick J. A., 2001, "Exploring the Structure of Strength-Related Attitude Feature: The Relation Between Attitude Importance and Attitude Accessibility," *Journal of Personality and Social Psychology*, Vol. 81 (4), pp. 566 - 587.

Cai, Yongshun, 2002, "The Resistance of Chinese Laid-Off Workers in the Reform Period," *The China Quarterly*, Vol. 170.

Chen, Feng, 2007, "Individual Rights and Collective Rights: Labor's Predicament in China," *Communist and Post Communist Studies*, Vol. 40. pp. 59 -79.

Cooper J. & Croyle R. T., 1984, "Attitudes and Attitudes Change," *Annual Review of Psychology*, Vol. 35, pp. 395 - 426.

Elder, Glen H. Jr., 1975, "Age Differentiation and the Life Course," *Annual Review of*

Sociology, Vol. 1, pp. 165 – 190.

Ellis, A., 1962, *Reason and Emotion in Psychotherapy*, Secaucus, N. J.: Lyle Stuart and Citadel Press.

Fiske S. T., 2004, *Social Being : A Core Motive Approach to Social Psychology*, John Wiley & Sons, Int., pp. 244 – 249.

Gamson, William A. &Meyer David S., 1996, "Framing Political Opportunity," in *Comparative Perspectives on Social Movements*. (eds) by Doug McAdam, John D., McCarthy&Mayer N. Zald., New York: Cambridge University Press.

Geschwender, J. A., 1967, "Continuities in Theories of Status Inconsistency and Cognitive Dissonance," *Social Forces*, Vol. 46, pp. 160 – 171.

Gibb B. E., Andover M. S., Beach S. R. H., 2006, "Suicidal Ideation and Attitudes Toward Suicide," *Suicide & Life-Threatening Behavior*, Vol. 36 (1), pp. 12 – 19.

Guo Shenyang, Hussey David L., 2004, "Nonprobability Sampling in Social Work Research : Dilemmas, Consequences, And Strategies," *Journal of Social Service Research*, 30 (3), pp. 1 – 18.

Gurr, Ted, 1970, *Why Men Rebel*, Princeton University Press.

Habermas, Jurgen, 1975, *Legitimation Crisis*, Boston, Mass.: Beacon Press.

Hurst, William, 2009, *Chinese Workers after Socialism*, Cambridge: Cambridge University Press.

James S. Coleman, 1988, "Social Capital in the Creation of Human Capital," American Journal of Sociology, Vol. 94 (Supplement), pp. 95 – 120.

Le Bon, Gustave, 1979, "The Crowd," in Gustave Le Bon, *The Man and His Works*, trans. and ed. by Alice Widener, Indianapolis: Liberty Press.

Lee, ChingKwan, 1998, "The Labor Politics of Market Socialism: Collective Inaction and Class Experience among State Workers in Guangzhou," *Modern China*, Vol. 24, No. 1, pp. 3 – 33.

Lenski, G. E., 1954, "Status Crystallization: A Non-Vertical Dimension of Social Status," *American Sociological Review*, Vol. 19, pp. 405 – 413.

Lin, Nan and Yanjie Bian, 1991, "Getting Ahead in Urban China," *American Journal of Sociology*, Vol. 97, pp. 657 – 688.

Lin Nan, 2001, *Social Capital: A Theory of Social Structure and Action*, New York: Cambridge University Press.

Mark S. Granovetter, 1973, "The Strength of Weak Ties," *American Journal of Sociology*, Vol. 78, pp. 1360 – 1380.

McAdam, Doug, 1982, *Political Process and the Ddvelopment of Black Insurgency, 1930 – 1970*, Chicago: University of Chicago Press.

McCarthy, John D. &Mayer N. Zald, 1973, *TheTrend of Social Movements in America: Professionalization and Resource Mobilization*, Morristown, N. J: General Learning Corporation.

Nee, Victor, 1989, "A Theory of Market Transition: From Redistribution to Markets in State Socialism," *American Sociological Review*, Vol. 54, No. 5, pp. 663–681.

O'Brien, K., 1996, "Rightful Resistance," *World Politics*, Vol. 49, pp 31–55.

Oegema, Dirk & Bert Klandermans, 1994, "Why Social Movement Sympathizers Don't Participate: Erosion and Nonconversion of Support," *American Sociological Review*, Vol. 59, No. 5, pp. 703–722.

Peng, Yusheng, 1992, "Wage Determination in Rural and Urban China: Comparison of Public and Private Industrial Sectors," *American Sociological Review* 57: 198–213.

Perry, E. J., 2008, "Chinese Conceptions of 'Rights': From Mencius to Mao-and Now," *Perspectives on Politics* 6.

Piore M. J., 2008, "The Dual Labor Market: Theory and Implications," in David B. Grusky, ed. *Social Stratification: Class, Race, and Gender in Sociological Perspective*, Westview Press, pp. 435–438.

Pun, Ngai., 2005, *Made in China: Women Factory Workers in a Global Workplace*, Durham, London.

Ryder, Norman B., 1965, "The Cohort as a Concept in the Study of Social Change," American Sociological Review, Vol. 30, No. 6, pp. 843–861.

Riley, M. W., Johnson, M. E., Foner, A., 1972, *Aging and Society*, Vol. 3, *A Sociology of Age Stratification*, NY: Sage.

Smelser, Neil, 1962, *Theory of Collective Behavior*, New York: Free Press.

Tarrow, Sidney, 1998, *Power in Movement* (2nd ed.), New York: Cambridge University Press.

Tesser A, Shaffer D. R., 1990, "Attitudes and Attitudes Change," *Annual Review of Psychology*, Vol. 41, pp. 479–523.

Thireau, Isabelle and Hua, Linshan, 2003, "The Moral Universe of Aggrieved Chinese Workers: Workers' Appeals to Arbitration Committees and Letters and Visits Offices," *The China Journal*, July, No. 50.

Tilly, Charles, 1978, *From Mobilization to Revolution*, New York: Random House.

Touraine, Alain, 1971, *The May Moveme: Revolt and Reform*, New York: Random House.

Walder, Andrew G., 1992, "Property Rights and Stratification in Socialist Redistributive Economies," *American Sociological Review*, Vol. 57, No. 4, pp. 524–539.

Wu, Xiaogang, 2002, "Work Units and Income Inequality: The Effect of Market Transition in Urban China," *Social Forces*, Vol. 80, No. 3, pp. 1069–1099.

Zhang Yunqiu, 2005, "Law and labor in Post-Mao China," *Journal of Contemporary China*, Vol. 14, pp. 525–542.

三 二等奖论文

失范缺失了什么?[*]

陈 涛[**]

内容摘要：本文试图纠正帕森斯传统对失范的误解。失范缺乏的不是社会整合，而是社会规范。它也不意味着缺乏社会的自然状态。社会在场，但既有的道德和法律因为缺乏公正性，而无法规范个人的欲望，反而会激发个人的欲望，甚至引发个人自杀。涂尔干治疗失范的方案，即国家干预和重建职业群体，表明个人只有经过社会的道德教育，成为一个社会人，才能参与政治和社会生活。不过，失范理论本身却缺乏能够超越于国家和社会生活的维度，以便据此去思考人性的能力及其限度，并反过来论证国家和社会生活的正当性，并划定各自的界限。

关键词：失范 自然状态 社会人 国家 职业群体

一 失范状态与自然状态

anomie 来自希腊语的 anomia。字面含义为"没有法律"（no laws）或"无规范"（no norms）。倘若这就是涂尔干借助失范所要传达给我们的信息，那么，有哪个社会是没有道德规范或法律的呢？难道失范状态真的就像帕森斯所说的那样,[①] 意味着霍布斯的自然状态？或者说，一个社会"缺席"的

---

[*] 本文初稿曾在中国社会学会 2013 年年会上宣读，并获得优秀论文二等奖。感谢成伯清老师对本文所提出的批评和建议。当然，文责自负。受篇幅所限，在收入本文集时，笔者对初稿进行了大幅删改。初稿的完整版即将发表于《思想与社会》第 9 期。

[**] 陈涛，北京大学社会学系。

[①] 受篇幅所限，我们在此删去了第一部分就帕森斯对涂尔干失范理论的理解的相关讨论。

状态？如果在自然状态这里，社会并不在场，那么把社会作为研究对象的社会学怎么还可能去研究失范或没有社会的状态？下文将指出，失范也是某种社会状态，也存在道德和法律，只是它们无法发挥规范性的作用，即dérèglement（无规范）。澄清失范状态与自然状态的差别，不仅能够使我们更为深入地理解失范概念，而且更能够看到涂尔干思想与契约论的某些根本差别。

（一）失范作为"无规范"（dérèglement）

居约（Jean Marie Guyau，1854－1888）在涂尔干之前就用失范概念来概括现代道德的特征。在居约那里，失范意味着传统社会稳固的普遍道德的瓦解，义务和惩罚的消失，以及现代道德的自主性和个人性。他甚至提出，现代道德的理想就是道德失范，现代宗教的理想就是宗教失范。[①] 涂尔干在阅读和批判居约的著作中，把失范吸纳进自己的思想中。失范一词在保留了"义务和惩罚的消失"这一含义的同时，成为一个社会病理学概念，一种有待克服的社会疾病。[②]

在《社会分工论》中，失范的分工是一种反常的分工。在正常情况下，劳动分工会自发地形成一套明确的、符合事物本性的规范，以组织和统一社会的各个部分或各个功能。针对契约论传统以降以人为方式达成社会统一的观念，他强调分工带来的社会统一是社会各部分之间的"自发的同意"（consensus spontané）或"内在团结"[③]。失范的分工则与此相反："如果分工不能产生团结，那是因为各个机构之间的关系还没有得到规范（réglementées），它们已经陷入了失范状态。"[④]

可见，失范的首要特征是社会对个人缺乏规范作用。在《自杀论》以及更晚期的著作中，涂尔干明确区分了道德的两个层面，其一是道德的义务性或规范性层面，其二则是道德的善或可欲性的层面。在《道德教育》中，

[①] 参见 Marco Orru, "The Ethics of Anomie: Jean Marie Guyau and Emile Durkheim", *The British Journal of Sociology*, 1983, Vol. 34, No. 4, pp. 505－506。

[②] 参见涂尔干《书评,〈未来的非宗教：社会学研究〉》，载渠敬东编《乱伦禁忌及其起源》，上海：上海人民出版社，2003，第132～149页；Durkheim, *The Division of Labor in Society*, trans. by G. Simpson, New York: The Free Press, 1933, p. 431, note 21。

[③] 涂尔干：《社会分工论》，渠东译，北京：三联书店，2000，第320页。笔者参考了法文本对个别词语的翻译，稍作了修改，并附上法文原文，参见 Durkheim, *De la division du travail social*, Paris: Quadrige / PUF, 2004。

[④] 涂尔干：《社会分工论》，第328页。

这两个层面被分别表述为道德的纪律精神和个人对群体的依恋。帕森斯所说的尊重情感，不是在道德的可欲性或善这个层面说的，而是在道德规范层面说的："我们必须出于尊重，并且仅仅出于尊重而服从道德训令。"① 帕森斯更没有看到，在《自杀论》中，自我主义与利他主义正是在"个人对社会的依恋"这个层面上进行划分的。这对应于帕森斯等人所说的社会整合。实际上，涂尔干正是使用整合程度来描述个人对社会的依恋程度的。② 当一个社会群体中，共同信仰和仪轨能够维持一种具有足够强度的集体生活，即能够吸引个人参与到集体活动之中，他们彼此相互交往，强化集体感情，这个社会就是整合的。

而失范以及命定论则是在"纪律或规范层面"进行的划分："它'失范'与它们'自我主义和利他主义'的区别在于它不是取决于个人依恋社会的方式，而是取决于社会如何规范个人。"③ 因此，利他主义和自我主义谈的是社会整合问题，而失范谈的是社会规范问题。像帕森斯那样，把失范视为缺乏社会整合，就混淆了涂尔干在道德的两个层面——纪律规范与个人对社会的依恋——所做的区分。

涂尔干奉行某种亚里士多德式的中道思想，认为正常状态是一个平均类型，超过或低于这个平均值就是反常状态。因此，当群体中的个人过分依恋于社会，或"社会整合太强"，④ 社会就走向利他主义；当个人极其不依恋于社会，视社会活动为虚幻的，该社会就缺乏整合，属于自我主义类型。另一方面，社会对于个人的规范也以适度为宜。社会对个人"过度规范"，⑤ 造成命定论。社会对个人的规范太弱，则造成失范。

包括帕森斯在内的大多数研究者没有注意到，《社会分工论》第三卷所

---

① 涂尔干：《道德教育》，陈光金译，上海：上海人民出版社，第27页，另见第24～27页。
② Durkheim, *Suicide: A Study in Sociology*, trans. by John A. Spaulding and George Simpson, New York: The Free Press, 1966, p. 208 ff.
③ Durkheim, *Suicide: A Study in Sociology*, p. 258; Durkheim, *Le Suicide: étude de sociologie*, Paris: Quadrige / PUF, 2004, p. 288.
④ Durkheim, *Suicide: A Study in Sociology*, p. 209.
⑤ Durkheim, *Suicide: A Study in Sociology*, p. 276, note 25. 笔者在此受益于贝斯纳对此的强调，cf. Phillipe Besnard, "Anomie and Fatalism in Durkheim's Theory of Regulation", in Stephen Turner ed. *Emile Durkheim: Sociologist and Moralist*, Routledge, 1993, p. 170. 不过，对于贝斯纳最终区分出"急性失范"和"慢性失范"，并把"急性失范"视为"规范本身的缺席"的理解，笔者不能同意。下文要指出，无论是在哪种情况下，道德和法律都在，只是它无法发挥规范作用。

论述的"失范的分工"实际上正是强制的分工的对立面。① 失范的分工是因为社会的各个部分或各个功能之间缺乏规范，因此无法产生"凝聚力（cohésion）和调节力"。② 而强制的分工则是由于规范仅仅借助强制力量或暴力把各种功能强行维系在一起。通过澄清强制的分工，可以帮助我们更进一步理解失范的分工，并把握社会规范的含义。

强制的分工之所以对个人来说是强制的，是因为它违背了公平原则，即违背了外部竞争条件上的平等。正常情况下，规范的公正性，能够使它获得个人的意志同意，并使后者自发地去尊重并服从规范，履行自己的社会功能，从而在各个功能之间达成团结状态。③ 而强制的分工和失范的分工作为一种反常情况，其共同点在于既有的规范缺乏公正性，区别在于强制力量上的差别。在强制的分工的情况下，规范不具有公正性，无异于暴力，因此只能借助人们对暴力的恐惧，强迫人们服从。因此，正是公正将规范与强制力量或暴力区分开来。帕森斯对此视而不见，认为涂尔干在《社会分工论》中没能把社会与其他自然力量区分开，以至于把社会理论"生物学化"④了，未免有些荒谬。在失范的分工的情况下，规范不具有公正性，因而缺乏规范力量，并且连最起码的强制力量也没有。

因此，失范的第二个特征是缺乏公正性，这也解释了为何失范状态下，社会难以去规范个人。据此，我们可以澄清，失范并不意味着社会的缺席或没有法律和道德。既然存在劳动分工，那么就存在社会，只是社会不能以公正的道德和法律来规范个人。失范缺乏的不是道德，而是公正的道德，以及公正的道德所具有的规范作用。涂尔干早在把道德和法律作为社会学研究对象的一开始，就意识到道德和法律可能已经过时，只是"依靠习惯势力来维护"，⑤ 因此并不能反映社会事实的本性，反而可能遮蔽了社会事实的本性。这尤其出现在社会变革之际，既有的道德和法律已经不能反映集体生活的一般条件，不能发挥昔日的规范作用。

综上，失范并不意味着缺乏社会的自然状态，而是指社会的疾病。无论失范与否，社会都一直在。这是涂尔干思想与契约论的关键差别。人类世界

---

① Besnard, "Anomie and Fatalism in Durkheim's Theory of Regulation", p. 173.
② 涂尔干:《社会分工论》,第 17 页。
③ 涂尔干:《社会分工论》,第 335 页。
④ 帕森斯:《社会行动的结构》,张明德等译,南京:译林出版社,2003,第 360 页。
⑤ 涂尔干:《家庭社会学导论》,载渠敬东编《乱伦禁忌及其起源》,上海:上海人民出版社,2003,第 379 页。

并不存在从自然状态进入社会状态,甚至还能从社会状态返回自然状态的过程,只有社会的正常状态和疾病状态。

(二) 失范作为一种社会疾病

话说回来,之所以帕森斯把自我主义和失范作为一对概念来谈,进而根据社会整合与否来区分这二者,多少是因为涂尔干经常把自我主义和失范放到一起来谈。不过,我们已经指出,自我主义与失范的区别并没有帕森斯认为的那样困难。失范并不是社会整合的对立面。它们的区别不在于是否缺乏社会控制,或社会是否整合。涂尔干说得很清楚:

> 当然,这种自杀(失范的自杀)与自我主义自杀有亲缘纽带。二者都源于社会在个人之中的不充分在场。但是,社会缺席的领域在这两种情况下却不相同。在自我主义自杀中,社会缺乏真正的集体活动,因而剥夺了集体活动的目标和意义。在失范的自杀中,社会的影响在个人自己的激情中缺乏,因而使这些激情不受规范。[①]

这段话是许多误解的来源。把失范简单等同为社会的"缺席"或自然状态,很大程度上归因于这段话。不过,涂尔干强调的不是社会的缺席或不在场,而是社会"在个人之中的"缺席或不充分在场。我们有必要详细澄清这种"社会缺席"的差别。

尽管涂尔干批评从人性概念推演道德的形而上学做法,[②]但是,他本人却有一个人性观念,即人的两重性。人性在自然人之上还是社会人。作为一个自然人,人好像动物一样,目的仅在于维持生理生命,如果这一需要得到满足,他又没有其他需要,那么,他就可以在需要和满足之间建立一种平衡,并幸福地活下去。但是,人还有超出生理需要的社会需要。它们来自社会生活,"是社会本身在我们每个人身上的具体化和个人化"。[③] 我们只有参与社会生活,在社会生活之中才能满足我们的社会本性。

从个人对社会的依恋这个层面来说,个人只有参与到社会生活中,才能找到自己生命的目的,才能成全自己的本性。反之,一旦个人对社会的这种

---

① Durkheim, *Suicide: A Study in Sociology*, p. 258; Durkheim, *Le Suicide: étude de sociologie*, p. 288.
② Durkheim, *The Division of Labor in Society*, p. 421.
③ Durkheim, *Suicide: A Study in Sociology*, p. 212.

依恋松弛了，即社会处于非整合状态，那么，个人身上的社会性便没有了任何客观基础。在自我主义者看来，社会只是虚幻的人造物，只有个人才是实在的。因此，他选择疏离于社会生活，陷入内在的反思之中。不过，个人并不能凭借这种内在的反思达至一种自足的境况。相反，因为脱离了集体生活，他的那些超生理的需要就成为没有意义的东西，而没有了"一个超越的目标"①，生命本身也不值得珍惜。最微不足道的偶然事件，最微不足道的气馁都会直接引发绝望，引起自杀。涂尔干强调，过分膨胀的个人主义恰恰是一种社会疾病，正是社会无法给个人提供一个超越性的生活目的，满足其超越诉求，反而向人灌输使他摆脱生命的论调。正是社会驱使个人疏离于社会。而个人越是脱离社会，他越受到社会疾病的影响。"不管个人如何个人化，总是有某种集体的东西留了下来，这就是那一由过分膨胀的个人主义导致的压抑和忧郁。"② 由此，我们可以澄清本节开篇的那段引文，社会在自我主义者意识之中的缺席，指的是个人并不把社会作为自己的最高目的。这并没有否认在这种情况下，社会还能够去影响个人。正是社会的疾病引发了个人的自杀。

就社会规范层面来说，人要在欲望和满足之间建立一种平衡，必须借助社会的规范作用。涂尔干的论证如下：人的大部分需要都超出了生理需要。并且，人出于反思，总是欲求更好。一个人拥有越多，想要的也越多。一个没有界限的欲望，总是无限地超出个人所掌握的手段，处于一种永无止息的不满足的状态，它或许能够作为一种希望引发荣誉感，但却无法持久。因为个人越是向目标迈进，目标越是无限地向后延迟，最终带来的是痛苦的不安和苦恼。正因为人的有机体或心理构造中缺乏为这种倾向设置界限的东西，所以，人必须"借助某种外在于他的力量"③。又因为人的需要超出了生理需要，从而是一种道德需要，所以这种外在的约束力量不能是生理力量，而必须是道德力量，即被人们"认可为公正的"④，是能够被人们自发地尊重并服从的力量。只有社会才是"唯一高于个人的道德力量，是他所接受的权威"⑤。这样，动物借助生理限制与生理需要达至自发的平衡，人可以借

---

① Durkheim, *Suicide: A Study in Sociology*, p. 213.
② Durkheim, *Suicide: A Study in Sociology*, p. 214.
③ Durkheim, *Suicide: A Study in Sociology*, p. 248.
④ Durkheim, *Suicide: A Study in Sociology*, p. 249.
⑤ Durkheim, *Suicide: A Study in Sociology*, p. 249.

助社会的规范来达至平衡。① 首先，社会针对个人的激情设置了相应的目的和目标。社会规定了，个人履行一定的功能，就有相应的可以合法期待的回报。其次，这些功能的分配必须也是公正的。用帕森斯的术语来说，达至目的的手段必须是对个人开放的。因此，在正常情况下，集体秩序被大多数人视为是公正的。人们尊重社会的道德和法律，自愿地服从社会规范，约束自己的欲望，通过履行自己的功能，获得相应的回报。

在论证了社会规范的必要性，并界定了何谓正常的社会规范之后，涂尔干转而以此为参照来探讨失范。他频繁地使用三组概念来区分正常状态和失范状态：平衡/扰乱、规范/无规范、分类（等级）/无分类（降级）。在正常状态下，社会借助公共舆论建立了一套分类（等级）来规范个人的欲望，从而使个人在需要和满足之间建立了一种相对的平衡。但是在经济危机时期，"某种好像降级（déclassément）的东西发生了，它突然将某些人抛入比他们先前的状态更低的状态"。② 这些人由于不适应这种强加给他们的条件，并且因为无法忍受自己的前景，而选择自杀。而在突然的繁荣时期，既有的社会分类等级也不再适应于现实情况，而新的分类又没有出现，在这种情况下，个人的欲望无法得到约束，需要与欲望的平衡就被扰乱了。

失范状态下，社会在场，而又无法规范个人的欲望，所以这种社会的在场反而引发了某种反效果，它能够刺激个人的欲望："它们（贪欲）同时被某种自然兴奋状态（un état d'éréthisme naturel）和公共生活的剧烈强度所攫住。欲望伴随着繁荣昌盛而增加。"③ 这尤其以工商业领域中的失范状态最为突出。"欲望的解放被工业的发展和市场的几乎无限的扩张变得更为糟糕……这就是这一社会领域中具有压倒性的欢腾（effervescence）的源泉，并进而延伸到其他领域。"④ 因此，社会在失范者这里的缺席，是指社会无法规范个人的欲望和激情。这并不否认社会可以影响个人。在解释为何离婚者比丧偶者更倾向于自杀时，涂尔干指出，"如果他们拥有强烈的倾向去自杀，这是因为他们在他们生活在一起时已经强烈地倾向于自杀，后者正是他

---

① 这有循环论证的嫌疑，即涂尔干先定义人的需要是社会性的，然后定义人的这种社会需要需要社会来规范和满足。不过，重要的不是涂尔干论证逻辑上的缺陷或严密程度，而是他所试图传达的信息以及这种信息背后所折射的现实困境，哪怕这种信息的传达是蹩脚的。
② Durkheim, *Suicide: A Study in Sociology*, p. 252.
③ Durkheim, *Suicide: A Study in Sociology*, p. 253.
④ Durkheim, *Suicide: A Study in Sociology*, p. 258.

们共同生活（de leur vie commune）的效果"。[1] 具体来说，是离婚制度带来了这种影响。这些都说明了失范状态下，社会不仅没有不在场，社会也不是缺乏法律和道德，只是社会不能够规范个人的激情，反而对个人发挥了负面作用。[2]

综上，我们可以概括一下失范的第三个特征：失范作为一种社会疾病，不仅不能规范个人欲望，反而刺激了个人的欲望和激情，在极端情况下，使个人无法忍受而选择自杀。

（三）社会人

可见，帕森斯把失范状态理解为缺乏社会整合的纯粹个人主义的状态，甚至把它等同为霍布斯的自然状态是个严重的错误。首先，失范指的不是缺乏社会整合，而是缺乏公正的社会规范，导致社会的各个部分缺乏凝聚力和调节力、无法产生社会统一性的情况；其次，失范也并不意味着缺乏社会的、原子化的自然状态。失范状态也是一种社会状态，尽管是社会的疾病状态。说社会的缺席是不准确的，准确地说是社会在个人意识中缺席了，即现存的道德和法律无法规范个人的激情。在场的社会不仅无法发挥规范作用，反而会对个人产生负面影响，使个人难以忍受失范的社会生活。失范的自杀正是共同生活的混乱或无规范所带来的结果。

错误并不是无。错误总是某个东西的错误。帕森斯极富洞察力地捕捉到了涂尔干思想与契约论传统之间的复杂关联。失范理论的确不是自然状态学说，而是对自然状态学说的批判和扬弃。不可否认，读者们都会有这样的印象，自我主义状态酷似于卢梭的自然状态，而失范状态则酷似于霍布斯的自然状态。不过，区别很明显。在卢梭的自然状态下，自然人散居、独立而自足。至少在相当长的一段时间内，个人并不需要社会。但是在自我主义状态下，个人一旦把社会视为虚幻的，不依恋于社会，就无法获得一个超越的目标，从中获得生活下去的意义，他只能陷入压抑和忧郁之中，最终走向自杀。在霍布斯的自然状态下，尽管一切人对一切人的战争，使每个人无法单纯依靠自己来保存自己，因而不得不最终缔约建立国家，通过服从主权者的法律来保存自己。但是，每个自然人至少在本性上是健全的，自由、平等且能够运用理性，认识自然法，

---

[1] Durkheim, *Suicide: A Study in Sociology*, p. 273.
[2] 可参见梅斯特洛维奇对失范的社会影响的详细分析。Stjepan G. Meštrović, "Durkheim's Concept of Anomie Considered as a 'Total' Social Fact," *The British Journal of Sociology*, 1987, Vol. 38, No. 4, pp. 567-583.

并服从自然法的要求而缔约创造国家,参与到国家之中,成为遵纪守法的公民,获得公民自由或政治自由。换句话说,政治自由的前提是自然人所拥有的自然自由。自然人在本性上是潜在的公民。自然人有能力从自然状态跨入政治生活中,通过参与政治,履行公民的义务来保存自己。而在涂尔干的失范状态下,个人的欲望被社会的疾病所激发而愈发泛滥,以至于无法生存下去,更不要说还能作为一个公民参与到政治生活中。离开了社会的规范,个人的意识也将陷入无规范或混乱的状态,即便是作为只有生理需要的自然人也无法生存下去,更不要说还能成为一个社会人,参与到政治之中。

在契约论的自然状态学说的反照之下,涂尔干的失范理论在现代思想中的地位才愈发明晰起来。对于契约论来说,人可以直接从自然状态跨入政治状态,人的自然自由构成了政治自由的前提。因为自然状态下的个人已经有参与政治、成为公民的能力。[①] 因此,在霍布斯,尤其是洛克那里,人类世界似乎存在着自然状态与公民状态的交替。国家或政府一旦不能满足个人的需要,个人就可以通过革命重返自然状态,重新建立一个理想的政治生活。契约论从个人出发推演政治共同体,背后的假设是自然状态下拥有自然自由的个人就已经是一个有能力参与政治生活的人。

对于涂尔干来说,人类世界并不是自然状态与公民状态的交替。只有社会状态,只有社会的正常状态与反常状态。社会的反常状态或疾病状态,也意味着个人的疾病状态。在这种情况下,个人根本无法正常地参与政治生活。这就意味着,个人要能够获得政治自由,首先必须是一个健康的社会人。个人并不能直接参与到政治生活中,而必须经由社会的形塑或"道德教育",即借助社会的纪律规范,培养他对群体的依恋,在成为一个自主的人之后,才能参与政治。

这代表着涂尔干的社会学对于现代政治和现代社会的独特理解。我们将通过涂尔干对失范的治疗方案来进一步澄清这一点。

二 治疗失范的方案:国家干预与职业群体的重建

"要想治愈失范状态,就必须首先建立一个群体,然后建立一套我们现

[①] 卢梭的情况比较复杂,我们下文将看到这一点。

在所匮乏的规范体系。"① 这就是职业群体。失范理论直接针对的是19世纪末法国经济生活中的各种混乱：工商业破产、劳资冲突、工人罢工……不过，失范问题以及重建职业群体或行会的方案却远远超出了这一具体的历史情境，它指向了大革命所遗留下的政治和社会问题，特别是如何界定国家、社会与个人三者之间的关系。②

（一）国家的角色

进入现代社会，从前被委任给下等阶级的经济事务得到了前所未有的膨胀，并侵蚀到其他领域，成为社会生活的首要内容。但是，与此同时，经济生活中却出现了"公共道德的衰落"或"道德真空"。③

国家在应对社会失范上应该扮演什么角色？自由主义或功利主义鼓吹自发的市场秩序或自由放任政策，反对国家对经济和社会的干预。在他们看来，国家最多只是一个保护个人权利不受侵犯的守夜人。这种观点得到斯宾塞的社会达尔文主义的支持。不过，它也不仅仅只是从英国舶来，18世纪的法国重农主义也曾主张这一点，后者经由法国的政治经济学传统而延续下来。另一方面，激进的社会主义者主张国家对市场的干预，尤其是对生产和分配的介入。不过，国家的过强干预，要求一个中央集权式的国家，而后者则可能威胁到个人权利和个人自由。似乎在实现《人权宣言》所许诺的个人权利与发展国家职能之间存在着一种矛盾。④

涂尔干对国家及其职能的重新界定，代表了他试图在自由主义或功利主义的国家观与大革命所遗留下来的集权主义国家之间探索某种中间道路的尝试——国家既不是一个守夜人，也不是一个事事包办的家长。国家应该调节和规范社会生活，使社会有机体的各个部分达成一种平衡状态。但要避免"国家卷入利益之争并破坏社会机制的常规运作（le jeu régulier）"。⑤为此，他严格界定了政治社会、国家和次级社会群体各自的范围。政治社会是由相当数量的次级社会群体一起构成的，它们服从于同一主权权威，

---

① 涂尔干：《社会分工论》，第17页。
② 受篇幅所限，我们在此删去了有关失范理论的历史情境的讨论。
③ 涂尔干：《职业伦理与公民道德》，渠东等译，上海：上海人民出版社，2006，第12页。
④ 涂尔干：《职业伦理与公民道德》，第47页。
⑤ 涂尔干：《书评：富耶，〈社会财产与民主〉》，载渠敬东编《孟德斯鸠与卢梭》，李鲁宁等译，上海：上海人民出版社，2003，第421页。

而这一权威本身并不服从任何更高的权威。① 因此，政治社会，涉及的不仅是统治和服从关系，还有一个集合体或多环节社会中的统治和服从关系（因此，家庭并不是政治社会的雏形②）。一个政治社会构成了一个独立自治的集合体，这种自治性由主权标示出来，它仅仅被归属给社会集合体这个整体本身，而不能被归属给它的各个部分。就此来说，政治事务首先涉及的是一个社会集合体的独立自治问题。为了达至这一目的，它必须在内部把构成它的各个部分凝聚为一个整体，在外部抵御外敌，防止沦为另一权威的附属。

国家是代表政治社会的主权权威的公职群体，是一个政治社会的最高机构。国家不同于司法、军事和教育等行政管理机构，"是惟一有资格以社会的名义言说和行动的社会实体的总和"。③ 后者则只是从属性的次级社会群体，负责执行国家的命令。因此，为了政治社会的自治，对社会内部各个次级群体的管理和组织，主要是由国家来负责。国家是"次级群体本身组织化的核心"。④ 国家对于政治社会的组织和凝聚主要是借助法律的规范作用。而法律要能够具有规范作用，就必须具有公正性："国家是公民的公正机构"。⑤ 因此，政治事务的第二个特征是它的规范必须具有公正性。

次级社会群体既然是单环节社会整体的一个部分，并且要服从于主权，所以它就不是政治社会，但是它却可能被牵涉到政治事务中。

就此区分，必须澄清以下几点：首先，国家并不等同于社会，并不是所有的社会集体事务或公共事务都是政治的。强行把非政治化的私人事务和社会事务政治化，反而会危及社会团结。罗马法团覆灭的主要原因就在于"它过于依赖于国家，很快就陷入了日趋衰落和难以忍受的奴役的状态。皇帝们除了用强制手段外没有任何办法使其勉强存在下去"。⑥ 非政治事务的政治化，导致原本非政治的法人团体必须依靠足够强大的政治权力才能维持。因此，一旦帝国崩溃，法人团体也随之瓦解。大革命时期，中央集权调动下的各个社会领域的泛政治化，严重地危及正常的社会秩序。原本隶属于

---

① 涂尔干：《职业伦理与公民道德》，第37页。
② 涂尔干：《职业伦理与公民道德》，第37~38页。
③ 涂尔干：《国家》，载渠敬东编《孟德斯鸠与卢梭》，李鲁宁等译，上海：上海人民出版社，2003，第444页。
④ 涂尔干：《职业伦理与公民道德》，第41页。
⑤ 涂尔干：《国家》，第448页。
⑥ 涂尔干：《社会分工论》，第21页。

私人领域的友谊被拔高为一种公民美德,结果是一旦政治激情冷却,社会情感也冷却下来,留下的是一盘散沙的个人。①

其次,国家不是独立于社会的另一种秩序,而是政治社会整体的一个部分。但这并不意味着国家与其他次级社会群体一样是平起平坐的。国家必须发挥它对其他社会群体的领导和监督作用,并借助公正的法律把政治社会中的统治和被统治关系组织起来,以维持一个单一主权。在涂尔干看来,国家虽然只是一个特殊群体,但是国家所从事的审议工作却反映了整个社会的集体意识。社会大众的思想是由分散的、模糊的集体情感、舆论和信仰所构成的潜意识。国家或政府则代表了对社会的集中的、明确的反思意识。"严格说来,国家正是社会思想的器官。"② 国家代表了整个社会的大脑,它必须发挥领导作用。因此,"国家是自成一类的公职群体,在其中,涉及集体的表象和意志行动被制定出来,尽管它们不是集体的产物"。③ 不过,这并不意味着国家只能对大众的集体意识作纯粹的镜像反映。那样的话,它只会被各种个人意见所左右而陷于瘫痪。相反,国家的作用是在大众的"未反思的思想之上添加一种更深思熟虑的思想"④,来引导集体行为。作为社会的大脑,国家只思考、发布命令,而"不执行任何事情"⑤。真正执行的是各种行政管理部门。后者与国家的关系就好像是肌肉系统与中枢神经系统之间的关系。⑥

再次,国家对各种次级社会群体的监督和管理,为个人的自由和权利的发育留下了空间。因为,如果没有外在力量的干预和管理,各种次级社会群体就会走向"集体特殊主义",吸纳个人的人格,并压制个人的权利和自由。只有国家才能凭借其"凌驾于一切之上的权威"⑦ 去干预各种社会群体,对其加以监督和管理,解放个人的人格。⑧ 现代大规模社会中国家的兴起,是个人摆脱传统共同体的机械团结,取得个人人格独立和自由的一个必

---

① 罗桑瓦龙:《法兰西政治模式:1789年至今公民社会与雅各宾主义的对立》,高振华译,北京:三联书店,2012,第22~23页。
② 涂尔干:《职业伦理与公民道德》,第42页。
③ 涂尔干:《职业伦理与公民道德》,第37页;Durkheim, *Professional Ethics and Civic Morals*, trans. by Cornelia Brookfield, London and New York: Routledge, 1992, pp. 49-50。
④ 涂尔干:《职业伦理与公民道德》,第74页。
⑤ 涂尔干:《职业伦理与公民道德》,第41页。
⑥ 涂尔干:《职业伦理与公民道德》,第42页。
⑦ 涂尔干:《职业伦理与公民道德》,第50页;Durkheim, *Professional Ethics and Civic Morals*, p. 62。
⑧ 涂尔干:《职业伦理与公民道德》,第53页;Durkheim, *Professional Ethics and Civic Morals*, p. 65。

要条件。"国家不是被创造出来以防止个人在行使其自然权利上不受干扰。不，这不是它的唯一的作用。相反，正是国家创造、组织并使这些权利成为实在。"① 国家不仅仅只是一个守夜人，它还参与了个人权利的创造。因此，国家职能的拓展与个人权利的发展是同步的。

就此来说，国家不只是实现个人目的的工具。"国家的基本义务就是：必须促使个人以一种道德的方式生活。"② 为此，它必须组织公民对于人格的崇拜，并成为这种仪式的首领。国家着眼的是人格，即普遍的个人，而不是某一个具体的个人。为了这一超越性的目标，"个人就应该无条件地成为国家的工具"。③ 因此，为了应对社会失范，国家必须有所作为，对于各种次级社会群体加以规范。"国家首先是一个道德纪律的机构。"④

不过，这仍然难以打消人们的疑虑——它夹杂着人们对自由主义的信奉和对大革命所遗留下来的中央集权主义的怀疑——"国家最终不会变成专制的吗？"⑤ 如果仍然像大革命时期那样，在政治社会中，只有中央集权的国家与孤立的个人之间的面对面，而没有任何次级社会群体的制衡，那么国家必然走向专制。因此，主张国家对社会生活的领导作用和干预作用的同时，必须重建职业群体，在社会自我规范的同时，抵制国家对社会生活的任意干预。

（二）职业伦理的自发性

当国家与个人直接面对面时，它要么被各种相互抵消的意见所左右，而陷于瘫痪，要么奉行专制，任意捏塑社会生活和个人。职业群体作为个人与国家的中介，不仅能够制衡和约束国家，保障个人自由，而且也能够提供给国家一定的自主性。其次，职业群体能够以更加统一、更加专业的方式，把个人的意见统合起来，传达给国家，影响国家的审议，并对国家的审议作出反应。

尽管国家要对社会生活进行规范，但是这种干预主要是制定一些基本的道德和法律框架，并不介入某个职业群体内部的日常经营。"集体生活不可能根据上级所强加的政令创造出来。"⑥ 首先，各个职业领域的专业化，它

---

① 涂尔干：《职业伦理与公民道德》，第49页；Durkheim, *Professional Ethics and Civic Morals*, p.60。
② 涂尔干：《职业伦理与公民道德》，第56页。
③ 涂尔干：《职业伦理与公民道德》，第56页。
④ 涂尔干：《职业伦理与公民道德》，第58页。
⑤ 涂尔干：《职业伦理与公民道德》，第51页。
⑥ 涂尔干：《书评：富耶，〈社会财产与民主〉》，第420页。

所面对的各种具体问题，是国家所不熟悉的。较之于一般的公共道德，职业伦理基于特定的职业群体，"是外在于共同意识的"，① 因此并不关心公共意识对它的看法，具有相对的自主性。另一方面，较之于公共道德的抽象性、一般性和模糊性，职业伦理更熟悉职业活动的功能、需要和变化，更贴近具体生活，能够更准确、更细致地去规定其成员的权利和义务。其次，国家干预的"压制性比小群体的压制性更难忍受，因为它更具有人为性"。② 因为，在大规模的社会中，个人与国家的距离相当远，国家无法像次级社会群体那样，充分照顾乃至形塑个人的利益，而只能以外在强制的方式来规范个人。所以，国家的人为干预很容易变成强制的规范，从而遭到个人的排斥。因此，在缺乏中间社会群体的情况下，国家对社会生活的规范，不仅不能够遏制失范，反而会破坏社会规范，并且走向过度规范的极端，即专制主义。正是因为在大革命中，国家对于中间团体的强行摧毁，导致19世纪以来的法国社会生活，一直摇摆于专制主义与社会失范之间。③ 要治疗这种社会疾病，必须重建职业群体，发挥职业伦理的规范作用。

那么，职业伦理的规范与国家规范有何本质差别呢？在涂尔干看来，国家规范具有人为性，而职业伦理的社会规范则具有自发性。④ 伦理或道德并不是从某个普遍的原则中推演出来的，也不是发自个人的内在良心，而是从群体生活中自发生成的，并且能够自发地作用于个人。在《分工论》中，涂尔干描述了道德是如何自发生成的：

> 在正常的状况下，这些规范本身是从分工过程中产生的，换言之，它们是分工的延伸。……分工带来的是各种功能，即在给定环境中重复着的（identiques）各种明确的行为方式。这些功能是与社会生活一般而且恒定的条件有关的。因此，这些功能之间确立的关系便在稳定性和规范性方面达到了同一水平。它们不仅以确定的方式相互作用，而且也与事物的本性相互吻合，重复地更经常，也就变成了习惯。当这些习惯变得十分有力的时候，就会转变成行为规范，过去预定了未来。换句话说，当它们通过使用（que l'usage）建立了各种权利和责任的配置方式以后，最终它们就变成强制性的了。因此，规范本身并没有建立具有固

---

① 涂尔干：《职业伦理与公民道德》，第7页。
② 涂尔干：《职业伦理与公民道德》，第51页。
③ 涂尔干：《职业伦理与公民道德》，第48页。
④ 涂尔干：《职业伦理与公民道德》，第49页。

定联系的机构之间的相互依赖状态，而只是通过一种可感的和明确的方式把这种状态表达为给定情况的功能。①

在正常状态下，伦理或道德就在我们每日生活的反复使用中，自发地生长出来：重复的行为变成习惯，继而转变为规范，自发地规定着我们的具体行为。我们的生活并不是被某个抽象的规范所创造出来的，相反，道德规范是对我们具体生活中的规范性状态的明确表达，它表达的是共同生活中的共同情感和共同利益。②"社会生活只要是正常的，它就是自发的。"③不过，帕森斯也正是根据涂尔干所强调的道德规范的自发性，认为他把道德的建立描述为一个习惯化的过程，进而指责涂尔干没有能够区分开义务和习惯。这是个极其草率的论断。首先，道德的自发生成与自发作用，并不意味着道德就完全等同于习惯。只有习惯中那些"与事物的本性相互吻合"的部分，才成为道德。上文已经指出，涂尔干将此称为道德规范的公正性。也正是因为道德规范具有公正性，可以获得个人的尊重，以及出于意志的自愿服从，进而转变为个人内在的行动准则，所以它区别于自然暴力的作用方式。因此，早在《社会分工论》中，他就明确地区分开了义务和习惯、区分开了社会规范与自然强制力。

涂尔干的确常常把社会规范称为一种"自然力量"，④把社会规范的自发性与外部自然力量的决定作用相提并论。⑤不过，这并不是像帕森斯所说的那样，是因为涂尔干没能区分开义务和习惯、社会规范和自然强制力。关于社会规范的自发性或自然性，涂尔干不曾有过丝毫的动摇。因为，这涉及实证主义的根本立场的问题。

涂尔干指出，"只有当物理学和自然科学中牢固确立起来的决定论观念最终扩展到社会秩序的时候，社会学才会出现"。⑥社会学面对的社会法则，与物理学所面对的自然法则一样具有自然必然性。我们越是能够认识到社会事实的自然必然性，越是能够尊重这种必然性，并按照这种必然性来行动，

---

① 涂尔干：《社会分工论》，第326页。
② 涂尔干：《社会分工论》，第25页。
③ 涂尔干：《社会分工论》，第161页。
④ Durkheim, *The Rules of Sociological Method*, trans. by W. D. Halls, London and Basingstoke: The Macmillan Press, 1982, p. 143.
⑤ Durkheim, *Suicide: A Study in Sociology*, pp. 313-315.
⑥ 涂尔干：《社会学》，载渠敬东编《乱伦禁忌及其起源》，第272页。

我们就越是自由。"对人类来说，自主意味着理解他不得不承受的必然性，并基于对各种事实的充分认识去接受它们。我们不可能违背事物的本性去制定事务的法则，不过，我们却可以通过思考它们，而把我们从它们那里解放出来，也就是说，通过思考把它们做成我们自己的东西。"① 实证科学对于社会的自然法则的强调，正是基于有关自由和必然性的这种关系的认识之上。

综上，从涂尔干所提出的治疗失范的方案中，可以看到，国家对社会生活的规范，最多只是提供了某种实现个人自由的必要条件。社会（职业群体）才是个人自由的居所。"只有在社会中并通过社会，这种自由才能成为实在。"② 一个自主的人首先是一个社会人，一个经过了社会的"道德教育"的人。只有这样的人，才能参与政治生活。

三 失范缺失了什么

帕森斯等人把失范解读为缺乏社会整合，进而把它等同为霍布斯的纯粹个人化的自然状态是对失范理论的严重误解。失范缺乏的不是社会整合，而是社会规范。社会规范的缺乏也并不意味着社会的缺席或自然状态，而只是意味着既有的法律和道德因为不具有公正性，所以不仅不能发挥规范作用，反而会对个人产生负面影响。社会一直在，一直能够对个人发挥影响。在正常状态下，纪律能够规范个人的激情，在需要和满足之间建立一种平衡，而在社会失范或患病的状态下，社会不仅不能规范，反而会刺激个人的激情，个人无法像自然人那样作为一个独立自足的个人生存下去，更无法获得自主性或自然自由。

我们已经指出，帕森斯对失范的误解在多大程度上使他对涂尔干理论的解读误入歧途。《社会分工论》之后的涂尔干不仅没有背离实证主义，反而愈发明确地捍卫了自己的实证主义立场。不过，我们更强调，帕森斯的错误是有意义的，因为他隐约地捕捉到了涂尔干的思想与契约论传统之间的关联，③ 尤其是失范状态与自然状态所针对的问题的同源性。但也仅此而已，

---

① 涂尔干：《职业伦理与公民道德》，第 73~74 页。
② 涂尔干：《道德事实的确定》，载《社会学与哲学》，梁栋译，上海：上海人民出版社，2002，第 59 页。
③ 诠释和批判契约论成为涂尔干发展自己理论的一个重要环节（参见涂尔干《孟德斯鸠与卢梭》，Durkheim, E., *Hobbes a l'agregation. Un cours d'Emile Durkheim suivi par Marcel Maus*, Paris: Editions de l'Ecole des hautes etudes en sciences sociales, 2011）。关于涂尔干对契约论的批判，可参见笔者在另一处的详细讨论（陈涛：《人造社会还是自然社会》，《社会学研究》2013 年第 3 期）。

帕森斯错失了严肃把握这二者的差距的机会，也错失了深入理解涂尔干思想的契机。

自然状态学说的目的是通过去社会化，来构建能够参与现代政治生活的拥有自主性的个人。自然人成为能够参与国家、服从主权者及其法律的公民的前身。公民自由或政治自由的前提是自然自由。在霍布斯那里，自然人本身就是一个自主的人，他有能力从自然状态进入公民状态，参与和构建政治生活。在洛克那里，自然人不仅能够认识自然法，而且能够执行自然法；不仅拥有自由，甚至还能通过劳动获得财产。这样的拥有生命、自由和财产等自然权利的自然人成为对国家或政府的权力的约束。政府只是被自然人委托用来保存自己的工具，并且，政府对于个人的保护只涉及身体之事，而不关乎灵魂之事。[①] 一旦政府滥用权力，不能保护人民，人民就可以通过革命推翻政府，重回自然状态。一个始终潜在的自然状态，和自主性的个人，成为政府运用权力的制衡力量。洛克的自然状态学说，经由亚当·斯密等人所代表的苏格兰启蒙运动，逐渐发育为一个独立于国家秩序的自发的社会秩序，自然状态逐渐被转化为先于国家而存在的自发的市场社会。但他们都默认一个优先于国家的自主个人，正是借助这样的个人，他们才得以为政治划定界限，同时也为现代政治的正当性辩护。这一点成为英美自由主义或个人主义的特色。

法国思想却与此不同。尽管卢梭的自然状态也构建了一个独立、自足的个人，但是这样的自然人要参与政治生活，却需要被改造。无论是缔结政治契约，还是国家政治生活中公意的形成，以及国家的维持，都在相当大程度上要求把自足的个人不断地转化为一个依赖于国家的局部存在，从自然人转化为公民。[②] 这种转化不能仅仅依靠个人，而必须依靠一个神明一般的大立法者，或者依靠某种公民宗教，抑或是依靠教育。在大革命的政治实践中，

[①] 洛克：《论宗教宽容》，吴云贵译，北京：商务印书馆，1999。
[②] "任何敢于去创制一个人民的人必然感到能够——可以这么说——改变人的自然本性，能够把就其自身是一个完满的和孤立的整体的个体转变为更大的整体的一部分，而那个个体将从这一整体中接受其生命和存在，能够削弱人的构造，以便加强它，能够以局部的和道德的存在代替我们从自然接受来的独立的和物理的存在。简言之，他必须取走人自己的力量以便赠予他一个异于他，并且没有别人帮助，他就不能使用的强力。这些自然力死得越多，被摧毁得越多，获得的力量就越大、越持久，建制也就越稳固和持久。因此当每一个公民除非与他人在一起，否则就是无或不能做任何事，而由整体所获得的力量等于或大于所有个体的自然力的总和时，立法就可以说处于它能达至的最高的完满。"（Rousseau, *The Social Contract and Other Later Political Writings*, ed. Victor Gourevitch, Cambridge: Cambridge University Press, 1997, p. 69）

这个任务只能交付给国家。在大革命的那一代人中，人们认为只有通过国家对中间团体的摧毁，以及个人对国家所举行的各种政治运动的参与，才能获得政治自由。简言之，只有依靠国家才能实现个人自由。类似于英美自由主义传统中，从一个自主性的个人出发，为政治和社会设置界限的维度，在法国思想这里消失了。

面对大革命所遗留下来的中央集权式的国家和孤立无助的个人，19世纪法国思想所倡导的重建社会，尤其是恢复行会的举措，在思维方式上并没有超出大革命时期的国家主义。"个人主义"在19世纪法国思想的语境中，主要指的是社会解体所带来的混乱和个人的道德自私状态。"个人主义是一种分裂社会的社会原子论"，①涂尔干在评论沙夫勒著作时强调的这一点，代表了法国思想家的一种共识。这样的个人主义需要一种集体主义解决方案。罗桑瓦龙在考察19世纪中期各派在应对社会解体问题上的态度时指出，无论是以基佐为代表的空论派自由主义，圣西门、孔德一脉的实证主义，主张重建行会的保守派和自由主义者（托克维尔），抑或是杜邦-怀特、奥古斯都·比亚尔等人所代表的共和派，在这一点上达成了共识：个人自由和个人自治离不开起保障作用的权力。各派的差别在于这一保障者究竟是由中央集权式的政府或国家，还是由制衡国家力量的中间团体来担任。但无论是哪一派，都默认了个人无法主宰自己，必须依靠某种集体力量。正是这一点，成为法式自由主义与英美自由主义传统之间的不同。②自由人要么是政治人，要么是社会人，而不可能是自主的自然人。法国思想缺乏能够超出政治和社会去思考人性，再为政治和社会设置界限的维度。

涂尔干的思想代表了一种调和法国思想中各派争论的努力。国家对于社会生活，尤其是经济生活，并不能奉行自由放任的不干预政策。国家必须履行领导、管理和组织各种次级社会群体的公共义务。但是，国家对社会生活的干预或管理，又不能是集权化的家长包办。职业生活中具体的日常经营，具体的职业规范都必须交由各种职业群体来承担。个人主义只有依托于一个正常的社会秩序才能够实现。而要维持正常的社会秩序，必须发挥国家的规范作用。就此来说，个人自由的实现，既要依赖于国家，又要依赖于社会。

---

① 涂尔干：《书评：阿尔伯特·沙夫勒，〈社会体的构造与生活〉（第一卷）》，载渠敬东编《乱伦禁忌及其起源》，第324页。
② 罗桑瓦龙：《法兰西政治模式：1789年至今公民社会与雅各宾主义的对立》，第176~177页。

当然，在国家与社会二者之间，涂尔干更倾向于由社会来负责具体的实现个人自由。"个人不能存在于社会之外，如果个人否定了社会，也就否定了自身。"① 困难在于如何划定政治事务与社会事务、国家的公共领域与社会的公共领域之间的界限，以实现个人的自由。这远不是具体政治实践的权宜性的问题。

在《社会分工论》中，针对孔德主张依靠政府或国家的人为干预来限制分工的分解作用，以重建社会统一性的观点，涂尔干强调"如果各种社会功能之间不能自发地进行合作，那么政府的作用就显得太普通了，它根本保证不了这种合作"②。可见，涂尔干力图强调分工能够自发地形成一种社会团结，以弱化政府的作用。这一立场在《职业伦理与公民道德》中却出现了某些变化——尽管不是根本性的。正如上文所看到的，他在强调职业伦理的规范作用的同时，也特别强调国家将个人从各种次级社会群体中解放出来的作用。此后在为《社会分工论》撰写第二版序言时，他又站在提倡重建职业群体的角度，弱化政府的作用。这种摇摆算不上是涂尔干思想中的矛盾，但却反映了他在划定政治和社会领域上的困难，以及19世纪法国现实中政治生活与社会生活之间的紧张。

在我们看来，这个困难正源于法国思想本身缺乏一个能够暂时超越国家或社会去思考个人，即思考个人的能力和界限，并回头为政治和社会划定各自界限的维度。法国思想对英美自由主义的排斥，很大程度上就源于他们不愿意接受这样一个维度。在评论沙夫勒的著作时，涂尔干指出：

> 人们也许会提出问题说，人的自由和人格究竟会变成什么样子呢？倘若这些说法的意思是指，能够破坏因果关系原则的能力，以及通过把自身从社会环境中抽取出来从而设定自己为绝对的能力，那么，即使将这种能力牺牲掉，也不会带来任何损失，因为所有这些，都不过是空洞乏味的独立性和道德的瘟疫。人们惟一应坚持的事情是，在所有变化中选择我们认为最适合我们的本性的那种权利。能够毫无限制地从事专门活动的能力，才是惟一有价值的自由，惟有在社会中，这才是可能的。③

---

① 涂尔干：《道德事实的确定》，第40页。
② 涂尔干：《社会分工论》，第321页。
③ 涂尔干：《书评：阿尔伯特·沙夫勒，〈社会体的构造与生活〉（第一卷）》，第308页。

尽管受到斯宾塞、康德等人的个人主义思想的影响，尽管在对个人主义的态度上前后有所变化，①但是涂尔干的解决方案仍然没有跳脱出法国思想的传统，即依靠社会或国家的保护来寻求个人自主。因此，当帕森斯把社会的失范简单地比附为霍布斯的自然状态时，就没有能够看到英美自由主义传统与法国思想对自由的理解的差异。

人不自足，无法离开社会或国家而生存或获得自由，是一回事（这的确是个自明的道理），人在某一时刻把自身从社会环境中抽离出来，作为一个局外人去思考自身的能力及其界限，则是另一回事。后者并不仅仅只是消极性的、无所谓的（indifferent），是自我主义或过分膨胀的个人主义，抑或是"空洞乏味的独立性和道德的瘟疫"，只能创造虚无和忧郁。恰恰相反，只有持有这样一个能够暂时跳脱出政治和社会的局外人视角，我们才能够真正地去反思政治生活或社会生活是不是我们的最高目标，才能够为政治或社会论证其各自的正当性，并划定各自的界限。这样一个维度，并不意味着必须向"古老的英国自由主义"折服。在柏拉图的洞穴攀升、亚里士多德的观瞻生活（theōria）中早已展示出这样的维度。笛卡尔的普遍怀疑、霍布斯的战争状态，甚至还有卢梭在《论人类不平等的起源与基础》中所探讨的孤独的自然人，②从某种程度上，都仍然延续了这一努力。只有从那些"野蛮的自然人"出发，我们才有可能去理解现代个人、政治和社会三者之间的关系，并划定各自的界限，而不至于在国家、社会（包括市场），以及个人自由之间无所适从。

就此来说，失范缺乏的也不仅仅只是社会或国家的规范。

---

① 从《自杀论》开始，涂尔干就试图把自我主义的个人主义与对于人格崇拜的个人主义区分开。这一立场在涂尔干针对德雷弗斯事件所表达的反应中表露无遗（涂尔干：《个人主义与知识分子》，载渠敬东编《乱伦禁忌及其起源》，第 201 ~ 204 页）。

② 涂尔干清楚地看到，卢梭的自然状态学说，旨在"把人类自然本性的社会因素与个人心理构造所固有的因素区分开来"（涂尔干：《孟德斯鸠与卢梭》，第 61 页）。但是，为了论证人只有在社会中才能成全其自由，他过于匆忙地把"自然人"等同为一个仅仅服从于生理需要的因果必然性的动物："通过自然秩序，我们指的仅仅是在所谓的自然状态中发生的事情，也就是说，只处于生理和有机体－心理原因（de causes physiques et organico-phychiques）的影响下发生的事情。"（涂尔干：《社会分工论》，第 345 页，注 1）

黑地作为一种治理资源：变迁中的基层治理

——基于鄂西南河村的个案分析*

狄金华　钟涨宝**

内容摘要：本文以鄂西南河村的经验材料为基础，以河村黑地产生与演变为基点，展开了对乡村社会治理变迁的研究，分析了基层政府同乡村社会的互动，以此为基础探寻村庄社区内部的治理逻辑。研究结果表明，黑地的产生是科层制留给乡土社会实践空间、农户自我拓展生存资源以及村组干部平衡社区内部关系等多种因素形塑出来的结果。对于黑地的存在与分配，乡镇政权以默认的方式视而不见，其赋予村组干部行为的自主性，促使村组干部在缺乏其他软性的治理手段的情况下，将土地本身作为一种治理手段，黑地就是在这一过程中被不断地再生产和分配。

关键词：黑地　治理　变迁　黑地政治

一　探讨的问题：乡村社会的治理资源

对于中国传统乡村社会的治理，费孝通认为应该关注中国与西方社会

---

*　本研究受国家社科基金项目"转型期农村社会管理机制创新研究"（12CSH009）、中央高校基本科研业务费专项资金资助项目"中部地区农村社会管理问题研究"（2012RW003）、"湖北农村社会管理组织体系研究"（2013RW036）、"农村社会治理中的政府行为研究"（2014PY023）的资助。

本文发表于《社会》2014年第1期，收录本文集时进行了压缩。

**　作者简介：狄金华，华中农业大学社会学系暨农村社会建设与管理研究中心副教授；钟涨宝，华中农业大学社会学系暨农村社会建设与管理研究中心主任、教授。

的治理差异。费孝通提出"双轨政治"这一概念,认为中国传统的政治包含着"自上而下的中央集权专制体制"一轨和"由下而上的地方自治民主体制"一轨。① 费孝通"双轨政治"的概念对后续者产生了深远影响,后续者大多有意无意地立足基层社会与上层社会的不同来探讨基层社会的治理机制与治理实践。这种努力投射在具体的研究实践中则表现为研究者聚焦于乡村社会的治理主体,探究乡村社会的治理形态与治理过程。从传统的中国士绅到近代的乡村经纪人、地方名流与乡村精英,再到当代的村组干部,这些治理主体的角色与行为实践一直是乡村治理研究的重点与热点。

当国内外的研究者沉迷于中国农村基层治理领导权的探讨,并就士绅、地方精英、宗族以及国家代理人等不同治理主体展开争论时,一部分学者转而关注中国农村基层治理的规则。促使这种视角转向的重要原因则是研究者对乡村社会日常生活这一主题的关注。当研究者进入到日常生活中来爬梳秩序的产生机制时,"策略"与"实践"必然成为研究者无法忽视的议题,而规则则构成了这些行为策略与实践的核心命题。然,对治理规则分析的背后本质上确蕴含着对治理资源的探究,因为治理的规则本身即是治理者运用的治理手段与工具,后者构成了治理者进行治理实践的合法性基础与治理资源。许多学者已经注意到,在后总体性社会时期,传统的情理法则被引入乡村治理的实践之中,通过正式权力的非正式运作来实现乡村治理的目标。② 与此同时,伴随着乡村社会结构的转型,现代法治规则在乡村治理中的作用也在扩大。随着农村社会流动的增加、就业的多样化、社会经济的分化、农民的异质性增加,村庄私人生活和公共生活发生了重大变化,家庭日益私密化,村民之间的陌生感增加,③ 由此也进一步加剧了村庄的半熟人社会化,村民对村庄共同体的依赖和认同下降,村庄内生权威生成的社会基础不断地遭到削弱,进而使得农民逐渐开始"迎法下乡"以维持村庄社区的秩序。④

---

① 费孝通,1948,《乡土重建》,上海:观察社。
② 参见孙立平、郭于华,2000,《"软硬兼施":正式权力非正式运作的过程分析——华北B镇收粮的个案研究》,载清华社会学系主编《清华社会学评论》,厦门:鹭江出版社;吴毅,2007,《小镇喧嚣:一个乡镇政治运作的演绎与阐释》,北京:三联书店。
③ 阎云翔,2006,《私人生活的变革:一个中国村庄里的爱情、家庭与亲密关系1949~1999》,龚小夏译,上海:上海书店出版社。
④ 董磊明,2008,《宋村的调解:巨变时代的权威与秩序》,北京:法律出版社。

纵观既有的研究，研究者多关注抽象的价值观和行为准则对乡村治理的影响，认为乡村社会内部共享的礼俗准则以及法理权威是达致乡村社会治理的基础，却明显忽视了乡村治理中物质资源的动员、调配与使用。而就治理资源的构成而言，吉登斯早已指出，其至少应该包括以经济资源为主要特征的配置性资源和以政治资源为主要特征的权威性资源两大类。既有的乡村治理研究由于忽视了治理实践中物质资源的动员、调配与使用，进而无法呈现在具体治理实践中的物质资源与技术手段。虽然有研究零星地提及分田到户以降乡村治理资源的萎缩，并将集体经济视为乡村治理资源的重要构成，但物质条件如何转化为有效的治理资源，以及这些治理资源如何形成、演变与动员这一系列甚为重要的问题却未见深入分析。[①] 在这里，笔者将以黑地为切入点分析乡村治理中物质资源的调配与使用，探索作为治理资源的"黑地"在特定的时空场域之中是如何形成、如何分配调剂的，其何以成为乡村治理的问题，又如何作为一种治理手段被用以摆平村组内部的矛盾，以及这种摆平的实践效果如何。

本研究所使用的材料皆源自笔者 2009 年在鄂西南楚南县河村[②]田野调研中所收集的资料，其中既包括对历任村组干部、普通村民的访谈，也包括在村委会档案室所收集到的土地管理的原始记录。河村隶属于河镇，后者地处两条河流的交汇处。在 1949 年之前，河镇因为河道运输的便利，一度商业兴隆，曾有"小汉口"的美誉。新中国成立之后，由于两条河流上游河段多处拦河筑坝，兴建水库，致使水源被截；加上楚南县城铁路的通车以及全县境内公路网络的建设，使得河镇作为交通要塞的地位逐渐丧失，依托于交通而兴盛的河镇商业经济也日渐衰落。目前，河镇已退回到以种植业为主的农业型乡镇。河村作为河镇辖区内的一个行政村，其地形属于丘陵和平原结合地带，由 11 个村民小组组成，下辖农户 595 户，村庄共有土地总面积 14498.7 亩，耕地面积 5287 亩，其中水田 4617 亩。

[①] 由于本文将黑地的分析置于物质治理资源的框架下来讨论，那么有必要厘清黑地与村庄集体经济之间的关系。通常而言，村庄集体经济是指村庄之中归集体"共有"的资源与资产，而黑地并不必然由村集体所"共有"，其亦可能归属于农户。由于强大的村庄集体经济有助于增强村集体的动员能力与治理能力，因此既有的研究常常以此为切入点来探讨村庄集体经济的变迁对乡村治理的影响，但这一路径的研究由于潜在预设了村庄集体经济与治理绩效之间存在某种线性关系而受到质疑。而本文将黑地作为切入点，通过探讨黑地的"共"与"私"的属性对乡村治理的影响在一定程度上能够消解因集体经济强弱二元划分所带来的解释困境。

[②] 遵照学术惯例，本文对相关的地名进行了技术处理。

二 黑地：学术研究的"贫乏区"还是"处女地"？

黑地主要是"未向政府投税并未取得政府合法证明文件之土地，及虽有政府合法证明文件，而在交纳公粮、公款、公柴中企图逃避与减少负担，而个别的或集体的隐匿之土地"，① 通常这些土地的产出未计入缴纳公粮或税费的范围。② 黑地在农村社会的存在并不限于当代，但与黑地在乡村社区中广泛存在及其与乡村生活的密切关联相比，学术界对于黑地的关注与研究则显得尤为冷清和不足。究竟黑地是学术研究之中尚未被开发的"处女地"，还是没有学术价值的"学术荒漠"，这成为笔者在展开黑地研究之前需要首先回应和阐发的问题。

目前学术界针对黑地的专题研究还几乎是空白，而在乡村社会研究中对黑地有所涉猎且较有代表性的文献主要有两篇，即是李怀印的《华北村治——晚清和民国时期的国家与乡村》和朱晓阳的《黑地·病地·失地——滇池小村的地志与斯科特进路的问题》。③ 李怀印以晚清河北省获鹿县衙门的案卷资料为基础，考察了黑地如何在国家的清查中被保留下来。李怀印的研究指出，造成这一局面的因素不仅有清代国家自身的治理理念，也有乡民和县衙门的阻止，同时由于自身利益的约束，衙门和地方政府也没有足够的动力去清查黑地。反思李怀印对清末民初黑地清查的研究，其试图在国家治理的宏大话语中来理解黑地的存在，这有助于呈现国家治理理念之下地方社会的治理形态，但黑地在其研究之中明显缺乏村庄基础，即其未能在村庄的生活与语境中理解黑地的产生逻辑，以及黑地对村庄治理的实践意涵。朱晓阳基于滇池小村民族志调查的材料，对村庄之中"多出来的地"进行了探讨。朱晓阳将黑地的产生视为小村人同地方政府遵循礼尚往来互动的结果：小村人支持政府推动的"条田化"运动，政府则以默许黑地的产出不纳入农业税和其他费用来回报小村人的支持。虽然朱晓阳有意识地规避

---

① 中共冀鲁豫边区党史工作组财经组编，1989，《财经工作资料选编（上册）》，济南：山东大学出版社。
② 在本研究中，自留地是排除在黑地范畴之外的。因为自留地是在政策允许范围内不缴纳税费的土地；另外对于以水田为主的河村而言，其自留地不仅面积小而且主要用于种植自己食用的蔬菜。
③ 李怀印，2007，《华北村治——晚清和民国时期的国家与乡村》，岁有生、王士皓译，北京：中华书局；朱晓阳，2008，《黑地·病地·失地——滇池小村的地志与斯科特进路的问题》，《中国农业大学学报》（社会科学版）第 2 期。

以"互惠性"这种高概括性的解释框架来分析黑地的产生,但不甚遗憾的是,由于研究旨趣,朱晓阳未能更深入地探讨"多出来的地"对于小村内部社会关系以及村庄治理的影响;相反,他将黑地的分析转向了对村庄生态环境的考察。

综观上述仅有的两篇代表性研究,"黑地"作为一个重要的研究对象已经开始呈现其在学术研究之中的价值,它无论是作为一种资源还是一种现象,其之于乡村社会都犹如投入水里的石子,石子沉水所激起的波纹荡漾起伏,水花相互激荡,呈现着乡村社会本身的复杂与美妙。黑地在中国农村持久而普遍地存在,这一隐秘在乡村生活之中的学术资源仍有待于研究者们深入挖掘。值得肯定的是,黑地作为社会科学研究中少有的"处女地"有着丰富的学术内涵和学术价值,将其置于村庄社区内部的生活与生产之中,厘清黑地产生的根源,分析黑地分配的规则以及对村庄治理的各种显功能、潜功能、正功能与负功能,将不仅有助于对黑地问题本身的理解,还将进一步拓展对乡村社会,特别是乡村治理的研究。正是基于上述对"黑地"的认知与定位,笔者以鄂西南楚南县河村田野调研中所收集的资料为基础,展开了下文研究。

三 拓荒与瞒地:汇报的政治学与社区的经济学

新中国成立之后,中央政府因面临着扩大税源的压力,于是在农村土改之后遂即展开了农村的查田定产工作。与以往任何一次清查黑地都不同的是,这次清查黑地取得了空前的成功。在 1950 年代初的农村土改以及土地复查中,楚南县推广了调查研究和"诉苦"的技术方式,这种考证化的调查研究与"诉苦"的散落民间,[①] 不仅重塑了村民对世界的感知,形塑了村庄社区内各种复杂的社会关系;而且打破了村庄社区一直庇护黑地的"权力文化网络",[②] 使黑地在国家面前得以完全呈现。1952 年 10 月楚南县完成了土地清查定产工作,确定全县应纳税土地 737800 亩,核定常年粮食产量 2167 万公斤。

[①] 方慧容,2001,《"无事件境"与生活世界的"真实"——西村土地改革时期社会生活的记忆》,载杨念群主编《空间·记忆·社会转型:新社会史研究论文精选集》,上海:上海人民出版社。

[②] 杜赞奇,2003,《文化、权力与国家:1900~1942 年的华北农村》,王福明译,南京:江苏人民出版社。

1953年初，河村开始建立互助组，这些互助组响应乡党委提出的"开荒增产"号召，积极地对村庄内的湖泊、坟地和荒地进行改造。这一时期，河村共计开荒500余亩，但河村村干部实际的上报数字却只有200余亩。对此，河村一位老村干部解释说：

> 1953年左右，我们全村就开始开荒和改造湖田。我们这里属于粮食产区，以种水稻为主，水稻—油菜（大小麦）替换着种。那时提的口号是"簸箕大，扁担长，千斤菜，万斤粮"，我们一是要改造湖田、荒田做水田，另外又要开荒、平（抑）坟地种蔬菜。当时政府鼓励我们开荒，开荒的面积是由村自己往上报的。第一年我们开了100多亩（荒地），但我们只上报了60亩（荒地）；第二年又开了150多亩（荒地），我们汇报了100亩（荒地）。当时政府有政策，开荒的地三年可以不交税，所以我们也就瞒了这些地，其中还有个原因就是（新）开的地产量不如原来的地，要是实报了，以后交税我们就吃亏了。（访谈记录 HCHDZXG0902）

村干部刻意隐瞒拓荒地的面积，不仅有瞒产的"狡黠"，同时亦有对村庄治理的现实考量。因为这些新开荒出来的"生地"在产量上无法同原有的"熟地"相比拟，且前者常常因为各种原因而减产。由于制度具有刚性——有多少面积的土地，就需要上缴多少粮食——因此，村干部为了消解制度刚性给村庄治理带来的不利，最有效的方式便是隐瞒一些土地——"你不是按面积来缴粮吗？既然我两亩生地的产量才能抵得上一亩生地的产量，那我汇报的时候就两亩报作一亩"。河村村干部隐瞒拓荒的面积事实上是在汇报自己的工作业绩（河村正在积极拓荒）和减轻税费带来压力二者之间寻求某种平衡。

在人民公社之前，河村拓荒和湖田改造是以村小组为单位就近展开的，其拓荒的土地是实实在在地汇报到了村干部那里，瞒报只是村干部基于交粮的压力而进行的策略性行为，这种策略行为随着人民公社制度的实行以及粮食定产制的实施而得到进一步的强化。就在河村进入人民公社时，公社统计各村耕地，河村的村干部将村里的土地瞒报了近600亩。对于这一行为，时任村干部的赵某解释道：

> 在人民公社那会儿，公社说要上报村里的土地，我们几个村干部一

商量，决定把村里的土地瞒个 500～600 亩后再向上汇报。不光我们村这样，各个村都一样，只不过是瞒多瞒少的问题。瞒地倒并不是因为我们村干部有什么私心，那时层层干部都要讲政绩，对于我们农村干部来说，政绩就是粮食亩产超标。那会儿，我们这里的水稻还在种"691"的品种，按当时的正常年份，"691"亩产也就是 600 斤的量，但当时农业的"纲要"是亩产 800 斤，超过 800 斤的产量就是出了政绩，达不到 800 斤就是不合格。在这种情况下，我们只能瞒点（耕）地（面积），这样把（隐）瞒的那部分产量平摊到其他田亩上就可以达标，甚至还可能超标。（访谈记录 HCHDZJH0907）

河村这一时期"黑地"的生成过程表明村庄虽然无法改变国家制定的不切实际的产量标准，但是他们却狡黠地拓展了自主空间：他们面对强大的国家，在不能改变结果的情况下，通过改变规则实现了国家利益同村庄利益的兼顾与协调，即他们通过隐瞒一定的土地，再将这些土地的产出平摊到其他土地上来实现粮食的"高产"。这种实践不仅使得国家总体控制之下农民实现了自主空间的再创造，同时也避免了同强大国家的直接碰撞。

在乡村治理的实践中，村干部作为重要的行为主体，其必须有效地协调基层政府和普通村民之间的关系，即一方面需要完成基层政府所下派的各种工作（其中最为重要的便是公粮税款的上缴），另一方面又要保障农民的基本生活。村干部的"瞒地"不仅使得国家不现实的任务与指标得以"创造性"地完成，同时又借助这些"黑地"保障了农民最基本的生存资料。这个做法客观上保证了这一时期，乡村治理的村干部与村民之间存在"共利互惠"。就黑地在村庄治理中的作用，同样是村干部的郑某讲：

以前我们常说，手中有粮心不慌。在集体化那会儿，虽然人都很单纯，政府说什么大家还都很配合，村干部的工作也好做，但要说那时我们村干部要是没有那 600 亩的黑地还真就心里慌。那时村干部要说好当也好当，要说不好当也不好当，老百姓给集体干活总得要有饭吃，上面定的粮食计划又冒进。要是没有这些个黑地，我们真就没有办法应付，干部的工作也就没有办法做了，顾着上面就顾不着下面，顾着下面就又顾不着上面。有了这些（黑）地，我们就好协调。至少能够保证老百姓辛辛苦苦干一年能够吃个饱吧。（访谈记录 HCHDZMJ0901）

从村干部郑某的讲述中可以发现，村干部"瞒地"的行为使得村集体得以有能力来协调这一时期国家与村民之间冲突的利益诉求。这一时期，当国家基于现代化资本积累与工业化发展的需要从农村汲取资源时，村干部通过"瞒地"创造性地来进行应对，保障了农民基本的生存需要。戴慕珍将这种庇护主义政治视为是"商品、资源和机会的分配处在个体权威的控制范围之内"的必然结果。[①] 事实上，除了这种宏观体制的因素之外，农民的公平观亦起着重要的作用，即农民在内心中认为"辛辛苦苦干了一年就该吃个饱"，这种付出-回报的公平观令村干部在进行村庄治理时必须回应农民的公平诉求。

四 占田与黑地：农民的生存术与乡村干部的治理术

1980年代初，河村实施了分田到户的经营耕作方式。集体化时期积累的黑地与其他土地资源被一起分配到各生产小组，由各小组再度平均分配给农户。在这一过程中，黑地只是在村庄层面存在，而对于具体的农户而言，其每一块土地都需要交粮纳税。黑地在村庄层面存在的意义则在于其有助于降低公粮和税费标准。[②] 虽然在分田到户之初，村民及村民小组没有"黑地"，但在随后的日常实践中，河村农户的黑地则以不同的方式再次被生产出来了。

（一）"越种越多的地"

集体化时期，在河村五、六组的地界上曾建有一个占地面积为四十余亩的国营种子试验场，其主要用于当地作物品种的改良。1986年种子试验场解散之后，原属于试验场的耕田则被邻近村民"瓜分"了。[③] 这四十余亩不计税的"黑地"被两个小组的村民瓜分之后，这两个小组的亩平公粮与税费款较之以前有所降低。同样是旧有制度的"遗留"，位于河村十组辖区内

[①] Oi, Jean C. 1989. *State and Peasant in Contemporary China*. Berkeley: University of California Press.

[②] 乡镇政府是依照在册面积下拨公粮和税费征收的任务，这一任务下达到村里后，村干部会以村庄的实际面积（含在册的"白地"和不在册的"黑地"）为基数分解任务，将公粮和税费征收量平摊到各土地上。

[③] 虽然种子试验场的耕地最初是被村民所"瓜分"，但1987年两个村民小组进行土地调整时，对各小组内的土地进行了重新丈量，因"瓜分"种子试验场而增加的土地面积并未上报到村里。

的知青居住、生活区也成为邻近小组"黑地"的一个重要来源。对于"黑地"所带来的"收益",乡镇干部都未表示异议。在乡镇干部看来,只要村里能够配合完成税费征收,其具体的治理方式则不加以干涉。

除了上述因制度遗留造成的公地黑化之外,分田到户之后基层政府的行为也促成了农民承包地的黑化。1983年河镇政府以行政手段推进了一项"逼民小康"的措施——动员村民在房前屋后挖建鱼塘。为了推动这一政策的施行,河镇制定了奖罚措施。但乡镇领导"逼民小康"的措施并不切合当地的实际,不单是天旱时节鱼塘时常干涸,且猖獗的强盗常常趁农户外出或休息的时候将鱼塘的鱼一盗而光。在该政策推行三五年后,这些鱼塘绝大部分被农民还原为耕地。但这些耕地在转化成鱼塘时从耕地面积中扣除后,并不再随着其从鱼塘返还为耕地时被再度补回,于是这些鱼塘还原的耕地则成为农户自己的黑地。

(二)"越走越窄的机耕道"

在河村,组织农民修筑、整理农田间的机耕道是分田到户之后村组干部的一项重要工作。修筑机耕道主要是为了便于村民生产耕作,但这一便民利民的工程却总被村民利用来拓展自家的黑地。河村一位原小组长程某向笔者描述了机耕道频繁修筑背后的隐秘:

> 每次修机耕道,我们打的报告都是1米宽,也是按1米做的计划,事实上也是按照1米的标准宽度从道路两旁耕地户主的面积上扣除的。但农民在实际作路(修路)的时候,往往就只挖七八分,因为七八分就基本上可以过拖拉机或牛拉的板车了。等机耕道修好之后,道路两旁的农户在犁田时往往一次多犁一把,这样过了三五年机耕道就窄得无法通行,于是又得再修一次机耕道,再做计划,再扣除耕地面积。这样一条机耕道二十年修了四次,路一点都没变,反而还窄了,但路两旁的地在账面上却减掉了3米,这就成了黑地。(访谈记录 HCHDCGF0903)

河村的机耕道越走越窄,虽然只是哈丁"公地悲剧"[①]的再现,但值得深思的是,在村民不断"蚕食"机耕道时,缘何其他村民和村组干部都无动于衷。对此,河村的小组长解释道:

---

① Garrett Hardin. 1968. The Tragedy of the Commons. *Science*, 16 (13): 1243 – 1248.

你要说农民为什么老爱刨机耕道？这或多或少跟老百姓爱惜土地的心情有关，多刨一点是一点，刨来了就是自己的了，总能够多插把秧，总能多收把谷吧。要说这也就是农民素质低，就是想多占些便宜。两旁的村民刨了机耕道，过往的村民当然就不方便了，村民们虽然有意见，但很少与刨路的村民发生纠纷，这个时候村民只会来找我们干部，要求我们再组织修筑机耕道。平时，我们干部对村民刨路也就睁一只眼闭一只眼，我们犯不着为这些事情与村民闹矛盾，我们的工作（计划生育、征粮纳税）都还要靠他们配合呢。（访谈记录HCHDCGF0904）

从村组干部的上述解释中可以发现，村组干部因为在日常的事务上往往需要求助于村民们的配合与支持，虽然内心认为农民蚕食机耕道是不合理的，但其绝不会为了公家的事情而与当事人去扯皮。更为关键的是，为公家的事而与本村组农民发生矛盾的村组干部明显是"胳膊肘往外拐"，这同村组成员对其"自己人"的定位是相冲突的。村组干部会极力地避免被村民排斥在"自己人"的圈子之外，因为一旦被排斥在外，不仅其执行"上面"安排的工作时无法得到村民的支持与配合，而且其在村庄的正常的社交互动也将受到影响。由此，对村民蚕食机耕道的行为也是睁一只眼闭一只眼，待路况实在无法通行之时，则再做扣除耕地面积重新修筑的计划。

（三）"越量越少的田"

从分田到户之后至农业税费改革之前，河村各小组通常每隔几年都会重新丈量或调整土地，这种丈量与调整主要是以小组为单位进行。这种土地的丈量与调整亦成为村民黑地产生的"温床"。由于调地对于小组内人口变动而言，始终具有滞后性，且由于土地因肥瘦旱涝而存在质量不均，调地总是不可能满足所有村民的要求，也不可能完全平均地分配。在这种情况下，在土地的丈量过程中，"灵活把握"则成为村组干部摆平上述矛盾的主要手段。

调地最难的就是平均，面积大小当然好平均，但这块田肥，那块田瘦，这边容易旱，那边容易涝，你说这该怎么平均。我们这个时候做工作，该马虎就马虎一点。你这块地不是瘦吗，不是容易旱或涝吗？丈量的时候我就手松一些。一亩地我就量出个六七分来，这样当事人心里也

就没有意见了。（访谈记录 HCHDZXG0908）

在田块面积的测量过程中，对于土地质量较差、易旱易涝的土地，村组干部在测量时总有意识地将其面积测得小于实际面积；对于无法及时补给土地的家户或贫困家庭，村组干部也会"仁义"地将面积测小，而作为对其的补偿和帮扶。不仅如此，村组干部在土地丈量或调整时，总是倾向于对平时支持其工作或关系较好的村民予以"关照"——村组干部会在测量土地时有意识缩小面积。在此过程中，通过"黑化"土地来实现对配合其工作的"积极分子"的奖励与回报成为村组干部的一种治理手段。将"黑地"作为一种治理手段并不仅仅针对积极分子使用，它还被广泛地运用在村庄社区内其他成员身上，特别是大社员①身上。村组干部为了谋求大社员对其的支持或不捣乱，而会以黑地等方式"收买"大社员，与其建立某种互惠的私人关系。此外，黑地也是村组干部处理纠纷的一个手段，在某个具体纠纷的处理上，村组干部因为种种原因而使得某一方利益受到部分损伤后，便会在测量土地时减少一定的面积来对其进行补偿。如此，也形成村庄内部的一种预期，村组干部协调纠纷时此时虽有些不公，但彼时他会在另一事情上对其进行补偿。

五 黑地治理的变奏：意外后果及其治理

如果说在 1990 年代中期之前，黑地在河村的治理中尚发挥着积极作用，一方面它成为村组干部与村民间的润滑剂，另一方面在村组干部权威日渐丧失的背景下，其成为村组干部所能够动员的少有的治理资源；那么随着1990 年代中后期全国性农业税费负担的增长，外部的危机在黑地这一"酵母"作用下，则引发了河村新的治理危机。

（一）"不一样的黑地不一样的税费"

如前所分析，黑地的产生，特别是分田到户之后村庄内黑地的产生往往是村组干部进行村庄治理的一种结果，它被作为一种治理手段来摆平小组里

---

① 笔者在黑地研究中对大社员的关注直接源自与贺雪峰教授的讨论。"大社员"是贺雪峰在荆门农村调研中提炼出来的一个描述性概念，它展现出村庄社会中非体制性精英与非体制性权力的存在。

的各种纠纷或推动各种政策的实施，但是也正是黑地的存在，导致的组别之间的税费差异而引发了新的治理危机，各小组之间因黑地面积不同，在农业税费缴纳上存在较大的差异。①

> 在村里各小组的黑地面积是不一样的，五组、六组那个时候占了（种子）试验场的地，十组占了知青点的地，这些地没有上计税面积，所以他们的黑地就多。有这些黑地垫底，这些小组的亩摊税费就少。但这样，小组里黑地少的工作就难做了啊。老百姓意见就大，凭什么一个共产党的天下，税费就不一样呢；同样一个村，一个党支部领导下的村庄凭什么我们要多交税费。小组长去收税费，老百姓就说我们小组长不得力，胳膊肘往外拐。（访谈记录 HCHDZXG09011）

各组之间黑地的不均致使各组的税费标准差异甚大，税费较高的组民不仅不愿意缴纳税费，而且认为自己小组的组长没用，不会为组里"扒本"。组民往往以"同样一个村，一个党支部领导下的村庄凭什么我们要多缴税费"来否认村庄各组间税费不均的合理性，由此拒缴税费。高税费组村民的拖欠与拒缴反过来又直接影响到较低税费组的村民，后者又以"别的小组农民都不缴税费，我们凭什么缴"而拒绝缴纳。不仅如此，他们也将前来催缴税费的小组长贴上"胳膊肘往外拐"的标签。

（二）"揭盖子"：黑地的自查

在河村，具体农业税费的征收工作主要是交由小组长来做，各小组具体如何征收，村干部并不关心。当税费征收工作成为一种制度性工作时，无法完成这一任务的小组长只能说明他个人能力有问题，而这样的小组长在自己的工作岗位上很难继续做下去。于是在1990年代中后期，河村小组长的更替是极为频繁的。1998年河村三组新上任的小组长开启了一项小组内黑地自查的工作。

> 1998年下半年我被推选为小组长，说实话我不愿意担任这个小组

---

① 河村的税费负担在各组之间是不均的，村委会将当年的税费负担按各组的土地统计数据进行平分；小组长又将分配到组的税费依据各家的承包土地的账面数据进行平分。各小组因为黑地的不同而使得小组之间的税费差异极大。以1998年为例，最高的组中税费负担达到117元/亩，而最低的组则只有92元/亩。

长，因为这个工作不好做，前几任都是因为税费没有收上来被拷（注：免职的意思）下来的。我上来时，我们小组的税费是每亩105元，要说也不是村里最高的，算中等偏上吧。我当时想怎么才能够让老百姓心服口服地缴税呢？大家意见最大的主要还是与其他小组比，我们小组的（税费）偏高了，但我们都知道高的原因在哪。所以我还是从地着手，我上来第一件事便是清查我们小组的家底，我组织村里的老会计、组中有威望的村民以及村民代表清查组内田块的面积。我其实算准了老百姓的心思，他们虽然知道自己有没有缴税的黑地，但不知道别人家有没有、有多少，他们想"也许比我还多，彻底清查出来，都透亮一些，也可以使税费减轻些"。结果就这样我们开始清查黑地，效果还不错，小组的亩平税费负担由105元降低到97元，我们去收税时老百姓还蛮高兴的。（访谈记录HCHDCGF0907）

河村三组这一以"清查黑地"为目的的行为并没有受到任何阻碍，甚至受到组内村民的欢迎，部分是因为清查黑地行为保持了透明度。更为重要的是，自分田到户以来，因为种种原因而形成的"黑地"使得村民对他人的土地数目是多少也不清楚。"我知道自己家有些黑地，但我不知道别人家有多少面积的黑地。也许比我还多，彻底清查出来，都透亮一些，也可以使税费减轻些"，这成为三组村民的普遍心态。确实如村民所预期的那样，在这次清查黑地行动中，三组共清查出黑地四十余亩，当这些黑地和其他耕地一起承担税费后，三组的亩平税费负担由105元降低到97元。

（三）多米诺骨牌效应：从小组清查到全村清查

如前所分析，各组之间黑地的不均致使各组的税费标准差异甚大、河村税费难以收取以及村民与村组干部矛盾冲突加剧。这场由各组间黑地不均造成的税费标准差异，经由农民公平观的作用而形成了河村村庄治理的一次危机。

当时村主任上任时，我是会计。他很有魄力，也很有眼光，他知道问题在黑地上，就拿黑地开刀了。这个想法跟三组的清查黑地有关，是受三组的启发，但也可以说是被三组清查逼着没有办法。但怎么查呢，要是把大家的黑地都查了收了，老百姓也不答应。后来，我们就出了个主意，把小亩变成大亩，以前660平方米算一亩现在就800平方米算一亩。方案出来，大家都满意，我们就这样查了。（访谈记录 HCHDMGQ0902）

当新任村主任上任进行全村土地测量时，为了保障农民拥有"黑地"的"基本权益"以推动这一清查工作，河村统一制定了测量标准，将一亩的标准由660平方米扩大到800平方米，即河村村民所讲的由"小亩"变成"大亩"，这样新标准的一亩事实上就相当于原标准的一亩二分地。清查完河村的土地，村委会将全村的税费任务依照新测量的土地面积平分并落实到各小组。这场将"黑地"平均化的方式，虽然并没有改变黑地的性质，但改变了黑地的分配，即由不均变成平均，由此解决了村民因税费不均而拒缴税费的问题，同时摆平了村民与村组干部之间的矛盾，从而化解了一次危机。

六　通过黑地的治理何以可能：制度结构与庇护主义

前文对河村近半个世纪以来村庄治理中黑地的产生、演变进行了勾画，黑地在村庄治理中的角色也随之得以呈现。在展现更深入的分析之前，显然需要解决一个前提性的问题，即缘何黑地能够在基层干部的"眼皮子底下"持久地存在。只有理解了这个前提性的问题，探讨黑地治理的绩效才有可能。

（一）国家权力渗透的有限性

虽然晚清以降，经过持续的国家政权建设，国家力量不断渗透到基层社会，但是国家控制整个社会的能力总是有限的。即便是在总体性社会时期，国家权力的渗透仍然无法消除地方社会黑地的产生与延续。究其原因，则是因为在等级制之中，国家无法有效地获取基层社会的信息。集体化时期河村黑地的产生事实上也是地方干部在这一体制所预留的空间内进行的策略性应对。在集体化时期，上级给河村下达了"非正常"的粮食生产指标的同时，仍给予各村独立实践、创造性完成任务的空间；或者说在"大活人不能被尿憋死"的逻辑下，河村村民制造了一定的空间，即河村通过黑地的方式，将隐瞒地的产量均摊到其他土地上以实现粮食的纲要达标，并获得可以私分的粮食。在这一实践中，国家的任务被"圆满完成"，同时地方社会的"猫腻"也得到了兑现。

与此同时，河村黑地的演变历史也表明，予以基层一定的剩余控制权是权威体制的一个基本治理策略。① 这种剩余控制权的给予不仅令基层社会拥有了一定的自由裁量空间，同时亦为地方社会的"变通"策略实行创造了空间。河村基层治理中的黑地演变表明，行政发包制的践行预留给乡土社会的行为空间和乡土社会自发创造出的空间使得乡土社会在村庄内部的管理上具有极强的自主性，这种自主性并不是基于村民自治而形成的规范性行为，相反，其是基于黑地等一系列资源灵活摆平各种问题的自由与自主。正是这些物质性治理资源的存在，令村组干部在进行村庄治理时即使缺乏权威，亦能够通过资源的调配来实现基层社会秩序的达成。

（二）庇护政治下的互惠与交换

如果说中央政府因权力无法触及地方社会而无法有效地清查黑地，那么对于基层干部而言，黑地这种"小动作"显然无法逃脱他们的"法眼"。在这一前提下，黑地缘何能够持续存在？如果说在委托人与代理人信息不对称的情况下，代理人尚可以通过隐瞒某些信息，并利用相对于委托人的信息优势来谋求自身的利益，② 那么有"谋利型政府"之称的乡镇基层政府，何以会对村庄内的黑地"睁一只眼闭一只眼"，而不是将"黑地"白化，进而增加税收，扩大自己的乡统筹？对这一问题的追问则构成对基层政府治理行为的讨论。

在对人民公社时期农村社会的分析中，戴慕珍从庇护关系的视角来观察精英与大众的互动，揭示了共产主义政治体系中个体公民追求利益的方法。在戴慕珍的研究中，上层官员为基层干部"腐败"行为提供庇护，换取的是基层干部对上级官员个体的忠诚与服从。但与戴慕珍强调庇护主义背后庇护者与被庇护者之间的私人性的忠诚与依附性关系不同，河村黑地产生及其演变背后更多的凸显了庇护政治下的互惠与交换。对于基层乡镇政府和乡镇干部而言，在意识形态上的忠诚远不如在实际工作中予以配合与支持来得实在，虽然村组干部的忠诚可能强化其行为的配合与支持，但要确保村组干部的忠诚却需要满足其多方面的诉求，特别是其个体性的诉求（如经济上的回报、仕途上的升迁等等）。在驻村干部不断轮换的背景下，③ 乡镇的干部

---

① 周雪光，2012，《权威体制与有效治理：当代中国国家治理的制度逻辑》，载周雪光、刘世定、折晓叶主编《国家建设与政府行为》，北京：中国社会科学出版社。
② 李猛、周飞舟、李康，1996，《单位：制度化组织的内部机制》，《中国社会科学季刊》第16期。
③ 在实行驻村干部的政策后，河村的驻村干部因为各种原因，通常是5~7年便会更换。

(特别是驻村干部)对河村黑地的存在"睁一只眼闭一只眼"并不是期望村干部对它/他产生私人性的忠诚,而是基于治理实践的现实考量:一方面是为了减轻自己的工作压力——黑地的存在确实使得村庄能够以较小的压力收齐规定的税费与公粮,这客观上减轻了自己催缴税费与公粮的压力;另一方面,这也构成了对村组干部工作的一种支持,它将换取村组干部对自己工作的支持,如计划生育工作的落实、税费与公粮的催缴等等。

(三) 村社伦理中的公平与道义

如若将分析的目光从乡镇干部正式的角色身份上移除,转而关注生活化的乡镇干部,则可以发现河村所在乡镇政府的干部主要都是从农村提拔上来的"招聘干部",他们大多数都是本镇内的人,在这样一个半熟人的乡土社会之中,其行为实践或多或少都需要遵循乡情的原则,他们谙熟乡村社会内部处世的原则,特别是乡村社会的公平与道义原则。他们自己也认为,如果能够在工作期间帮助自己家乡的父老乡亲多沾些"福利",也是非常自豪的,其本人也会得到村民认可。在河村调查时,河村村干部反复提到乡镇驻村干部在黑地处理上是如何配合村里的。

在河村,同情并帮扶贫弱者是村社伦理的历史遗留。因为这一村社伦理的存在,社区内那些新增人口多,但无法调剂到地的农户往往会得到组长的同情,在土地测量时获得偏袒。这种"合情"的偏袒通常并不会影响整个村组既有秩序,即其他村民并不会争之效仿,这也是村社伦理在社区内存在着广泛的社会基础使然。正如费孝通所说,在稳定的社会中,地缘不过是血缘的投影,在小组内部,各村民之间多是血缘与姻缘的拓展。[①] 由此而形成组内的认同,并在小组内部形成密集而错综的人情网与互动网。处于这种网络之中的村组干部被村民视为自己的"代理人"和"代言人";因此如若小组长较真地争夺被农户蚕食的机耕道,则会被村民们所不齿;相反那些能在村里为小组村民争回各种好处的村组干部则被称为能干的好干部。

七 通过黑地进行治理的观念基础:制度嬗变与公平观变迁

虽然本文在开篇即亮出了自己的研究旨趣,即考察治理资源在治理

---

① 费孝通,1998,《乡土中国 生育制度》,北京:北京大学出版社。

实践中的演变与功能，但在具体的分析与阐述中笔者仍然无法回避"同样的治理资源缘何在不同的治理实践中产生不同的治理绩效"，其中最为核心的影响变量可能是农民的公平观。将农民的公平观置于特定的时空结构之中，分析制度的嬗变如何影响公平观的变迁，并由此探析公平观变迁对治理资源的分配产生的复杂影响则可能更加接近治理资源分析的内核。

在集体化时期，河村的黑地以及农民的公平观与这一时期的宏观制度结构是密切相连的。在中华人民共和国成立初期，中央政府在全国范围内推进了一次史无前例的、高度中央集权下的自我剥夺制度：在农村，推行统购统销和人民公社这两个互为依存的体制；在城市，建立计划调拨和科层体制；通过占有全部工农劳动者的剩余价值的中央财政进行二次分配，投入以重工业为主的扩大再生产。[①] 在这一宏观制度背景之下，农民被囿于村社之内，束缚在土地之上，农民同国家的关系也主要是建基于土地之上，即国家依据土地来征收粮食与税费。虽然这一时期，农民可能迫于制度约束而屈从，但农民基于生存而形塑的公平观可能成为制度约束的底线，即"不论怎么样，你总不能不让老百姓辛辛苦苦干一年还吃不饱吧"。这种公平观的形塑更多的是源自村社伦理中最基本的生存道义原则——在任何时候，维持一个人最基本的生存需要诉求都具有天然的合法性。正是在这一公平观下，农民在集体化时期对生存保障的诉求才促使河村的黑地产生。与其说河村村干部是集体化时期黑地的缔造者，还不如说黑地是他们回应农民公平诉求的一个策略性产物。

家庭联产承包责任制的实施使得家庭重新成为农民生产生活的基本单位，重新获得土地自由耕作权的农民对土地的占有产生了较为长远的预期，"要守着这些土地过一辈子"，"将这些土地留给自己的子孙"。这种长远的预期使得农民对土地的占有具有内在冲动性。与此同时，在城市劳务市场尚未完全开放的背景下，农民无法外出务工以将家庭内部的剩余劳动力转化为家庭收益。在此背景下，农民"发家致富"的途径一方面是扩大自家拥有土地的面积，另一方面则是加大对土地的投入以换取单位面积土地产出的增加。正是因为如此，农民才热衷于圈占公共的土地（如蚕食机耕道等），与此同时，村组干部将"黑地"作为一种治理资源来"摆平"村组的治理时

---

① 温铁军，2000，《中国农村基本经济制度研究——三农问题的世纪反思》，北京：中国经济出版社。

才具有较明显的效果。

1980年代以后,黑地在农户间的不均衡占有引发了农民的"相对剥夺感",进而产生了1990年代后期以税费征收难为表征的治理性危机。虽然河村村民都觉得在1998年之后农业税费负担已经很重了,但最终促使税费拒缴行为产生的并不是税费本身,而是各组之间税费不均。这种由各组之间黑地比例不同而导致的税费差异使得组际税费差异突破了村民所承受的范围,于是产生了高税费标准者拒缴,进而连锁导致低税费标准者也因"不公"而拒缴,并引发了各村组村民对自己小组长的不满,由此引发了河村一次治理性的危机。有趣的是,这场由黑地所引起的治理危机最终又由黑地来化解,即村干部通过以小亩换大亩,清查村庄的黑地,将黑地标准化地分配的方式消解了农民在税费征收上的不公正感,进而化解了上述的治理性危机。

八 通过黑地的治理何以可为:资源属性与治理绩效

河村黑地在近半个世纪的村庄治理中所呈现的正功能与负功能、显功能与潜功能也预示着同样的治理资源在不同的时空场域中可能产生不同的治理绩效。笔者就此追问,缘何不同状况的黑地在治理实践中会产生不同的治理绩效。以黑地资源的占有主体来区分黑地的资源属性,可以分为黑地的社区化和黑地的个体化。在黑地社区化的治理实践中,黑地是村集体代表社区成员共同占有,黑地所带来的收益也为社区内的成员共同享有。在具体的实践中,社区的边界具有伸缩性,例如在人民公社时期,河村的黑地由整个村民共同占有,村干部隐瞒了土地最终降低了整个村庄的亩均"负担";分田到户之初,河村五组、六组、十组的村民瓜分了种植试验场和知青点的土地,这一黑地的占有主体则是三个小组内的成员,其所带收益的分享范围也仅限于各小组。在黑地个体化的治理实践中,黑地仅属于个别的农户,其收益也归特定的农户所享有。

当黑地的所属权在社区时(黑地社区化),黑地作为社区"共有"的资源有助于强化社区认同,巩固社区共同体的地位。正如张佩国所指出,"共有地"就其功能而言具有社区整合的意义。[①] 社区化黑地由于其

---

① 张佩国,2012,《"共有地"的制度发明》,《社会学研究》第5期。

社区成员"共有"的特性，它在收益的分配上遵循着道义经济学的原理。生产队中产生出一种集体生存意识，在农业的产生只能维持温饱的时期，这种集体生存意识的通俗表达是"吃饭靠集体"。[①] 不仅一般的农民具有这种预期，生产队的干部也具有同样的责任定位——要对生产队的老百姓吃饭问题负责。正是在这一角色期待与预期兑现的互动中，村干部的内生性权威得以产生与强化，村干部治理村庄的动员能力得到提升。

当黑地的所属权在个体时，黑地虽然有助于增加单个农民的福祉，但其却瓦解了社区共同体的共享价值。分田到户之时，农村土地分配基本在"均分制+定额租"的制度框架内完成，[②] 其中均分制强调了社区成员权的存在与兑现，村集体需要对每一个成员的生存负责，需要分配每一个成员均等的土地资源。土地资源的平均分配以及依据土地的占有均摊税费这构成社区内成员共享的公平观，当个体拥有黑地时，其实质上就是黑地的拥有者推脱了自己应该承担的税费，而转嫁给了社区其他成员。这种"搭便车"行为构成了瓦解社区共同体的重要力量。

在对于中国乡村治理中不同类型资源的分析中，田原史起认为在中国农村同时存在"公"、"共"和"私"三个为地方治理提供资源的领域，三者分别代表了不同的资源供给原则："公"代表着政府以"再分配原则"为基础划拨的资源，"共"代表着社区以"互惠原则"为基础筹集的资源，"私"则代表着企业或私人以"交换原则"为前提供给的资源。[③] 对于中国乡村社会而言，"共"较之于"公"和"私"历来所承担的角色都更为重要和关键。如果说社区化的黑地因为其"共有"的属性而强化了作为"共"代表的村组干部的权力，使得村组干部在村庄治理中具有协调村庄事务的能力；那么个体化的黑地本身则是村组干部公权力弱化的表现与后果。当村组干部缺乏足够的权威，其面对具体的治理实践时（如纠纷调解、税费征收等），黑地本身就成为其与农民妥协的产物。而黑地个体化后的一个直接后果便是挑战并颠覆了社区成员的公平观，进而引发了村庄

[①] 张乐天，2004，《村队场景：革命表象下演绎的传统——以20世纪70年代浙北联民村为例》，载周晓虹主编《中国社会与中国研究》，北京：社会科学文献出版社。

[②] 温铁军，2000，《中国农村基本经济制度研究——三农问题的世纪反思》，北京：中国经济出版社。

[③] 田原史起，2012，《日本视野中的中国农村精英：关系、团结、三农政治》，济南：山东人民出版社。

治理危机。在河村，黑地个体化后带来的税费征收危机便是其中一个典型的例证。不仅如此，当黑地成为村组干部与村民之间妥协的"交易筹码"时，村组干部在治理实践中的主体性便丧失了，其只是不断使用黑地这一媒介来使"摆平"术，这种没有战略的战术往往会产生治理者意料之外的后果。

论户籍制度与人的城镇化[*]

胡宝荣[**]

内容摘要:"物的城镇化"和"人的城镇化"是城镇化两个基本方面。我国过去的城镇化主要以"物的城镇化"为主,导致了"人的城镇化"的滞后。因此,在新的历史条件下,我国应探索一条新型城镇化道路,其核心是"人的城镇化"。基于此,本文主要分析了户籍制度与新型城镇化及"人的城镇化"之间的关系,认为我国城乡二元的户籍制度及在人口迁移方面的严格管控,是约束"人的城镇化"的重要制度壁垒,并对各地户籍制度改革模式及存在的问题进行了总结和分析,进而提出了进一步深化户籍制度改革的对策和建议。

关键词:新型城镇化 人的城镇化 户籍制度 人口迁移

目前,我国正在进行人类历史上最大规模的城镇化。[①] 不过,城镇化并不是简单的"圈地运动"或"造城运动",更主要的是"人的城镇化"。李克强总理在多次讲话中强调:"推进城镇化,核心是人的城镇化",点明了城镇化的主旨和方向。

---

[*] 本文已发表于《福建论坛·人文社会科学版》2013 年第 12 期。
[**] 作者简介:胡宝荣,中国人民公安大学社会学教研室讲师、社会学博士后,主要从事城市社会学、理论社会学、社会治理研究。
[①] 李强:《论农民和农民工的主动市民化与被动市民化》,《河北学刊》2013 年第 4 期。

一 新型城镇化：从"物的城镇化"到"人的城镇化"

城镇化是衡量一个国家或地区的现代化水平的重要指标，也是中国实现现代化的必经阶段。在过去几十年里，城镇化给中国社会带来的改变，可以说是根本性的。众所周知，中国自古以来都是一个农业大国，农业在产业结构中占绝对主导地位；相应的，农村人口在总人口中也占绝大多数。传统中国社会中农村占绝大部分，城市只占极小部分，生活方式和组织模式也主要是按"乡土逻辑"来运作。正因如此，费孝通也将中国社会称为"乡土社会"或"乡土中国"。

然而，随着中国城镇化进程的不断推进，这一切似乎正在悄悄地发生改变。特别是改革开放以后，随着社会主义市场经济的快速发展，我国的城市数量不断增加，城市规模不断扩大，城市人口不断增长，城市化率也在节节攀升。截至2012年，我国城镇化率已经过半，为52.6%，城镇常住人口为7.12亿。[1] 因此，可以毫不夸张地说，中国社会的城市时代已经来临。中国正在从"乡土中国"向"城市中国"转变，城市开始取代农村成为社会的主导。

城市社会有着完全异于农村社会的生活方式和组织模式。城镇化的发展确实给中国人的生活带来了诸多便利和实惠，使其逐步走向现代。但与此同时，城镇化也带来了各式各样新的社会问题。特别是近年来随着我国城镇化的加速推进，人口不断向城市聚集，特别是向一些特大城市集中，再加上城市规划和建设上盲目地向周边地区"摊大饼式"的扩张，致使人地矛盾日益突出，"城市病"更层出不穷，集中地表现在：人口膨胀、交通拥堵、住房紧张、就业困难、空气污浊、环境恶化等一系列事关民生的城市问题。有学者认为，城市已经成为民生问题集中的重要区域，许多民生问题本身是城镇化造成的，并成为许多城市难以根治的顽症。[2] 这些"城市病"正一步一步地"侵蚀"城市发展带来的优秀成果，影响城市生活的质量，降低城市居民的幸福指数，甚至影响整个社会的和谐稳定。

"城市病"之所以会频繁出现，一个重要原因就是我国过去在推进城镇

---

[1] 姚冬琴：《被误读的城镇化》，《中国经济周刊》2013年第14期。
[2] 杨敏：《我国城市发展与社区建设的新态势》，《科学社会主义》2010年第4期。

化过程中往往存在着一个误区，即"见物不见人"，[①]过于强调"物的城镇化"，对于"人的城镇化"重视不够。在过去很长一段时间里，为适应工业化发展的需要，我国城镇化发展主要是一种以政府为主导，以产业投资为驱动，进行低成本、外延式扩张的传统城镇化道路。这种城镇化道路的典型特征，就是以低成本土地和廉价劳动为支撑来推进城镇化，其核心是"物的城镇化"。一般来说，一个国家或地区的城镇化最主要体现在两个方面：一是物的城镇化，二是人的城镇化。所谓"物的城镇化"，主要是指城市规模不断扩张，建设用地面积不断增加，资源不断向城市集中，其核心是土地城镇化。而"人的城镇化"则主要是指农村人口不断向城市转移，农民不断向市民转化，享受和市民一样的公共服务，过上和市民一样的生活。所以，人的城镇化，又可称为"市民化"。

"物的城镇化"和"人的城镇化"应当说是城镇化的两个最基本方面。"物的城镇化"是"人的城镇化"的重要基础，"人的城镇化"是"物的城镇化"的最终归宿。没有"物的城镇化"，也就不可能实现"人的城镇化"；但是，没有"人的城镇化"，去谈"物的城镇化"也只是一句空话，毫无价值。

不可否认，我国过去在"物的城镇化"方面确实取得了很大的成绩。例如，中国曾经长时间一直偏低的城市人均建设用地面积，现已跃居世界前列。调查显示，2010年全国644个城市的人均建设用地已达133平方米，远远高于发达国家人均82.4平方米和发展中国家人均83.3平方米的水平。[②] 但是，相比"物的城镇化"，"人的城镇化"明显滞后。例如，2000~2010年全国城镇建成区面积扩张了64.45%，而城镇人口增长速度只有45.9%。[③] 而且，有的地方为追求"物的城镇化"，还出现了"农民被上楼"的现象，大量的土地被征用为城市建设用地，而居住在土地上的农民则"被"赶上集中建设的楼房，但其生产方式和生活方式并没有真正的改变，也就是说并没有实现真正意义上的"人的城镇化"。

更何况，我国城镇化率原本也是有很大水分的。例如，尽管2012年我国城镇化率已达到52.6%，但这其中城镇户籍人口仅有35%左右。因为，我国在统计城镇化率时，主要是以城镇常住人口为标准。这意味着在城市中

[①] 陈良贤：《城镇化不能"见物不见人"》，《南方日报》2013年3月7日。
[②] 何忠洲：《城镇化：中国特色城市化的曲折历史和探路难题》，《中国经济周刊》2007年第43期。
[③] 姚冬琴：《被误读的城镇化》，《中国经济周刊》2013年第14期。

谋生的庞大的农民工群体也被计算在内，约有 2.63 亿人。这部分人虽然长期在城市工作和生活，为城镇化和城市发展做出了巨大贡献，但并没有城市户口，也不享受与市民一样的公共服务。他们总是在城市与农村之间进行着周期性"候鸟式"流动。很多农民工就业在城市，户籍在农村；劳力在城市，家属在农村；收入在城市，积累在农村；生活在城市，根基在农村；从这个意义上说，他们只处于一种"半城镇化"状态。[①] 可见，现阶段在我国，"人的城镇化"任务还很艰巨，还有很长的一段路要走。

进入 21 世纪后，我国城镇化发展也进入了新的历史阶段，正进行着人类历史上最大规模的城镇化。美国经济学家、诺贝尔经济学奖得主斯蒂格利茨曾经预言：21 世纪人类最大的两件事情，一是高科技带来的产业革命，另一个就是中国的城镇化。[②] 在新的历史条件下，我国城镇化也面临一些新形势和新情况。例如，我国可供城市建设开发的耕地已经非常有限，生态环境压力巨大，人口红利也将迎来"刘易斯拐点"——劳动力将从过剩走向短缺，等等。况且，国外城镇化的经验也表明，当城镇化率达到 50% 左右时，往往是一个国家或地区城镇化进入快速发展的时期，同时也是城市问题凸显和"城市病"集中爆发的阶段。[③] 在这种情况下，原先那种依靠低成本土地和廉价劳动力进行外延式的城镇化的传统道路势必难以为继，我们也不可能再走传统城镇化的老路，必须探索一条新型城镇化道路。

所谓新型城镇化道路，是指以"科学发展观"为指导，以"人的城镇化"为核心，以"城乡一体化"为目标，并与工业化、信息化、农业现代化相协调的节约集约、生态宜居、和谐发展的城镇化道路。与传统城镇化相比，新型城镇化最基本，也是最重要的特点，就是"以人为本"。这要求我们必须逐渐从"以物的城镇化为主"向"以人的城镇化为主"转变，从重视"量"的扩大向重视"质"的提升转变，从"外延式"扩张向"内涵式"发展转变。新型城镇化并不是简单的人为的"造城运动"，更重要的是提升城镇化的质量，努力促进"人的城镇化"，要让农民、农民工能够享受和市民一样的公共服务，过上像市民一样的生活，这才是城镇化的关键所在。可以说，城镇化发展的好坏或成败，很大程度上取决于能不能很好地实现"人的城镇化"。

---

① 冯蕾：《城镇化：不要"貌合神离"》，《光明日报》2013 年 5 月 7 日。
② 转引自吴良镛、吴唯佳、武廷海：《论世界与中国城市化的大趋势和江苏省城市化道路》，《科技导报》2003 年第 9 期。
③ 中国工程院课题组：《中国城镇化道路的回顾与质量评价》，2012 年 6 月 1 日。

"人的城镇化"是一个综合性的概念，是包括生产方式、生活方式、文明素质等全方位地从农民向市民转变的过程。

在生产方式上，农民从农业生产转向工业、服务业等非农产业就业，即农民从传统小农生产方式转变为现代生产方式，成为现代社会分工中的工人或新型农民。

在生活方式上，农民进入和融入像城镇居民一样现代化的生活方式，如获得现代化的交通等基础设施，以及高品质的文化娱乐、医疗卫生、体育休闲等社会服务。

在文明素质上，随着生产方式和生活方式的转变，农民无论是进入城镇还是留在乡村，将逐渐形成现代文明应有的观念、意识和行为，其集中地表现为素质的极大提升，如文化素质、技能素质、心理素质和审美素质等。

"人的城镇化"概念的提出，是中国城镇化在经历了一段快速发展时期之后出现的新要求，相较于以往过于注重"物的城镇化"，"人的城镇化"是衡量以人为本的城乡统筹发展的更为关键的指标。

在我国，"人的城镇化"与户籍制度紧密联系在一起。户籍制度，可以说是实现"人的城镇化"的一个最基本、最重要的方面，也是我国从传统城镇化向新型城镇化转型的重中之重。要实现"人的城镇化"，最关键的环节就是改革我国现行的户籍制度。党的十八大报告明确指出："加快改革户籍制度，有序推进农业转移人口市民化，努力实现城镇基本公共服务常住人口全覆盖。"

二 户籍制度、人口迁移与人的城镇化

户籍制度应当说是世界各国通行的一项基本的人口管理制度，也是重要的社会管理制度。我国现行的户籍制度主要是新中国成立后才逐步确立起来的，也是伴随着计划经济体制发展而逐步形成的。

新中国成立初期，我国人口在城乡之间事实上是可以自由迁移和流动的。尽管当时也颁布过一些户籍方面的相关管理规定和措施，例如1951年7月公安部颁布了《城市户口管理暂行条例》，1955年6月国务院颁布了《关于建立经常户口登记制度的指示》等。但是，它们的功能更侧重于人口信息登记，并没有在人口迁移管理方面做十分严格的限制。

到了20世纪50年代后期，随着我国社会主义基本改造的完成，以及计划经济体制的不断发展，为保证整个社会利益格局的稳定，防止农村人口大

量流入城市，分享城市居民利益，降低城市生活水平，户籍制度在功能上也开始对人口迁移施加严格管控。1958年1月，我国颁布了新中国第一部户籍管理制度《中华人民共和国户口登记条例》（以下简称《条例》），第一次明确提出"农业户口"和"非农业户口"的二元划分，并且规定："公民由农村迁往城市，必须持有城市劳动部门的录用证明，学校的录取证明或者城市户口登记机关的准予迁入的证明，向常住地户口登记机关申请办理迁移手续。"这标志着我国现行的城乡二元户籍制度正式确立。

紧接着，为进一步保证《条例》能有效地贯彻和实施，政府还先后出台了一系列辅助性的制度和规定，如"劳动就业制度"、"定量商品粮油供给制度"、"医疗保健制度"等，使城乡二元的户籍制度不断地固化。国家对非农业人口的就业和福利实行"大包大揽"，由国家解决和供应，而农业人口的就业和福利则由农民自行解决。这实际上造成了城乡二元的户口等级差异，农业人口与非农业人口拥有完全不同等级的社会身份，无论是在社会地位上，还是在社会资源和社会机会上，农业人口似乎都要"低人一等"。

户口的等级差异，可以说是我国现行户籍制度存在的一个最大的问题，它不仅存在于城乡之间，也存在于城市之间。因为一个城市的户口价值，往往与这个城市的规模、区位、发展水平等因素直接相关，所以不同城市之间的户口价值自然也存在一定程度的差异，进而使户口等级在不同城市之间呈现。例如，"北上广"这些超大城市的户口价值，显然与小城市的户口价值不可同日而语。

那么，户口等级差异为什么会存在呢？笔者认为，一个最根本的原因就是户口中附着了太多的社会利益和社会福利。众所周知，我国现行的户籍制度除了具备基本的人口管理功能之外，还承载着众多的社会管理功能，如就业、住房、教育、医疗卫生、社会保障等无不与户口挂钩，甚至出现了"功能超载"[①]的现象。户籍制度承载的社会功能越多，户口中"嵌入"的社会利益和社会福利势必就越多，因为，众多社会利益和福利的分配都是直接建立在户籍制度之上。可以说，户口在我国社会利益和福利分配中一直拥有着基础性的地位。这也正是户籍制度改革总是举步维艰的根本原因。

但话又说回来，如果人口是可以自由迁移的，户口的等级差异实际上是

---

① 张静：《城市地区户籍制度改革及其路径思考》，《中国行政管理》2009年第8期。

可以通过人口迁移来改变的。① 农村人口可以通过迁入城市,来享受城市户口中的实惠;小城市人口可以通过迁入大城市,来享受大城市户口中的实惠。可是,由于我国户籍制度在人口迁移方面的严格管控,人们通过人口迁移来改变户籍身份或户口等级,似乎并不是一件非常容易的事情。尤其是在城乡之间,即从农村迁户口到城市,难度更大。例如,1964年8月国务院批转的《公安部关于处理户口迁移的规定(草案)》,明确规定:"从农村迁往城市、集镇,从集镇迁往城市的,要严加限制。"并且,1977年11月国务院批转的《公安部关于处理户口迁移的规定》,进一步强调:"从农村迁往市、镇(含矿区、林区等),由农业人口转为非农业人口,从其他市迁往北京、上海、天津三市的,要严格控制。从镇迁往市,从小市迁往大市,……应适当控制。"它的一个最主要目的就是进一步强化户籍制度在人口迁移管理方面功能,限制农村人口向城市迁移,严格控制城市尤其是大城市的人口规模。

可以说,正是由于户籍制度对城乡之间、城市之间人口迁移的这种严格管控,使户口等级"固化"了;同时,也使整个社会不仅在地域空间上,而且在社会空间上被严格地"区隔"开来。特别是在城乡之间,这种"区隔"更为明显。户籍制度仿佛一道横亘在城市与农村之间看不见的"隔离墙",把农村人口牢牢地束缚在农村,其最典型的表现就是"城乡二元社会结构"。一边是城市,经济较发达,基础设施齐全,市民享有良好的公共服务和完善的社会保障;另一边是农村,经济欠发达,基础设施落后,农民几乎不享受或享受很低水平的公共服务和社会保障。

这种城乡二元社会结构的存在,也严重影响了我国城镇化的进程和质量,特别是"人的城镇化"的发展。因为在现有的户籍制度条件下,人要实现城镇化,实际上意味着他将享受城市更好的公共服务,更高的社会保障水平,这样势必会加重城市的负担。所以,城市一般不愿意放开户籍限制,让更多的人进入城市,享受和市民一样的福利待遇。

正因如此,我国城镇化进程中就出现了这样的现象:城市只欢迎农民进城务工,不欢迎农民进城落户。这正是我国会出现一个庞大的农民工群体的重要原因。农民工为城镇化发展做出了巨大贡献,却不能留在城市,在城市实现市民化,实际上是极不合理的。如果这部分人没有现行城乡二元的户籍

---

① 陆益龙:《户口还起作用吗——户籍制度与社会分层和流动》,《中国社会科学》2008年第1期。

限制，能够在城市落户，实现"人的城镇化"，那么我国的城镇化也不会出现如今"人的城镇化"远远落后于"物的城镇化"这一尴尬局面。当然，必须承认的是，我国城乡二元的户籍制度实际上是与计划经济相适应的。它在促进计划经济发展、维护社会秩序稳定、控制城镇化发展速度、避免出现过度城镇化等方面都发挥了积极而有效的作用。从某种意义上说，户籍制度实际上是计划经济赖以为继的重要基础。例如，在计划经济时期，我国很多社会资源都是依赖于户口进行配置的。如果没有户口，社会资源配置就失去了依据。

三 户籍制度改革模式及其存在的问题

改革开放以后，随着我国社会主义市场经济的快速发展，城乡二元户籍制度的各种弊端开始显露。特别是户籍制度对人口迁移方面的严格管控，极大地阻碍了农村人口向城市流动，严重地影响了我国城镇化的进程和质量。发达国家的经验表明：如果工业化是城镇化的动力，那么人口迁移则是城镇化必不可少的手段。没有"人的城镇化"，任何城镇化都是不可持续的，也是没有任何价值的。因此，改革城乡二元户籍制度，促进城乡之间人口合理流动，可以说是摆在当前我国城镇化过程中最为紧迫的任务。

因此，为更好地适应社会主义市场经济发展的需要，使城镇化健康有序推进，我国在户籍制度方面做出了一系列的改革尝试和重大调整。总的来说，我国户籍制度改革主要是渐进性的，是逐步推进的。例如，1984年国务院颁发的《关于农民进入集镇落户问题的通知》放宽了落户集镇的限制，规定："凡申请到集镇务工、经商、办服务业，在集镇有固定住所，有经营能力，或在乡镇企事业单位长期务工的农民和亲属，准予落户集镇。"1985年公安部出台的《关于城镇暂住人口管理的暂行规定》，对城镇流动人口实行"暂住证"制度，真正赋予农民在城市就业的权利。1997年国务院批转公安部《关于小城镇户籍管理制度改革试点方案》，正式拉开了小城镇户籍制度改革的帷幕。紧接着，2001年国务院批转公安部《关于推进小城镇户籍管理制度改革的意见》，进一步放宽小城镇落户限制，并规定对办理小城镇常住户口的人员，不再实行计划指标管理。这标志着我国小城镇户籍制度改革进入全面推进阶段。

特别是进入21世纪以后，我国的户籍制度改革掀起了新一轮高潮，全国各地都相继开展了一系列卓有成效的户籍制度改革。不过，因为全国各个省市、地区自身经济社会发展存在巨大差异，所以在推进户籍制度改革的过程中，也出现了众多各式各样的户籍制度改革措施或模式。概括起来，这些改革措施主要包括以下几种类型。

第一，取消"农业户口"与"非农业户口"。为促进城乡统筹，实现城乡一体化，全国很多省市都开始取消"农业户口"与"非农业户口"的划分，统一登记为"居民户口"。例如，江苏省从2003年开始，率先在全省范围内取消"农业户口"和"非农业户口"的划分，按实际居住地登记户口，统称"居民户口"。随后，重庆、湖北、四川、河北、辽宁、浙江、福建、山东、湖南、广西、陕西等10多个省、自治区、直辖市也相继取消了城乡二元的户口划分，统一了城乡户口登记制度。不过，这种户籍上的改变似乎"名"大于"实"。因为虽然取消了原先"农业户口"与"非农业户口"的划分，并拥有了新的名称"居民户口"，但是附着在原先户口上的社会利益和福利并没有根本改变，城乡户口之间的等级差异并没有彻底消解。

第二，取消"暂住证"，实行"居住证"。"暂住证"制度实施以来，很大程度上限制了流动人口在城市中享受一些福利的权利，也带来了诸多不良后果，所以一些省市开始取消"暂住证"制度，实行"居住证"制度。"居住证"是介于正式户籍和暂住户籍之间的一种户籍形式。这种户籍形式，实际上为那些期望留在城市发展，而又无法马上获得城市户籍的人才提供了"绿卡"。因为，持有"居住证"的人，可享受正式户籍的某些福利。目前，上海、北京、杭州、广州、深圳等多个城市为引进优秀人才，都相继出台了工作"居住证"制度。然而，"居住证"毕竟不是真正的城市户口，并不能享受市民同等的待遇；而且，颇高的申领门槛，也让绝大多数普通流动人口望尘莫及，真正能够申领成功的实际上多数是高学历、高技能人才。例如，2002年上海市出台的《引进人才实行〈上海市居住证〉制度暂行规定》，规定：具有本科以上学历或者特殊才能的国内外人员，以不改变其户籍或者国籍的形式来本市工作或者创业人员，才能申领。

第三，开放"劳务入户"，促进城市扩容。如果说"居住证"更多的是向高层次人才开放的话，那么"劳务入户"则主要是向绝大多数普通劳动者开放的一种户籍改革措施。"劳务入户"多发生在一些规模相对较小且劳动力不足，迫切需要吸纳大量劳动力来参与城市建设的中小城市。例如，一些城市规定在当地工作满一定年限，并依法与用人单位签订劳务合同的，可将户口迁入。2012年，四川德阳就曾提出：在德阳市城镇连续务工一年以上的务工人员，本人及其共同居住生活的直系亲属，都可依照相关规定办理入户手续。

第四，鼓励"投资入户"，带动经济发展。"投资入户"是全国较为普遍的一种户籍制度改革模式。很多城市为更好地吸引外来资金进行投资，带动城市发展，都曾采取过"投资入户"或者类似的户籍政策：有的城市规定在本地投资或纳税达到一定额度的人员可以将户口迁入城市；有的城市规定购买有自主产权的商品房达到一定面积的人员可以将户口迁入城市，后者也叫"购房入户"。目前，北京、上海、深圳、成都等多个城市的户籍制度中都包含有"投资入户"的因素。例如，成都的相关户籍政策规定：在成都市中心城区进行生产性投资200万元以上，在区（市）县城生产性投资100万元以上，在建制镇生产性投资50万元以上的市外人员，可申请投资入户；购置面积大于70平方米且人均面积不小于27.82平方米，或缴纳社保2年并且购置人均面积不小于16平方米的住房，可申请购房入户。

第五，实行"家属随迁"，促进家庭团聚。"家属随迁"，是指在当地有常住户口的居民，其配偶、子女、父母可以申请将户口随迁。这一户籍制度政策主要适用于直系亲属间的投靠，强调的是家庭的团聚，亲情的维系。可见，"家属随迁"是一种较为人性化的户籍制度改革类型。这种类型在很多城市的户籍制度中都有体现，如重庆、南京、广州、郑州等城市的户籍制度都有类似规定。

总之，当前我国新一轮户籍制度改革的"引擎"已经启动。这其中一个总的趋势就是：户籍制度在人口迁移方面的管控逐渐由"紧"转"松"。除了像"北上广"这样的巨型城市在户籍上依然保持十分严格的管控之外，绝大多数的城市户籍政策都在逐步放开，走向宽松，不断降低户籍门槛，给更多的人以机会进入城市落户。从某种意义上说，我国城乡二元的户籍制度已经开始松动，正朝着有利于人口自由流动的方向发展。

当然，尽管当前我国户籍制度改革在很多方面都取得了很大的成绩，但不可否认，各地现有的户籍制度改革也存在着一些问题和不足。[①] 具体来说，主要表现在以下几个方面。

首先，户籍制度改革并没有从根本上触及附着在户口中的各种深层次的社会利益和福利。有些地方虽然已取消了城乡二元的户口划分，统称"居民户口"，但原先户口中的社会利益和福利并没有根本改变。城市居民与农村居民之间的福利待遇依然存在较大差距，户口等级依然存在，并未消弭。

---

① 刘文烈、魏学文：《关于新生代农民工市民化问题的思考》，《东岳论丛》2010年第12期。

换句话说，城乡二元的户籍制度虽然已经松动，但是并未从根本上消解。

其次，各地对落户人员是有选择性的，而不是普惠性的。目前，我国绝大多数城镇尤其是一些大城市的户籍制度，都选择性设立了相对较高的资本条件和人才标准，比如购房入户、投资入户、积分入户[①]等。所以，真正能够成功落户的主要是一些高学历、高技术的人才，或有良好资本条件的人员，而绝大多数普通农民或农民工基本上是被挡在了城镇门外，难以进入城镇实现市民化。

再次，户口等级差异依然存在，尤其是城市之间的户口等级差异有进一步增加的趋势。各城市户籍制度改革因其推进模式的不同，以及开放程度的差异，有的城市户籍开放程度较高，有的城市户籍开放程度较低，所以尽管城乡户籍制度之间的等级差异正在缩小，但是户口等级差异并没有消除，特别是城市之间户口的等级差别还有进一步增加的趋势，表现为大城市与小城市、小城镇之间户口价值分化和等级差异更加明显。

可见，未来我国户籍制度改革的任务依然很艰巨，还有很大的改革空间。特别是现阶段，我国正在努力探索一条有中国特色的新型城镇化道路，实现"物的城镇化"向"人的城镇化"的转变，所以户籍制度改革必须寻求新的更大的突破，朝着更加合理的方向发展，为进一步促进"人的城镇化"扫清制度障碍。

四 进一步深化户籍制度改革的对策和建议

城镇化是一个国家或地区走向现代化的必经之路。现代化的一个重要标志就是城镇化。但城镇化并不是简单的"造城运动"，更主要的是"人的城镇化"。

当前，我国正在走新型城镇化道路。新型城镇化的重点是"人的城镇化"，难点也是"人的城镇化"。所谓人的城镇化，也叫市民化，即实现农村人口向城市的转移，并在生产方式和生活方式上融入城市，成为真正的市民。这其中涉及诸多方面，但在我国现阶段，户籍制度无疑是一个最基本的方面。因为，我国现行户籍制度的城乡二元分割，及在人口迁移方面的严格

---

① "积分入户"是广州市2010年推行的一种户籍政策，规定：外来人员只要积满85分，即可申请入户。但每年积分落户的指标总数非常有限，实际上只有3000个。所以，真正能落户下来所需的积分会很高，2010年落户最低分132分，2011年落户最低分122分，最后能够落户下来的外来人员绝大部分都是高学历、高技术人才。

管控，已构成了"人的城镇化"过程中一个最大的制度"瓶颈"。因此，为进一步深化户籍制度改革，促进"人的城镇化"，本文提出以下几点思考和建议。

首先，户籍制度改革的核心是剥离附着在户口中的各种社会福利，使其逐步与户口"脱钩"，淡化户口价值。目前，我国户籍制度所面临的最根本的问题，就是户籍中附着了太多的社会利益，如教育、就业、医疗、住房等几乎所有的社会福利，都与户口直接"挂钩"，而且城乡之间、城市之间差距很大。所以，户籍制度改革往往并不是要改革户籍制度本身，更重要的是要改革附着在户口背后的各种社会福利制度，逐步建立统一的、覆盖城乡的基本公共服务和社会保障体系，努力实现基本公共服务均等化、一体化。只有这样，户口才有可能"去价值化"、"去等级化"，"人的城镇化"才有可能更顺利地实现。

其次，户籍制度改革必须加快促进户籍制度功能转变，进一步弱化户籍制度在人口迁移方面的管控功能。户籍制度的功能主要表现在两个方面，一是人口信息登记功能，二是人口迁移管理功能。我国现行户籍制度在人口迁移方面的严格管控，是造成我国"人的城镇化"落后的一个重要原因。它在很大程度上限制了人口自由迁徙和流动，造成了人们户籍身份"固化"，出现了社会空间的等级差异。所以，为进一步促进"人的城镇化"，户籍制度必须进行功能转变，不断弱化户口在人口迁移方面的管控功能，增强户口在人口登记方面的服务功能，使其逐步朝着更有利于促进人口自由流动的方向发展。

再次，户籍制度改革是一项长期而又复杂的系统工程。户籍制度牵涉的范围很广，涉及的领域很多，利益也很多，所以户籍制度改革往往并不是哪一个部门就能完成的。户籍制度改革绝不能"头痛医头、脚痛医脚"。鉴于此，笔者认为户籍制度改革还应加强中央统筹，协调各个部委、各个地方的利益，自上而下做好户籍制度改革的顶层设计和总体规划，促进各个部门之间、地区之间相互协调、相互合作；同时，还应制定好户籍制度改革的具体方案和时间表，积极稳妥地推进户籍制度改革。

最后，我们应该认识到，当前户籍制度改革不可能一步到位，应当进行分类指导、分层次、分阶段推进。户籍制度改革是一个渐进的过程。[①] 在现有的条件下，户籍制度改革不可能搞"一刀切"，实行一种模式。各地可以

---

① 姚秀兰：《户籍、身份与社会变迁》，北京：法律出版社，2004，第195页。

根据自身人口规模和发展水平，因地制宜，因时制宜，分层次、分阶段推行多元化的户籍制度模式。就大城市而言，特别是"北上广"这样的巨型城市，全面放开户籍限制是不太现实的，也有很大难度，但也可以适度降低户籍门槛和准入条件，让一部分高学历、高技术人才有机会落户。就中等城市而言，应进一步放开户籍限制，降低户籍门槛，为广大农民、农民工在这里实现"人的城镇化"提供更多的机会和可能。就小城镇而言，应全面放开户籍限制，允许农民、农民工自由流动，也为小城镇自身发展注入活力。

　　户籍制度是一个"门槛"。若跨不过这个门槛，就不可能实现"人的城镇化"。当然，跨过了门槛，也不意味着就一定能实现"人的城镇化"。户籍制度是"人的城镇化"的一个最基本的方面，但并不是"人的城镇化"的全部内容。除了户口之外，人要实现城镇化还涉及很多方面，都需要进行配套改革。比如，就业。没有就业，一个人即使跨过户籍门槛，进入城市，也很难待下去，这样的城镇化是不可持续的。① 再比如，住房。没有住房，同样留不住人，因为人不可能在"风餐露宿"中实现城镇化。

　　总之，当前我国城镇化已进入新时期、新阶段，必须走一条新型城镇化道路。新型城镇化是"以人为本"的城镇化，核心是要实现"人的城镇化"。笔者认为，实现人的城镇化，首先必须破解户籍难题，改革城乡二元的户籍制度，逐步淡化户口价值，消解户口等级差异，弱化户口对于人口迁移的管控功能，从而促进人口自由流动。只有这样，我国的城镇化才有更强劲的动力，才能快速健康发展。

---

① 迟福林：《人口城镇化的转型与发展》，"发展中国论坛"演讲，2013年3月25日。

居住空间类型与农民工的城市融合途径
——基于空间视角的探讨[*]

江立华 谷玉良[**]

内容摘要：近年来，空间理论的浮现引发了一股空间研究的热潮。在农民工研究中，社区作为城市一种重要的空间被用来分析农民工与市民社会交往和融合的载体。然而研究表明：无论是在"单体同质型"社区还是在"多体异质型"混合社区，农民工与市民都未实现充分的交往和融合。对此，我们提出社会空间的概念，主张政府、组织与农民工和市民个人要积极建构城市社会公共空间，扩大社会交往，以破解社区空间的限定性和狭隘性，促进农民工与市民的城市融合。

关键词：农民工 城市融合 公共空间 社会交往

一 问题的提出

20世纪初期，为解释和寻找美国社会秩序的内在逻辑，"芝加哥学派"以芝加哥城为研究对象，开城市社区空间研究的先河。此后，社区空间作为

---

[*] 本文已经发表于《社会科学研究》2013年第6期。
本文是国家社科基金重大项目"城市流动人口服务管理问题研究"（批准号：11&ZD036）的成果的一部分。

[**] 作者简介：江立华（1965~），男，安徽歙县人，汉族，华中师范大学社会学院、湖北社会发展与社会政策研究中心教授，博士生导师，研究方向为理论社会学、城乡社会学；谷玉良（1987~），男，山东枣庄人，汉族，华中师范大学社会学院博士研究生，研究方向为人口社会学、城市社会学。

城市社会最基本的居住单元越来越受到城市社会学者的重视。在芝加哥城市空间模型研究的基础上，社区空间的类型学划分得以展开。社区空间根据其居住人口的组成特征被划分成"单体同质型"社区和"多体异质型"混合社区两种类型。"单体同质型"社区是指，在不同类型的同质人群交往的基础上，所形成的特定类型的群体亚文化导致这些群体的社会关系沉淀下来出现群体聚居现象，表现为在城市形成特定类型的社区。"多体异质型"混合社区是指，众多异质性人口同住一个社区。比如一些多民族聚居社区，城中村混合居住区等。

从空间视角看移民与当地市民的关系，西方学者大致有三种观点：同化吸收论、多元并存论以及隔离论。[1] 同化论认为，随着移民社会经济地位的提升，移民聚居区最终将并入市民社会，成为市民社区的一部分。多元并存论认为，移民社区自成一体，与当地居民社区并存，但两个社区之间并非完全隔离，而是相互联结，互补互益，一般主要表现为经济发展模式的联结。隔离论认为，在移民与市民之间存在相互排斥的现象。正如吉登斯所说："移民聚居区从某种意义上说是一些稳定的区域，而且这些区域的文化也与周边区域存在明显的差别，群体隔离与空间隔离从而形成了契合。"[2]

西方学者将空间视角引入移民社会关系的研究，为我们探讨农民工与市民的融合提供了新的解释框架和语境。在国内农民工与市民的融合研究中，也有学者提出"混合社区"的概念，或者倡导这么一种模式。[3] 这是对当前农民工与市民"不完全融合"，尤其是农民工与市民居住区隔离的一种回应。居住空间的分异与社会结构的分化是相关的，二者表现为一种"互构"的关系。人们之间相邻而居，增加了交往机会，有助于相互沟通、理解和融合。但国内学者至今还没有关于农民工与市民混住社区人际关系融合状况的经验研究。本文试图将空间视角引入农民工的城市融合研究，提出农民工城市融合的路径。

二 "单体同质性"社区与社区增能取向

在城市，人口是以社区为主要聚落形态的，作为社会基本细胞的社区，始终是农民工与城市居民融合的起点。"单体同质型"社区和"多体异质

---

[1] Zhou, M. 1992. *New York's China Town: The Socio-economic Potential of an Urban Enclave.* Philadelphia: Temple University Press, pp. 17–19.
[2] 吉登斯：《批判的社会学导论》，郭忠华译，上海：上海译文出版社，2007，第46页。
[3] 杨豪中、王进：《混合居住模式在城中村改造中的适用性分析》，《求索》2011年第1期。

型"混合社区的空间类型学划分为农民工与市民的融合研究提供了恰切的语境和研究视野。从空间和人际交往的关系来看，两种不同的社区类型可以有两种不同的农民工城市融合取向。

农民工受到自身经济水平的限制，一般聚居在工地临时搭建的板房、城乡接合部的简陋棚户区，或者条件较差的城中村中。久而久之，农民工聚居区与市民社区之间形成空间隔离。农民工居住的"单体同质型"社区，有以下几类：一是一些大城市出现的由农民工聚居形成的"××村"。这类大型农民工聚居区的形成一般经历了一个较长的时间，这个过程大多伴随着一些"慕名而来"的农民工迁入。与美国有名的同性恋小镇和社区的形成过程类似，人们出于同类群体容易相处，经济、社会、文化背景和水平差异不大等原因而自发形成聚居区。二是城中村或城乡接合部的农民工聚居社区。由于这类社区房源充足、房租相对较低吸引了大批农民工。当然，目前多数城中村属于混合社区，但也有部分城中村当地居民已经很少，绝大部分当地居民已住到城市其他商品房社区中，城中村的房屋完全出租，因此实质上已经形成"单体同质型"的农民工社区。三是建立在租房行为基础上的农民工"单体同质型"聚居社区，即城市老旧的商品房社区。这类社区与城中村和城乡接合部社区有些类似，不同之处在于，城乡接合部社区的房东——当地居民仍在本地居住，为"不完全出租"。而在城市老的商品房这类农民工聚居社区内，房东多为当地市民，但在其他地方也有房子（多为条件更好的房子），因此，房东——市民基本上不在本社区居住，为"完全出租"类型。四是一些临时形成和存在的农民工"单体同质型"社区。比如在一些大型建筑工地和工程现场或周边临时搭建的小型活动板房中居住形成的聚居区。不过这类农民工聚居区一般会随工期结束而拆除，并不长期存在。最后，还有一类农民工"单体同质型"的聚居社区，就是城市农民工保障性租房社区。这类社区是在政府有意识的规划、建设和配额下形成的。

一般来说，农民工群体之所以选择聚居，主要有以下原因：首先，农民工初进城市，乡土社会关系的断裂导致其社会关系的结构性紧张与失衡，角色的合法性与身份的存在感受到质疑。尤其是来自城市社会的排斥导致他们大规模地退出公共领域而选择在城中村、城乡接合部和工地等场所聚居。其次，农民工在城市性的继续社会化未完成之前，城乡文化的巨大差异导致其对城市生活和文化的不适应，因此倾向于在某个地区聚居，并按照农村生活环境重建乡土小社会。这样作为某种退而求其次的替代性选择，不仅可以为农民工个体在必要时提供某种非组织化的保障，在乡土社会关系断裂导致结构性紧张的情况下，为其提供暂时替代性的社会关系支持。同时，乡土小社会的建立也起到某种防御性的作用，小范围内社会关系的重新整合使农民工在面对市民社会的排斥和质疑中得以自处。

虽然群体聚居对农民工来说不无益处，但相关的研究表明，这些农民工聚居区往往卫生条件较差，管理涣散，社区安全系数较低，发生打架、抢劫、盗窃等越轨、犯罪事件的频率较高，[①] 从而给外界市民以脏、乱、差的印象。在农民工聚居区与市民社区本就存在空间隔离的情况下，社区差异造成的隐形边界同时也产生了比实际的物理分割更强的隔离效应，在农民工与市民的心理层面设下深深的交往障碍，主要表现为市民不愿进入这些拥挤、混乱的农民工聚居区。因此，针对农民工聚居的社区有必要进行社区增能。

具体来说，对农民工聚居区增能的对象有两个：首先是社区空间本身，其次是社区空间内的农民工。

对社区空间本身增能的目的在于改善农民工聚居区的住房条件、环境状况，以及社会治安管理状况等。改善农民工聚居区的住房条件是社区空间增能的内容之一。但应该注意的是，住房条件的改善并不是简单的拆除重建。以城中村改造为例，一些学者认为城中村是城市的毒瘤，有损城市肌理和外在形象，应该拆除。但对于农民工来说，从房源供给和租房成本来看，城中村是目前农民工在城市最理想的居住场所。一旦拆除，农民工群体的住房环境将急剧恶化。对此，我们认为可以从以下几个方面着手改善。

一方面，应该保留城中村的地域条件，在此基础上从住房结构和空间布局上来进行改造。在原有一些合院式布局的基础上向空中发展，以单元结构来最大化合理利用空间，从而能够节省更多的空间进行社区环境改善和美化。城中村作为进城农民工最主要的聚居社区之一，应该与城市其他类型社区具有同等存在、发展和博弈的权利。事实上城中村对城市而言也并非全是害处。城中村的房屋出租不仅可以为农民工提供廉价的出租房，也能为村集体创收，为城市税收带来可观的效益。

另一方面，可以建设农民工保障房，即通过政府财政投入、住房公积金缴纳和农民工及其单位共同集资等方式规划建设农民工保障房社区。这类保障房社区无论是居住条件、环境条件还是社区治安管理等都可能较为规范、合理。

至于农民工聚居的"单体同质型"社区，尤其是在城中村、城乡接合

---

① 张友庭：《污名化情景及其应对策略：流动人口的城市适应及其社区变迁的个案研究》，《社会》2008年第4期。

部和郊区等的社区，由于治安管理和服务体制不完善，加上人口组成多元化，人口素质参差不齐，社区卫生、治安环境相对较差，对这种状况的改善和空间增能可以通过将社区服务和管理纳入城市市政环卫体系来进行，资金可以从房屋租金中出，也可以通过农民工缴纳服务管理费用来集资。

如果说对社区空间的增能还只是外在地解决农民工城市融合问题，那么，对空间内的主体——农民工——的增能则是从内在来提高其城市适应性。农民工与市民之间社会关系的融合状况之所以不乐观，很大程度上是因为农民工自身资本的缺乏导致其在与市民的交往中处于不利的地位，或者说处于不平等的地位。增能的直接目的在于提高农民工自身的资本状况，包括经济资本、政治资本、文化资本和社会资本等。可通过改善其资本状况，增加其与城市居民交往的"筹码"，构建其角色和身份的合法性与内涵，增强农民工在城市的适应性。具体的措施包括提高农民工的工资水平、建立覆盖农民工的公共服务体系、将农民工纳入社区管理和服务中、向符合条件的农民工赋予选举权和被选举权等，也可以引入政府、单位、公益性组织和农民工自组织等多方面社会支持力量重建农民工的城市社会支持网络。

三 "多体异质型"混合社区与社会交往取向

"多体异质型"混合社区是指农民工与市民混合居住的社区，社区内的主体既包括市民，也有来自不同地区和具有不同收入水平的农民工。这种社区的主要特点是居住人口多元化，表现为来自不同阶层、职业和地域的农民工居住在一起，尤其是与市民同处一个社区。在城市，除城中村和纳入城市体系的城乡接合部之外，目前，只有那些老旧的单位社区和城市商品房社区，有一些市民因迁入新社区而空出房源，才可能形成真正意义上的城市"多体异质型"混合社区。而一般城市街道居委会社区，由于房源供给不足和租房成本较高，还未形成规模化的混合社区。

"隔离性空间的划分和配置容易助长人的剥夺感和挫折情绪，导致产生隔离社区独有的生活方式和文化态度，以及一系列与主流文化不相符甚至是相悖的行为方式与病态文化。"[①] 因此，农民工与市民居住空间上的隔离造成了主体间交往的障碍被认为不利于农民工与市民的人际关系融合。而异质

---

① J. W. Wilson, 1987. *The Truly Disadvantaged: The Inner City, the Underclass and Public Policy*. Chicago: University of Chicago Press, pp. 105 – 108.

社区对于解决社区空间的封闭性和排外性，促进不同人群之间的交往与融合是有所助益的。首先，社会交往取决于人际间的接触机会，而混合社区小范围空间内的群体聚居可以增加农民工与市民接触的机会，从而扩大群际交往。其次，混合居住通过社区内当地市民的影响，可以逐步改变外来农民工的行为模式。再次，通过混合居住，可以使农民工在社区规范的框架下逐步习惯城市现代化生活方式，并逐步内化城市基于产权关系和权责关系的各种制度安排，从而适应城市生活。

混合社区的社会交往取向可以绕开空间屏蔽，实现群体在场式交往，直接目的在于通过两个群体在同一空间中的交往来增进相互之间的了解和理解。关于理解，哈贝马斯说："它最狭窄的意义是表示两个主体以同样的方式理解一个语言学表达；而最宽泛的意义则是表示与彼此认可的规范性背景相关的话语的正确性上，两个主体之间存在着某种协调；此外还表示两个交往过程的参与者能对世界上的某种东西达成理解，并且彼此能使自己的意向为对方所理解。"[1] 也就是说，农民工与市民在相同的空间和共同的规范下能够产生相同或相似的方式认知和行为方式，从而拉近彼此间的社会距离和心理距离，即表现出某种"态度的区域化"特点。

当然，这个结论来源于理论上的论证。现实的情况是，某些开放式的旧单位社区存在农民工与市民混合居住的情况，两个群体之间的融合迹象并不明显。"邻域效应"[2] 事实上并没能有效化解混合社区人际关系的融合困境。主要原因在于农民工在日常的工作和生活中，仍然表现出同质性交往的倾向。

农民工住进城市社区，不可避免会给社区原有的空间结构和社会关系带来改变。但由于身份和职业关系，与他们接触时间最长、最频繁的工作场所的同事（大多为同乡或者同是农民工）自然成为他们交往对象的首要选择。布劳曾用"接近性假设"的说法来解释人们之间的社会交往，[3] 认为人们更多的与自己所属的群体或社会阶层中的其他成员交往，处于相同社会空间内的人们有着共同的社会经验和角色，以及相似的属性和态度，这一切都将为

---

[1] 哈贝马斯：《交往与社会进化》，张博树译，重庆：重庆出版社，1989，第9页。

[2] Paul Cheshire. 2012. Are Mixed Community Policies Evidence Based? A Review of the Research on Neighborhood Effects, eds. by Baileys, Nick. *Neighborhood Effects Research: New Perspectives.* Springer, pp. 267 - 294.

[3] 彼特·布劳：《不平等与异质性》，王春、谢圣赞译，北京：中国社会科学出版社，1991，第57页。

他们所处的空间带来潜移默化的影响。这种交往所带来的归属感较强。同质性的群体小范围内社会关系的重新整合能够为农民工提供适当的社会关系支持和非正式组织的保障。但这种同质性群体的交往本质上社会关系网络仍然是封闭的。而且，由于这种社会关系网络的封闭性，网内能够为农民工提供的社会资本支持也是有限的。因此，扩大交往是为农民工的发展提供更广泛、更持续和更有力支持的必要途径。格罗斯说，只有扩大交往才能发展起良好的群际关系，从交往发展起来的地域联系表明，在表现出共同利益或共同价值观的地方，就会产生出一种社会纽带。这种社会联系纽带一旦产生，就会为共同的目标、需求和象征符号所加强。[1]

对武汉市江岸区西桥社区的调查发现，规范化的社区管理和创新的社区服务模式对于改善混合社区治安和管理的作用是积极的。对外来农民工称谓的改变（"新居民"）也体现了社区当地市民对农民工的主动接纳，体现了融合的一面。主要表现在：首先，农民工与市民通过节假日社区活动、聚餐、讨论会、互助小组等形式得以接触。其次，倡导社区内农民工与市民在日常生活中向邻里求助，使邻里之间起码"知道这家是谁，是做什么的，出门碰到打个招呼"。再次，通过互助服务站、义工队、志愿服务队、"爱心妈妈"工作室这样有意识组织起来的社会支持网络提供社区支持。尽管建立在这些社会支持和接触方式上的人际交往频度还较低，所建立的人际关联和纽带相对还较弱，表现出某种"低度交往"的特点，但这些促进社区内新老居民间的"最低限度的交往"的社区活动、志愿服务、讨论会和互助小组等已经形成常态化的机制。尽管农民工与市民的这种"低度交往"未能建立起密切的邻里关系，但对农民工的社区融入和市民化还是有一定帮助的，这种帮助至少体现在以下三个方面。

首先，农民工与市民的低度交往使农民工形成关系紧密群体的可能性降低。通过典礼、活动、互助小组、志愿服务等短时间接触方式，虽然没能使农民工和市民形成关系型团体，但可以促进农民工群体交往关系的分化，导致农民工群体异质性增强，从而削弱农民工作为一个群体在城市混合社区中的显著性。而称号的改变至少表面看来使社区市民对外来农民工不再容易形成"农民工群体"这样一种群体镜像，避免了所谓"群体排斥"的可能，客观上为农民工的社区融入和市民化提供了契机。

---

[1] 菲利克斯·格罗斯：《公民与国家：民族、部族和族属身份》，王建娥等译，北京：新华出版社，2003，第216页。

其次，高度的社区异质性增加了农民工与市民建立各种社会关联的可能性。虽然有研究表明，"异质性会产生妨碍社会交往的障碍"，[1] 从而不利于农民工与市民的社区融合。然而，混合社区内部农民工与市民同样的高度异质性也可能会削弱交往障碍。正如彼特·布劳所说："异质性越强，人们之间发生随遇交往的可能性就越大。"[2] 对混合社区来说，市民和农民工如果内部同质性越强，就越有可能形成相互隔离。"低度交往"有助于打破这种隔离，使相互之间形成对另一方的正确的"群体认知和镜像"，而农民工群体本身的异质化也提供了市民与之产生多种交往体验的可能，从而使市民愿意与农民工建立多种"随遇关系"。

再次，在低度交往中，农民工逐渐了解和习惯了城市社区基于产权关系和权责关系的各种制度安排。比如，农民工在农村日常生活中一般倾向于向邻里和亲朋好友等首属关系群体求助。而在城市社区中，农民工认识到低度交往下的弱关系难以为他们提供稳定的社会支持，而更多的习惯于向与其有权责关系和契约关系的居委会和物业等组织求助。更重要的是，在城市社区，权责关系和契约关系下的生活使他们认识到"自我管理"是生活的常态，从而培养了他们独立的现代市民品质。就像做布匹生意的农民工 Ch 先生所说："我在武汉这么多年，不知道是不是我出来时间太长了，我感觉现在回到家里跟老家的人沟通不是很成熟的样子，在外面现在习惯了反而还好说些。"

当然，社会交往很大程度上取决于接触机会。在许多混合社区内，由于社区内不同居民生活和工作路径有差异，在日常生活和工作中接触机会较少，人际交往并不频繁。阿特金森等人对苏格兰混合社区的研究曾发现，住房持有者和租赁者有着不同的社会世界。"住房自有者因就业人口较多，其日常出行距离明显较长。这意味着住房自有者和租赁者之间的接触相对稀少。"[3] 艾伦的研究结果也显示，"混合社区内不同社会群体之间几乎不存在角色示范效应"。[4] 主要原因在于社会特性相差太大的人之间缺乏社会交往。我们在襄阳市南漳县新华书店混合社区的调研就发现了类似的情况：一方

---

[1] 彼特·布劳：《不平等与异质性》，1991，第122页。
[2] 彼特·布劳：《不平等与异质性》，1991，第122页。
[3] Atkinson R., Kintrea K. 2000. Owner-occupation, Social Mix and Neighborhood Impacts. *Policy & Politics*, 28 (1): 93–108.
[4] Allen C., Camina M., Casey R., Coward S. and Wood M. 2005. *Mixed Tenure, Twenty Years on: Nothing out of the Ordinary*. York: Chartered Institute of Housing and Joseph Rowntree Foundation, p. 71.

面，由于混合社区农民工与当地市民工作性质和工作场所不同，两个群体的生活和交往路径几乎完全没有交集。在此情况下，两个群体形成了互不交叉的独立交往圈，在"多体异质型"混合社区内部和外部形成了事实上的两个"单体同质型"的隔离群体。另一方面，由于农民工的入住，混合社区的治安和管理情况堪忧，导致当地市民对农民工心生不满。混合社区人口组成的多元化和复杂化使得统一管理成为根本的难题。而单位社区本身社区管理主体的缺失导致管理涣散。来自不同文化背景、收入水平和地区的人口特征上的区别经常表现出在认知和行为模式上的差异，最终导致两个群体的不融合。

总之，混合居住模式的确增加了农民工与市民接触和交往的机会，甚至也能够在两个群体之间实现低度交往和融合，并建立起某种弱邻里关联，但也可能形成群体相互隔离的局面。当然，这种不融合的结果并不是混合社区模式本身造成的。

四 建构社会空间：农民工与市民融合的新平台

社会交往总是在特定的社会空间①中进行的。对于进城农民工而言，他们主要活动于三种城市空间内。一是居住空间，即我们所说的社区；二是工作场所；三是工作居住之外的业余活动空间，即城市公共性空间。在工作场所空间内，农民工的社会交往一般较为普遍，但其交往仅限于同事之间，而其同事又往往是与其背景相似的农民工，这样就容易出现农民工"单体同质型"的交往群体而与市民群体形成相隔离的局面。

在居住空间——社区内，"单体同质型"农民工聚居区的相对封闭性不利于扩大农民工与市民的群际交往，而"多体异质型"混合社区虽然增加了农民工与市民接触的机会，对于农民工的市民化和两个群体的融合有所帮助（如武汉市江汉区西桥社区），但也有可能在混合社区内形成农民工与市民两个"单体同质型"隔离群体（如襄阳市南漳县新华书店社区）。原因在于，本质上，社区仍然是一种狭隘的空间。一方面，大范围的社会关系不可能在众多的狭隘空间之间建立起关联。另一方面，社区这种一般性空间具有

---

① 鉴于我国市民社会发育的先天不足，目前，真正意义上的城市公共空间即便在市民中间也未形成，因此，为区别于这一概念，我们倾向于将农民工与市民在社区空间和工作空间之外的公共活动场所称为"社会空间"。

某种程度的静态性,尤其是城市现代化社区更是具有某种程度的排外性。由栅栏、围墙、门禁、保安、监控设备等组合而成的现代社区将空间的限制和社会封闭结合起来,① 导致群体间主体交往的不便。

也就是说,在居住区和工作场所这两种城市空间内,农民工与市民的交往和融合都具有某种局限。而且目前学术界对于农民工与市民融合困境的讨论也主要集中在这两个空间。在这两个空间之外,农民工业余活动的空间——社会空间内,两个群体的交往和融合还没有引起足够的重视。事实上,无论是社区增能取向还是社会交往取向,农民工与市民的融合都必须建立在更广泛的群际交往的基础上。而广泛的交往显然并不仅仅局限于社区和工作场所内。在这之外,城市公共空间提供了农民工与市民更多的接触和社会交往的可能性。如果在社会空间中农民工与市民能够实现充分的交往,就能够增强两个群体在不同城市空间中的熟识性,促进融合,包括社区空间和工作空间。如果能够将这种交往扩大化,那么,有关"单体同质型"社区和"多体异质型"混合社区的划分以及农民工与市民空间隔离的问题也就不那么重要和突出了。

公共空间的建设是实现农民工与市民融合的一条新的重要途径。关于公共空间,在哈贝马斯那里,它是"我们生活中能够形成舆论的地方"。② 人们通过在公共空间里交流私人经验和对公共事务的观点来相互印证自己的真实性和存在感。人们能够更加关注当下所发生的事情,对当下的感受也更加强烈和真实。对当下的真实感受促使人们以更加放松和开放的姿态向他人展示自我,同时也真诚接纳他人。主体间性在这里既得到凸显,同时也拉近了彼此的距离,个性与共性之间的相互摩擦、碰撞产生了各种信息的交流。通过信息的交流,公共空间具有社会价值,同时也生产出各种人际关系。也就是说,从"态度区域化"的角度讲,公共空间能够满足农民工与市民接近性的假设,对于两个群体形成相似的认知和行为模式,促进两个群体的融合有助益。

当然,人际关系绝非仅仅产生于公共空间之中。毋宁说,只是有了公共空间,人际关系才能在更广泛的社会空间中得到拓展和延伸,并具有更广泛的社会意义。最重要的是,城市公共空间的外延是不确定的,尤其是它在内

---

① Rober Jay Dilger. 1992. *Neighborhood Politics: Residential Community Associations in American Governance.* New York: New York University Press, p. 121.
② 哈贝马斯:《公共领域的社会转型》,曹卫东等译,上海:学林出版社,1999,第252页。

容和结构上并没有稳定的形式，任何流动的个人和关系都有可能暂时性地打破公共空间既有的内在结构。客观上，它提供了再生产各种形式和类型的行为模式、社会关系的可能性。公共空间促进人际交往，同时，公共空间中的交往也塑造着新型的公共空间。农民工与市民在公共场所内持续、动态的社会交往有助于农民工乡土小社会和现代化城市社区两个不同空间的互相重叠与彼此渗透，有利于消解两个社区的有形隔离，塑造统一的城市现代化社区，最终实现公共空间的整合与人际关系的融合。

当然，农民工与市民自发的意识和能力有限，这类公共空间的建构还需要外部力量的助推。政府、组织、社区等如何介入，如何贡献自己的力量帮助农民工与市民建立起这种公共交往的"处境"，既是关键，也是难题所在。

跨国空间下的消费价值剩余转移

——以福州官镇移民为例*

黎相宜**

内容摘要：改革开放以来，社会与国家的相互分离成为明显趋势。不应忽视的是，国家也在不断加强其对基层社会的渗透能力建设，这模糊了国家与社会之间的边界。文章指出，国家在社区治理过程中面临着新的挑战和制度约束，并选择了强化渗透能力的应对策略，具体通过组织渗透、功能渗透和程序渗透这三种密切关联的方式。这些策略调整同时带来多种积极效果和消极后果，不同渗透策略对不同类型的合法性影响也不同。就社会的成长而言，国家渗透能力建设的重要意义在于它同时也提供了社会对国家反向渗透的机会。

关键词：国家渗透能力　社区治理　策略

一　全球链下的消费价值剩余转移

人们在消费过程中所消费的各种不同类型的消费资料（包括劳务）的比例关系被称之为消费结构（consumption structure）。我们每项消费支出都是为了实现特定价值。人们消费中实现不同价值（如劳动力再生产或用于提高社会声望）的比例关系我们可以用"消费的价值结构"（structure of

---

* 本文的主体内容曾以《跨国空间下消费的社会价值兑现——基于美国福州移民两栖消费的个案研究》为题发表在《社会学研究》2014年第2期上。
** 作者简介：黎相宜，中山大学亚太研究院。

consumption value）来进行概括。① 凡勃伦曾提及一种纯粹浪费性、奢侈性和铺张性的"炫耀性消费"（conspicuous consumption）②，这种消费旨在向他人炫耀和展示自己的金钱财力和社会地位，以及这种地位所带来的荣耀、声望和名誉。随着现代社会的生产效能或商品产量的提高，除供应最基本的物质需要以外有越来越大的剩余时，炫耀性消费的需要是随时准备吸收这个余额的（凡勃伦，[1899] 1964）。因此，当个体的收入超过劳动力再生产所需要的收入之后，实现劳动力再生产的边际效应趋于递减，这使得剩余的消费价值必然会转向其他价值比如声望价值。凡勃伦虽然考虑到随着美国城市化后，人口流动日趋频繁使得炫耀性有闲及代理有闲逐渐让位于炫耀性消费及代理消费。但他所说的这种炫耀性消费更多还是在一个相对同质与静态的系统里完成的，既较少考虑到全球化所带来的个体迁移加速以及实现地位表达空间的多重性、流动性与开放性；也没有考虑到所谓的炫耀性表达是有其结构与空间上的局限的，这种限制表现在跨国空间下个体难以跨越的种族与等级差异（参见 Hanser，2008；蓝佩嘉，2011）。

上述限制在国际移民中表现得尤为明显。在关于国际移民的消费研究中，不少学者从消费的角度来考察移民在移居地的文化与社会适应过程。有些研究基于同化论的观点，认为随着移民时间及收入的增长，移民在移居地的消费水平与模式越趋于移居地的非移民（Morrison，1980；Hao，2004）。但也有研究指出，尽管移民的消费模式确实存在同化的趋势，但其与本地居民仍然存在着差异，甚至其消费品中依然带有很明显的族裔特性（Abizadeh & Ghalam，1994；Peñaloza，1994）。移民并不只是遵循一种文化适应模式来改变原有的消费习惯与模式的（Lee & Tse，1994）。随着大量的族裔经济及在移居地购物场所的出现，不少新移民更愿意到族裔聚居区购物与消费，因为在同族裔或其他少数族裔商店里购买到的物品物美价廉，能使消费者获得优越感和自我满足，可以避免到主流社会商业中心购物时因价格或其他因素受到排斥与歧视（Cvajner，2013）。可见，这些新移民并没有如同化论所预期的那样迅速同化于移居地主流社会（Schler，2003；Wang & Lo，2007a）。从

---

① 关于价值，布希亚曾区分四种不同的价值逻辑，即遵循效用原则的使用价值的功能性逻辑、遵循等价原则的交换价值的经济逻辑、遵循差异原则的符号价值的差异性逻辑、遵循矛盾原则的象征交换的逻辑。对布希亚来说，只有符号价值的差异逻辑才是真正的消费逻辑（参见林晓珊，2010）。本文所指的消费价值剩余也主要是从符号价值的角度来讨论。

② 在商务印书馆蔡受百的译本中，将 conspicuous consumption 翻译作"明显消费"，为了行文一致，本文全部采用"炫耀性消费"。

祖籍地带来的消费文化与模式被移民作为维持族裔特性的一种重要手段在不同程度得到保留（Lee, 2000; Wang & Lo, 2007b）。有学者进一步指出，不应仅仅将移民视作弱势的消费者（disadvantaged consumers），将其消费等同于底层阶层的消费，还要考虑到移民的消费模式存在着跨文化的特征（Peñaloza, 1995）。此外，另一些学者则关注移民消费所产生的社会文化效应。

上述研究大多侧重于移民在移居地的消费，有些学者将移民作为在移居地的"完全公民"来看待，认为其拥有完整的消费权利，可以主动地、不受任何限制地进行消费并以此来表达其族裔认同。虽然也有研究略有涉及移民在移居地消费所面临的限制，但少有研究深入讨论到种族与阶层界线对于移民消费能力和选择的制约：跨国移民的消费除了受到价格的硬约束之外，他们还受到移居地的种族分层制度的影响。由于受到全球种族等级排列的制约，即便拥有一定经济实力，但在种族分层结构中居于中下层的移民也很难通过在移居地的消费来提高自己的声望并获得主流社会的认同与接收（更遑论没有经济地位的移民，比如还没有拿到身份的无证移民）。移民在移居地实施"炫耀性消费"不仅难以获得个体结构性地位的提升，还有可能被主流社会斥之为"暴发户"（nouveaux riches）。

因此，在全球化的背景下，消费价值剩余的转移越来越可能是通过跨境体系来完成。移民在移居地所面临的多重约束就使得消费价值剩余很可能被移民通过跨国空间转移到祖籍地。实际上，不少跨国移民因此选择季节性地回到祖籍地释放在移居地被抑制的消费，寻求社会声望的提升（卢德格尔·普里斯，2000；李明欢，1999）。相比国际移民在移居地的消费所带来的饮食、服装消费等表层社会结构上的变化，他们在祖籍地的消费更多的是改变家乡的深层社会结构（如经济文化景观、社会规范与秩序、社会网络以及移民家庭在当地的社会地位与声望）（Romaniszyn, 2004）。本研究就试图考察当华人移民在移居地有一定的消费价值剩余（这既有可能是主动的也可能是被迫的）时，是如何将他们的家庭消费剩余与地位表达的需求转移到祖籍地的。王爱华主要研究了拥有高社会经济资本的华人移民在实现完全消费权与社会地位的完全表达时所面临的种族因素限制（Ong, 1999），但对同时面临种族、阶层多重限制的低社会经济资本的移民甚至是无证移民则鲜有考虑。因此，本文选取了无证移民的个案——福州的官镇移民作为研究对象。

本文将采用跨国多点民族志（transnational multi-sited ethnographies）的

方法，田野调查地点主要在福州廉县官镇①以及美国纽约唐人街的东百老汇大街、布鲁克林区的第八大道等福州移民聚居区。② 搜集材料的方式主要是通过参与式观察与深度访谈。具体探讨的是以下几个相关问题：这些官镇移民的消费价值剩余是如何在移居地产生的？他们又是如何在跨国空间下实现消费价值剩余的转移？在这个过程中，他们是如何重构自己的社会身份与提升社会地位，并同时促进家乡的社区福利？这种消费剩余价值的跨国空间转移会对个体与社会带来怎样的影响？

二 "黑着"③：消费价值剩余的产生

改革开放后，在持续不断的移民潮中，有为数不少的移民属于从非正式渠道出去的无证移民，其中以福州"偷渡客"最引人注目。许多研究者对于福州移民尤其是他们的跨国迁移的原因、形态、社会适应及移民产业链做了相关探讨（Kwong, 1997; Chin, 1999; Pieke et al., 2004; Chu, 2010; Liang et al., 2008; 李明欢, 2005; 庄国土, 2003, 2006a, 2006b; 林胜, 2002）。官镇移民作为福州移民的重要组成部分，主要流向美国并以纽约为集散地分布在美国东部。下面我们将分析官镇移民的消费价值剩余是如何在祖籍地产生的。

（一）紧缩的消费策略：剩余产生

众所周知，移民在迁移后通常会遭遇严峻的经济危机。他们甚至为了度过最初的艰难时期而接受比移民前更低的工资。这种转变给移民及其家庭带来了沉重的压力。经济上的约束使移民重新评估生活方式并调整消费支出结构，也即经历消费上的向下调整（downward adjustment in consumption）过程（Lee & Tse, 1994; Broadfoot, 1986）。尤其当移民文化与移居地文化差异越大时，他们越可能采取紧缩的消费策略和积极的储蓄策略（Schaeffer,

---

① 官镇地处闽江口北岸，面积为62平方公里，距廉县县城11公里，离福州40公里。官镇本地人口5.93万人，海外华侨华人及港澳台同胞达3万余人，分布在以美国为首的世界30多个国家和地区，且其中大部分的为新移民，是福州市的一个重点侨乡。
② 2011年7、8月我完成了在福州官镇的田野调查。2011年12月、2012年1月在纽约完成了海外田野调查。
③ "黑着"以及后文的"黑"描述福州移民由于从非正式渠道入境而没有合法的身份，并且受到移居地主流社会及同族裔社区内的其他移民的歧视的状态。

1995）。

这对于通过包括偷渡在内的各种非正式渠道进入美国的官镇移民尤其如此。一方面，偷渡使得官镇移民在迁移过程中丧失了社会声誉而被污名化；另一方面，官镇移民所背负的沉重的债务脚镣（目前为8万美金）使他们在迁移后相当长的一段时间内必须面临经济地位向下流动的困境。为了偿还债务以及赚钱补给家用，官镇移民来美后主要分布在纽约及周边州的餐馆工作。日复一日、繁重而重复的体力劳动将这批前农民逐渐转变成为现代世界生产体系的工人。在当地的福州外卖餐馆中，移民逐步将自己的身体"规训"（福柯，1999；黄志辉，2010）成"劳动机器"，以符合全球资本主义对于劳动力的要求。而资本对于劳动力的要求就是劳动力再生产的成本也即消费成本尽可能地压缩在可控范围内。

近年来随着纽约开店成本的升高，早期主要集中在纽约的福州外卖餐馆大部分迁往纽约附近的州（主要在新泽西、宾夕法尼亚、康涅狄格、北卡罗来纳及南卡罗来纳等）。很多新来的官镇移民的工作地点大多分布在上述华人极少的州，这种时空安排很大程度上让他们隔绝于普通的日常生活，也使得消费被严格控制在最低限度上。而这大部分出于移民的自我选择。不少移民表示，在纽约外的州赚取的工钱比在纽约更多；而且由于没有熟悉的华人社区也即适当的同族裔消费场所，朋友聚会、购物等额外消费也大量缩减，因而能够存下不少的钱。邹萃莹有两个儿子在纽约外州的餐馆工作，她也说道：

> 他们在外面的很多人都不会直接选择住在纽约中心，因为那里很多老乡，房租又很高，生活成本很高。而且老乡非常多，如果在中心工作的话，经常被老乡约去吃饭喝茶什么的，赚的钱很快就花完了，哪有钱剩下来。所以很多人都选在郊区，或者山区里面生活，这样子一个月可能都见不到几个中国人的，只是白鬼黑鬼（笔者注：指白人、黑人），他们也就能够安心工作，能够把钱存下来。[①]

官镇移民在外卖餐馆的生活都是由"工作"所组成的，几乎没有额外的休闲时间，休息只是为了满足基本的劳动力再生产，为"下一步劳动储备能量"（黄志辉，2011）。大部分在纽约外州的外卖餐馆周六日都不休假，

---

① 2011年8月2日下午，笔者在福州官镇珠村对村妇女主任邹萃莹的访谈。

一个月才准假一次。移民利用难得的休假时光回到纽约唐人街购置所需的日常物品或在老板提供的宿舍休息，根本没有多余的闲暇时间用于满足劳动力再生产之外的消费。①

由此可见，由于声誉与经济地位同时下降的社会阶级失位（lost location）的状况进一步导致了官镇移民在移居地的消费基本延续了迁移前在国内的节俭惯习（habitus）②，更多遵循的是一种维持性与最小化的消费模式。他们只消费维持体力和生存需要的生存资料，尽可能地压低在移居地的生活成本。因而他们在移居地所赚取到的收入在用于满足这种节俭的生活标准以及还债之外有较大的剩余，这为消费价值剩余的跨国空间转移奠定了基本的物质基础。

（二）社会地位表达受限

既然官镇移民的收入由于紧缩的消费策略有了一定剩余，为何不通过同一地域、不同空间的两栖消费策略（王宁，2001；王宁、严霞，2011）在移居地实现炫耀性消费呢？这与移居地的多层社会结构因素有着密切关系。在移居地，作为"偷渡客"的官镇移民被视作"过街老鼠"，受到主流社会与海外华人社区的双重排斥。在这种情况下，即使将消费价值剩余用于移居地，也无法在移居地实现社会地位的完全表达。经过一段时间的社会适应，官镇移民内部分化成劳工与企业主两大阶层。

对于大多数身为劳工的移民来说，即使竭尽全力将所获不多的收入用于移居地的消费，也无法完全获得所谓歧视性对比（invidious comparison）的优势。2010年美国华裔人均年收入中位数为3万美元，而非西班牙裔白人的人均收入中位数为3.1万美元。③ 官镇移民尤其是劳工移民的收入要略低于前二者。由于收入所限，无论官镇移民如何通过紧缩的消费策略都难以在移居地实现"炫耀性消费"。

而对于有些顺利通过族裔经济晋升到企业主阶层、拥有更高收入的官镇移民来说，由于受到移居地种族分层制度的影响，他们也难以在美国实现完

---

① 2011年1月8日，笔者在纽约唐人街东方酒楼对酒楼部长、官镇移民林玲的访谈。
② 布迪厄指出，惯习并非先验的主观意识或其体现，而是由沉积于个人身体内的一系列历史关系所构成，是客观而共同的社会规则、团体价值的内化，它以下意识而持久的方式体现在个体行动者身上，体现为具有文化特色的思维、知觉和行动（参见刘欣，2003）。
③ 根据官方美国人口普查数据。参见 http://www.census.gov/hhes/www/income/data/statistics/index.html

全消费权与社会地位的完全表达。即使晋升到企业主阶层的官镇移民也会被贴上"偷渡客"的标签,其所受到的社会待遇与其他无证的劳工移民并没有很大区别。对于移居地主流社会与海外华人社区来说,无论是福州的工人还是族裔企业家都是"素质低、没文化、野蛮"的一个移民群体。在这种结构性因素影响下,即使通过大额花销也无法获得"体面"、"有身份"的感觉。比如拥有几家外卖餐馆的林兵近些年在纽约及附近州购买了两处价值百万美元的房产,但苦于"没人知道",并"没有回家乡盖豪华别墅有身份",而且尽管入了美籍却还被视作身份低下的"偷渡客"①。

可见,官镇移民在移居地的消费面临自身收入以及移居地社会分层结构的多重约束,移民的消费价值剩余唯有透过跨国空间的转移,才能将自身社会地位"切换"到另一个能够使自己看起来"明显高人一等"的社会定位的参照系中去。

(三) 消费价值剩余的"膨胀化"

前面讲到了消费价值剩余的产生及剩余无法在移居地转化成社会地位的提升,那么下面要讨论的是为什么要回到祖籍地来实现消费价值剩余的转移,这除了能够将移民放置在一个熟人社会的参照体系下来对其进行评判外,还受到非单一国家阶层化框架的影响。

货币作为一国经济的象征,在很大程度上反映一国的经济实力及其在世界体系中的位置。由于祖籍国与移居国在阶层化世界体系中的位差,中美之间存在着客观的货币汇率的差额。虽然这些无证移民在美收入比其他华人劳工移民要更低一些,但受到祖籍国与移居国的货币汇率差额的影响,与祖籍地的平均收入相比仍然要高出几倍。根据《福州统计年鉴2011》,2010年廉县人均收入为14575.5元人民币。而根据我们的调查,官镇移民在美国一年的人均收入大约为2.4万美元。根据估算,移民在美国的收入是廉县本地人均收入的10倍左右。②

受到两国货币汇率以及两地收入差距的影响,移民通过在移居地的紧缩消费策略所积累下来的消费剩余在被转移到侨乡时出现了价值"膨胀"。而

---

① 2011年8月6日,笔者在福州官镇青芝别墅谭头村美籍华人林兵家对其的访谈。
② 由于美元在每个国家的实际购买力存在差异,所以除了人均收入外,还要参考祖籍国与移居国在"购买力平价"(PPP)上的差异(Stalker, 2002:36)。根据国际货币基金组织发布的数据,2010年中国大陆的人均购买力(PPP)为7518.72美元,而美国人均购买力平价分别为47283.63美元,是中国大陆的5至6倍。

由于同样的支出在家乡所实现的消费价值要比在移居国高得多，其所产生的社会效用也更为明显。这些因素都进一步使得官镇移民在回乡前就已经积累了较高的"回归价值"。

三 光鲜的"美国客"：消费价值剩余的转移

有研究指出，移民在移居地难以同化会影响移民汇款的发生率与数量（McDonald & Valenzuela，2012）。许多官镇移民在迁移过程中之所以愿意也能够忍受社会阶级失位所带来的困境，是因为希望终将有一日能够将在移居地紧缩消费与积极储蓄所剩余的家庭消费价值带回家乡，成为受人尊敬的"美国客"。在官镇，所谓的"美国客"是一种属于乡村但又远高于一般村民的新身份，是需要移民通过不断的跨国阶级划界（transnational class mapping）[①] 完成的。其主要的方式就是通过跨境消费来重构自己的"新身份"并改变在祖籍地原有的社会地位，以此赢得熟人社会对其身份变化的认可。接下来，我们要讨论的是官镇移民在移居地所结余下来的消费价值剩余是如何用于祖籍地的。

（一）炫耀性消费与结构性地位提升

官镇移民在迁移前大多是生活在具有"乡土性"的熟人社会（费孝通，2003）。在熟人社会中，要在短期内改变人们的态度、重构自己的社会地位与身份是不容易的（王宁，2012；甘满堂、邓莲君，2012）。而通过炫耀性的符号消费可以直接起到改变个体结构性社会地位的作用，其主要消费形式包括长期消费与即期消费。

1. 长期消费：空置的"豪宅"

官镇移民在海外赚钱、取得绿卡，回乡后，首先要做的就是进行包括住房在内的长期性消费，因为长期性消费最能够显示消费者生活品质的根本提高。如今在官镇，有许多样式新颖、造价不菲的洋房，大多都是海外移民出钱兴造的。"家"的概念在传统意义上具有联系亲情的作用。而"家"往往又是通过房子来体现，在某种意义上房子是家庭存在的基础。移民在家的物理空间里是"缺场"的，但他们会通过各种途径跨越民族国家边界去维系

[①] "跨国阶级划界"是指许多移民在移居地站稳脚跟的同时，选择重新跨越民族国家边界返乡寻求自身社会地位及所属阶级的重新界定（蓝佩嘉，2011）。

远在万里之外的家庭关系。如为家人建造房子——有形的"家",来构建自己对家庭的责任。因此,当侨民在海外赚得第一桶金后,为家人做的第一件事就是盖屋起楼。走在官镇的村子里,随处可见高达五、六层楼的洋房,根本感觉不出是身处农村。

这些"洋房"刚开始确实由家里的老人和妻儿居住,但不久这些亲人也都陆续被接到美国。因此,官镇现在的很多洋房除了在移民偶尔返乡时有使用价值之外,其余时间多为空置。其主要功能已经不是居住而是具有象征性的符号功能。很多洋房不但外观颇为典雅气派,在内部的装修上也极尽奢华。这些空置的"豪宅"以一种实物的形式展示着主人无形的社会地位、特殊的华侨身份以及在海外的"成功"。

2. 即期消费:奢侈的"道场"与娱乐

虽然长期性消费能够以更为引人注目、耐用且长久的方式彰显消费者的地位,但由于长期性消费的使用价值往往要凸显于符号价值,这使其实现差异性与达到炫耀目的的程度十分有限。因此,除了长期消费外,进行奢侈性、纯浪费性的即期消费也是官镇移民实现消费价值剩余转移的重要方式。其中,用于民间信仰与娱乐闲暇的消费是两种较为明显的消费形式。

由于官镇地处福建中部,一直有着出海打渔、海外谋生的传统,因而妈祖信仰十分兴盛。特别从 20 世纪 80 年代官镇开启非法移民潮后,妈祖庙的香火有盛无衰。以廉县城关妈祖庙为例,由于其邻近港口,许多移民从这里坐渔船偷渡出闽江口。为了保佑自己出国顺利,许多移民在出国前都会来此庙拜祭,因而香火开始旺起来。而如果移民顺利到达、取得身份或是正式入籍后这些移民一般都会亲自或托家人来此庙还愿,并且大摆道场。据妈祖庙工作人员介绍:"道场分有很多种,有一天一昼夜的,有三天三昼夜的,甚至还有七天七昼夜的。一天一昼夜的要一万多元,七天七昼夜的要二十多万。"[1] 我们第二次来这家妈祖庙时,恰好碰到了一位来为在美国的儿子还愿的李先生。刚见面,他就十分兴奋地告诉我们他儿子在美国已经拿到绿卡。在儿子申请入籍之前,李先生虔诚地到妈祖庙来祈福:"妈祖跟我们心灵相通的,懂我们的心意。"[2] 儿子成功入籍后,李先生出手大方,立即给妈祖庙捐了 5000 元,并预订过几天做道场。做道场酬神除了希望得到神灵保佑外,还是显示自家财力和威望并向家乡宣传自己在海外赚到钱、有出息

---

[1] 2011 年 7 月 15 日,笔者在福州廉县县城妈祖庙的田野笔记。
[2] 2011 年 7 月 16 日,笔者在福州廉县县城妈祖庙的田野笔记。

的手段。有一位移民表示,"做道场"并不是他的本愿,只是因为在家乡移民成功获得绿卡或入籍都会做,所以他也就做了。① 因此,做道场不止谢神这么简单,而是获得歧视性对比的重要方式。

即期消费除了信仰方面的消费还有娱乐消费。许多移民等到还完债、获得绿卡,把妻儿接到美国后,自己也人到中年,独自或结伴(通常不带太太)回来享受大半辈子都未曾享受过的"奢侈糜烂"的生活。在官镇遍布众多餐馆、KTV、夜总会、按摩会所等娱乐场所。这些场所一到晚上开始人声鼎沸,一直持续到午夜。这些来"享受"的人当中不少是回乡的移民。他们要将在美国没时间消费与消费不起的服务转移到家乡来享受:"因为在国外享受不起啊,拿着钱回来可以享受到比较好的。"② 据廉县原侨联主席林书民的介绍,大至福州小至官镇总是有很多回乡享受的官镇移民:

> 一般移民都是在清明节前后回来,住上二三个月,6、7月份出去,等国庆回来再住上几个月。有不少移民甚至回乡后一直住在那些酒店、高级会所里,那里什么玩的没有?玩女人、赌博,你能想到的都有。一个月花个万把元,十几万甚至几十万的都有。这也是体现华侨的身份吧。③

官镇镇政府办公室主任黄行宜甚至劝海外的朋友趁着自己还能享受的时候赶紧回来,弥补社会阶级失位所带来的缺失。④ 娱乐消费的即时性与纯浪费性,使其成为官镇移民实现结构性社会地位提升的重要手段。官镇移民通过在祖籍地释放这种在移居地被压抑的符号性消费,也重新构建了"美国客"的身份与地位。这使得后来回乡的移民为了满足侨乡对于"美国客"的期待而不得不遵从潜在的社会规范,以博得大家对于其华侨身份的认同。

(二) 互惠性消费与社区福利

移民及其家庭由于侨汇所建立起的新消费模式会引起其他非移民家庭的羡慕和妒忌(Romaniszyn,2004)。官镇移民如果仅是用于自身的纯浪费性

---

① 根据2011年8月6日,笔者在福州官镇对美籍华人郑一平的访谈。
② 根据2011年8月4日,笔者在福州官镇镇政府办公室对主任黄行宜的访谈。
③ 2011年7月19日,笔者在福州廉县侨联原主席林书民的访谈。
④ 2011年8月4日,笔者在福州官镇镇政府办公室对主任黄行宜的访谈。

消费会引起熟人社会的"妒忌"。"惹人妒忌"在熟人社会中是不可接受的，往往会对原有的社会规范与秩序形成威胁与挑战。因此，移民在家乡的消费往往还带有很强的"互惠"与"福利"的性质，因为如果一个人的炫耀行为的动机是为了要使自己的家人、家乡过上"体面"的生活，那就很容易获得公众的接纳。移民的互惠性消费集中体现在仪式的支出以及回乡见面礼上。

1. 涨价的仪式

根据涂尔干的理论，仪式是社会群体定期用来巩固自己的手段（爱弥尔·涂尔干，1999）。官镇移民回乡的一个消费支出大项就是包括红白喜事在内的生命仪礼。

在官镇，一般用于葬礼仪式的花费需要十几万，中等水平的丧礼是四五十万，丧礼高至百万的大有人在。① 官镇丧礼昂贵的原因在于举办丧礼的主人家需要给每个前来参加丧礼者从两百到几千元不等的费用，被称为"辛苦费"（意为辛苦别人来参加丧礼）或"红包"。这种风俗据官镇人回忆是从 20 世纪 80 年代大规模的出国潮出现后才开始有的。② 从传统的客人给礼金、到客人不需要给礼金再到主人家"倒贴"，官镇丧礼礼俗变迁的过程反映的是移民日益增长的对于结构性地位的需求。随着出去的移民逐渐取得身份，在美国定居下来，因而有着更好的经济能力来进行丧礼消费，间接地促进了移民彼此间的攀比。包括"辛苦费"、酒宴在内的丧礼价格就逐步地在十几年间涨了起来。林兵解释了为什么移民如此愿意将钱投入到丧礼中："主要还是为了面子和排场吧。这么多钱肯定是外面的华侨出的。"③ 林兵父母前几年去世，他就花了 120 万为两位老人举办丧礼。当时他摆了 70 席，有 600~700 人来参加。林兵还给每个参加丧礼的人 500 元的红包。

如此高额的丧礼费用即使是在大城市里也难以负担。许多官镇人表示丧礼的费用确实昂贵，但由于家家户户都依靠侨汇，因此丧礼的价格依然只升不降。一场葬礼结束后，人们总会讨论这家修建坟墓花了多少钱，酒席摆了多少桌，酒席质量怎么样，"辛苦费"给了多少等。本来相当廉价的仪式在这种攀比与面子下涨了将近百倍。许多官镇人表示如果没有人去美国，"根本就死不起"。④ 这也进一步促使不少青壮劳动力选择到海外务工，以确保

---

① 根据 2011 年 7 月 28 日，笔者在官镇山兜村对村长王兴星的访谈。
② 根据 2011 年 8 月 3 日，笔者在福州官镇谭头村对村书记董兴明的访谈。
③ 2011 年 8 月 6 日，笔者在福州官镇青芝别墅谭头村美籍华人林兵家对其的访谈。
④ 根据 2011 年 8 月 2 日，笔者在福州官镇珠村对妇女主任邹莘莹的访谈。

家里能够负担起这种重要仪式的昂贵费用。

喜事也是重要的人生仪式之一,从男方家给女方家的聘礼中就显示出"不菲"的价格。据官镇人介绍,男方给女方家的聘金最低是从人民币 5.3 万元起价。如果男方是移民,聘金会更高。当然,女方在有条件之下往往很乐意返还更多的嫁妆,因为希冀男方不久能够将女方及其家人都申请到国外去。① 项飚(2012)曾指出跨国 IT 产业对于印度嫁妆制度的革命性推动作用,IT 新郎获得的高额嫁妆被视作对新郎父母早期对儿子教育投资的回报。而在官镇,给予移民新郎高额的嫁妆一方面是为了换取以后的海外生活,另一方面也可看作是对新郎早期偷渡欠下的"旅行费"的补偿。

喜事最重要的仪式就是通过办喜酒体现的。与举办丧礼相同,作为操办喜事的主人家还要给客人送牙刷、米油等生活用品。② 而与丧事不同的是,丧事一般是主家给参与者一定数额的红包,而喜事则需参加者给主人家"见面礼"。"见面礼"的价格根据主家、参与者以及双方关系的亲密程度而不同。但据官镇人说最少的"见面礼"也得给 500 元人民币,给 200~300 元的人是很少的。③ 人们不敢给少的原因在于"见面礼"是被公开的。在婚宴开始,媒婆会当场念出每位来客的见面礼数额。在极为讲究面子和人情的熟人社会,每个人都不敢少给。如果与主家是亲戚或很要好的朋友,"见面礼"一般需要给到 1000 美元。如果关系更为亲密的话,"见面礼"甚至达到 1 万美元。因此,很多新婚夫妇在举办完婚礼后少则有十几万多则有上百万元人民币的收入。④ 婚礼礼金之所以在官镇居高不下,也跟大规模移民潮有着紧密关系。礼金多少反映的是赠礼者及亲人在海外的生活状况。在这种情境下,人们为了显示"海外成功"都不会少给礼金,最差者也会达到平均数。

这种仪式的费用属于熟人社会中的"礼尚往来",除了有助于血缘与地缘群体的团结,也在一定程度上促进了侨汇在侨乡范围内的循环流通。但是在公共福利背后,支持这种仪式费用不断攀升的还是移民对于结构性地位的追求。

2. 回乡见面礼

马林诺夫斯基、古尔德纳以及萨林斯都曾强调礼物交换中的利他与互惠

---

① 根据 2011 年 8 月 3 日,笔者在福州官镇谭头村对村民董齐光的访谈。
② 2011 年 8 月 2 日,笔者在福州官镇珠村对妇女主任邹莘莹的访谈。
③ 根据 2011 年 8 月 3 日,笔者在福州官镇谭头村对村民董齐光的访谈。
④ 根据 2011 年 7 月 25 日,笔者在福州官镇镇政府办公室对主任黄行宜的访谈。

因素，而且这些礼物交换通常都是发生在关系较为紧密的亲戚与朋友中间（马林诺斯基，[1922] 2002；Gouldner，1973；Sahlins，1972）。与多数回乡的移民相同，官镇移民回乡尤其是第一次回乡都需要给亲戚朋友带"见面礼"。这是一种既能够体现移民的特殊地位与身份又不会招致嫉恨的社会表演，能够将官镇移民的经济地位表演出来。

移民周冰尽管批评福州人"要面子"，但她回乡后也不能"免俗"。移民一般买礼物时都会预计多买一些。因为家乡人对于哪些人要回来也"门儿清"，即使没有提前知会的亲友也有可能突然出现。除此之外，移民还要备好现金，以备不时之需。特别在十几年前，侨乡与海外的差异更为明显。移民的见面礼往往承担着"救济贫困"的社会功能。这一方面对于移民来说是一个经济负担，但另一方面来说，这也是"幸福"的负担，能够无形中重构"美国客"的社会身份。周冰 1994 第一次回去不算路费就花了近 1.4 万美金，这是当时很多官镇移民一年的收入了。尽管这笔钱在美国也不是小数目，但换成人民币所产生的社会效用则更为显著："当时的美元拿回去还是好花，很好花，你看我拿了 1.4 万，都已经是十几万人民币了，当时在国内来说也是很多钱了。"① 当然，礼物的分配是遵循着费孝通所说的"差序格局"所进行（费孝通，1947）。

许多移民在瞬间消费掉多年在移居地的消费剩余，成功营造了"衣锦还乡"的假象。这对很多暂时没有还完债的移民造成了挤压效应。很多移民不敢在无法购买更多"见面礼"的时候回乡。② 邹萃莹的儿子刚拿到绿卡，邹萃莹虽然牵挂儿子，但却让他暂时不要回来。因为回乡的成本（包括来回旅费、"见面礼"及其他一些炫耀性消费）对于还没还完债的移民来说实在太"昂贵"了。③ 许多移民会为自己第一次回乡做好"充足准备"，从而确保自己的第一次回乡"风光体面"。

"见面礼"虽说无须受赠者真正买一份礼物回报给赠予者，实际上他们也"还不起"。但这种赠礼并非完全不需要回报的（马塞尔·莫斯，2002：4）。按照潜在的社会规范，受赠者通常需要在受礼的刹那"制造"羡慕以及感激的表情（这种羡慕与感激有时是真实的）。在侨乡，这种"见面礼"的赠予甚至已经成为隐藏于社会秩序后的既定规则，既具有社

---

① 2011 年 12 月 12 日，笔者在纽约唐人街对美国福州管乐团成员周冰的访谈。
② 2011 年 7 月 27 日，笔者在福州官镇丁村对村书记李启淳的访谈。
③ 2011 年 8 月 2 日，笔者在福州官镇珠村对妇女主任邹萃莹的访谈。

区互惠的性质，也成了区分移民与非移民、移民之间社会地位差别的评判标准。

（三）"寄生阶层"与代理消费

前面主要讨论了官镇移民的消费，实际上侨乡的非移民尤其是侨眷的消费也受到了移民的影响。由于劳动力的大量外流与缺失，官镇逐渐成为依赖海外侨汇的消费型社会。在移民身上的消费价值剩余被部分地转移到了家乡的侨眷身上，甚至形成了一个纯依赖移民汇款的"寄生阶层"（费孝通，2006：96）。官镇镇政府办公室主任黄行宜形象地描述了这种"寄生阶层"是如何形成的：

> 我们其实这边还是就业在国外，消费在国内……辛苦我一人，幸福一家族。他虽然在外面辛苦，但他有回报啊，就是能够寄钱回去给家人啊。他们在外面都是非常不舍得花钱的，比如说在外面赚3000美元，他就希望最好是（能够寄）3000美元回来这边，他那边能够节省就节省……他就是很有牺牲精神，他就是想着还有家里人在家，都希望把赚到的钱给家里人，他们就在外面拼命干活，压制消费，回来这边才消费……而家里的人就很舒服，只是在家里消费。①

由于官镇有着众多依靠侨汇的侨眷及花着美金享受跨境消费好处的移民，官镇的土地价值飙升、房价急剧上涨、生活成本日益增大。我们在官镇调查期间的生活成本（包括食宿、交通费用）甚至比在大城市还要高出许多。许多官镇人表示，这都是由于侨汇。如果脱离了侨汇，即使是工薪阶层都无法承担如此高的消费水平。以人们的日常饮食消费为例，由于官镇邻近闽江口，人们常喜吃海鲜，许多海鲜的价格是令人难以置信的。尽管如此，黄行宜表示官镇人在乎的不是食物的价格，而是是否真的物有所值："我们看到好东西先放到菜篮里才问价钱的，如果真是好东西都被抢走了，哪怕是几百元一斤的鱼。"② 当然，黄行宜的表述有夸张之嫌，但起码描述了相当一部分依赖侨汇的侨眷们的惬意生活。

这些依赖移民汇款的侨眷实际上执行的是一种凡勃伦（[1889] 1964）

---

① 2011年8月4日，笔者在福州官镇镇政府办公室对主任黄行宜的访谈。
② 根据2011年7月30日，笔者在福州官镇饭桌上与镇政府办公室主任黄行宜的闲聊。

曾提及的"代理有闲"与"代理消费",显示的是移民在海外的"成功",因为侨汇具有较高价值,可以使家人不再需要从事生产性的劳动而专事"消费"与"享受"。移民在海外的劳动力市场刻苦工作,为的是侨眷可以在适当的场合以适当的方式,为他执行某种程度上的"代理有闲"与"代理消费"。

四 结论与讨论

对于马克思而言,剩余价值仅仅是工人增加到产品之中的价值与他所得到的报酬之间的差额(马克思,2010;参见阿莉·拉瑟尔·霍克希尔德,2003)。马克思谈论的是生产领域中工人所受的剥削,而遗漏了消费领域中的剩余价值。本文主要基于消费视角分析了官镇移民的消费价值剩余是如何在移居地产生以及如何在跨境体系下完成消费价值剩余的转移,进而实现结构性地位的提升。

对于官镇移民来说,他们劳动力再生产的目标在移居地就可以实现,但当维持劳动力再生产的价值还有剩余尤其是在国际货币汇率的影响下有较大剩余时,移民希望能够将这部分剩余价值用于提高社会声望,实现额外的符号价值。然而由于受到全球的种族等级排列的制约,他们很难通过在移居地的消费来提高声望并获得主流社会的认同与接收。因而他们大多利用了不同国家的货币汇率以及在全球的阶层等级差异选择将家庭消费剩余用于祖籍地的跨国实践中。移民在家乡的消费除了通过炫耀性的消费(修建豪宅、大摆奢华的"道场"、娱乐消费等),还以一种旨在促进社区公共福利的消费方式(仪式费用、回乡见面礼等)来实现。这两种方式使移民能够从这种跨境消费中获得结构性地位的提升,以弥补他们在移居地的社会阶级失位。消费价值剩余还会有一部分被转移到家乡的侨眷身上。这些依赖侨汇的"寄生阶层"也以代理消费的方式显示出海外亲人的社会地位与荣誉(见图1)。

作为投身海外劳动力市场的社会群体,官镇移民的生活世界与系统世界在一定程度上是被跨国空间给分割开的(哈贝马斯,1994)。移居地更多是移民获得物质利益与实现工具目标的系统世界。因而,他们只能利用自己的相对经济优势,选择季节性地跨越民族国家的边界,回到祖籍地实现人生价值与休闲享乐。对于官镇移民来说,所谓实现人生价值与休闲享乐很重要组成部分就是将在移居地被抑制的消费通过跨境释放出来,并借此完成社会身份的重构与地位提升。

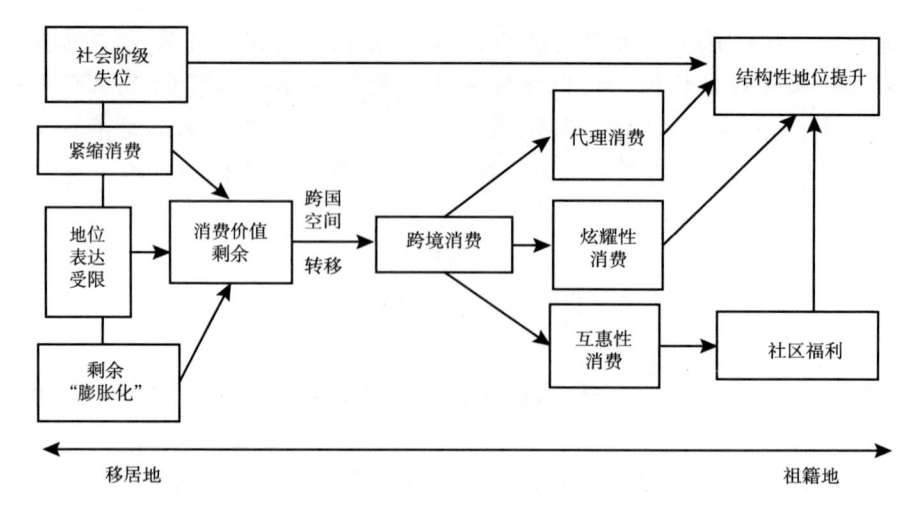

图1 跨国空间下的移民消费价值剩余转移

跨国移民在祖籍地的消费并非是他们的日常消费而是一种季节性消费。为了更好地在家乡完成消费价值剩余的转移，移民们一方面尽量压缩自己在移居地的日常生活支出，忍受长期的社会声望匮乏，采取积极储蓄的策略；另一方面，选择每年或隔几年回到祖籍地，短时间内消费掉长期在移居地积累的储蓄。通过这种跨越民族国家边界的两栖消费的预算策略使得移民好像一下子都华丽转身成为"一掷千金"、"腰缠万贯"的"成功人士"，以此来实现消费价值剩余的成功转移。这种两栖消费策略也使个体在跨国或跨境的范围内，暂时摆脱阶级和声望差别，模糊了这一差别显现。因为当移民回到祖籍地时，即使是时间不长，移民也可以花钱买到高地位的感觉，移民会作为"海外爱国华侨"而受到祖籍地的隆重接待。祖籍地的地方政府与民间社会出于吸收侨汇、发展经济及政治统战等目的也都会积极配合这些"海外英雄"的两栖消费。更重要的是，他们还扮演移民实现季节性社会地位表达的代理人角色。这些都进一步促使移民利用不同民族国家在世界体系中的落差以及在全球的阶层等级差异，选择季节性地跨越民族国家的边界，透过祖籍国与移居国的非单一国家的阶层化框架，充分实现个体社会声望与社会地位在全球范围内的最大化表达。而在更大意义的层面，移民的这种跨国实践也在一定程度上弥补了地方政府缺位所导致的村落公共物品与福利的缺失，客观上促进了侨乡的集体性社会目标的实现。

项飙（2012）曾通过其印度IT工人的研究指出，全球范围内的劳动力在很大程度上从所谓的"第三世界"被源源不断地汲取到世界的中心国家。

不少世界中心国家在最大限度获取移民劳工的剩余价值后，让祖籍国承担了大部分劳动力的再生产（Burawoy，1976；任焰、潘毅，2006），这导致了祖籍国与移居国在全球资本主义发展不均衡的脉络下更趋于不平等。但在批判让人流离失所的全球不均等发展结构的同时，我们也应看到在微观层次上，个人在流动中不断地创造与颠覆意义，以自己的小世界体系来消化那世界体系无法抗拒的力量（吴比娜，2003；宋平，2011）。跨国主义作为迁移个体应对世界体系所带来的原子化与边缘感的微观实践，通过跨国空间将消费价值剩余转移的方式实现了"消费反哺"。移民们以自己的小世界体系来消化那世界体系无法抗拒的力量，有可能在一定程度上减缓跨国流动给祖籍国与移居国带来的资源分配不平等的冲击，为移民输出地区提供发展的机遇与动力。

参考文献

阿莉·拉瑟尔·霍克希尔德，2003，《全球护理链与情感剩余价值》，威尔·赫顿、安东尼·吉登斯编《在边缘：全球资本主义生活》，达巍、潘剑、刘勇、时光译，北京：生活·读书·新知三联出版社。

爱弥尔·涂尔干，1999，《宗教生活的基本形式》，上海：上海人民出版社。

凡勃伦，[1899] 1964，《有闲阶级论——关于制度的经济研究》，蔡受百译，北京：商务印书馆。

费孝通，2006，《中国绅士》，北京：中国社会科学出版社。

费孝通，1947，《乡土中国》，上海：上海观察社。

福柯，1999，《规训与惩罚》，刘北成、杨远婴译，北京：三联书店。

甘满堂、邓莲君，2012，《夸富背后的身份重构与社区互惠——对侨乡炫耀性经济行为的功能主义解读》，《福州大学学报》（哲学社会科学版），第5期。

哈贝马斯，1994，《交往行为理论》，重庆：重庆出版社。

黄志辉，2010，《自我生产政体："代耕农"及其"近阈限式耕作"》，《开放时代》第12期。

蓝佩嘉，2011，《跨国灰姑娘：当东南亚帮佣遇上台湾新富家庭》，长春：吉林出版集团有限责任公司。

李明欢，1999，《"相对失落"与"连锁效应"：关于当代温州地区出国移民潮的分析与思考》，《社会学研究》第5期。

李明欢，2005a，《"侨乡社会资本"解读：以当代福建跨境移民潮为例》，《华侨华人历史研究》第2期。

林胜，2002，《非法移民产生机制的研究——以福建个案调查为例》，《青年研究》第 10 期。

林晓珊，2010，《"需要"的意识形态生成——论布希亚消费社会理论的批判逻辑》，《内蒙古社会科学》（汉文版）第 4 期。

刘欣，2003，《阶级惯习与品味：布迪厄的阶级理论》，《社会学研究》第 6 期。

卢德格尔·普里斯，2000，《跨国社会空间——以墨西哥－美国劳动移民为例的理论与经验的分析》，《全球化与政治》，北京：中央编译出版社。

马克思，2010，《剩余价值理论》，北京：人民日报出版社。

马凌诺斯基，[1922] 2002，《西太平洋的航海者》，北京：华夏出版社。

马塞尔·莫斯，2002，《礼物》，汲喆译，上海：上海人民出版社。

任焰、潘毅，2006，《跨国劳动过程的空间政治：全球化时代的宿舍劳动体制》，《社会学研究》第 4 期。

宋平，2011，《中国新移民与跨国小社会实践》，罗勇、徐杰舜主编《族群迁徙与文化认同：人类学高级论坛 2011 卷》，黑龙江：黑龙江出版社。

王春光，2002，《移民的行动抉择与网络依赖——对温州侨乡现象的社会学透视》，《华侨华人历史研究》第 3 期。

王宁，2001，《"两栖"消费行为的社会学分析》，《中山大学学报》（社会科学版）第 4 期。

王宁，2012，《消费全球化：视野分歧与理论重构》，《学术研究》第 8 期。

王宁、严霞，2011，《两栖消费与两栖认同——对广州市 J 工业区服务业打工妹身体消费的质性研究》，《江苏社会科学》第 4 期。

吴比娜，2003，《ChungShan——台北市菲律宾外籍劳工社群空间的形成》，台湾大学硕士论文。

项飚，2012，《全球"猎身"：世界信息产业和印度的技术劳工》，北京：北京大学出版社。

Ong, Aihwa，2007，《风水及文化积累的局限——旧金山华人移民的文化认同》，张晓萍、姚莹译，《思想战线》第 1 期。

庄国土，2003，《从跳船者到东百老汇大街的"主人"：近 20 年来福州人移民美国研究》，《华侨华人历史研究》第 3 期。

庄国土，2006a，《近 20 年福建长乐人移民美国的动机和条件——以长乐实地调查为主的分析》，《华侨华人历史研究》第 1 期。

庄国土，2006b，《近 30 年来的中国海外移民：以福州移民为例》，《世界民族》第 3 期。

Abizadeh, Sohrab and Nancy Zukewich Ghalam 1994, "Immigrants and Canadian - Born: A Consumption Behaviour Assessment." *Social Indicators Research* 32（1）：49 - 72.

Broadfoot, Barry 1986, The Immigrant Years: From Europe to Canada 1945 - 1967. Vancouver: Douglas and McIntyre.

Burawoy, Michael 1976, "The Functions and Reproduction of Migrant Labour: Comparative

Material from Southern Africa and the United States." *American Journal of Sociology* 81 (5): 1050 – 1087.

Chin, Ko-Lin 1999, *Smuggled Chinese: Clandestine Immigration to the United States*. Philadelphia: Temple University Press.

Chu, Julie Y. 2010, *Transnational Mobility and the Politics of Destination in China*. Durham and London: Duke University Press.

Cvajner, Martina, 2013, "Practicing Abundance Immigrant Women and the Challenge of Consumption." In Martina Cvajner (ed.), *Restoring Decency, Claiming Respect: Eastern European Migrant Women in the New Europe*. Manuscript.

Gouldner, A. W. 1973, "The importance of something for nothing" in A. W. Gouldner (Ed.), For sociology. Renewal and critique in sociology today, pp. 260 – 290. London: Allen Lane.

Hanser, Amy 2008, "Service Encounters: Class, Gender and the Market for Social Distinction in Urban China. Stanford University Press, Hays, Sharon.

Hao, Lingxin 2004, "Wealth of Immigrant and Native-Born Americans." *International Migration Review* 38 (2): 518 – 546.

Kwong, Peter 1997, *Forbidden Workers: Illegal Chinese Immigrants and American Labor*. New York: New Press.

Lee, Sandra Soo-Jin 2000, "Dys-Appearing Tongues and Bodily Memories: The Aging of First-Generation Resident Koreans in Japan." *Ethos* 28 (2): 198 – 223.

Lee, Wei-Na and David K. Tse 1994, "Becoming Canadian: Understanding How Hong Kong Immigrants Change Their Consumption." Source: *Pacific Affairs* 67 (1): 70 – 95.

Liang, Zai, Miao David Chunyu, Guotu Zhuang and Wenzhen Ye. 2008, Cumulative Causation, Market Transition, and Emigration from China. *American Journal of Sociology* 114 (3): 706 – 737.

McDonald, James Ted and Ma. Rebecca Valenzuela, 2012 "Why Filipino Migrants Remit? Evidence from a Home-Host Country Matched Sample." Discussion Paper, Department of Economics of Monash University, ISSN 1441 – 5429.

Morrison, R. J. 1980, "A Wild Motley Throng: Immigrant Expenditures and the 'American' Standard of Living Source." *International Migration Review* 14 (3): 342 – 356.

Ong, Aaihua 1999, *Flexible Citizenship: The Cultural Logics of Transnationality*. Durham, NC: Duke University Press.

Peñaloza, Lisa 1994, "Atravesando Fronteras/Border Crossings: A Critical Ethnographic Exploration of the Consumer Acculturation of Mexican Immigrants." *Journal of Consumer Research* 21 (1): 32 – 54.

Peñaloza, Lisa 1995, "Immigrant Consumers: Marketing and Public Policy Considerations in the Global Economy." *Journal of Public Policy & Marketing* 14 (1): 83 – 94.

Romaniszyn, Krystyna 2004, "The Cultural Implications of International Migrations."

Polish Sociological Review 146：141 - 159.

Sahlins, M. 1972, *Stone Age Economics*. London：Tavistock.

Schler, Lynn 2003, "Bridewealth, Guns and Other Status Symbols：Immigration and Consumption in Colonial Douala." *Journal of African Cultural Studies* 16（2）：213 - 234.

Schaeffer, Peter V. 1995, "The Work Effort and the Consumption of Immigrants as a Function of Their Assimilation." *International Economic Review* 36（3）：625 - 642.

Wang, Lu, Lucia Lo 2007a, "Immigrant Grocery Shopping Behaviour：Ethnic Identity versus Accessibility." *Environment and Planning A* 39：684 - 699.

Wang, Lu & Lucia Lo 2007b, "Global Connectivity, Local Consumption, and Chinese Immigrant Experience." *Geo Journal* 68：183 - 194.

农民工就业质量的省际差异

——江苏与浙江的比较[*]

马继迁[**]

内容摘要：农民工就业质量议题已成为新时期我国社会的重大课题。文章利用江苏与浙江农民工调查数据，对两省农民工的就业质量状况进行了比较。研究发现，江苏农民工的就业质量显著高于浙江农民工。在就业质量的6大方面总共40项指标中，有32项存在显著差异，且这32项指标均是江苏明显好于浙江。对于该发现，文章从人力资本、企业制度、非正规就业模式、法制环境等角度进行了解释。

关键词：农民工　就业质量　省际差异　江苏　浙江

一　问题与背景

党的十八大报告中提出了"推动实现更高质量的就业"这一新的理念，要求"做好农村转移劳动力的就业工作"。新理念的提出，是对就业工作的更高要求。按照这一要求，做好农民工的就业工作，是当前各级政府面临的重要任务。同处于长三角发达地区的江苏和浙江两省，都是我国农民工的主要流入地。两省农民工的就业质量是否有所不同？造成这种差异的原因是什么？应该从哪些方面着手制定提升农民工就业质量的政策措施？这些问题成

---

[*] 基金项目：国家社会科学基金青年项目"城市边缘失地农民就业质量问题研究"（13CRK026）。

[**] 作者简介：马继迁（1980~），男，甘肃白银人，常州大学社会工作系讲师，南京大学社会学院博士生，研究方向：劳动社会学。

为值得深入探究的重要课题。

就业质量概念主要源自于国际劳工组织1999年提出的"体面劳动"概念。体面劳动是指"在自由、平等、安全和尊严的条件下的生产性工作，其中权利被保护、足够的报酬和社会保险被提供"。[1] 关于体面劳动的基本框架，在西方理论界得到广泛认同的是六维度、十一属性、四十指标之说，其中六个维度是：工作机会、在自由的条件下工作、生产性工作、工作平等、工作安全和工作尊严。"体面劳动"的基本含义同时包含了就业数量和就业质量两个方面，但以就业质量为主。在西方，还有一些与就业质量相关的概念范畴：如20世纪70年代的"工作生活质量"、21世纪初的"工作质量"及近年来的"高质量就业"、"就业质量指数"等。

21世纪初，就业质量议题也引起了我国学者注意，就业质量的测量指标成为研究者探索的重点内容。这些研究从两个层面展开：一是从就业者层面提出测量指标，对农民工、女性、大学生等群体的就业质量进行了研究。李军峰提出了一个包括就业稳定指数、工作质量指数、劳资关系指数、福利和社会保障指数、职业发展指数五方面内容的指标体系[2]，测评比较了我国男女两性的就业质量。张抗私、柯宇等提出了指标体系，对大学生就业质量进行了测量。[3] 二是从地区层面，提出了评价不同地区就业质量差异的指标体系。如赖德胜建构了包括就业环境、就业能力、就业状况、劳动者报酬、社会保护、劳动关系等六个维度的指标体系，对30个省市的就业质量进行了测算和评价。[4]

近年来，围绕农民工就业质量议题的研究逐渐多了起来。已有的研究主要集中在两方面：一是对农民工就业质量现状的调查描述。研究表明，农民工在城市劳动力市场中处于不利地位，就业质量较低，集中以体力劳动为主的建筑业、制造业、餐饮服务业等行业，工资报酬低，就业稳定性差，劳动强度大，基本劳动权益经常遭受侵犯；[5] 二是对影响农民工就业质量的影响因素的分析。人力资本、社会资本、社会制度等因素对新生代农民工就业

---

[1] International Labour Organization, "Decent Work", 2013 - 05 - 05, http://www.ilo.org/global/topics/decent - work/lang - - en/index.htm, 2013 - 07 - 23.

[2] 李军峰：《就业质量的性别比较分析》，《市场与人口分析》2003年第6期。

[3] 张抗私：《性别如何影响就业质量》，《财经问题研究》2012年第3期。柯羽：《高校毕业生就业质量评价指标体系的构建》，《中国高教研究》2007年第7期。

[4] 赖德胜：《中国各地区就业质量测算与评价》，《经济理论与经济管理》2011年第11期。

[5] 高文书：《进城农民工就业状况及收入影响因素分析》，《中国农村经济》2006年第1期。

质量的影响被一些研究论及。总体上看,人力资本与社会资本对新生代农民工的就业质量有积极影响。[①] 此外,就业质量对青年农民工阶层认同的影响、青年农民工与城市青年就业质量的差异等议题,也有少量文献讨论。[②] 不同地区的农民工,由于其群体特征和地区环境差异等因素影响,在就业质量上应该有所不同,而这方面的研究文献很少见。比较不同地区农民工的就业质量差异,有助于认识农民工就业质量的社会决定机理,从而制定更为有效的就业质量提升对策。

二 研究设计与样本情况

(一) 概念操作

就业质量是指整个就业过程中劳动者与生产资料结合并取得报酬或收入的具体状况的优劣程度的总和,它是反映就业机会可得性、工作稳定性、工作场所的尊严和安全、机会平等、收入、个人发展、劳资关系及工作满意度等内容的多维概念[③],可以通过多种指标综合评价。结合已有研究,我们将农民工的就业质量操作化为劳动报酬、工作稳定性、工作环境、福利与保障、劳资关系、职业发展六个方面进行测量。

(二) 数据与样本情况

本文数据来自"农民工权益保护理论与实践研究"课题组[④]在江苏和浙江所做的调查。由于农民工群体的分散性和流动性特点,在实际抽样过程中无法取得完整的抽样框,因而随机抽样方法不太可行。此项调查采用的是配额抽样方法,以大专以下学历的农民工为调查对象,以各城市统计年鉴和外

[①] 张昱:《社会资本对新生代农民工就业质量的影响分析》,《华东理工大学学报(社会科学版)》2011年第5期。谢勇:《基于人力资本和社会资本视角的农民工就业状况研究——以南京市为例》,《中国农村观察》2009年第5期。彭国胜:《人力资本与青年农民工的就业质量》,《湖北社会科学》2009年第10期。

[②] 彭国胜:《青年农民工的就业质量与阶层认同——基于长沙市的实证调查》,《青年研究》2008年第1期。唐美玲:《青年农民工的就业质量:与城市青年的比较》,《中州学刊》2013年第1期。

[③] 张昱:《社会资本对新生代农民工就业质量的影响分析》,《华东理工大学学报(社会科学版)》2011年第5期。

[④] 南京大学刘林平教授主持。

来人口比例作为样本分配根据，控制了性别、行业和地区分布。同时根据抽中企业的规模发放问卷：30 人以下的企业做 1 份，30 - 300 人的做 3 份，300 人以上的企业可做 5 份。江苏的调查城市为南京、苏州、无锡、常州、南通五市，共获得 641 个样本；浙江的调查有杭州、宁波、嘉兴、绍兴四市，共获得 612 个样本。两省样本基本情况见表 1。

表 1　样本基本情况

描述项		江苏	浙江	差距
年龄	平均(岁)	34.5	31.0	3.5
性别(%)	男	57.3	52.3	5.0
	女	42.7	47.7	-5.0
婚姻状况(%)	未婚	34.5	34.8	-0.3
	已婚	64.9	63.7	1.2
	丧偶和离婚	0.6	1.5	-0.9
受教育程度	小学及以下(%)	10.8	24.3	-13.5
	初中(%)	43.7	48.0	-4.3
	高中(%)	16.2	15.1	1.1
	中专和技校(%)	15.8	8.5	7.3
	大专以上(%)	13.6	4.1	9.5
	平均受教育年限(年)*	10.6	9.3	1.3
来源地(%)	本省	51.5	11.8	39.7
	外省	48.5	88.2	-39.7
所在企业性质(%)	国有、集体	13.1	7.8	5.3
	股份制	2.5	2.9	-0.4
	港澳台	3.4	3.8	-0.4
	外资	2.5	1.5	1.0
	私营、个体	78.5	84.0	-5.5
所在企业规模(%)	100 人以下	21.6	45.6	-24.0
	100~299 人	31.1	20.7	10.4
	300~999 人	21.9	14.7	7.2
	1000 人以上	25.4	19.0	6.4

* 此处将"教育程度"按如下方式转化为"教育年限"：将小学及以下、初中、高中、中专和技校、大专以上五个等级分别转换为 6 年、9 年、12 年、13 年和 15 年。

表 1 汇总了两省农民工样本的基本情况及其差别，可以看出以下情况。

江苏农民工的平均年龄为 34.5 岁，高于浙江 3.5 岁；性别方面，江苏农民工中男性的比例高于浙江 5 个百分点，相应地，女性的比例低于浙江 5

个百分点;江苏农民工有近65%已婚,比浙江高1个百分点。两省农民工都是初中学历者最多,相比之下,江苏农民工文化程度较高,高中以上学历者占45%,高出浙江近18个百分点。从平均受教育年限看,江苏农民工为10.6年,比浙江多1年。江苏农民工来自省内的超过5成,而浙江农民工来自省内的仅占1成,差别明显。

在企业方面,两省农民工主要在私营和个体企业工作,其中江苏为78.5%,比浙江低约6个百分点,而在国有和集体企业务工者,则高于浙江5个百分点。若以300人作为企业规模分界线,江苏的农民工有超过47%的人在规模较大的企业工作,高于浙江约14个百分点。另外,浙江有45.6%的农民工在100人以下的小企业工作,而江苏的这一比例只有21.6%,不到浙江的一半。

总的来看,江苏农民工比浙江农民工更年长,男性更多,文化程度更高,有更多人在国有和集体企业工作,更少的人在私营和个体企业工作,所在企业规模较大。

三 两省农民工就业质量状况比较

(一) 劳动报酬

劳动报酬是反映就业质量的重要指标。我们从工资和工时两方面来衡量农民工的劳动报酬。工资是用人单位以货币形式支付给劳动者的劳动报酬,工时则是反映工人的劳动耗费。表2对两省农民工的工资和工时情况进行了描述性统计。

表2 农民工的劳动报酬情况

描述项		江苏	浙江	差距
工资收入	月平均工资(元)	2027.6	1901.2	126.4*
工资发放	工资拖欠(%)	0.8	4.4	-3.6****
	工资罚扣(%)	10.6	13.2	-2.6
工作时间	周工作时长(小时)	53.2	59.6	-6.4**
加班情况	比率(%)	61.9	60.8	1.1
	日平均加班时长(小时)	2.5	2.9	-0.4****
	有加班工资(%)	74.8	63.1	11.7***
	每小时平均加班工资(元)	7.5	4.7	2.8***

注:* $p<0.1$,** $p<0.05$,*** $p<0.01$,**** $p<0.001$;检验方法:月平均工资、周工作时长、日平均加班时长、每小时平均加班工资四项采用F检验,其余各项指标采用卡方检验。

统计数据显示，在工资收入与发放、工作时间与加班情况的四类共8项具体指标中，6项指标的结果都是江苏明显好于浙江。

工资方面，江苏农民工的月平均工资为2027元，高出浙江126元，两省差异显著。同时，江苏农民工工作时间相对较短，周工作时间比浙江少6个小时。可见，江苏农民工的工资水平明显高于浙江。在工资发放过程中，两省都出现拖欠和罚扣的情况，但浙江农民工遭遇工资拖欠的情况比江苏更严重，在工资扣罚方面差别不大。

加班工作会挤占休假和休息时间，损害劳动者的身体健康和工作能力。江苏农民工的加班情况要比浙江普遍一些，但这一差异不大，而加班的时间要比浙江明显短；江苏农民工有加班工资的比例高出浙江约12个百分点，每小时平均加班工资也比浙江高近3元，这两方面的差异也比较显著。

（二）工作稳定性

工作越稳定，就业质量就越高。我们用劳动合同签订、合同期限与换工情况来测量农民工的工作稳定性。表3呈现了两省农民工的工作稳定性情况。

表3 农民工工作稳定性情况

描述项		江苏	浙江	差距
劳动合同签订	签订了合同(%)	75.8	55.9	19.9***
合同期限	固定期限(%)	90.9	79.7	21.2****
	无固定期限(%)	9.1	20.3	-11.2****
换工情况	换过工(%)	59.9	64.5	-4.6*
	换工次数(次)	1.6	1.7	-0.1*

注：* $p<0.1$，** $p<0.05$，*** $p<0.01$，**** $p<0.001$；检验方法："换工次数"采用F检验，其余各项指标采用卡方检验。

江苏合同签订率近76%，浙江达到近56%，江苏比浙江高出约20个百分点。劳动合同是劳动者与用人单位确立劳动关系、明确双方权利和义务的协议。劳动合同的签订有助于稳定工作关系。从合同期限角度，劳动合同分为固定期限与无固定期限两类。无固定期限合同是用人单位与劳动者约定无确定终止时间的劳动合同，一经签订，无法定或约定情形出现，就不能解除，因此使劳动关系更为稳定。江苏无固定期限合同签订率不到一成，浙江也只达到20%，江苏比浙江低11%。

由于农民工工作的零散性和随机性等特点，工作发生变动是常态。换工情况方面，江苏农民工换过工作的近6成，比浙江低4个百分点；江苏农民工平均换工1.6次，这一指标也比浙江低。换工次数多，工作的稳定性自然降低。

根据检验结果，在测量工作稳定性的5项指标中，有4项指标都是江苏明显好于浙江，总体看来，江苏农民工的工作比浙江农民工更为稳定。

（三）工作环境

农民工工作环境包括自然环境和人文环境两个方面。我们从工作环境是否有危害、是否有冒险作业两方面对自然环境进行测量；用是否有强迫劳动、是否交押金、是否被扣押证件、是否遭受搜身搜包、是否遭管理人员殴打、是否罚款罚站六项指标度量人文环境。

表4显示，在自然环境方面，江苏农民工的工作环境要明显好于浙江：工作环境有危害的比例低于浙江11个百分点，冒险作业低3.6个百分点。人文环境方面，两省都零零星星有上述六类事件发生，但这些方面的差异不显著，这可能与我国农民工群体的整体就业环境有关系。

表4 农民工的工作环境

单位：%

	描述项	江苏	浙江	差距
自然环境	工作环境有危害	9.0	20.2	-11.2****
	冒险作业	1.2	4.8	-3.6***
人文环境	强迫劳动	2.5	3.4	-0.9
	押金	9.7	8.7	1.0
	扣押证件	2.8	4.1	-1.3
	搜身搜包	0.9	0.3	0.6
	遭管理人员殴打	0.5	0.2	0.3
	罚款罚站	0.3	0.5	-0.2

注：* $p<0.1$，** $p<0.05$，*** $p<0.01$，**** $p<0.001$；检验方法：卡方检验。

（四）福利与保障

是否享受企业应该提供的福利和保障，是衡量就业质量的一个重要维度，这关系到农民工抵御风险的能力。我们用是否参与社会保险和享受福利待遇两方面的指标对此进行度量。两省农民工的福利待遇情况见表5。

表 5　农民工的福利与保险购买情况

单位：%

描述项		江苏	浙江	差距
社会保险	工伤保险	63.7	43.8	19.9****
	医疗保险	68.6	40.7	27.9****
	养老保险	66.1	42.6	23.5****
	失业保险	50.2	20.0	30.2****
	生育保险	44.7	17.9	26.8****
福利待遇	带薪休假	49.6	22.1	27.5****
	病假工资	53.2	19.5	33.7****
	产假工资	44.7	17.7	27.0****

注：* $p<0.1$，** $p<0.05$，*** $p<0.01$，**** $p<0.001$；检验方法：卡方检验。

表5结果显示，江苏农民工的保障与福利享受情况，均好于浙江。虽然江苏农民工的社会保险购买率仅五六成，但要明显高于浙江，5项指标都高出浙江至少20个百分点，其中失业保险购买率高出浙江30个百分点。福利待遇方面，也是江苏明显好于浙江，江苏农民工的被覆盖率约四五成，其中每项指标均高于浙江至少27个百分点，病假工资高于浙江近34个百分点。这也表明，江苏农民工的再生产能力得到了更为有效的保护，其防御各种劳动风险的能力要比浙江农民工更强。

（五）劳资关系

劳资关系即劳工和雇主之间的关系。我们用是否参与合同内容协商、对劳动合同的评价、工会参与情况、对企业是否有意见、权益受侵害情况、参与群体性维权活动情况等6项指标来衡量农民工与企业之间的劳资关系情况。

江苏农民工参与合同协商者占58%，比浙江高23个百分点。在合同评价方面，江苏农民工对合同满意的不到73%，浙江农民工比江苏低18个百分点，只有约55%。工会参与情况也是劳资关系融洽程度的一个反映。在这方面，江苏农民工6成都加入了工会，高于浙江21个百分点。最近一年里，江苏有12%的农民工对企业有过意见，比浙江低9个百分点。同样，江苏也只有2.5%的农民工权益受到侵害，而浙江的这一比例达到6%，江苏比浙江低3.5个百分点。权益受到损害后，一定程度上会引起农民工的维权活动。群体性活动是农民工维护自身权益时采取的一种激烈方式。在这方面，江苏农民工有 1.2% 参与过群体性维权活动，浙江农民工的这一比例更高，达到 4.4%。

表6　农民工劳资关系情况

单位：%

描述项		江苏	浙江	差距
合同参与	参与合同内容协商	58.2	35.0	23.2 ****
合同评价	对合同满意	72.8	54.5	8.3 ****
工会参与	是工会成员	60.6	39.0	21.6 ****
意见与维权	对企业有意见	12.4	21.6	-9.2 ****
	权益受侵害	2.5	6.0	-3.5 ***
	参与群体性维权活动	1.2	4.4	-3.2 ***

注：* p<0.1，** p<0.05，*** p<0.01，**** p<0.001；检验方法：卡方检验。

依据上述数据并结合检验结果，可以得出结论：江苏农民工的劳资关系要比浙江更为和谐。

（六）职业发展

职业发展用来衡量劳动者的培训、学习、职业生涯发展的状况，是就业质量的一个重要方面。我们用培训情况、资格证书持有情况、工种等三方面的指标来考察农民工的职业发展状况。

三方面共7项指标的统计检验结果表明，江苏农民工的职业发展状况要明显好于浙江。具体来看：江苏有近一半（48.8%）的人参加过培训，比浙江高22个百分点；江苏农民工平均培训3次，培训经历也较浙江农民工丰富。培训经历增加了农民工的人力资本，有助于其职业地位的提升。职业资格证书是农民工的文化资本，对其职业发展有重要意义。江苏农民工中，有24%的人持有职业资格证书，高于浙江13个百分点。目前，江苏的农民工做普工的比例接近47%，低于浙江4个百分点，而做技工与中低层经营管理人员的比例则高于浙江4个百分点。技工与管理人员处于工人群体的核心位置，与普工相比地位更高，发展空间更大。

表7 农民工的职业发展情况

描述项		江苏	浙江	差距
培训经历	参加过培训(%)	48.8	26.1	22.7****
	培训次数(次)	3.0	1.7	1.3***
资格证书持有情况	无(%)	75.7	88.9	-13.2****
	1个(%)	17.9	8.7	9.2***
	2个及以上(%)	6.4	2.4	4.0***
工种	普工(%)	52.1	56.6	-4.5*
	技工与中低层管理人员(%)	47.9	43.4	4.5*

注：* $p<0.1$，** $p<0.05$，*** $p<0.01$，**** $p<0.001$；检验方法："培训次数"采用F检验，其余各项指标采用卡方检验。

四 结论和讨论

我们已从多个方面比较了江苏和浙江农民工的就业质量状况，在6大方面总共40项主要指标中，有32项存在显著差异，且这32项指标均是江苏显著好于浙江。劳动报酬、工作稳定性、福利与保障、劳资关系、职业发展四方面，江苏农民工具有完全明显的优势，浙江农民工由于种种原因，这四方面的情况均不如江苏务工者。在工作环境方面，江苏农民工所处自然环境明显好于浙江，但人文环境与浙江差异不大。

同处与长三角发达地区，两省农民工的就业质量表现出如此差异，其背后原因何在？依据两省的实际，结合样本情况，我们认为可以从人力资本、企业制度、非正规就业模式、法制环境等角度进行解释。

一是人力资本。前文调查结果显示，江苏农民工的教育程度更高，有更多的人接受过培训，受培训次数也更多，相应地有更多的人持有职业资格证，而浙江农民工在这些方面相对具有明显劣势。同时，江苏农民工中男性也比浙江更多。综合看来，江苏农民工的人力资本状况显著好于浙江，这在很大程度上成为江苏农民工就业质量高于浙江农民工的一个重要原因。此发现与已有相关研究的结论一致。例如，刘林平的调查发现，决定农民工工资的变量绝大多数来自人力资本，人力资本因素对农民工的工资有积极显著的正向影响。[1]

---

[1] 刘林平：《农民工工资：人力资本、社会资本、企业制度还是社会环境》，《社会学研究》2007年第6期。

二是企业制度。调查发现,江苏农民工在国有、集体与外资企业工作的比例显著高于浙江,而在私营、个体、股份制、港澳台企业工作的农民工比例则显著低于浙江。根据以往研究,不同性质的企业,农民工的就业质量可能截然不同。第一,国有企业存在着处理劳资关系的社会主义传统,在工资、福利与保险、工作环境等方面要更优越些;第二,乡镇集体企业原来是社区型的企业,劳资关系深深地嵌入到社区的人际关系网络之中,对工人的管理要相对宽松和人性化一些;第三,外资企业更可能按照国际惯例行事,也会将所在国的管理传统带入投资国,因而可能给工人较好的待遇和就业环境,管理方式上也较为规范;第四,私营与个体企业由于其产权特性和规模过小,处于发展的初级阶段,对劳资关系的处理还比较简单粗糙,员工的发展空间也相对有限;第五,港澳台与股份制企业,比较熟悉也注重遵循市场交易规则,企业运行偏于效益优先原则而相对不太重视工人的就业质量。鉴于这些情况,受社会主义传统(国有企业)、人际关系网络(乡镇企业)以及"法治化"(外资企业)、"市场化"(港澳台与股份制企业)等模式的作用,江苏农民工的就业质量要比浙江高。

三是非正规就业模式。非正规就业是我国重要的就业形式。与正规就业相比,非正规就业表现出收入低、雇佣关系不稳定、缺乏保障等特征。[1] 显然,非正规就业者的就业质量要低于正规就业者。黄宗智、万向东等对非正规就业进行了深入研究,认为农民工的非正规就业具有三层含义:劳动关系不稳定、没有进入政府监管与统计体系中和就业性质处于边缘状态。与正规就业的主要区别在于农民工是否与企业签订了劳动合同进而进入政府监管和统计体系。[2] 按照这一标准,对照前文统计数据可以看出,浙江农民工的非正规就业情况比江苏农民工更为普遍,这在某种程度上也成为促成浙江农民工就业质量较低的重要原因。非正规就业形式对农民就业质量的影响,还需深入研究。

四是法制环境。法制环境指涉立法、执法、司法等多个领域,其中劳动执法对农民工就业质量的影响具有关键意义。根据我国《劳动法》,农民工享有取得劳动报酬、休息休假、平等就业、享受社会保险与福利、获得劳动安全卫生保护、提请劳动争议处理等权利。然而,农民工劳动权益的实际保障情况往往与法律规定存在很大差距,权益受损已是不争的社会事实。对劳

---

[1] 谭琳:《我国非正规就业的性别特征分析》,《人口研究》2003年第5期。
[2] 黄宗智、李强、万向东:《中国非正规就业(上)》,《开放时代》2011年第1期。

动权益的保护程度不同，或者说执法力度的不同，是造成两省农民工就业质量差异的一个重要原因。2008年《劳动合同法》开始实施后，人力资源与社会保障部、各省区政府都开展了一系列专项行动（如医疗保险专项扩面行动、"春暖行动"等），规范用工管理，保护农民工权益。江苏省的一系列专项行动取得了显著成效。例如，2008年劳动合同签订率为41.3%[1]，2010年这一比例达到75.8%。浙江省也在2008年开始开展了一系列相似的专项行动，但相比之下收效不显著，2010年农民工劳动合同签订率仅55.9%，明显低于江苏。劳动合同的签订，对农民工的就业质量具有基础性保障作用。劳动合同签订率的差异，反映出地方政府执法力度与执法成效的差距。当然，除了执法环节外，两省在立法、司法等方面也有很大差异。法制环境是就业质量乃至经济运行的重要保障。农民工就业质量的提升，一定意义上也是劳动权益得以保障落实的体现，这有赖于各地法制环境的建设与优化。

造成农民工就业质量省级差异的因素错综复杂，我们只从上述四个角度（微观与宏观多个层面）做了尝试性分析，总体来看，还显得较为粗陋简单。不同省份和地区，社会环境复杂、多元，农民工的就业质量也会表现出种种差异，这还需要后续更为深入细致的分析。

---

[1] 江苏省统计局：《2008年江苏农民工现状简析》，2009年6月9日，http://www.jssb.gov.cn/jstj/fxxx/tjfx/200904/t20090416_109192.htm，2013年7月28日。

嵌入差异与街区公共服务供给：上海市 FL 街道社区养老服务的组织与管理研究

汤艳文[*]

内容摘要：如何才能动员更多的社会力量参与到公共服务的供给体系中，这既是一个国际性问题，更是当前上海理论与实践摸索中的一个重要课题。通过对上海市 FL 街道的社区养老服务供给体系的观察，我们发现实施社区养老服务供给的社会组织，其运作绩效出现了鲜明的差异。这种差异根本上是由组织对街区行政体制的结构嵌入模式所带来的，行政组织对社会组织的嵌入方式不同，塑造了后者在"生产"服务过程中不同的行动规范，进而约定了其行为绩效。当人们呼吁要充分发挥社会组织在公共服务供给中的作用时，本文的研究提醒人们注意，在公共服务供给体系中，政府组织对社会组织的嵌入方式将直接影响社会组织作用的发挥。提高社会组织的参与性，就需要区别公共服务的类型开放或专属性与社会组织的关系。

关键词：公共服务　供给绩效　嵌入　关系专用性

一　引言

当前，已有很多文献讨论地方公共物品的供给绩效，但大多数文献将作为民主体现形式的选举制度视为一种集体行动，以此观察其对于公共服务供给的意义。但众所周知，不同于西方的分权体制，在中国，地方政府一方面

---

[*] 作者简介：汤艳文，上海大学社会学系副教授。

处于严格的垂直命令体系之下，同时，由于强烈的地方差异，统一决策下的地方政府在行动领域又呈现较强的地方自主性。另一方面，就当前中国社会的公共服务供给而言，强调公共服务供给中的决策行为，会令人们将政府绩效与政府投入联系在一起，将公共服务的供给绩效等同于政府投入。长期以来，城市的公共服务供给被认为远好于乡村而备受诟病，人们相信，这与乡村公共服务供给投入以及对乡村公共服务供给的重视不够有关。公共服务供给的城乡投入差异值得关注，但如前所述，公共服务的投入是有限度的，让更多的社会力量参与到公共服务的供给体系中，提高公共服务投入的有效性，既是国际发展趋势，也是当前中国公共服务持续发展的必然要求，相反，对行政决策的高度依赖会增加公共服务供给的偶发性与不均衡性，并难持续维系。

如果，决策动机不等于行动绩效，物质投入与产出之间也并不必然会一致；如果，完整的决策是包括了执行过程的决策，那么，公共服务的供给绩效研究就不仅要讨论供给者的供给动机，还需要观察影响决策的执行要素。以社区养老服务为例，上海正试图广泛动员社会力量参与到服务供给中，这进一步表明，政府不再是公共服务供给的唯一主体，社会力量的参与应被纳入供给体系中，那么，从执行过程看，社会力量在怎样的条件下会更积极地参与到公共服务的供给体系中？

在对上海社区养老服务供给体系的观察中，我们注意到，在同等条件下，当政府执行动机很强时，公共服务供给的绩效依然可能会不甚理想，为什么？基于此，本文试图以上海 FL 社区养老服务供给为例，观察城市基层政府的公共服务供给体系，以及影响社会力量参与公共服务供给的制约因素。

如何才能动员更多的社会力量参与到公共服务的供给体系中，这既是一个国际性问题，更是当前上海理论与实践摸索中的一个重要课题。通过对上海市 FL 街道的社区养老服务供给体系的观察，我们发现提供社区养老服务的社会组织，其运作绩效出现了鲜明的差异。这种差异根本上是由组织对街区行政体制的结构嵌入模式所带来的，行政组织对社会组织的嵌入方式不同，塑造了后者在"生产"服务过程中不同的行动规范，进而约定了其行为绩效。

本文分为如下几个部分：首先，介绍 FL 街道的养老服务的发展背景，并描述其运作的基本特征；其次，对该街区养老服务体制中三个典型的社会组织——老年协会、助老服务社和配餐中心进行比较，分析其行为绩效差异的根源。最后，讨论案例的理论和政策含义。

二 社区养老服务供给的执行链

近年来,在不断增强的老龄化与高龄化双重压力下,上海逐渐形成了动员更多社会力量参与到社区养老服务的供给体系中的"四个结合"的发展思路,[①] 同时,还提出了被称为"9073"的"十一五"养老服务规划格局,即,90%的老年人实现家庭自我照顾,7%享受社区居家养老服务,3%享受机构养老服务。为实现这一目标,上海相继出台了多样化的优惠扶持政策,以整合社会资源,引导社会力量为老年人提供服务。[②] 随着政府的大力推动,一个覆盖全市各社区的居家养老日间服务照料机构,健全的三级居家养老服务中心和社区助老服务社等实体组织网络正在形成中。截至 2007 年底,全市 234 个社区助老服务社的 2.79 万名居家养老工作人员,共为 13.5 万名居家养老服务对象提供服务。其中,为 13.02 万名老年人提供上门服务,为 4800 名老年人提供日托服务。同时,128 家老年人日间服务机构向社区 4800 名老年人提供就餐、洗澡、健身养生、精神慰藉等日间服务。[③]

具体来看,街道层面的养老服务供给责任主要由街道社会保障科承担,为方便起见,街道内部一般将负责养老工作的同志称为"老龄干部"。[④] 除了街道,街道的养老服务工作还需接受区老龄委的业务领导,区老龄委基于

[①] 所谓"四个结合",就是"政府主动推动"与"社会力量参与"相结合、"整体福利逐步提升"与"重点群体首先受惠"相结合、"机构养老服务"与"社区居家养老服务"相结合、"生活照料"与"精神慰藉"相结合。

[②] 上海市将社区居家养老服务纳入政府实事项目和财政预算。从 2004 年起,社区居家养老服务连续 4 年纳入市政府实事项目,每年向区县下达社区居家养老服务指标,要求各区县保质、保量、按期完成,并与"万人就业项目"联动,社区居家养老服务相关费用纳入各级政府财政预算予以保证。对行政区域补贴对象多、管理工作量大且财政困难的区县,市财政还采取"转移支付"的办法予以解决。2005、2006 年连续两年会同市发改委、财政局、劳动和保障局、医保局、卫生局等部门,先后出台了 30 条扶持措施,涉及社区居家养老服务方面的有 13 条,其中包括服务补贴、工作经费、评估经费的落实,老年人日间照料中心一次性建设财力补贴,再就业优惠政策、岗位培训补贴、专项护理补贴、家庭病床医保支付等。

[③] 参见《2007 年上海市老龄事业发展报告书》,http://www.shmzj.gov.cn/gb/shmzj/node8/node15/node58/node72/node99/userobject1ai21722.html。

[④] 除了这项任务外,街道社会保障科在分管社区事务受理中心的同时,还负责街区范围的残疾人、双拥、就业和帮困等工作,相应的,不包括社区事务受理中心(属于中心事业编制的是 6 个),社保科拥有公务员编制的共 4 人:科长、老龄干部、残联干部(副科长)和双拥干部。

具体的为老服务内容会下拨街道一定额度的经费。

过去，街道层面的养老服务内容相对简单，主要是发放救济、各类节日慰问金等，但现在，街区政府的养老服务职责已增加了很多，首先是救济福利与节日慰问活动项目的增加，增加了开展孝亲敬老模范标兵、孝亲敬老之星、助老之星、孝亲敬老模范家庭、爱心助老特色基地的评选表彰和宣传，赏中秋、庆重阳等活动；增加了发放助浴票、安装紧急呼叫装置等项目。除此，街道还增添了若干为老服务设施与组织，包括助老服务社、散布在各居委会的老年活动室、辖区养老院、社区老人日间照料中心、老年人助餐服务中心、老年协会等。上海各街道的社区养老服务供给正迅速增加，并呈现这样几个特点。

1. 社区养老服务供给的同质化

与西方社会相比，我们的社区养老服务实际上包括了两块：一块是作为收入维持项目的社会救助津贴，一块是作为个人社会服务的老年人社会照顾。因为个人社会服务属于"个人"的，它发生于社区，也解决于社区以及家庭，是社区内差异化的福利自我供给，因此，服务供给的异质性是其特点之一。不过，上海的观察表明，上海的社区养老服务供给——无论组织设施、福利救济标准与内容还是助老助乐服务活动——都呈现越来越强烈的同质化色彩。同质化首先表现为，在各社区，各养老服务实体组织设置趋同，都设置了包括公、民办养老院，老年活动室，社区老人日间照料中心，老年人助餐服务中心，老年协会等实体组织。如配餐中心的建设，有的街道本来已将配餐中心设在当地已有的商业餐饮店内，但依然会再建一个并没有多少人去的老人助餐中心。当然，各社区的差异也是存在的，差异性的一个表现就是，街道对这些组织，或强嵌入或弱关联。有的是街道直接领导，有的则更倾向于采用项目运作的方式，如老年协会。

其次是福利及救济标准与内容上的同质化。当前，各街道都是按照市或区级层面的相关政策向社区有关居民提供居家养老服务的。如助老服务社、配餐中心的出现，街道的自主权主要体现在人员聘用，以及服务的具体运作上。上海市规定，居家养老政策补贴对象是：①60周岁及以上，本人月养老金低于800元且需要生活照料的本市户籍老人。经评估，需要生活照料者将分为轻度、中度和重度，服务标准为轻度300元/人/月，中度400元/人/月，重度500元/人/月。②80周岁及以上独居或纯老家庭，月养老金低于1232元的本市户籍城镇老人。经评估，按养老服务补贴和养老服务专项护理补贴标准的50%给予补贴。③85周岁及以上本市户籍离休干部，每月发放 100 元居家养老补贴。属于上述群体并有服务需求的老人，向居民委员会提出申请，由上海市社会福利行业协会的医生上门评估，决定其享有服务的级别。当然，养老服务供给也会出现区级层面上的差异，但就街道层面而言，是基本不会另立关于养老福利与救济的街道标准的，各街道总结上的高度相似性就是一个证明，如除了具体数字，FL 街道的总结与市内其他街道的总结没有太大的区别。[①]

FL 街道曾发生过这样一个案例。在配餐中心的运作过程中，一位社区居民到街道社保科反映，由于家中长年住有老年人，他经过多次试验，发明了一种对老年人有益的蔬菜粥，希望能在配餐中心运用。但这一建议被街道老龄干部以"没有获得专利认可"为由婉拒了。老龄干部认为，配餐中心的运作必须考虑到食物的安全可靠性，因为配餐中心绝不能允许任何安全隐患存在，应以提供最安全的服务为最高原则。由此可见社区养老服务供给存在较高程度的标准化，我们将这种标准化供给视为同质化的供给。

现在，如冬季助浴申报及助浴券的发放、安康通与阳光紧急呼叫器的安装名单上报，为老年人办理老年卡等居家养老类的常规性工作，各街道大体都一样。由于这些常规性工作较过去增加了很多，以至于过去一个老龄干部可以做的，现在需要再增加好几个人才能完成。在 FL 街道，这类福利救济发放类常规性工作已主要由 5 名助老服务社中的 3 名工作人员来完成。老龄干部除了要管理这些"新兴组织"，还有一项重要工作是负责设计、策划属于街道层面的"创新性"工作：请社区的孤老吃年夜饭、设计开展元宵节活动、重阳节下面给社区 80 岁以上的老人吃、评选孝亲敬老个人等。

2. 社区养老服务的供给体系的网络化

按照相关法律，街道办事处不是一级政权组织，只是区级政府若干执行部门的一个，不过其性质是区域性的、"补漏"性的，是城市社会这一生产性空间的"剩余性""后勤"服务机构，主要职能是，将那些未被单位体制

[①] 如，另一街道 2008 年的总结是这样表达的：依托辖区内有资质的餐饮企业，5 月初建成×××街道为老助餐服务点，开展定点送餐服务，已提供餐饭 8552 客，受益老人近千人次。老年人日间服务中心已竣工，12 月初将对外开放，向社区老人提供日间餐饮、休息、娱乐、医疗、洗浴等全方位服务。……××居委会标准化老年活动室于×月底竣工开放，向小区老人提供丰富的社区活动。提供"六助"为老服务，发放电影卡 170 张，享受免费洗浴 565 人次，享受免费理发 2186 人次，助医 709 人次，助急 19 人次，助洁 3023 人。三是为××个居委会老年活动室安装空调，确保××个居委会老年活动室均有空调。制定街道标准化老年活动室管理制度，做到 14 个标准化活动室每天开放，每日安排活动。

纳入进去的社会个体组织起来，进行管理、教育，并提供基本的福利救济，以减轻区政府和公安派出所的负担，所以，1978年前，街道的内部机构称之为"组"而不是"科"，这一称呼与街道组织的"办事"性质是一致的。50年代以后，尽管按照法律规定，居民委员会不是政权组织在下面的腿，但在实际上，居委会渐渐发展成为街道的下属组织。因为管理权限都在街道，居委会只是协助，如出具证明、跑跑腿等，是街道社会管理、福利救济发放的具体实施者。基层行政工作客观上形成了街—居二级组织体制（如图1）。

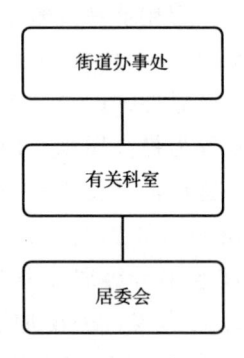

```
┌──────────────┐
│  街道办事处  │
└──────┬───────┘
       │
┌──────┴───────┐
│   有关科室   │
└──────┬───────┘
       │
┌──────┴───────┐
│    居委会    │
└──────────────┘
```

图1 传统街—居体制

改革开放以后，随着国家的简政放权，街道的职能不断扩大，实际权限也不断增加并被不断合法化。相应的，传统街—居组织结构也在悄然变革之中（如图2）。

从图2可以看到，街道社保科的老龄干部正面临如何管理旗下越来越多的下属组织的问题，而在此之前，老龄干部的工作主要是依靠居委会干部协助完成的。现在，老龄干部依然会有大量工作去找居委会，旗下老年活动室、老年日托与配餐中心、助老服务社与老年协会工作的开展也离不开居委会的全力配合。

一方面，市、区级的政府工作大多需要经由街道完成，另一方面，街道最终都要以居委会为落脚点，街道与居委会成为汇聚各类政策执行的两个瓶颈：区级层面的工作大多要通过街道落地，而街道的大多数工作少不了居委会的配合。如，老年活动室的建设与管理，一般是市下达实事工程指标并分解到街道，各居委会组织申报、寻找场地、调解由此可能引起的居民间矛盾，活动室建成后，居委会负责管理等。这其中，街道也会考虑是否由街道出面配备、培训专业社工管理老年活动室。其他如助老服务社的各项工作、

嵌入差异与街区公共服务供给：上海市 FL 街道社区养老服务的组织与管理研究

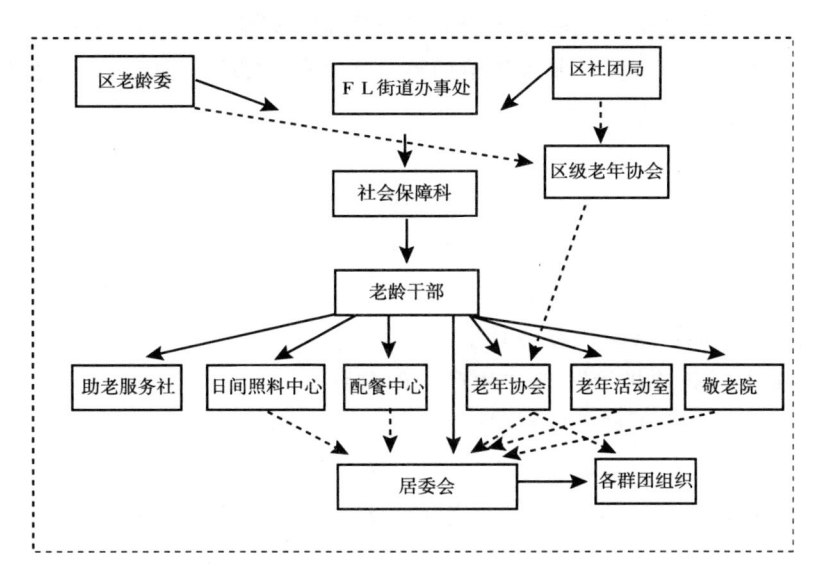

图 2 新的街—居组织体系

配餐中心的运作，也都需要居委会的落实。结果，在社区养老服务供给体系中，组织结构由简单的二级垂直科层关系演变为葫芦状的三级科层网络关系，街道和居委会是细细的两头，腹部则急剧膨胀。由此，街道社保科的老龄干部犹如"集团公司"的管理者，各下属组织则如同"加盟""直营"的公司，与"总公司"保持着有强有弱、有密有疏的非均等结构关系。

在这些关系网络中，养老院工作自主性较强，与老龄干部的工作关系相对疏远，老年协会自身的开放性、弹性都较强，与老龄干部的工作关系也相对松散，虽然这两者无论是财政还是人员聘用都十分依赖街道，而且与其他组织一样由街道干部兼任主职，但他们与街道的科层指令关系都较弱。

另一方面，助老服务社、配餐中心等组织的科层化程度则较强。如助老服务社，从性质上看，助老服务社是街道社会保障科下属的民间组织，具有法人资格，为保证其相对独立地开展工作，助老服务社还与街道办事处分开办公。但实际上，如前所述，助老服务社已成为具体由社保科老龄干部负责管理、政府统一部署的各类助老服务的具体执行者。

社区养老服务供给体系的网络化也表现为供给主体的多中心化。各层级、各职能条线系统的服务供给在街道与居委会间形成了错综复杂的勾连。大体上有这样三种情形：一是某一类服务涉及多个职能部门，如老年协会与社团局、配餐中心与食品安全监督部门等，这使得老年协会、配餐中心的运作需要同时遵循多个相关职能部门的专业规范，甚至不得逾雷池半步。二是某一类服务表现为不同的服务供给而涉及多个职能部门，如社区卫生服务中心，涉及街道与专业化的卫生职能部门合作的问题，但作为一个专业性机构，对专业性的强调使社区卫生服务中心的垂直化管理色彩更浓，它与社区老龄干部旗下的其他服务部门间有较强的组织壁垒，尽管目前的社区卫生服务主要是服务于社区老年人的，为此，社区卫生服务机构已开始设想，如何使自身参与到城市居家养老服务中，怎样的途径和方法是有效的。三是某类服务是大量新旧社会组织参与其中。①

3. 养老服务"供给"与"生产"的分离

过去，街道作为城市的基层管理单位，直接承担起了上级各项指令的执行工作，尽管在工作量增加时，居委会被"发展"成为街道的下属"执行单位"，但街道仍然可看成是城市各项公共服务的基本提供者，因为这时的街道组织结构仍然十分单一。现在，街道的组织与职能都发生了很大的变化，在法律上被认定为"办事机构"的街道办事处正发展出一个十分复杂的公共服务执行网络，上级传递下来的各项任务指令都有待下属的各单位的执行。就社区养老服务而言，凡与老人生活相关的诸多方面，都涉及各级政府的各职能部门，包括经济与社会发展、老人保险与保障、卫生服务、食品安全、文化娱乐、生活照顾等等，这引发了各职能部门"进社区"的吁求，如食品安全进社区、社团进社区等。

理论上，社区服务是为社区全体居民利益而设置的公共服务，既具有公共性，又具有社区性或地域性，是社区内的福利自我供给，但现在，社区的养老服务供给更是各条线、各类普适性服务供给在社区的区域聚集，是上级政府各职能部门关于养老服务供给的"在地化"体现，街道成为上级各类公共服务供给的主要执行者。街道要提供众多公共服务供给，过去一个老龄干部可以完成的工作现在需要更多人手，老龄干部成为公共服务供给的管理者，由此，基层政府的公共服务供给执行链条一步步拉长。换言之，街道办事处作为城市基层政府供给公共服务，但大多数时候已不再是服务的直接生产者，一方面它不是基于社区服务的自我供给，另一方面，在基层，经由政府购买、发包、参股等形式，社会组织、商业机构等大量主体成为公共服务供给的"生产商"。"供给商"与"生产商"之间形成了一个错综复杂的网

---

① 这里用"新"社会力量，指的是基于服务供给要求新设置的组织，如配餐中心、助老服务社，"旧"社会力量，则指涉已经存在、后来才参与到养老服务供给中的各种力量。

络结构,在这个结构中,"供给商"与"生产商"之间的嵌入关系并不相同,或强或弱、或密或疏,开放性与包容性也各不相同。

三 社区养老服务供给的绩效差异

2007年底,上海市民政局、上海市发展和改革委员会、上海市财政局、上海市劳动和社会保障局联合下发了《关于全面落实2008年市政府养老服务实事项目进一步推进本市养老服务工作的意见》(沪民福发〔2008〕5号),要求各有条件的社区发展老年日间照料中心及配餐中心,并制定了相应的财政配套方案。2008年,在上级政府要求以及财政配套方案的激励下,更多的老年日间照料中心及配餐中心在上海市各社区建立起来。

2008年,FL街道——我们所要观察的个案——将建设"两个中心"(老年日间照料中心及配餐中心)列为街道实事项目与2008年度的重要工作,予以高度重视,在财政上,除了市及区层面的财政支持,街道还从自身财力中拿出一部分用于"两个中心"的建设。街道将原文化中心370平方米的房屋改建为FL社区日间照料中心及配餐中心,其中,一楼为综合性老年人助餐服务中心,面积约为117平方米;同时下设31个单一性老年助餐点,预计建成后使社区1000名60岁以上的老人受益,老年人日间照料服务中心,具文体活动、图书阅览、科普教育、谈心聊天等功能。街道试图将两大中心建设成为老年人学习、娱乐、休闲、就餐和交友、健身的大平台。从2007年开始,到2008年底,总计投资百余万元的综合性老年人助餐服务点终于建成,该组织经相关部门注册为非正规就业劳动组织。通过市场考察与比较,街道最终与×餐饮公司签订协议,由该公司为助餐点提供加工后的饭菜,服务对象为本社区内60岁以上的老年人,以堂吃为主,对于家距离配餐中心较远、年岁高、行动不便的老年人,配餐中心承诺提供送餐上门的服务。

该中心2008年底试营业,2009年后正式运营。但自运营以来,助餐服务点的运营状况一直不甚理想:首先是到配餐店就餐的人数不理想。配餐点的设计容量是千余人,但运营时的就餐人数却始终只在百余人,由于配餐数量始终无法大幅提升,配餐公司不时以公司每个月都在亏损为由,提出与助餐点解除合同,或希望得到其他补助与支持,如允许在配餐点开放早点市场,但这一行为不断受到当地居民投诉,理由是配餐点为非营利机构,增加营业项目不合法,眼看增加服务项目的设想难以实现,配餐公司在菜色质量上也就能省则省，能免则免了。配餐公司的服务"折扣"行为自然导致了就餐者对配餐点的投诉，就餐者反映，配餐点的菜色过于单调；收费标准比其他盒饭摊位贵；还有就餐者反映，其用餐时，发现有一块肉是臭的。这使得街道、配餐中心的领导与工作人员都十分紧张，他们一边观察老人身体是否出现不适，一边又迅速对其他老人的饭菜做出检测，之后，老龄干部赶紧组织部分社区老年人和送餐公司召开协调会，将老年人的意见及时传达给服务提供方，又不断向社区老人解释，配餐中心将绝对保证老人的就餐安全，所有饭菜都会经有关部门严格检测，也因此，配餐中心向就餐者解释说，由于中心提供的饭菜均经过食药监检测，需支付一定费用，因此配餐收费会相对较高。

面对不佳的运营状况，从社保科老龄干部到社保科领导直到街道领导都非常着急，多次开会研究讨论配餐中心的运营问题，在开始的讨论分析会上，大家一致认为，问题出在就餐人员不足上，而就餐人员不足又与街道自身的宣传不到位有关。于是，街道加大了在社区的宣传力度，将配餐服务的宣传资料下发到各居委会，又将海报张贴在各小区中。由于配餐数量还是上不去，街道决定将部分街道聘用人员用餐划入该公司配餐范围，为此增加了100余份配餐数量。然而，被要求去配餐中心就餐的街道聘用人员私下一直抱怨配餐中心的饭菜难以下咽。显然，配餐公司并没因此提高饭菜质量，相反，配餐点甚至无法保证餐具消毒，餐具卫生水平下降，受到食药监部门警告批评。再后来，食品药品监督局发现该配餐中心甚至没有卫生许可证，便下令配餐中心停业整改。

与配餐中心的艰难运营相比，同样在上级要求下成立，同样由社保科老龄干部兼任主要负责人的 FL 街道老年协会却显示出较好的运营状况。上海早在 2001 年便开始推动协会进社区，FL 街道并没有积极响应，直到 2006年 3 月，FL 街道的老年协会才作为社区群众性社会组织，经 XH 区社会团体局办理申请注册和登记取得社会团体法人资格。老年协会属民间组织，但组织上面临着双重领导：一个领导体系是市老年协会——区老年协会——街道老年协会，另一重领导，也就是实际上的领导者是街道社会保障科，协会设有理事长、副理事长和协会秘书，理事长由街道社会保障科科长担任，副理事长和秘书由社保科的老龄工作者担任。根据本街道老年人数量和辖内居委会总数，老年协会下设 29 个分会和 191 个团队，其中属街道层面的团队15 个，居委会层面的团队 176 个，参加人数 3621 名。团队活动现分为 12 大类 34 小项，内容涉及文化学习、书法绘画、武术、健身体操、休闲爱好、舞蹈、音乐戏曲、其他体育、其他公益、志愿者服务等。

从管理上看，由于跨部门双重管辖的存在以及辖下组织繁多，社区管理、动员老年协会的难度似乎应该比配餐中心大一些，但事实是，FL街道的老年协会与上海其他街道的老年协会一样，为上海的社区建设作出了积极的贡献。社区中，与老年人相关的各类群众体育、文艺、娱乐活动异彩纷呈，使得整个上海社区都呈现前所未有的活力。然而，社区老年群团工作不仅同样置于街道有关科室管理之下，实际上，在街道层面，至少有两个部门——社会保障科与社会发展科——是老年群团工作开展的管理部门，因此，从政府管理的角度看，老年群团工作的管理、组织应该难度更大。以老年人为主体的社区群团活动的开展当然离不开街道有关专职干部的积极认真对待，但实际上，老年群团工作花费的经费一般都不多，这使得该项工作与街道其他工作相比地位并不高，有时也不能得到足够重视。而形成鲜明反差的是，有时并不被重视的老年群团工作却成为社区建设的亮丽景观，在上海社区的早晨或晚间，十平方米、二十平方米的空地都能成为人们跳舞、习操、嬉戏、聚会的好去处，而这正与社区各色各类老年群众团体活跃其中息息相关。

与老年协会的社团性倾向形成对比，街道养老服务的另一实体组织——助老服务社则表现出与配餐中心类似的典型性行政化倾向。

2004年，上海市政府为了应对"两个100万"和"两个200万"——"下岗职工累计人数约100万，因都市改造从内环线以内迁往内环以外的居民约100万；全国各流入上海的外来劳动力人数约200万，上海退休职工人数约200万"所带来的经济、社会和政治压力，实施了一项被称为"万人就业项目"的"实事工程"，这一项目被列为当年十大政府实事工程之首。在就业项目中，与公共服务有关的一个项目就是"小区助老员"。与此同时，从2004年起，社区居家养老服务连续4年被纳入市政府实事项目，市政府每年向区县下达社区居家养老服务指标，要求各区县保质、保量、按期完成，社区居家养老服务相关费用纳入各级政府财政预算予以保证。

助老员岗位的设置与市政府正在大力推动的社区居家养老服务都是市政府的"实事工程"，为了落实这两项政策，按市政府部署，市、区层面分别成立了事业性质或民非性质的"居家养老服务指导中心"，在街镇层面，建立了民非性质的"居家养老服务中心"和非正规就业组织——"社区助老服务社"。

FL街道的助老服务社就是在这样的背景下成立的。按照有关精神，街道层面可以自行决定助老社的运行性质是民非性质还是非正规就业性质。FL街道将助老服务社界定为民非性质，显然更想强调助老服务社的社会性与公益性或管理性。FL社区助老服务社还具有法人资格，并且，为保证其相对独立地开展工作，助老服务社还与街道办事处分开办公。但实际上，助老服务社已发展成为具体由社保科老龄干部负责管理、政府统一部署的各类助老服务的具体提供者，如同街道下属的一个科室。

在FL街道，传统上由社保科老龄干部具体负责的各项常规性为老服务工作现在实际上由助老服务社具体承担了。社区助老服务社5名工作人员中的2名管理着街道160名左右的助老服务员，助老服务员主要负责上门为老人提供照料服务，或在社区创办的老年人日间服务中心为老人提供日托服务。另3名工作人员则参与社保科的其他常规为老服务活动，包括助老服务社自身的大量年检、总结、填表等工作。即便如此，调查中，老龄干部常常抱怨助老服务社的具体负责人工作不主动，只能做些日常跑腿的工作，活动的点子都得由老龄干部出。

调查中我们发现，助老服务社虽然没有配餐中心那么运营艰难，频受投诉，但依然被认为工作主动性与自主创造性不足，甚至有些懈怠。而另有研究显示，助老服务社也面临着运营维艰的处境（职业化的助老员后继乏人）。反观老年协会，它们对行政组织资源的依赖也是显而易见的。由于成立社区老年协会是上海实施社团进社区的一个重要举措，为此，区社团局会准备一笔经费下拨街道以扶持老年协会开展工作。但经费一般会下拨到老龄干部那里，而负责老年协会日常管理的协会负责人一般由街道聘请，工资也由街道发放。有的时候，老年协会希望能组织一些活动并得到街道的支持与资助，但老龄干部常常会以一些理由拒绝。于是，老年协会与老龄干部之间就会在自主性与控制间谋求某种平衡。

"去年，我们跟街道申请补贴，想要组织社区老年人出去旅游，但遭到了拒绝"，当问及什么时候能得到街道的资助时，这位负责人说道，如果街道觉得这个团队发展得还不错，或者，街道有演出任务时，会给少量资助。当问及资助这么少，有时还拒绝资助，这对老年协会的运转有何影响时，这位负责人则坦率地说："那当然还得干，我们拿人家钱呀！而且，社区既然需要又总会有人愿意参与其中，所以，虽然工作有些困难，但基本工作不会受到影响。"

有意思的是，比较配餐中心、助老服务社、老年协会三个社区实体组织，街道投入最少的老年协会的生命力、自组织能力似乎最强，自主性、创造性活动最多。虽然同为行政嵌入，老年协会的社团性远强于助老服务社，助老服务社的科层化程度较高。运作中，助老服务社后继乏人，更别说组织内的横向互动了，而相反，老年协会组织中，成员间的横向互动远多于助老服务社及配餐中心。相对而言，配餐中心由于提供了一个公共交往的场所，在中心就餐的老人间的横向联系及成员间的互动性又高于助老服务社。但助老服务社的投诉率要低于配餐中心。另一方面，街道对助老服务社、配餐中心的控制远强于老年协会。如果将参与社区养老服务的各组织的工作积极性、投诉率作为供给绩效的主要评价指标，那么，配餐中心、助老服务社、老年协会间显然存在着较为明显的组织绩效差异。而对 FL 街道的观察显示，配餐中心、助老服务社、老年协会同是街道社保科老龄干部属下的三个分支组织，同由老龄干部兼任主要领导，三个分支组织内的主要工作人员都是街道向社会招聘的，那么，如何理解这一差异？为什么同样的嵌入与领导会有不同的结果？

四 嵌入的结构差异性与服务供给绩效

如前所述，已有的文献分析中常将公共服务的供给绩效与决策者的决策意愿联系在一起，强调对决策者决策动机的考察，而组织研究的文献则提出，应将执行过程纳入决策研究中。这在对 FL 社区的观察中得到印证。对 FL 街道养老服务供给的个案考察表明，应将执行过程纳入观察过程中。FL 社区配餐中心的个案表明，第一，积极的决策，进而积极地投入并未带来良好的公共服务供给绩效。第二，基层政府尤其是城市基层政府的公共服务供给更多的是对上级决策的执行，而且，在基层，服务供给网络的出现表明，基层政府的公共服务供给出现了供应与生产两个相分离的部分，因此，尤其在城市，基层政府的公共服务供给应该是基于执行的决策体系，公共服务的供给绩效差异，不仅与政府及领导人的决策差异有关，还与这个网络中的各部分的执行能力差异有关。

再从执行能力看，在本个案中，街道领导对于社区老人助餐服务供给无论是财力还是人力投入都是非常重视的。2009 年 6 月，在配餐中心正式运营半年后，街道再次召开会议讨论配餐中心的运营问题，并形成了一份关于加强社区养老服务工作的正式文件，文件中指出，由于是"政府出资兴办"，配餐中心"提供服务的形式因此相对薄弱"，从而导致了"助餐点现运营情况未能达到预期成效"，为此，街道提出，将拓宽服务供给主体，加强区域内资源整合力度，鼓励辖内商业主体进行服务供给。具体的改进措施包括：①恢复敬老院原有餐饮供应，使其继续为就近小区老年人提供配餐服务；②联系位于社区的 A、B、C 等单位，共同合作，为老年人提供专餐；③寻找合适的正规餐饮单位进行协商，由店家腾出部分空间，设立老年人用餐专区，为老年人提供助餐服务；街道则出资补贴，提供部分餐具，并利用《FL 家园》或小区公告栏等宣传媒介，为商家做广告，提升知名度。

在 FL 街道，作为政府实事工程，社区配餐点的运行得到了上级部门的足够重视，配餐点自计划建设以来，花费百万，由区财政局统一拨款，同时，得到街道办事处的大力支持，因此经费较为充裕。在人员雇佣方面，助餐点由街道办事处老龄干部直接管理，下设一名具体负责人，助餐服务点的工作人员也都由街道负责向社会聘用，从街道方面而言，对工作人员的配备力度也是足够的，而且，各岗位设置相对细致。

如果说，第一，供给绩效不足与供给主体的供给积极性无关，第二，供给绩效不足与供给主体的投入不足无关，排除决策、执行力这两种因素，那么，是什么原因导致为老服务助餐点难以运作？如果正如街道所指出的，配餐中心的运作困难与政府出资、配餐中心组织形式单一（单薄）有关，那么，其中的机制是什么？现在，我们再就配餐中心与街道运作的两个为老服务实体组织——助老服务社与老年协会的组织目标与结构作更深入的观察分析。

助老服务社与老年协会都是近年来各街道按照市、区两级政府的政策要求成立的，它们与配餐中心一样，现都由街道社会保障科主要负责人或专门负责老龄工作的干部兼任这些实体组织的负责人，实体组织的工作人员由街道社保科向社会招聘，换言之，如果将这些组织视为社会组织，街道通过直接兼任负责人与这些实体性的社会组织形成嵌入关系，不同的是，由于配餐中心、助老服务社与老年协会这三个组织的目标任务各有不同，它们与外部环境的关系也各不一样，所以街道与这三个组之间的嵌入关系不同。

在上海，老年协会与配餐中心、助老服务社的关系在各街道并不一样。有的街道让老年协会承担组织助老服务社、配餐中心等任务，那么，在运行中，这样的老年协难免会有更浓的科层化、行政化色彩，而另一些街道的老年协会则独立性更强些，街道干部并不在其中兼职，这些相对独立于街道的协会的动员能力各有差异，有的相当强，能在全市范围进行资源动员，有的则较弱，动员仅限于街区内的社团活动。比较之下，就嵌入型而言，FL 街道的老年协会处于这两种形式之间，一方面，由街道干部兼任会长，人力、财力都得到较为持续的保障，当然，行政性也会较强些，另一方面，FL 街道的老年协会并没有肩负起运作助老服务社、配餐中心的任务，其社团性也可以有更多展现空间，而不必受到来自街道老人助餐、助洁、助行等任务的挤压。

现在再比较一下老年协会、助老服务社与配餐中心的组织结构差别。

老年协会在成员互动过程中形成了一个属于自己的网络。而助老服务社目前并没有足够的动力发展自己的网络。配餐中心涉及多重组织关系，应该在市场供应与营销方面都有自己的组织网络，但实际运作过程中则未见组织网络、营销网络的形成。在配餐中心营业的过程中出现了就餐者之间的互动，但他们与配餐公司、社保科负责人之间的沟通渠道则是断裂的。

进而，在逻辑上，街道与配餐公司之间是通过谈判达成的自由交易，街道拥有一定的市场选择权，而配餐公司则拥有退出权，因此，配餐公司与街道的关系是不同于助老服务社与街道的关系的，助老服务社虽然也属于政府购买服务，但助老服务社与街道之间既无选择关系也无退出权之说，这几乎注定了助老服务社在组织结构上较强的科层性，而配餐公司则拥有较强的契约性。老年协会没有被赋予较多的行政任务，这既是本案的独特之处，也显示了街道与其下属的一种典型关系：街道与助老服务社——"社会非竞争性契约关系"，街道与老年协会——"社会竞争性契约关系"，相对而言，配餐中心与街道的关系可视为"市场竞争性契约关系"。如果说，助老服务社与街道的谈判权最小的话，老年协会与配餐中心则依各自的逻辑拥有不等的谈判权。

就组织特性而言，老年协会与街道的谈判权源于其自身的组织能力，当老年协会能更多地组织更具特色的活动，能更多地动员社区老人参与其中时，老年协会便获得了更多的谈判权，显然，老年协会的谈判权与其自身的组织动员能力有关。配餐中心则不同，配餐中心的谈判权在很大程度上来源于与街道的相对关系。本来，配餐中心由街道成立，与街道存在一定的科层关系，然而，配餐中心的运营离不开其另一母公司——配餐公司，因此，实际上是配餐公司在运营配餐中心的过程中出现了较大的谈判余地。逻辑上，配餐公司与街道达成协议后既应以市场逻辑运营配餐中心，也即，配餐公司开始了与老年居民的市场契约关系，然而，实际运作中，配餐公司与当地老年居民间的契约关系却被阻断，与老年协会不同，老年协会与当地的老年居民存在着密切而强烈的互动关系，这在配餐公司与老年居民间却不存在。因为街道充当了老年居民的代表，街道是老年居民配餐问题的投诉对象，老年居民将配餐的服务质量与街道服务质量等同起来。如果将契约关系理解为选择与退出权的获得，那么，在配餐公司与当地老年居民间，不存在选择与退出的问题，这也是他们之间契约关系被阻断的另一重表现。

显然，在配餐中心运营过程中，FL街道开始意识到这一问题对于配餐中心运营的重要性，在其新近的改进方案中，街道似乎有意向增加居民与配餐公司各自的选择与退出权。但是，街道的配餐服务同时还涉及服务供给的标准化问题。如前所述，街道并没有关于配餐服务供给标准的自由裁量权，尤其涉及食品安全卫生时。这很可能弱化配餐公司与居民间的契约交往能力，配餐公司与居民都可能过度依赖街道的保护，并由于过度依赖而出现服务供给的目标替代。

理论上，由于老年协会、助老服务社、配餐中心都是街道社保科管辖的社会组织，因此，三者不属于行政机构，与街道之间也就不构成垂直命令关系。事实上，街道也是这样将这三个组织定义为民间组织的。然而，配餐中心运营的专业化要求最高，街道对于配餐中心的一次性投入也最高，同时，助老服务社也在运作过程中被视为社保科的垂直下属机关。显然，对街道社保科而言，配餐中心、助老服务社与其构成一种专属关系，街道在设置该组织时是有较强的目标专属性的。专业护理与照顾对于那些生活不能自理的老人的重要性不言而喻，另一方面，增加一个职能部门无疑有助于分担社保科与日增加的服务供给职责，因此，社保科需要一个专属部门，如果资源许可的话。就配餐中心而言，专属性还在于配餐中心在运营中必须为规避风险而遵循若干职业标准，或来自政府层面的道德规制。如，街道很难正式确认老年人互助就餐的合法性，即因为它涉及卫生质量问题，而且，街道如何监管使其成为"不获利的合作"？老人自主拓展助餐点没有合法性，同样，老年人参与助餐点建设的合法性也是受限制的，在FL社区，有老人希望将自己的美食配方带到配餐中心，但这不能被允许，街道的理由是，它没有经过专业部门的卫生质量标准检测、没有专利许可证。而卫生质量标准，作为强制性规范，涉及卫生质量部门如何与配餐中心合作订约的问题，而社区老年人是没有权利单独与卫生质量部门沟通、订约的。

正如有研究指出的，网络中的行动绩效与双方的关系专用性投资有关，当交易涉及重大的关系专用性投资时，敲竹杠或机会主义的动机就增大，合作风险相应增加，自然，绩效也因而会大打折扣。[①] 同样，街区政府基于服

[①] 马斯腾：《契约和组织案例研究》，中国人民大学出版社，2005，第135页。

务专业化要求与助老服务社、配餐中心形成的这种专用性关系塑造了后者的组织规范，进而约定了组织的行为绩效。

相比之下，老年协会与街道社保科的专属性则相对较弱，老年协会获得行政资源的多少取决于老年协会的工作成绩，当然，老年协会可以通过其他方式获取资源，这样，老年协会自身就成为一个开放的体系，老年协会就如同一个大箩筐，可以开展的活动、从事的领域都要多许多，从文化娱乐、体育健身到参政议政、民间调解以及老年维权等等。总体看，老年协会所"生产"的服务的异质性较强。因应具体环境，上海各街区老年协会的活力也各不相同，动员能力也相差很大。FL街道的老年协会在全市范围并不算活跃，即便这样的社区老年协会，也组织起了较为丰富的文化娱乐活动，由此可见嵌入关系对于公共服务绩效的影响。相对而言，关系专属性而非开放性则较强地影响了助老服务社、配餐中心的组织行为。对于无论是组织自身抑或它们的"领导者"街道而言，其都无法使助老服务社、配餐中心处于开放关系中。[①] 这使得助老服务社、配餐中心的行为受到了较大程度的科层化约束。

表1 组织嵌入与公共服务供给的绩效差异

	老年协会	助老服务社	配餐中心
关系专属性	少	多	多
资源投入	少	多	多
行政任务	少	多	较多
契约关系	社会竞争性契约关系	社会非竞争性契约关系	市场竞争性契约关系
组织内关系	横向互动多	横向互动无	横向互动较少
标准化	异质性差异化的服务供给	有统一标准、同质化的无差异福利供给	有统一标准、同质化的无差异福利供给
内部组织结构	有自己的网络	无自己的网络	营销网待建
外部环境	面向不特定群体，开放性高	面对特定群体，开放性低	面向不特定群体，组织有待开放
目标指向	社区导向	服务对象导向	服务对象导向
公益性	公益性	公益性为救济性所覆盖	公益性为救济性所覆盖
投诉	少	中	高
工作积极性	高	中	低

---

① FL街道的最新举措表明，FL街道试图将其与配餐服务中心的关系从专属性中解放出来，就社区老年人的差异性服务需求而言，这一组织的结构变迁表明，绩效差异倒逼组织结构的演变。

五 结论与讨论

至此，我们可以给出进一步的总结：（1）网络成员作为公共服务的"生产商"，关系专属性（标准化程度）越强，越容易受到科层规则制约，其公共服务供给的同质性越强，否则，科层规则的制约性越弱，其公共服务供给的异质性越强。（2）网络成员作为公共服务的"生产商"，组织开放度越强，其公共服务供给的异质性越强。（3）包容性（开放性）与嵌入性（限制性），这两者并不完全吻合，组织结构不同，影响力不同。（4）嵌入的密度（资产专属性）影响组织的运转（科层规范的制约）；嵌入的包容性增加组织的不确定性，影响信息桥作用的发挥，并影响组织网络的拓宽，或社会资本的生成。

以往关于公共服务供给的讨论，多是从决策的角度出发，将供给视为公共决策行为，本文认为，应将执行过程纳入供给决策分析中，我们在观察中发现，在城市基层，社区公共服务的供给实际上是重在执行的公共服务供给，是由供应与生产二者共同构成的一个复杂的网络。这个网络结构的强度与密度皆非均等，它表示，基层政府在公共服务供给过程中对各种社会力量与关系的嵌入差异，这种结构性差异会影响公共服务供给的产出绩效。

进一步看，当人们呼吁要充分发挥社会组织在公共服务供给中的作用时，本文的研究提醒人们注意，在公共服务供给体系中，政府组织的社会组织的嵌入方式将直接影响社会组织作用的发挥。提高社会组织的参与度，就需要区别公共服务的类型开放或专属性与社会组织的关系。

舌尖上的中国梦：论禁欲、食文化与国家发展[*]

王程韡[**]

内容摘要：韦伯认为，禁欲是资本主义精神的核心。据此有着悠久食文化传统和极愿意享受口欲的中国，若要实现国家发展就必须重返禁欲精神。然而一方面中国从来都不缺乏禁欲思想，只是其实践是高度阶层化的；另一方面，英、日、韩等国家勤勉革命的历史亦表明，口欲可以通过市场消费的方式帮助完成单纯的经济理性所无法企及的创新循环，并实现一种对国家发展的认同感。为此，消费的民族主义和个体、企业和政府几个层面的"自主性"都必不可少。

关键词：勤勉革命　禁欲　消费民族主义　食文化

饮食与发展，是人类社会永恒的主题，虽然两者很少被一起提及。然而一方面，早在20世纪30年代，人类学领域中食物和进食方面最杰出的研究者之一奥德雷·理查兹（Audrey Richards）就曾历史性地指出："摄取营养作为一种生物过程，比之性活动更为根本。在有机个体的生命过程中，它是一种更为基本、周而复始得更快的需求；相较于其他生理机能，从更为广泛的人类社会的角度来说，它更能决定社会群体的特性，以及其所采取的活动方式。"[①] 另一方面，韦伯（Max Weber）也在其著作《新教

---

[*] 基金项目：清华大学文化传承创新基金项目"科技与社会相互建构的机制和问题研究：中国案例与国际比较"（2012WHYX007）。

[**] 作者简介：王程韡（1982~），吉林省公主岭人，清华大学社会科学学院讲师，中科学学部－清华大学协同发展研究中心主任助理。

[①] 西敏司：《甜与权力：糖在近代历史上的地位》，北京：商务印书馆，2010，第15页。

伦理与资本主义精神》中强调，以天职观为基础的合理生活态度，构成近代资本主义精神及文化的一个基本因素，进而使得他们可以反对追逐财富和浪费光阴，推崇节俭和坚持不懈地艰苦劳动……于是，不可避免地出现了一种结果——财富的增加。而这种生活态度的根源，就是新教诸派所共同持有的那种"世俗禁欲主义"精神[1]。事实上"清教禁欲主义竭尽全力所反对的只有一样东西——无节制地享受人生及它能提供的一切"，"闲谈，奢侈品，自负的炫耀都是无客观目的的非理性态度的表现"[2]。比如被喻为美国"资本主义精神最完美代表"的本杰明·富兰克林（Benjamin Franklin）一生都在坚守"诚实和勤勉"和"禁欲"的基本原则——即便在富有的时候，早餐也只是"喝两便士的稀粥，使用一把锡勺子"[3]。

尽管也有学者指出韦伯忽视了其他文化（尤其是中国文化）的某些方面对现代社会发展起着重要作用，或者起码未能发觉中西文化差异中更为重要的和更为精细的方面，并以此为依据从外部对"禁欲"和国家发展之间的关联性进行批评[4]。但不得不去承认的是，虽然他把所赞美的人的某些品质，如有理想抱负、自我克制、恪尽天职的献身精神以及勤劳节俭、理性牟利等，冠以"现代资本主义精神"之名可能有着一定的局限，但这些特质实际上却正是今天被视为全球共识的市场经济的工作伦理和道德的基础。于是近来一部被喻为20世纪90年代以来中国收视率最高的纪录片《舌尖上的中国》，在让世人感受到中国食文化的博大精深之余，也再次引发了中国人如此强盛的口欲对国家发展"负面"影响的担心："温饱"以后，中国若想追赶上下一次工业革命的步伐甚至实现伟大复兴之"中国梦"，就不能只想着肆无忌惮地享"口舌之快"。相反整个国家亟待重建的也正是这种长期依赖匮乏的"禁欲"精神[5]。

---

[1] 马克斯·韦伯：《新教伦理与资本主义精神》，北京：三联出版社，1987。
[2] 同上，p. 133~135。
[3] 直到有一天发现他的妻子花了320先令买了一个瓷碗和一把银勺子，还不禁慨叹这种花费无异于"天文数字"，"不管原则如何，家庭还是会越来越奢侈"。事实上韦伯对"资本主义精神"的引入也是通过富兰克林的教导来进行的（见《新教伦理与资本主义精神》第二章）。Bigelow, John (eds), *Franklin B. The Autobiography of Benjamin Franklin*; The Unmutilated and Correct Version. New York; and London: G. P. Putnam's Sons, 1909: 185.
[4] 王水雄：《亲和性机制或"虚假"命题——〈新教伦理与资本主义精神〉的逻辑缺憾》，社会学研究，2001年第2期。
[5] 李春华：《再读〈新教伦理与资本主义精神〉——韦伯命题的现实意义》，《河南社会科学》2003年第2期。

一　中国式的阶层化"禁欲"及其问题

让我们首先搁置"禁欲"是否代表了资本主义精神争议。事实上单从经典来看，中国的传统文化中是从来不乏"禁欲"思想的。如孔子有云："饭疏食，饮水，曲肱而枕之，乐亦在其中矣。不义而富且贵，于我如浮云"（见《论语·述而》）。孟子则言，"人之有道也。饱食暖衣，逸居而无教，则近于禽兽"（见《孟子·滕文公章句》）。新儒学的代表人物朱熹也说："饮食者，天理也，要求美味，人欲也"（见《朱子语类·卷十三》）。"天理人欲，不容并立"。要"革尽人欲，复尽天理"（见《四书集注·孟子滕王公上注》）。

然而也无须否认，儒教的"禁欲"实践始终是以世俗等级而行的：一边是"天子"通过"嫔妃、宫女与太监"等组织化手段，成为"人欲"实际上最大的得利者；就连其得宠的妃嫔和朝臣，也能享受到"一骑红尘妃子笑"的口欲等满足。甚至三次府试失利后，以"无论男女尊贵一律平等，男曰兄弟，女曰姊妹"为口号自封为耶稣兄弟并创立"拜上帝会"的洪秀全，也还是在得到半壁江山以后就马上周旋于后宫的女人之中——"南京的夜晚漫长而寒冷，天王的身体健康和心情愉悦是每个人都关心的大事。她们仔细铺设地毯、被子，安置火盆，让他保暖，还给他吃人参、鹿茸以增强体力；她们还给他按摩头部、脚部、足踝、胳膊、膝盖，以解除他身体的疲劳。在那种最隐秘的事情上，他不给他的妃嫔任何明确的指令，只是特别赞扬祝福那些'救亮'[①]的妃嫔"——相比之下普通人的"婚配"制度很晚才得以恢复[②]。另一边则是"壶浆半成土"、"路有冻死骨"的劳苦大众，在圣贤的教化和动员之下恪守"革尽人欲"的死理。和西方社会不同，下层社会的"禁欲"并不体现为节俭致富的经济理性。相反，隋唐之后的科举制开辟了一条从"禁欲"到可以"纵欲"的特别通道——毕竟制度本身就保证了儒生即便没有官职，也以学问等级享受各种国家福利。也难怪传说里中了举人的范进，会马上疯掉。因此天下寒士受得"每天只食一粥块"之苦，除了实现"治国平天下"、"先天下之忧而忧"等伟大理想外，也并不

[①] 洪秀全在所有的诗文中都自称"亮"或者"日"，以对应他与上帝共有的名字"火"字。如"真心救亮脱鬼迷，真心救亮是真妻。真心救亮好心肠，真心救亮识道理。"

[②] 史景迁：《"天国之子"和他的世俗王朝：洪秀全与太平天国》，上海：上海远东出版社，2001，第561页。

能排除荣登"天子门生"以后,成为欲望需求的即时满足者而"乐"的可能。事实上宋真宗赵恒,早在其《励学篇》里开诚布公地劝导广大儒生:"富家不用买良田,书中自有千钟粟;安居不用架高堂,书中自有黄金屋;出门莫恨无人随,书中车马多如簇;娶妻莫恨无良媒,书中自有颜如玉;男儿若遂平生志,六经勤向窗前读"。而中国的封建社会延宕几千年,始终没有逃出这个从"禁欲"到"纵欲"的轮回。而且从这个意义上讲中国草根群体长久以来"禁欲",是由社会的分层结构及其资源分配方式所导致。在一种政治而非经济理性的推动之下,他们更为关心的是如何通过某种钦定的方式进入"体制内",从而极大的影响分配(从而有利于自身)而不是生产的过程。这样看来,中国近代资本主义的萌芽没能长成,也似乎情有可原。

政治理性主导的直接后果就是官僚结构和商人的"自主性"双双丧失,通过官商勾结的方式实现寻租成为一个相对普遍的现象。比如明清时期的许多大富商,都是靠经营漕运和盐运等专卖产品发家;为数不多的食品工业创新,如开发新的制糖工艺,也单纯地为了生产和运输的方便或是迎合广大新富阶层的口味和消费能力[①]。相比之下,普通民众的需求却是始终被忽视的。这种"内部"的刚性即便受到了鸦片战争后五口通商的"外部"影响,亦没有得到根本性的改变。大概在19世纪60至70年代,上海就有了西餐馆(广州还要更早些)。但西餐馆主要的服务对象还是外国大班、买办职员等被划在特权阶层之列,因而可以享受"超国民待遇"之人。据说光绪年间真正大菜只有"密采里"一家,它开在开埠时期最繁盛的爱多亚路(今为延安东路)上的泰晤士报馆对面。我国出版的第一本西餐食谱《造洋饭书》(Cookery Book,1866年初版,1885、1899、1909等多年再版,但不公开发行),也仅是为了培训做洋饭的中国厨师,从而解决外国传教士在中国的吃喝问题[②]。因而也未能改变"西餐制法,初不立文字,由师父口授心传"的状态,从而对饮食本身的阶层化区隔产生实质性的影响。诚然由于社会风气的商业化和盲目崇洋,许多国人都以赶时髦的心态尝试食用西餐。对这种"食难下咽"、"一嗅即吐"(见张德彝[③]《航海述奇》)的东西的蜂

---

① 罗兹·墨菲:《东亚史(插图第4版)》,北京:世界图书出版公司,2012,第170~171页。以及穆素洁:《中国:糖与社会 农民、技术和世界市场》,广州:广东人民出版社,2009。
② 邹振环:《西餐引入与近代上海城市文化空间的开拓》,《史林》2007年第4期。
③ 1866年,十九岁的同文馆学生张德彝,受朝廷委派,参加了中国第一次出使欧洲团。参见:文淑《天津有个起士林》,《文史精华》2000年第4期,第56~63页。

拥效仿,实则并不符合儒家所倡导的实用原则,相反只是希望通过仪式化的饮食彰显自身"上流"的身份。于是民国时期,西餐馆扩散到了当时的权力中心——北方,就旋即成为袁世凯、黎元洪等达官显贵争宠的工具[①]。官绅宦室一改传统的饮食习俗,"器必洋式,食必西餐","向日请客,大都同丰堂、会贤堂,皆中式菜馆。今则必六国饭店、德昌饭店、长安饭店,皆西式大餐矣","昔日喝酒,公推柳泉居之黄酒,今则非三星白兰地、啤酒不用矣"[见胡朴安《中华全国风俗志(下篇)》]。事实上由于国人更关心西餐之"名"而非其"实","中菜西吃"成为一种极普遍且流行的方式:比如当时著名的西餐馆上海一品香不但把西餐改称为番菜或是大菜[②],而且初创时即以精烹英法大菜为名,却实际用广东厨师[③]。而且"此间重到,有无穷曲辫,盘旋五号。鬼脸神头相掩映,可惜电光灯照。倚笛征歌,持杯斗酒,叫得王三宝,端茶送菜,忙煞翡翠二少。闻道有客登楼,招呼起立,添写三张票。节下开销浑不管,只顾眼前欢笑。接耳交头,摸腮嗅颊,都与佾人吵。老夫无语,坐看小子胡闹"(见李柏元《一品香独酌》)的场景与传统中餐馆中喝花酒的情形并无多少差别,不过是表面的西化。

总之阶层化的"禁欲"是一直以来困扰中国社会的问题。而问题的解决并不是通过消弭阶层之间的区隔或是打破现有社会的格局,相反更多的精力被用来挤进"体制内"或通过与其勾结而牟利。这样也客观地造成了生产和消费的问题长期被忽略,如何影响分配成为政企关系的核心内容。

二 重拾消费的意义:英国人真的"禁欲"吗?

既然中国人无法做到韦伯命题所言的那种"禁欲",那么"禁欲"对于国家的发展而言就真的那么重要吗?开创了工业革命时代的英国人是否又做

[①] 袁世凯过46岁生日时,将起士林餐厅整个包了下来,起士林做了一个多层寿字蛋糕以示庆贺。自此,天津的有钱人每逢生日,都想着到起士林餐厅制作一个特别的蛋糕庆贺一番。后来,黎元洪在天津过生日时,也让起士林做了一个1米高、1米宽的方形寿字蛋糕。
[②] "番菜"的叫法带有某种贬义,因为在传统中国人看来,中国居于世界的中心,周边的其他国家和地区一般被说成是"夷"、"蛮"、"胡"或"番"。
[③] 唐艳香、田春明:《一品香与近代上海社会》,《理论界》2008年第6期。

到了呢？事实上针对这个问题，另一位德国社会学家桑巴特（Werner Sombart）就跟主张禁欲主义的韦伯意见相左——虽然他也把"经济合理主义"跟营利原则放在同等地位，把远大的计划、正确的手段和正确计算当作实现营利目的所必需的"三种方法"①。

桑巴特在其著作《奢侈与资本主义》中指出：资本主义早期发展的动力，在于当时宫廷和贵族阶层崇尚奢侈的生活风气，刺激了商业和技术的发展。他进而认为，所有的个人奢侈都是从感官快乐中生发的。任何使五官感到愉悦的东西，都倾向于在日用品中发现更加完美的表现形式，正是这些物品构成了奢侈。"由于女人在资本主义早期所发挥的支配作用，糖迅速成为受人喜爱的食品；正是由于更广泛地使用糖，像可可、咖啡、茶这样一些刺激物才被全欧洲迅速地接受。这种商品的贸易，海外殖民地对可可、咖啡和糖的生产以及欧洲对可可的加工和对糖的提纯，都是影响资本主义发展的十分明显的因素"②。而自13世纪开始，新兴的城市资产阶级为了获得社会尊重而竭力追求和效仿贵族的生活方式，结果这些暴发户们疯狂追求现世享乐，奢侈消费的风气迅速传遍欧洲。为富人提供大量消费品的欧洲城市，也开始变成了遵从享乐主义文化的"消费城市"。即便不去刻意强调，女人通过对居所的风格和内部结构、家具、歌剧院、时髦人物光顾的餐馆和商店以及豪华旅馆发挥影响并产生了关键作用。始终需要承认的是消费是重要的——"不管我们考察何处，我们都会遇到这样一个存在于前资本主义和早期资本主义文化之中的观念：体面只适合于花钱而不适合于挣钱"③——因为毕竟只有消费才能让经济理性所促动的生产方面的创新最终通过市场肯定的方式完成循环。从这个意义上可见，"奢侈最令人称道之处是其创造新市场的功能"④。

然而也正如西敏司（Sidney. W. Mintz）所指出的那样，如果仅仅是一群人（通常是社会底层）复制、模仿甚至是竞争性地仿效着另一群人（通常是权贵阶层）的消费实践却是没有多少意义的——因为消费实践还是被森严地按照出生、财产、血统、性别和地位区隔着，社会中不会迸发出需求的强大动力。相反在"顺延"以外，还需要另一种"广延"——只有在这里，新的使用者们才可以将特定的行为以及他们所感受到的"内在意义"

---

① 维尔纳·桑巴特：《现代资本主义 第1卷》，北京：商务印书馆，1958，第205，215页。
② 同上，第125页。
③ 同上，第18页。
④ 同上，第151页。

挪为己用，新的用途和意义也才可以不时被创造出来①。从而又反过来促进了新一轮的消费，刺激了生产。而更大量的生产和诸多用法，又再次刺激消费……如此循环往复。以今天我们最熟悉的一种食品蔗糖为例，"曾有那么一段时间，英格兰的土地上没人知道蔗糖；数个世纪之后，蔗糖作为一种昂贵的珍稀品登场。只是到大约1650年以后，蔗糖才在英国的统治阶级中变得重要起来，于是越来越多的蔗糖被进口；逐步攀升的经济实力以及随后抬头的政治力量，既促成了殖民地的扩张——在殖民地之上甘蔗被种植下去而粗糖被生产出来，也促成了提供必要劳动力的奴隶贸易。在不列颠，当进口蔗糖的消费增长的同时，它的价格也在下跌。即便是那些钟情于糖的人民，他们的购买力还较有限时，消费也在稳步增长，越来越多的人消费着越来越多的糖。蔗糖的使用方式以及它在日常饮食中的地位发生了改变，并且花样百出。它在人们的意识中、在家庭预算中以及在国家经济、社会和政治生活中变得愈加重要起来"②。显然对于普通民众而言，并不需要把蔗糖当作是药物、香料或者糖雕等权贵的装饰性玩物。或者仅仅通过顶着特权阶级光环的糖来彰显他们的好客之道，作为一种装点仪式排场的工具都有些"奢侈"到不符合实际。事实上他们将蔗糖"据为己有"的方式是非常符合经济理性的：蔗糖加面包的组合昭示着费时、费燃料的传统烹调向今天的"便利饮食"的转变，它把争取工资的妻子从一天准备一到两餐中解放出来，同时又仍为其家庭提供了大量的卡路里；尚未工作的童工、工作中的成人，现在都以茶代替热餐，因为变甜的茶有增加工人们咽下大量平淡无味的复合碳水化合物（尤其是面包）和让冷饭变热食的魔力……总之糖"使得繁忙的生活不再那么的不堪；在人们恢复元气的间歇中，它使人感到放松，或者说看起来像是放松了在工作与休息之间辗转所带来的烦躁；比起复合碳水化合物，它提供了更为迅速而充盈的满足感；它可以轻易地与许多其他食物相混合而被食用"。它在工人阶级家庭中的引入，使得总体上花在吃饭和准备方面的时间大幅度减少，从而客观上为增加工作时间和进一步加速工业化创造了可能③。

蔗糖，只是英国工业革命中诸多消费品去阶层化过程的一个体现。其背后更深层次的意义在于，包括糖、茶、咖啡、酒类、棉布、亚麻、呢绒、陶

---

① 西敏司：《甜与权力：糖在近代历史上的地位》，北京：商务印书馆，2010，第151~153页。
② 同上，第165页。
③ 西敏司：《甜与权力：糖在近代历史中的地位》，北京：商务印书馆，2010，第133、136、149、183页。

器和新家具等消费品构成了一种催化剂,促使家庭投入比以往更多的劳动——既包含了男人们年度工作时间的增加,更包括了妇女和孩童进入劳动行列,同时又增加了对更多商品的市场需求,从而推动一国经济的发展。事实上从14世纪后期起,维持家庭基本生活仅需工人一年中一半多的时间,余下的小半年工人们不会呆坐休息,一定会为改善生活提高消费水平而工作,增加劳动量,甚至家庭成员即妇女儿童也做些活计,增加收入——这就为消费革命提供了很大空间,从而通向工业革命[1]。这种以口欲为起点、劳动力供给的理性分配和更多的消费为终点的家庭需求的产生,先于工业革命,更为其铺平了道路[2]。对此,著名工业革命史研究专家艾伦(Robert C. Allen)在其著作《近代英国工业革命揭秘:放眼全球的深度透视》中也进一步强调:工业革命前期,英国工人阶级的工资水平相对于欧洲大陆和亚洲其他国家实际上非常优越,不但足以应付全家人的日常生活开销,而且经常还会绰绰有余。高工资的民众在购买面包、肉食和酒等昂贵食品上的花销不断增大,反过来又改善了他们的体质,使其不但愿意也能够忍受更大强度的劳动。同时对高档农产品甚至海外"奢侈品"和"奇珍品"(如茶叶、蔗糖、咖啡和巧克力等)的需求,一方面刺激了本土农业的进一步发展(如通过土地改良增加劳动生产率),另一方面也由于平衡国际贸易的压力而间接促进了制造业的增长[3]。

从某种意义上讲,去阶层化的"顺延+广延"模式亦是至关重要的。因为权贵阶层的消费从来都不受国界的限制,而只有多数社会群体的消费才可能构成稳定的"内需"[4],并进一步用所谓的"市民精神"激发"企业家

---

[1] Allen R C, Weisdorf J L. Was there an 'Industrious Revolution' Before the Industrial Revolution? An Empirical Exercise for England, C. 1300 - 1830. The Economic History Review. 2011, 64 (3): 715 - 729.

[2] De Vries J. The Industrial Revolution and the Industrious Revolution. The Journal of Economic History. 1994, 54 (2): 249 - 270. ; De Vries J. The Industrious Revolution and Economic Growth, 1650 - 1830. The Economic future in historical perspective, David P, Mark A T, Oxford: Oxford University Press, 2003, 43 - 71. ; De Vries J. The Industrious Revolution: Consumer Behavior and the Household Economy, 1650 to the Present. Cambridge; New York: Cambridge University Press, 2008.

[3] 罗伯特·艾伦:《近代英国工业革命揭秘:放眼全球的深度透视》,杭州:浙江大学出版社,2012,第71~82页。

[4] 英国1800年糖的消费量是1650年的26倍,显然贵族无论多奢靡浪费都是无法完成这个指标的。

精神"①，从而转化为创新的强大动力。试想一下，若不是英国黑死病后劳动力短缺又恰逢能源价格便宜，光靠科学家和工程师改造世界的崇高理想肯定是不足以支撑蒸汽机改进的巨额费用（瓦特为此垫付了1000英镑，相当于普通工人15年的工资），蒸汽机也不会从解决矿井排水的专门机器迅速扩散到国民经济的各个部门②。其实不管是德·弗雷斯（Jan De Vries）还是艾伦，在讲述英国工业革命故事时的一个共识都是"工业的"（industrial）这样一个限定词已经局限了我们对于历史的认识。相反，他们使用了曾被用来形容日韩等国家崛起的一种"东方化的工业革命"的术语——勤勉革命（industrious revolution）。但他们却并不旨在强调在生产一端如何"运用更多思想、社会组织和人力"③，或是如速水融（Akira Hayami）和杉原薰（Kaoru Sugihara）最初对勤勉革命界定的那样，认为是一种为适应自然资源（特别是土地稀缺）的限制，利用相对廉价但熟练的劳动力在相对小规模的单位更长、更辛苦工作的"劳动密集型工业化道路"④。

三 可选择的勤勉革命形式：日韩何以成功？

谈到这里也不得不说一下中国的情况：虽然自宋以来蔗糖的消费量就急剧上升，但仍然"只有富裕者得以时常品尝。对于大多数人来说，蔗糖仍是珍稀食品"，而且糖的分配等级制度也延续到了17、18世纪。由于被排除在普通百姓的生活必需品之外，糖和茶从来没有像在英国一样紧密地联系在一起。缺少了通过新发明和革命改善生产的动力，一直到清朝时期蔗糖的生产都还是集中在小农经济的劳工组织当中，通过操作效率不太高的压蔗机来实现，也未能像荷兰一样开发出集中干燥室等核心设备。相比之下一开始就迫于白银外流的压力，日本在更短的时间内生产更多、更便

---

① 维尔纳·桑巴特：《现代资本主义第1卷》，北京：商务印书馆，1958。
② 罗伯特·艾伦：《近代英国工业革命揭秘：放眼全球的深度透视》，杭州：浙江大学出版社，2012。
③ 约翰·齐曼：《技术创新进化论》，上海：上海科技教育出版社，2002，第99～100页。
④ Hayami A. A Great Transformation: Social and Economic Change in Sixteenth and Seventeenth Century Japan. *Bonner Zeitschrift für Japanologie*. 1986, 8: 3 – 13.；杉原薰：《东亚经济发展之路——一个长期视角》，《东亚的复兴：以500年、150年和50年为视角》，乔万尼·阿里吉，〔日〕滨下武志，马克·塞尔登，北京：社会科学文献出版社，2006，第143、109页。

宜的糖的诉求就更明确，因而早在 18 世纪下半叶就开始使用了三轮压榨机（虽然同样来源于引进），从而可以在单位时间内榨出两倍于中国两轮压榨机所榨出的液汁——而且更省劳力，浪费更少[1]。甚至后来连 1895 年被日本占据的台湾，都可以作为一个通过工业化设备生产糖的出口者，反而大陆这个前工业化时代世界最大的蔗糖生产地之一反倒开始积极地进口"洋糖"[2]。甚至一直到 20 世纪 40 年代，无论是外商还是政府所投资的糖厂都既未形成规模化生产，也未达到"进口替代"而改变中国外糖的进口格局[3]。诚然当时"进口替代"的失败有着复杂的历史原因，但从需求的角度我们仍可以给出一个合理化的解释：自古以来，中国的小吃摊主过于擅长做出各种美味而又富含能量的"热食"[4]（一般配以"白茶"，即凉白开食用），从而面包加甜热茶的"洋快餐"形式并不能形成一个庞大的用糖市场——相比之下高端用户（甚至在"顺延性"模仿的普通百姓）自然不会在意那种可以彰显他们身份的商品的价格，毕竟里面还包含了除了实用价值以外的符号性意义。那么接下来的问题便是：为何日本同样受到了（从中国输出的）儒家文化的深刻影响[5]，却并没有受到阶层化"禁欲"的羁绊？

从英国工业/勤勉革命的经验来看，成功源于生产和消费两端的协同和整合，从而使得经济能够以一个整体的形式运转。事实上在坚持经济理性和灵敏地响应市场需求方面，日本可谓是整个东亚模式的典范。比如在丰田汽车公司所开发出的精益生产方式，就以降低浪费和提升整体客户价值而闻名。日本的食文化，也恰如其分地反映了上述理念。日本人一向对外来事物保持着强烈的好奇心，也更加乐于接受新的思想——即便是这种新思想纯属舶来品。如在盛唐时期，日本就派出了大量的"留学僧"前往中国学习。明治维新以后，中国已经被看作是一个"落后的"、"脏兮兮的"、组织涣散和效率低下的国家。于是新政府派出绝大多数资深领袖登船前往欧美，进行长达 18 个月的考察。由于最初不清楚他们梦寐以求的西方列强的强大国力

---

[1] 穆素洁：《中国：糖与社会　农民、技术和世界市场》，广州：广东人民出版社，2009，第 229、238、243 页。

[2] 同上，第 42、47、257、12 页。

[3] 赵国壮：《日本糖业在中国市场上的开拓及竞争（1903~1937）》，《中国经济史研究》2012 年第 4 期。

[4] French P. *Fat China: How Expanding Waistlines are Changing a Nation*. London: Anthem Press, 2010: 108.

[5] 当然其思想来源还有日本本土的"国学"以及来自荷兰的"兰学"。

是来自于西方体系的哪个部分，于是便全盘引进了包括饮食、服饰等在内的几乎全部的西方文化①。此前更加倾向于素食的日本人②，也开始尝试西方的（兽）肉菜。以至于当时还发明出一道名为"寿喜烧"（Sukiyaki）的菜品，实际上就是一种融合东西方饮食文化、更满足了当时日本人需求的牛肉蔬菜火锅③。另一道著名的正宗日式菜品天妇罗，其实也是由外国传入④。16世纪开始出现在长崎，17世纪流传到京都一带，终在18世纪以食摊叫卖的形式在江户赢得了人气。其主要原因在于：首先，江户时期的油料供应较以前有大幅度的增加，这使得油炸食品成为可能。更为关键的是，江户湾盛产各类市值不高的鱼虾，可以用来作为天妇罗的材料⑤。作为一种价格低廉、口感鲜美的食品，天妇罗很受普通市民的欢迎，从而可以在市场中成功地存活下来——即便上层人士对此有些不屑一顾。事实上，很多具有代表性的日本料理的历史也不过两三百年，甚至不少都是在明治维新以后才改良定型的，皆是如此。

不同于英国工人以甜的热茶改善冷面包口味的理性，在日本平民对寿喜烧和天妇罗的消费选择中更体现出对于一种国民性和民族身份认同的特殊情感。这种特定的视野或思维模式，某种程度上也构成了另外一种资本主义精神——民族主义⑥。而且这种理性和情感完美结合的民族主义是通过一种被称作"核心文化制造过程"（the essential culture producing process）的仪式化行动实现的⑦。比如日本人对食用料理的餐具十分讲究。他们常用的一次性筷子，看似浪费却实则为了避免经唾液传播传染疾病，并在食用素面、荞麦面以及乌冬时（比传统的漆筷）更容易挟起食物。甚至还考虑到

---

① 罗兹·墨菲：《东亚史（插图第4版）》，北京：世界图书出版公司，2012，第409, 403, 405页。
② 佛教在6世纪中叶经过朝鲜半岛的百济传入日本列岛。虽然一开始的时候也受到了相当的阻力，后来的苏我家族和圣德太子的倡导之下，迅速在列岛传开。以后多位最高统治者是笃信佛教。676年天武天皇下令全国禁止肉食。
③ 罗兹·墨菲：《东亚史（插图第4版）》，北京：世界图书出版公司，2012，第406页。
④ 天妇罗（Tempura）本意是大斋节（葡萄牙语 *temporas*），含义为葡萄牙天主教徒只在星期五吃鱼，并且通常采用油炸方法。参见 French P. *Fat China: How Expanding Waistlines are Changing a Nation*. London: Anthem Press, 2010.
⑤ 罗兹·墨菲：《东亚史（插图第4版）》，北京：世界图书出版公司，2012，第263页。
⑥ 里亚·格林菲尔德：《资本主义精神——民族主义与经济增长》，上海：上海人民出版社，2004年，第31, 32页。
⑦ Goldstein-Gidoni O. The Making and Marking of the 'Japanese' and the 'Western' in Japanese Contemporary Material Culture. *Journal of Material Culture*. 2001, 6 (1): 67-90.

了不同原料的卫生筷会影响食物的味道——如日式法国料理多会选用杉箸或桧箸,而烧鸟店(烤鸡肉店)、日式中华料理、拉面店会选用白桦箸——当然使用过的一次性筷子也被专门的组织回收用来造纸,实现循环利用等等。而且整个仪式的高潮恰在于掰开卫生筷的那种清脆的声响,以及"我要开动了"(いただきます)的宣告。说到这里,我们不得不提一下朝鲜。这样一个资源贫瘠的国家同样秉承了儒家抑商的传统,如官办制造业主要为王室和贵族生产奢侈品;工匠的地位类似或者就是奴隶;多数人的需求也同样被扼制。但广大民众却可以通过扼制需求和自我满足的方式,始终坚守饮食风格(如体现为对泡菜等食品的偏爱和推崇)。甚至在"现代化"的大潮到来之前,朝鲜人的食物都一直没有和日本、中国的混淆起来①。

事实上由食文化中所培养出的"消费民族主义"的惯习,不但帮助日本企业能积累到(再)生产所必需的资本(当然依靠中国的"分配"模式也能完成这一功能),而且还使他们得到了对于调整经营策略而言更为重要的市场信息反馈。需要指出的是,虽然日本民族主义的"集体主义－威权型"(collectivistic－authoritarian type)特征明显,而且"鉴于其出现的特殊条件,日本的民族主义从问世之日起就以经济为重心并首先发展成经济民族主义"②。但从钢铁、通信设备和汽车等关键产业的发展路径来看,政府在投入方面所做出的努力是相当有限的。相反,公私联盟的重心则更多地落在为需求一方服务,通过政府或军方采购等形式在市场尚不存在时创造有效需求。事实上这一传统甚至早在幕府时期就已经开始,比如从农业相关的产品起家——最初的两项产品是日本酒和酱油,后来又开设了以丝棉制品为主的"吴服店",现在已经是日本三大财阀之一的三井,最初就是以依靠幕府大名和陪臣提供的市场需求成长起来的,虽然当时技术改进的速度要慢一些③。然而过分地强调政府的作用也是具有误导性的,因为日本企业成功的奥秘还在于他们依然对政府力量无法染指的民用市场保持了高度的重视。如1938年,丰田和尼桑作为本土汽车产业的代表在

---

① 罗兹·墨菲:《东亚史(插图第4版)》,北京:世界图书出版公司,2012,第221页。
② Gao B. *Economic Ideology and Japanese Industrial Policy*: *Developmentalism from 1931 to 1965*. Cambridge; New York: Cambridge University Press, 1997;里亚·格林菲尔德:《资本主义精神——民族主义与经济增长》,上海:上海人民出版社,2004,第427页。
③ 黄仁宇:《资本主义与二十一世纪》,北京:三联书店,2006,第364、369页。

军用和民用市场的销量分别为5930辆和6568辆[1]。事实上韩国也是如此：从宗主国中国引进（但在本地却并没有食辣排湿需求）的泡菜和男尊女卑时代产物的"媳妇饭"（即剩菜剩饭的杂烩），成为今天韩式泡菜和石锅拌饭等韩国料理招牌性食品[2]。现代汽车、三星电子等工业领域的成长过程中，购买国货的强烈愿望和本土测试市场（test bed market）的积极反馈都对企业技术能力的成长和规模收益的实现起到了积极的推动作用[3]——这也进而成为本土产品能够成功"走出去"，实现所谓出口导向型经济的基础。而企业和政府官僚各自的"自主性"，也正是日韩两国可以超越中国分配式寻租的关键。

四 结语：舌尖上的中国梦

若强调韦伯在新教伦理与资本主义精神之间建构了"一个没有意义的虚假命题"恐怕是一个过强的判断[4]，但起码要认同工业/勤勉革命的核心不仅仅在于自主的经济理性，还可能有民族主义的情感和从生产到消费的创新循环。但本文所倡导的重拾消费的意义以及可选择的勤勉革命形式，却并不同于贝尔（Daniel Bell）意义上对韦伯禁欲苦行主义（asceticism）和桑巴特贪婪攫取性（acquisitiveness）的沟通和调和——毕竟不管是前者的"宗

---

[1] 相比之下福特和通用公司在两类市场中的销售额分别为5999和12441辆。参见 Odagiri H, Goto A. The Japanese System of Innovation: Past, Present, and Future. *National innovation systems: a comparative analysis*, Nelson R R, New York: Oxford University Press, 1993, 76 – 114。

[2] 有趣的是，曾经在很长一段时间内朝鲜社会和政府都极度排外，甚至对为了自卫而引进必要的西方技术都没有兴趣。1860年以后，朝鲜人实际上是采用了鸵鸟政策来应对外国人的叩关压力，一厢情愿地希望外国人最后会自动离开。在日据殖民地时期这一情况多少发生了一些变化，可能是由于大米这种朝鲜人日常的口粮被征运到日本供日本人消费。这种被夺走食物的仇恨体现在战后的经济发展中，表现为强烈的对日本及其企业的追赶和模仿意识——比如本田和索尼就曾经是现代汽车和三星所标杆的对象。对此也有学者认为，实际上是日本人在韩国的殖民地上创造了以高度集权和渗透性的国家、国家和工业家之间的联盟以及对工人的严密控制为特征的发展型国家的雏形，韩国战后的发展只不过是这种遗产的继续而已。参见 Kohli, A. Where do high growth political economies come from? The Japanese lineage of Korea's developmental state. *World Development* 1994, 22 (9): 1269 – 1293。

[3] Whang, Y. and M. Hobday. Local 'Test Bed' Market Demand in the Transition to Leadership: The Case of the Korean Mobile Handset Industry. *World Development* 2011, 39 (8): 1358 – 1371.

[4] 王水雄：《亲和性机制或"虚假"命题——〈新教伦理与资本主义精神〉的逻辑缺憾》，《社会学研究》2001年第2期。

教冲动力"所强调的资产者精打细算、兢兢业业的经营风范,还是后者的"经济冲动力"所突出的其挺进新边疆、征服自然界的冒险精神和勃勃雄心,都只是集中在生产者的层面①。即便如此,生产的问题也不是阶层化"禁欲"的中国人所首要关心的。自古以来,分配从来都是政企关系最"硬"的内核——划定了各自的利益范围,"后面"的事情自然好办。于是,很多名为企业的组织却从来不知道什么叫需求,在面临外部环境冲击时也就显得特别脆弱。中国曾经是最大的蔗糖出口国之一,但在19世纪末20世纪初的30年间却经历了制糖产业的全线溃败,甚至日据殖民地台湾都开始向大陆大肆兜售"洋"糖。结果,类似的故事还在延续:一边我们看到的是中国有着四千多年制造面条的历史,先是被日本人拿去发明了方便面,然后红极一时的国字号"食华丰,路路通"华丰品牌也终被在台湾曾屡战屡败的康师傅等海外企业所打败,空留一个世界最大的方便面消费国的虚名。另一边则是河南某馒头机和食品添加剂生产厂商以及深圳某饮用水生产厂商,极力相应"一流的企业做标准"的国家号召,积极参与馒头和饮用纯净水国标(本属于食品安全标准范畴,无竞争效力)的制订,均是希望通过利用钦定的手段排除竞争对手,最终却闹出一方笑谈②。

　　中国制糖业失败的另外一个原因就是对"洋"糖的盲目崇拜,相反能够形成用糖"广延"的创新被最大限度地扼制了,因而不能形成一种食品消费的民族认同。这种情况不管是从五口通商后"中菜西吃"在上海、天津、北京等地的流行,还是20世纪80年代末以来,国人对于肯德基(1987)③、麦当劳(1990)、必胜客(1990)、星巴克(1999)等"洋快餐"的趋之若鹜中都可见一斑。事实上自晚清以降,中餐曾被国人看作是唯一能满足自尊心的东西:"博物家言我国各事与欧美各国及日本相较,无突过之者。有之,其肴馔乎?见之食单者八百余种。合欧美各国计之,仅三百余,日本较多,亦仅五百有奇"(见徐珂编《清稗类钞》)。但当位高权重之人转向青睐西餐之时,社会风气又马上随之转变。因此西餐作为一种餐点来到中国首先被当作是一种"奢侈品"而不是"必需品",因为在国人心里这是对被划在"高等"之列的"洋"饮食文化的一种"顺延"。在中国几千年的饮食文化史当中,若说真正走了一条"自下而上"

---

① 丹尼尔·贝尔:《资本主义文化矛盾》,北京:生活·读书·新知三联书店,1989。
② 王程韡:《中国食品安全规制政策的社会学习——以"馒头国标"为例》,《公共管理学报》2008年第4期。
③ 括号中标注的是首次在华开设分店的时间,下同。

的"草根"之路,除了四川火锅恐怕无出其右。四川火锅相传在重庆江北,由摊贩挑担卖给附近船民;挑担一头放一具点着火的泥炉,上面放一口铁锅,锅里有又烫又辣又麻的卤汁;挑担另一头则放置一些水牛内脏和蔬菜,顾客就于锅中分格烫食。又一说是源自泸州川江边船工食宿之地,船工停船后便于滩上用石头架瓦罐烧水,放入辣椒、花椒,然后将食材放入其中烫食①。不管怎样,四川火锅都代表了一种基于普通民众需求的烹饪方法的"广延",从而也使得消费民族主义成为可能。自20世纪90年代以来,海底捞等川式火锅连锁精英模式的流行或许就是一个最好的体现。

英国、日本和韩国的经验都证明了,消费的民族主义是重要的,虽然各国所走出的具体路径有所不同。在英国更多是通过工人个体高能量、高营养的饮食结构创新进而适应了快节奏的工业革命生活,并以口欲的追逐去激励更加辛勤的劳动,甚至主动向教育等未来项目投资。当然即便在这样一个"个人主义-自由型"(Individualistic - libertarian type)国家中,也早在都铎、斯图亚特王朝就颁布了一系列包括《惩治流浪汉法》在内的,旨在通过对那些身强体壮、拒绝劳动的流浪汉和定居的懒汉施以鞭笞、刺字、劳教甚至处死等惩罚的形式,试图改变国民懒惰的法令,更为消费建立一个合理的制度环境②。相比之下,日本和韩国消费民族主义的兴起离不开政府和军方采购以及本土民间测试市场的重要作用——而这一切又早已在民族食品的文化和仪式性认同中发展起来。但其中的共同点在于无论是个人、政府还是企业,都体现出一种强大的"自主性"③。

可惜的是对于中国而言,三种"自主性"都是不完备的。所以在这里可以有"Made in China"甚至"Innovate in China",但"Consume in China"却是很难实现的——因为高端用户可以轻松通过全球购买洋品牌,或是自古

---

① 李乐清、郑兴生:《四川火锅大全》,成都:四川科学技术出版社,2004,第4页。
② 向荣:《文化变革与西方资本主义的兴起——读韦伯〈新教伦理与资本主义精神〉》,《世界历史》2000年第3期。
③ 由于篇幅所限,三种"自主性"何以实现无法在文中展开,仅对其中一种官僚自主性(被喻为发展中国家形成的必要条件)的达成条件给予简要阐述。学者认为,只有当政治家不必害怕独立的官僚机构执行的发展项目会用直接的物质利益换取大众支持的逻辑相冲突(即不存在为了近视的政治需求和施行高水平的转移支付时)时,官僚的"自主性"才会产生。参见 Evans P. *Embedded autonomy*: *states and industrial transformation*. Princeton, N. J.: Princeton University Press, 1995. 以及 Waldner, D. *State building and late development*. Ithaca and London, Cornell University Press, 1999: 44。

以来最熟悉不过的"特供"渠道解决①；而低端用户退而钟情于绝对的、甚至是对质量有着极低容忍度的价格敏感，仅仅是"糊口"、"混饭"——几乎所有被称作用户的群体都很难在消费的过程中产生或巩固对民族国家这个"想象的共同体"的认同。工业/勤勉革命的历史已经屡次地向我们强调，这种认同是何等的不可或缺。有着悠久食文化又极愿意享受口欲②，且几乎所有食品的消费量都可以轻松拿第一的"舌尖上的中国"，时下正面临传统食品工业或被排挤或被合资且长期奉行的进口替代政策始终收不到实效的困境，毒奶粉、地沟油、塑化剂等食品安全问题也不断涌现。一进一退之间，相信我们已经以一种惨痛的代价明白了认同的重要性。特别是在后现代化社会中，经济的增长，甚至使其成为可能的科学技术的发展都已经不再是幸福的代名词，相反生活质量和个人的主观幸福感才是人们所关注的"后物质主义"的核心内容③。其实本文也在暗示着一种结构化的理念，即食文化和国家发展之间存在着极大程度的同构性（isomorphism）——的确在英国、日本和韩国那里我们都找到了太多太多相似的影子。当然我们从来都不能排除中国可能会是特例的、不同的。但也正如《少年派的奇幻漂流》中派的讲述一样：两个故事，两种可能，你愿意相信哪一个？

---

① 特别是在今天，全球化和标准化的生活可以让富人们从自己的国家中得到充分的释放，并通过无数的桥塔和网络使他们与富裕的世界相联结。参见托马斯·H·埃里克森《全球化的关键概念》，南京：译林出版社，2012，第98页。

② 其实有大量的证据能支撑这个观点。比如在中国经济腾飞之前，人们只是偶尔才外出用餐，而且也只是去便宜的饭馆。但随着收入的大幅增长，逐渐强大的食品购买力使得外出就餐的习惯在中国城市和其他地区传播开来，虽然食品价格也随之提升。到了20世纪90年代，中国大陆已经大量流行各种烹饪书籍，电视烹饪节目也随之流行起来。2001年时，《人民日报》竟首次公开谴责国人的就餐浪费行为等等。改革开放以来特别是21世纪以后，中国人糖的消费量也急剧上升，而此时邻国日本等发达国家的糖消费量已经开始呈现下降趋势。

③ Inglehart R. *Modernization and Postmodernization: Cultural, Economic, and Political Change in 43 Societies*. Princeton, N.J.: Princeton University Press, 1997: 36.

生命历程、代际交换与农村老年精神健康

王　晶

内容摘要：本研究探讨了社会转型过程中农村老年人承担的家庭角色对精神健康的影响。总的来看，当下农业劳动负荷对农村老年精神健康带来负面影响，而照顾孙辈对老年精神健康具有积极影响。本文进一步探讨了农村老年人家庭角色的建构逻辑，通过参与农业劳动，老年人维持了独立的经济地位，对精神健康带来积极的促进作用；同时，参与农业劳动的老年人，通过主动给予子辈"经济馈赠"，也对精神健康带来较强的促进效应。转型社会下，农村老年人的价值观念发生变化，但是家庭本位的逻辑仍然占有重要地位，老年人通过家庭价值的实现获得较高的精神健康水平。

关键词：角色　家庭地位　代际交换　精神健康

人类学家许烺光认为，"在中国人的人格形成过程中，祖先崇拜和家族组织扮演着至关重要的角色，每一个人都生在祖荫下，长在祖荫下，并通过延续祖荫的努力而赋予短暂的肉体生命以永恒的意义。由于中国的伦理体系强调个人利益必须服从于家的利益，因此个人在传统社会几乎不可能存在"（许烺光，2001）[1]。在传统社会背景下，父母具有绝对的不可违背的权力和权威。在以农业社会为主的时代，从经济上来讲，由于生产方式的落后，社

---

* 本文为国家社会科学基金青年项目"农村社会资本影响老年健康的机制研究"阶段性成果（项目批号：11CSH065）。
** 作者简介：王晶，中国社会科学院社会学所助理研究员。
[1] 许烺光：《祖荫下》，台北：台湾天南书局，2001。

会知识的增长是缓慢的，老年人的经济和技术对农村家庭来讲是一笔巨大的财富，老农对自然节气的掌握和对农业耕种的丰富经验在整个社会物质生产活动中是不可替代的财富。从政治上来讲，"家长制"是封建社会的统治基础。"孝亲"与"忠君"结合起来，在维护老年社会地位的同时，更维护了封建的统治秩序。从社会主义建立之初的"破四旧"，甚至更早时期，主流文化就已经开始挑战这种传统，随着经济发展、人口流动和传统"孝文化"的衰落，老年人对子女的权威就已经逐步衰落了。传统"孝文化"赋予了老年人一种先赋性的权威和地位，而当下的"市场竞争"社会，老年人与青年人一样，需要通过"经济的"（如个人收入）或"工具性"价值（如看护孙辈）来证明自身的社会地位和存在价值。但是在快速社会转型下，老年人适应社会的能力明显弱于年轻人，而社会对老年人的保护又明显不足，特别体现在农村社会保障制度的缺失上。在这种背景下，老年人整体的社会经济地位是较低的，部分老年人在老年时期甚至陷入贫困的境地。

在当下农村，观察一个家庭的实质并不能仅仅看家庭结构一个维度，实际上无论从老年供养到孙子女照护，"老年家庭"和"子辈家庭"都处于"剪不断、理还乱"的一种状态，这一点与西方社会明晰的个人权利、责任有本质的差别。"家庭本位"始终是理解中国人行为的基础。正因为如此，老年人的社会地位始终是一个"远端"的概念，而家庭地位是老年人能够深切感受到的"近身体验"。所以这里有一个很矛盾的地方，一方面在当下的"市场规范"主导下，老年人需要用"经济价值"体现自身的角色和社会价值，另一方面老年人社会价值并不仅仅体现在一个空洞的"社会空间"中，老年人还是生活在一个活生生的"家"的范围下，他们的价值还体现在如何能提升整个家的生存条件和社会地位水平上。因此，一种可能的情况是老年人放弃实现自身的"经济价值"，转而作为其他家庭成员的后援支撑。在这种情况下，老年人的角色就是矛盾的共同体，而老年人的精神健康问题也就从这种矛盾共同体背后衍生出来，一方面，老年人在家庭中的角色地位很低，所以部分老年人面临着在家中"大事小事，说了不算"的尴尬境地；另一方面，无论是外界社会对老年人的就业约束，还是家庭对老年人的预期都牵制着老年人走出家庭，老年人很难在社会上实现自身的价值，因此，老年人的一种普遍感觉是"活着没有用处"。因此，本文希望探讨在当下的社会形态下，农村老年人究竟在扮演着什么样的家庭角色？老年对这种家庭角色的心理适应性是怎样的？如果这样的家庭角色带给老年一种正向的能量的话，就说明农村老年人口能够在变迁的社会环境下重新构建自己的家庭角色，实现自身的生存价值；反之，如果这样的家庭角色带给老年一种负向能量的话，就说明农村老年人口不能适应这样的社会环境，因此精神健康状况处于较差的水平。

一 研究数据及变量

本文的数据来自于北京大学中国健康与养老追踪调查（The China Health and Retirement Longitudinal Study，简称 CHRLS），该调查（CHARLS）旨在收集一套代表中国 45 岁及以上中老年人家庭和个人的微观数据，用以分析我国人口老龄化问题。2008 年 CHARLS 项目组执行第一轮调查，考虑到中国东部和西部的地域、经济差异，基线调查选择了甘肃省和浙江省作为抽样单位。CHARLS 采用按人口规模成比例的概率抽样（PPS），在两省共抽取了 16 个县（区），在村（社区）层面，从上述 16 个区县中各随机抽取 3 个村（社区），最后得到 48 个村（社区）；在家户层面，考虑到空户、无应答和适龄率，在每个村居随机抽样使最终目标有效家户达到 24 户；在个人层面，在每个抽中的样本户中随机选择一位年龄大于 45 岁的家庭成员作为主要受访者，其配偶也一起参与调查。2008 年 CHRLS 首轮调查最终抽取了 1570 户家庭，2580 个被访者的数据信息，其中农村抽取 1304 户，2154 个被访者。

因变量

因变量是关于老人精神健康状态的测量，我们采用美国疾病控制中心发布的一套衡量精神健康的指标（Radloff, L. S., 1977）[①]，原问卷一共包含 20 个问题，目前国内很多学者根据中国人的心理特征进行了分解。在我们的研究中，具体分解为 10 个问题：①上周有没有觉得很难集中精力做事；②上周有没有感觉到抑郁；③上周有没有觉得做什么都很费劲；④上周有没有觉得对未来充满希望；⑤上周有没有感觉到害怕；⑥上周有没有觉得睡得不安宁；⑦上周有没有感觉很愉快；⑧上周有没有感觉到孤独；⑨上周有没有觉得做什么都打不起精神；⑩是否有些事情通常不会让受访者烦，但上周让受访者很烦。我们按照 CES – D 的一般计算方法，每项不足 1 天的为 "0" 分；有 1~2 天的为 "1" 分；有 3~4 天的为 "2" 分；有 5~7 天为 "3"

---

① Radloff, L. S. 1977. "The CES_ D Scale：A self report depression scale for research in the general population." *Applied psychological Measurement*, 3, 249 – 265.

分。把10项问题加总形成精神健康评分，最低值为0分，最高值为30分。10个问题的相关性为0.9，alpha可信度为0.83。值得注意的是，这里我们采取负向衡量方法，分数越高，表明老人的精神健康状态越差。

自变量

研究的主要自变量是老年人在家庭中所扮演的角色，主要包含三个角色，一是"老年人在过去一年是否从事农业劳动"，二是"老年人在过去一年是否从事非农业劳动"，三是"过去一年老年人是否花时间照看孙子女"。根据老人的应答，形成3个自变量，分别为"农业劳动"、"非农劳动"和"照看孙辈"。如果老年人从事了该项劳动的话，变量值为1，否则为0。同时我们还控制了老年人的特征及其家庭结构。老年人信息具体包括老年人的年龄、性别、婚姻状况、身体自理能力、受教育水平、家庭收入、出生组等信息。在模型中，我们逐步控制这些变量，这有助于我们更清楚地看到老年人建构社会角色的过程。

在进入具体回归分析之前，我们首先分析一下女性老年人和男性老年人在农村中的角色差异。从农业活动看，女性老年人从事农业活动的比例为54.56%，男性老年人从事农业活动的比例为68.15%，女性老年人比男性老年人约低14个百分点；在非农业生产活动上，农村女性老年人和男性老年人并没有体现出明显的差异，平均水平为12%，这样说明当农村人口超过60岁以后，从事非农就业的空间就将变得非常狭窄，有限的非农就业活动主要集中在个体非农自雇或短暂的务工活动上。从孙子女照护的比例上看，女性老年人从事照护活动的比例为60.74%，男性老年人从事照护活动的比例为51.35%，女性老年人比男性老年人高约10个百分点（参见表1）。

表1 农村老年人生存现状

社会角色	女性老人		男性老人	
	比例(%)	样本数	比例(%)	样本数
农业	54.56	1118	68.15	986
非农	12.70	1118	12.17	986
孙辈照护	60.74	349	51.35	333

从就业类型和精神状态的关系来看，男性老年人和女性老年人也存在着差异。对于女性老年人来讲，参与农业活动的女性老年人精神健康得分为9.25，比未参与农业活动的老年人高0.8，女性参与农业活动对精神健康有

负面的影响；参与非农就业活动的女性老年人精神健康得分为 6.74，比不参与非农活动的女性老年人低约 2.5，这表明女性参与非农就业活动对精神健康有正面的影响；而女性是否承担孙辈照护活动的精神健康得分没有显示出显著的差异。对男性老年人来讲，整体上看，男性老年人精神健康得分都比女性平均得分要低，这一点上说明农村男性老年人的精神状态好于女性老年人。在具体项目上，参与农业活动的男性老年人精神健康评分比不参与的低 0.13，参与非农就业的男性老年人精神健康评分比不参与非农就业的男性老年低约 5.8，男性老年人参与非农就业能显著的提高健康水平。同样的，男性是否承担孙辈照护对精神健康不存在显著影响（参见表2）。

表 2　社会角色与农村老年精神状态列联表分析

社会角色	女性老人精神健康评分（0～30）		男性老人精神健康评分（0～30）	
	参与	不参与	参与	不参与
农业	9.25	8.43	7.70	7.83
非农	6.74	9.26	6.28	12
孙辈照护	9.79	9.46	8.75	8.84

二　回归结果分析

从总体来看，从事"农业活动"对老年人的精神健康具有负面的影响，边际效应为 0.904，这表明参与农业活动比没参与农业活动的老年人精神健康水平低 3%。在大量城乡移民的背景下，农业活动已经越来越成为"女性"和"老年人"的职业，农业生产对体能要求很高。白南生等研究发现，子女外出务工导致的替代效应使老人农业劳动参与率增加 8.4 个百分点，即便考虑子女转移收入的间接效应，外出务工仍然会使老年劳动参与增加 5.8 个百分点（白南生，2007）[①]。对于老年人来讲，农业劳动量的增加和因农业劳动力短缺造成的高负荷都成为老年人精神健康的沉重压力。"非农经济活动"虽然对老年人的精神健康具有正面的积极影响，但是效果并不显著。我们的数据显示只有不到 7% 的老年人口从事非农职业，当下城市劳动力市场对农民工就业有明确的年龄要求，50 岁以上的农村劳动力已经很难在城

[①] 白南生、李靖、陈晨：《子女外出务工、转移收入与农村老人农业劳动供给——基于安徽省劳动力输出集中地三个村的研究》，《中国农村经济》2007 年第 10 期。

市里找到稳定的职业，所以实际情况是无论农村男性还是女性从事非农就业的比例都非常低。"照顾孙辈"是当下农村老人的一个主要任务，回归结果表明"照顾孙辈"对农村老年男性和女性都具有积极的影响，特别是老年女性，照顾孙辈可以显著地提高他们的精神健康水平。

表3 家庭角色对老年精神健康的影响

变 量	模型1（全部样本）	模型2（全部样本）	模型3（全部样本）
性别	-0.488 (0.305)	-0.367 (0.303)	-0.268 (0.558)
参照组:已婚/同居			
离异/分居	0.035 (0.974)	0.046 (0.977)	-0.748 (1.262)
丧偶	1.019 ** (0.433)	0.858 ** (0.431)	1.073 * (0.610)
参照组:文盲			
小学	-0.373 (0.330)	-0.451 (0.330)	-0.044 (0.574)
初中	-0.159 (0.484)	-0.230 (0.487)	0.814 (0.930)
高中及以上	-1.080 (0.657)	-1.108 * (0.660)	-0.087 (1.317)
客观健康	0.988 *** (0.059)	0.956 *** (0.058)	1.078 *** (0.094)
家庭人均收入	-0.312 *** (0.060)	-0.343 *** (0.060)	-0.455 *** (0.106)
农业劳动	0.904 *** (0.309)		
非农活动		-0.227 (0.438)	
照护孙辈			-0.537 * (0.508)
常数项	9.771 *** (0.991)	10.972 *** (0.903)	11.035 *** (1.614)
观测值	1501	1500	513
拟合 R-squared	0.230	0.226	0.286

注：表中括号里是标准差；*** $p<0.01$，** $p<0.05$，* $p<0.1$。

另外，女性老年人口与男性老年人口在构建自己的性别角色上也存在一些差异（参见表4）。对女性老年人口来讲，参与农业活动对精神健康具有显著的负面影响，边际效应为1.014，意味着参与农业活动的女性老年比未参与老年妇女精神健康水平差 3.3%；照顾孙辈对精神健康具有正面影响，边际值为 -1.019，这表明承担照顾孙辈的老年妇女精神健康水平比未承担孙辈照护的老年妇女高 3.3%。对男性老年人口来讲，参与农业活动对精神健康具有负面影响，边际效应为 0.6，负面影响程度低于女性老年人；承担孙辈照护对男性精神健康具有正向影响，其影响的程度与女性老年人基本相当，但这些社会活动对男性老年人精神健康的影响都不显著。通过数据结果的对比分析，我们初步推断，社会转型对农村女性老年人口的影响要强于男性老年人。特别是在就业选择领域，女性老年人在子女外出打工的普遍驱动下，越来越多地介入到农业生产领域，较多的农业生产活动并没有对女性的精神健康带来积极的影响，反而构成了一种压力。

表 4　分性别家庭角色对老年精神健康的影响

变量	模型 1（女性样本）	模型 2（女性样本）	模型 3（男性样本）	模型 4（男性样本）
年龄	-0.101*** (0.026)	-0.084 (0.051)	-0.055** (0.024)	-0.120*** (0.045)
控制变量:已婚/同居				
未婚/离异	0.358 (1.368)	0.012 (1.649)	0.861(1.382)	-0.016(1.999)
丧偶	1.177* (0.645)	0.329 (0.942)	2.576*** (0.651)	3.416*** (0.913)
控制变量:文盲				
小学	-0.728 (0.467)	-1.224 (0.815)	-0.212 (0.482)	0.356 (0.841)
初中	-2.632*** (0.819)	-3.581 (2.201)	0.542 (0.645)	1.447 (1.121)
高中及以上	-3.486** (1.357)	-2.083 (4.035)	-0.666 (0.791)	-0.171 (1.466)
身体健康	1.170*** (0.079)	1.274*** (0.133)	1.054*** (0.091)	1.179*** (0.135)
参与农业劳动	1.014** (0.437)		0.600 (0.451)	

续表

变 量	模型1 （女性样本）	模型2 （女性样本）	模型3 （男性样本）	模型4 （男性样本）
照护孙辈		-1.019* (0.789)		-0.102 (0.669)
常量	1.217 (1.616)	-0.483 (3.156)	-0.755 (1.731)	2.116 (3.112)
观测值	767	239	734	274
拟合 R-squared	0.261	0.313	0.185	0.269

注：表中括号里是标准差；*** $p<0.01$，** $p<0.05$，* $p<0.1$。

三 农村老年社会角色建构的过程与意义

上文中我们集中探讨了老年人从事农业劳动和照顾孙辈对于其精神健康影响的结果，一个耐人寻味的问题在于，老年人承担这些社会角色背后的逻辑是什么？即便农业劳动带来沉重的精神压力，但是大部分农村老年人还是在承担高负荷的农业劳动，维持独立的生活形态，那么老年人为什么会偏好这种背离传统的生活方式？除了思索宏观社会环境对传统家庭伦理的消解之外，我们更希望探讨的问题是老年人如何构建自身"独立"的社会角色和这种社会角色背后衍生的一套社会规范。

独立的社会角色与老年人的家庭地位

每个人在自身的社会结构中都会有一个相对地位（Wegener, B. 1991）[1]，这种相对地位与个人在整体社会中的地位有显著的差异。以图1为例，如果三角形代表整体社会的金字塔形分层结构，圆形代表个人所嵌入的社会结构，我们可以看到，在整体社会中，个体 A 的地位要比 B 低。但 A 和 B 处于不同的社会结构之下，A 在自己所嵌入的社会结构下处于较高的位置，而 B 在自己所嵌入的社会结构下却处于较低的位置。因此，尽管 B 在整体社会分层中的社会地位要高于 A，但 B 的网络相对地位却比 A 更低（赵延东，2008）[2]。

---

[1] Wegener, B. 1991. "Job Mobility and Social ties: Social Resources, Prior Job, andStatus Attainment." *American Sociological Review* 56.
[2] 赵延东：《社会网络与城乡居民的身心健康》，《社会》2008年第5期。

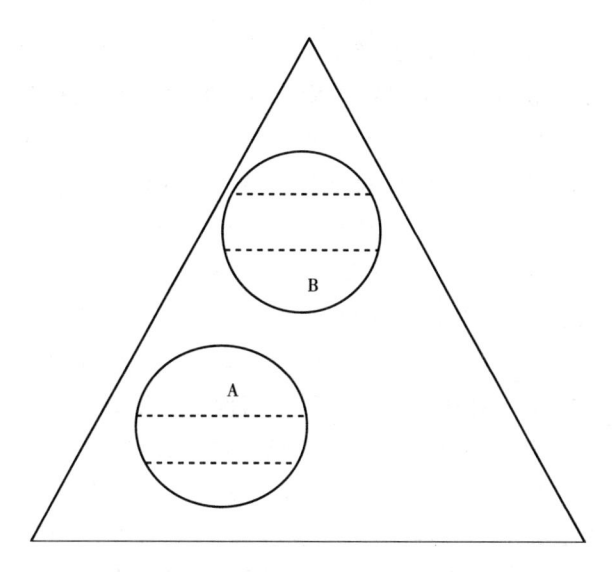

图 1　老年人家庭地位与社会地位的差异

这一点对于我们理解老年人对独立性的渴求非常有启发,"家庭"是传统农村社会的"根基",从生存策略到文化政治。家庭对于生于斯、长于斯的农村人口具有重要的意义。农村人口在建构自己社会地位的过程中,"家庭"是一个重要的维度,传统社会对一个人的最高评价就是"光宗耀祖",一个人在社会中的地位最终会回到家庭中的地位上。传统农村社会,"老年人"在家庭中具有不可违背的权威和地位,甚至社会的法律、制度都是遵循这个原则制定出来的(瞿同祖,2010)[1]。但是在当下社会,现代化的冲击彻底瓦解了传统的伦理规范,特别是"孝"的规范,那么老年人在这种社会文化背景下,也不得不进行自我的选择。如果我们将老年人趋向于独立生活当作老年人维持"家庭地位"的一种策略来考量,那么对于老年人甘愿承担重负荷的"农业劳作"的意义就清晰起来了。

从基本模型看,老人参与农业活动带来的沉重压力确实会显著降低老年人的精神健康水平,边际效应为 1.218,这一点与上文的结果是一致的。但是我们顺着农业活动可能产生的社会价值的路径来思索,农业活动的增强会带来老人家庭收入水平的提升,而家庭收入水平的提升会显著的降低老年人的压力,提高精神健康水平。这一点在模型 2 得到证明,在考虑家庭收入时,家庭收入会显著提高老年人精神健康,边际效应为 -0.318,而与此同

---

[1] 瞿同祖:《中国法律与中国社会》,北京:商务印书馆,2010。

时，农业劳动对精神健康的负面影响也从 1.218 降低到 0.852。从家庭收入提升老年人经济地位的视角上继续追索，在不同的家庭结构下，老年人对家庭收入的支配能力和控制能力是不同的。在主干家庭中，青年人在家庭中的地位显著上升，而老年人的地位则显著下降，这在许多学者的研究中都得到证实。而在夫妇独立的家庭中，老年人可以有完全的家庭收入支配权和控制权（此处没有考虑性别差异）。希曼等人的研究发现，个人的"控制感"与精神健康有着积极的关系（Seeman et al.，1985）[1]。基于模型 2 的结果，我们的这个假设也得到了证实，我们在模型 2 中放入了家庭结构类型与家庭收入的交互项，发现只有在夫妇独立家庭结构中，家庭收入对精神健康有着显著的积极影响，其边际效应为 -0.041。这一结果再次表明老年人选择"独立生活"并非完全是由于儿女外出移民等因素带来的被动选择，这种选择也有建构"家庭地位"的考量。在独立家庭生活中，老年人可以按照自身的意愿安排生活，这一点对老年人来讲是非常重要的，在西方社会，老年人独立生活而不与儿女同住也是基于维护自身地位的考虑（Hareven, T. K.，1975）[2]。

表5 老年参与农业活动的社会价值

变　量	基本模型	模型1	模型2
性别	-0.409 (0.308)	-0.438 (0.306)	-0.449 (0.306)
参照组:已婚/同居			
离婚/分居	0.362 (0.983)	0.004 (0.976)	-0.012 (0.976)
丧偶	1.167*** (0.439)	1.050** (0.435)	1.057** (0.435)
参照组:文盲			
小学	-0.488 (0.333)	-0.419 (0.330)	-0.419 (0.330)
中学	-0.337 (0.492)	-0.264 (0.488)	-0.299 (0.489)

---

[1] Seeman, M., T. Seeman and M. Sayles. 1985. "Social Networks and Health Status: A LongitudinalAnalysis." *Social Psychology Quarterly* 48: 2372248.

[2] Hareven, T. K., 1975, "Family Time and Industrial Time: Family and Work in a Planned Corporation Town, 1900-1924." *Journal of Urban History* 1.

续表

变　量	基本模型	模型1	模型2
高中及以上	-1.234* (0.668)	-1.247* (0.662)	-1.231* (0.662)
身体健康	1.066*** (0.058)	0.996*** (0.059)	0.996*** (0.060)
参照组:主干家庭			
二代核心家庭	0.188 (0.368)	0.266 (0.365)	-1.218 (1.207)
夫/妻独立家庭	-0.536 (0.332)	-0.559* (0.329)	-0.245 (1.058)
农业劳动	1.218*** (0.305)	0.852*** (0.310)	0.875*** (0.310)
家庭收入		-0.318*** (0.060)	-0.349*** (0.091)
核心家庭#家庭收入			0.185 (0.145)
夫/妻独立家庭#家庭收入		-0.041** (0.132)	
常数项	6.444*** (0.792)	9.893*** (1.019)	10.121*** (1.159)
观测值	1501	1501	1501
拟合 R-squared	0.218	0.232	0.234

注：表中括号里是标准差；*** $p<0.01$，** $p<0.05$，* $p<0.1$。

社会角色与代际交换

西方家庭社会学理论中强调，家庭中代际关系的实质是一种"互惠"和"交换"关系，因此西方社会中家庭的代际支持在很大程度上取决于老年人的遗产赠予（Silverstein et al.，2002）[①]。交换理论的一个核心议题是谁在用什么方式进行交换。交换的对象不一定是看得见、摸得着的实际物品，声望、精神慰藉以及社会地位都可以用来交换。在传统社会下，如果说也存

[①] Silverstein, M., S. J. Conroy, H. Wang, R. Giarrusso, and V. L. Bengtson. 2002. "Reciprocity in Parent-Child Relations over the Adult Life Course." *The Journal of Gerontology* 57B（1）：3-13.

在一种"交换"的话，那么就是老年人借由儒家社会赋予的"权杖"来与儿女的"孝"进行交换。当下社会，传统社会赋予老年人的先赋地位已经不复存在，那么老年人用什么与子女进行交换？如果"交换"是构建老年人精神健康的一个核心的话，那么我们认为老年人当下付出的"劳动"就是在进行或筹划着"当下"或"更长远"的交换[1][2]。作为一个假设，我们也需要从数据中得到论证。

为了检验"交换"这一假设，我们在方程中加入了"父辈馈赠子辈现金"这个变量，涵盖了过去一年父辈馈赠给与子辈所有物品的现金价值。同时考虑到不同出生组的老人可资交换的价值具有显著差异，我们分别对"1945 年以前"、"1945 – 1955 年"、"1955 年以后"三个出生组进行分析。回归结果如下，从基本模型看，老年人的家庭收入仍然对精神健康具有重大的促进意义。同时"父辈馈赠子辈现金"也对老年人的精神健康具有显著的正向作用，其边际效应为 – 0.132，意味着父辈每多馈赠 100 元，老年人的精神健康评分将提高 44% （13.2/30）。模型 1、2、3 分别对三个出生组进行检验，从"1945 年以前出生组"的回归结果看，馈赠子辈的现金对老年人的精神健康没有显著影响，这表明这个年龄组至少在"现金"或"实物"资源上已经不具备与子辈对等"互惠"的能力了。这个出生组的老年人的平均年龄已经达到 71 岁，农业劳动能力已经严重不足，因此可以获得收入的能力也已经降低。对于"1945 – 1955 年出生组"而言，馈赠子辈的现金对老年人的精神健康具有显著的积极影响，边际效应为 – 0.145，意味着父辈每多馈赠 100 元，老年人的精神健康水平将提高 48%。对于"1955 年以后出生组"而言，馈赠子辈的现金对老年人的精神健康也具有显著的积极影响，边际效应为 – 0.282，意味着父辈每多馈赠 100 元，老年人的精神健康水平将提高 94%。对比这三个出生组的回归结果，越是较近的出生组，与子辈可资"互换"的资源越丰富，而越是较早的出生组，与子辈可资"互换"的资源越贫乏。从数据结果上看，"1945 年以前"的出生组在"现金""实物"上基本没有与子辈"互换"的能力。

---

[1] Alwin, D. F. 1990. Historical changes in parental orientations to children. In Mandell, N. and Cahill, S. (eds), *Sociological Studies of Child Development*. Volume, JAI Press, Greenwich, Connecticut, 65 – 86.

[2] Liang J, Krause N, Bennett J. 2001. Social Exchange and Well – Being: Is Giving Better than Receiving? *Psychology and Aging*. 16 (3): 511 – 523.

表 6　家庭收入、馈赠子辈与老年精神健康的关系

变　量	基本模型（全部样本）	模型 1（45 年以前）	模型 2（45 年~55 年）	模型 3（55 年以后）
性别	-0.545* (0.305)	0.068 (0.605)	-0.612 (0.524)	0.097 (0.528)
参照组:已婚/同居				
离异/分居	-0.075 (0.972)	0.479 (2.018)	-0.281 (1.308)	0.261 (2.039)
丧偶	0.717 (0.443)	0.172 (0.608)	2.300*** (0.799)	4.166*** (1.292)
参照组:文盲				
小学	-0.256 (0.331)	0.036 (0.601)	-0.799 (0.523)	-0.092 (0.608)
初中	-0.002 (0.485)	0.116 (1.040)	0.494 (1.040)	-0.848 (0.684)
高中	-0.904 (0.658)	0.333 (1.658)	-1.229 (1.449)	-1.632* (0.867)
身体健康	0.962*** (0.059)	0.910*** (0.089)	1.080*** (0.096)	1.217*** (0.151)
农业劳动	0.841*** (0.309)	1.298** (0.577)	0.321 (0.519)	-0.506 (0.571)
家庭收入	-0.292*** (0.060)	-0.441*** (0.132)	-0.284*** (0.093)	-0.268*** (0.099)
父辈馈赠子辈现金	-0.132*** (0.042)	-0.061 (0.091)	-0.145** (0.069)	-0.282*** (0.069)
常数项	10.424*** (1.010)	10.636*** (1.719)	9.726*** (1.607)	9.693*** (2.109)
观测值	1,501	402	593	506
拟合 R-squared	0.235	0.267	0.289	0.223

注：表中括号里是标准差；*** $p<0.01$，** $p<0.05$，* $p<0.1$。

老年人与子代可资交换的"资本"除了"现金"或"实物"外，在农村社会，照看孙子女一直是老年人应该承担的责任。城乡流动实际上加重了老年人照看孙子女的责任，在孩子的父母缺席的情况下，老年人实际上承担了双重的压力。而从外出打工子女的角度来讲，老年人照看

孙子女的价值在某种程度上甚至超过赠予的价值,因此,很多外出农民工通过汇款的方式来补偿父母在照看孙子女上的劳动付出①。从基本模型看,老年人照看孙辈确实能够提高其精神健康水平,其边际效应为 -0.537,但是结果不显著。从三个出生组的回归结果看,只有在"1945年以前出生组"中,"照看孙辈"对老人的精神健康具有显著的积极影响,其边际效应为 -1.749,即在这个年龄组中,照顾孙辈比不照顾孙辈的老年人精神健康状况高6%。另外两个出生组不仅不具有显著的影响,同时从其变化趋向上看,照看孙子女反倒促成了老人的精神健康压力,这个结果意味着对于较近的两个出生组来说"获取收入"比"照顾子女"在交换上相对更具优势。

表7 照顾晚辈与老年精神健康的关系

变 量	基本模型 (全部样本)	模型1 (1945年以前)	模型2 (1945年~1955年)	模型3 (1955年以后)
性别	-0.268 (0.558)	0.345 (0.986)	-0.418 (0.804)	1.291 (1.707)
参照组:已婚/同居				
离异/分居	-0.748 (1.262)	-0.655 (2.639)	-0.503 (1.542)	-1.238 (3.627)
丧偶	1.073* (0.610)	0.426 (0.944)	2.928*** (0.933)	2.867 (2.503)
参照组:文盲				
小学	-0.044 (0.574)	-0.264 (0.977)	-0.144 (0.794)	-0.451 (1.673)
初中	0.814 (0.930)	0.107 (1.612)	1.228 (1.450)	-0.868 (2.130)
高中	-0.087 (1.317)	0.708 (2.429)	-0.442 (2.070)	-1.799 (2.670)
身体健康	1.078*** (0.094)	0.956*** (0.136)	1.312*** (0.144)	1.407*** (0.361)
家庭收入	-0.455*** (0.106)	-0.477** (0.220)	-0.473*** (0.145)	-0.336 (0.238)

---

① Guo, M., Aranda, M. P. and Silverstein, M. 2009. The impact of out-migration on the intergenerational support and psychological wellbeing of older adults in ruralChina. *Ageing & Society*, 29, 7: 1085-104.

续表

变　量	基本模型 （全部样本）	模型 1 （1945 年以前）	模型 2 （1945 年~1955 年）	模型 3 （1955 年以后）
照顾孙辈	-0.537 (0.508)	-1.749** (0.881)	0.433 (0.698)	0.666 (1.479)
常数项	11.035*** (1.614)	13.681*** (2.692)	7.368*** (2.457)	5.549 (5.133)
观测值	513	173	255	85
拟合 R-squared	0.286	0.273	0.375	0.256

注：表中括号里是标准差；*** $p<0.01$，** $p<0.05$，* $p<0.1$。

四　结论与讨论

本文从社会角色建构的角度思索了老年群体如何建构他们的晚年角色，以及这种社会角色建构的深层意义。从理论逻辑上来讲，我们深入讨论了两个问题。

第一，"个体发展与完善"的逻辑。在西方社会，"个体主义"是其文化根基，所有的法律都是从保护"个人产权"、"所有权"的角度出发而设立的，因此"个人的权利是神圣而不可侵犯的"作为法律写入了美国的法条。从人本主义上来讲，个人在社会结构中的地位是非常重要，它决定了个人可以利用的资源总和（物质、文化和社会资本）。每个个体都希望在社会上获得尊重和认可，以此来获得生存的价值。从这个基本的逻辑上来考量，老年人也需要在变迁的社会之下用一种策略来实现和维护自身的社会地位。传统大家庭的地位是"礼俗"和"家族制"传统赋予的，那么当下社会，老年人通过改变居住形态，通过自身的劳动投入来获得相对的社会地位，这一点上与西方社会的老年并无二异。我们也从数据检验中得到了证实，在夫妇家庭中生活且有劳动能力的老人确实能从这种居住形态中获得了较高的心理满足感。

第二，"家庭交换"的逻辑。老年人不仅仅需要一种物质上的满足，还需要通过社会互动来获得别人对自身价值的认可。戈夫曼很早就提出，"人类总是生活在各种各样的社会互动中，其中人们表现出一系列的行为，扮演一些特殊的角色，通过这些行为和行动模式，人们可以表达他们对于情境的看法以及对自我的评价。"① 老年人一方面通过劳动创造的价值与儿女进行交换,一方面也通过"照顾孙辈"来与儿女进行交换。每一个从不同历史起点走过来的老人,由于其优势资源和社会价值观不同,他们用以交换的选择也有不同:越早出生的老年群体,越希望从自身在家庭承担的义务中获得子女的回馈;而越晚出生的老年群体,越希望从自身创造的价值中获得子女的回馈。

以上这两种假设我们都从数据中获得了证实。从第一个逻辑推演开来,如果一个社会的老年人过度追求自身的"成就"和"社会控制感"的话,他必然把"自身的权利"放在至高无上的地位上,而不愿放弃"权利"去交换其他的服务。这就是西方社会老龄化的悲剧所在,发展到极致,老年人宁愿把在维护自我权利中与陌生人为伴(Boarding and Lodging)②③,甚至"孤独死",也不愿屈尊,甚至有与儿女老死不相往来者。

而从另外一个逻辑上来看,无论社会怎样发展,儿女始终与父辈保持着一定程度上的联系。在现代化入侵之下,一切的传统都必然经历一个"除魅"的过程,因此希冀于依赖维护传统的价值观来维系一种社会秩序,其结果一定是枉然的。在现实中,从老年人的实践行为看,老年人已经逐步跨出传统的窠臼,通过重新构建自身的角色来适应现代化的规范。这一点从老年人对各种社会角色的心理预期上已经获得验证。因此说,如果传统的"孝悌"文化能够通过子女的回馈得到进一步的巩固的话,这种重新构建的家庭互惠机制也不失为一种适应社会变革的家庭制度。

---

① 戈夫曼:《日常生活的自我呈现》,冯钢译,北京:北京大学出版社,2008。
② Hareven, T. K., 1974, "The family as process: The historical study of the family cycle." *Journal of Social History* 7: 322 - 329.
③ Hareven, T. K., 1982, *The Family Time and Industrial Time*. Cambridge, England: Cambridge University Press.

"嵌入"还是"融入"

——中国新型城镇化与农民工"嵌入态"生存

王 铁 曹 莹[*]

内容摘要： 从空间社会学角度来看，"嵌入态"是指农民工作为客体进入城市，与城市社会空间互为"他"者，双方均保留各自的清晰边界，特别是城市社会空间尚未充分开放，使农民工长期处于没有有机融入城市的状态。对武汉市 1200 份调查问卷进行分析的结果显示，农民工的"主、客观嵌入－融入度"均值分别为 51.64 分和 52.03 分，还未达到从"嵌入"到"融入"的阈值（60 分）。空间生产的价值导向决定了演化方向，只有改变"嵌入"的条件，才能促使其从"嵌入"走向"融入"。

关键词： 农民工 空间社会学 "嵌入态"生存 城镇化

一 问题的提出

"农民工"称谓据查是中国社会科学院张雨林研究员在 1984 年的《社会学研究通讯》上发表的一篇文章中首次提出的，随后被大量引用。第一次"民工潮"的出现是在 20 世纪 80 年代末，据专家估计，农民工每年给城市经济创造 10000 亿～20000 亿元人民币的 GDP 增量，并为农村增加 5000 亿～6000 亿元人民币的收入（国务院研究室课题组，2006）。至 2012 年，我国农民工总数达 26261 万人，比 2011 年增加 983 万人，增长 3.9%；其中，外出就业

---

[*] 王铁，武汉市社会科学院新农村研究中心研究员；曹莹，武汉市社会科学院新农村研究中心助理研究员。

16336万人，增加3.0%；本地农民工9925万人，增长5.4%。以2004年的估计为参照，2012年农民工对城市经济的发展和农村收入增加的贡献更为巨大（国家统计局，2013）。

2012年，中国城镇化率以常住人口计算达到52.6%，但以户籍人口计算仅为35.3%。依据国际经验判断，中国已开始进入初级城市型社会。这表明，目前中国已经结束以乡村型社会为主体的时代，开始进入以城市型社会为主体的新城市时代。从乡村型社会向城市型社会转型是一次重大的社会变革，如果未来中国的城镇化率以每年0.8~1.0个百分点的速度推进，到2020年前后城镇化率将超过60%，届时中国将整体迈入中级城市型社会。随着中国社会结构的转型，城市经济、人居环境以及居民生活消费模式等都发生了深刻的变化。

如此规模巨大的人口转移在世界城市化进程中是史无前例的，也是欧、美、日、东南亚等任何一个国家和地区所无法比拟的，它对我国和谐社会的建设提出了严峻的挑战。

（一）文献回顾

我国改革开放进程中出现的农民工现象，一直为学术界所关注，与"农民工"相关的著作也随着农民工及其问题的大量涌现而不断出版。如我国著名社会学者李强的《农民工与中国社会分层》、卢海元的《走进城市：农民工的社会保障》、陈安民等的《中国农民工：历史与现实的思考》、蒋月等的《中国农民工劳动权利保护研究》、国务院研究室课题组的《中国农民工调研报告》等。总体来看，从20世纪80年代中后期开始，主要研究农民工进城的利弊，90年代则主要研究农民工的工作生活状态与权益缺失问题。近十年来，随着新生代农民工的产生，农民工融入城市问题受到高度关注。五城市农民工抽样调查显示，目前农民工融入城市的程度很低（刘建娥，2011），但农民工融入城市的要求更加迫切，已到了从就业向定居、从增加收入向全面提供公共服务、从个人流动向家庭迁移转变的关键时刻（国务院发展研究中心"我国农民工工作'十二五'发展规划纲要研究"课题组，2010）。有学者指出，农民工融入城市首先需要进行制度变迁（张天昱，2011），其次是加快户籍制度改革、予以政策扶持与职业技能培训、建立健全基本公共服务体系。近年来，农民工研究出现了包括社会学、经济学、人类学、心理学与法学多学科交叉的视角（李培林，2003；李强，2004；吕红平，2004；张国胜，2008）。吴晓等以地理信息系统为技术平台，对流动人口包括农民工的居住空间进行实证研究，具有自然科学与社会科学交叉的特色，具有启发性。

（二）"嵌入态"——一个空间社会学的新视角

从文献回顾可以看到，前期对农民工融入城市的大量研究由于没有运用空间社会学的理论和方法，极大地限制了社会学理论对该问题的洞察力、解释力和建构性。到目前为止，还未看到从"空间生产"的视角对农民工融入城市进行的理论和实证经验研究。

20世纪中后期以来，国际学术界在"语言学转向"、"文化学转向"、"后现代转向"过程中出现了一个新视角——"空间转向"。从学术渊源看，空间社会学从马克思奠基，经由齐美尔正式提出对空间进行研究，到列斐伏尔以"空间生产"为标志的理论成型（列斐伏尔，2003），再经由吉登斯、布迪厄、哈维（2006）、詹姆逊等学者的发展，形成资本主义晚期的社会批判理论。对"空间正义"的追问正在深化人文社会科学对人类生存现状及命运的思考。

从"空间"思想谱系的发展脉络来看，在很长一段时间里，以实证主义者为代表的多数社会学家偏爱客观主义和普遍主义，这使他们从根本上对认真地探讨时间和空间的问题不感兴趣。人们热衷于在变化的社会时空中寻找超越时空限制的一般性法则，对历史的研究主要是为了寻找普遍的历史规律，而空间区域则往往被普遍主义的空间隐喻消解，这使人们根本无法看到他们所迷信的那些所谓的普遍规律本身的时空限制（文军、黄锐，2012）。

社会学的空间转向深刻地影响和改变了当今社会理论和社会学的基本面貌，批判和超越了传统主流社会学在实质上忽视空间的现状，使空间成为一个核心的社会学范畴，并使对社会空间的研究成为社会学的重要方面。

农民工"嵌入态"生存　"嵌入"是经济社会学的一个核心范畴。卡尔·波兰尼为打破自由主义经济学的"经济人"假设，提出了"经济是社会的一部分"，"经济行为是嵌入社会行为中"的重要思想。

本研究的一个关键突破，就是在西方空间社会学核心概念"空间生产"及其社会批判理论体系的基础上，结合中国国情，针对农民工融入城市问题，创造性地提炼出"嵌入态"这个极具空间象征意味和建构性的概念，力图通过系统性的研究，描述农民工"嵌入态"式生存的真实图景，并揭示出农民工从脱离"嵌入态"到"融入"的空间演化路径。

中国农民工融入城市以其宏大的时空尺度和人类城市化历史上从未有过的时空压缩形成的艰巨性及复杂性，成为我国社会可持续协调发展的世纪难题。这正是农民工研究所具有的重大社会现实意义。同时，由于目前我国空间社会学还基本处于理论引进阶段，鲜有开创性的具有中国本土特色的理论和实证经验研究，因此，本研究对空间社会学从社会批判理论发展为社会建设理论，也具有重要的学术价值。

从空间社会学角度来看，"嵌入态"是指农民工作为客体进入城市，与城市社会空间互为"他"者，双方均保留各自的清晰边界，特别是城市社会空间尚未充分开放，使农民工长期处于没有有机融入城市的状态。"嵌入"和"融入"是矛盾的、对立的，但同时也是可以转化的。空间生产的价值导向决定了是"嵌入"还是"融入"的演化方向，也就是注重空间生产的公平、正义还是依从资本力量，这是决定农民工能否融入城市空间的决定性因素。长期的"嵌入"固化会形成空间分割和空间分化，从而造成空间对立和空间冲突。不言而喻，农民工命运的演化与中国社会现代化的变迁是紧密联系在一起的。只有改变"嵌入"的条件，尤其是改变导致"嵌入"固化的因素，如制度空间，才能最后促使其从"嵌入"走向"融入"。

城市空间自由度是空间平等和空间效率的函数〔城市空间自由度 = F（空间平等，空间效率）〕。当下城市空间在资本和权力支配下，物理空间与

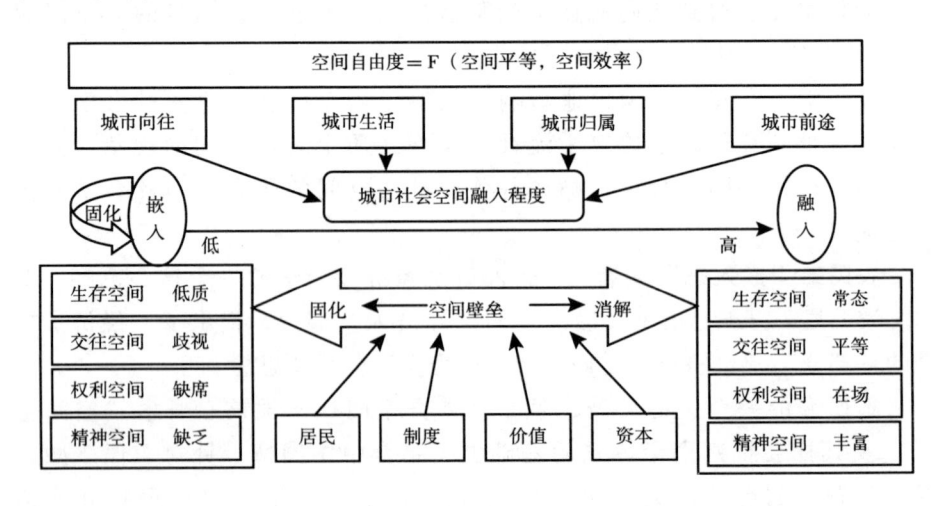

图1 农民工"嵌入态"生存模型

社会空间重叠与嵌套,造成了对城市空间自由度透视的遮蔽。从理论上说,城市空间自由度越大,人自由、全面发展的水平越高。本研究试图通过制度创新与价值导向的方式,有效提高城市空间自由度,更好地促进农民工融入城市,实现空间正义。

由于空间社会学是诞生于西方资本主义社会晚期的社会批判理论,体系庞杂,语言晦涩,因此难以直接将其理论体系以及范畴、概念用于分析我国的现实社会。但是,空间社会学的理念和视角具有深刻的启发性。在下面,我们将尝试运用空间社会学的理念和视角,将其概念、范畴进行转换和扩展,用一组本土化的概念,对农民工"嵌入态"进行定义与测量,分析农民工在城市空间的生存状态及其命运的演化。

二 中国农民工"嵌入态"生存的描述性统计分析的基本结论

武汉作为华中地区的特大中心城市,在承接农村,尤其是湖北地区剩余劳动力转移方面有着非常重要的作用。2012年武汉市常住人口1012万,据初步统计,其中农民工200多万。为了全面了解武汉市现阶段农民工融入城市的现状,2012年8月,武汉市社会科学院新农村研究中心以"武汉市农民工融入城市"为题,在武汉市9个中心城区(江岸区、江汉区、硚口区、汉阳区、武昌区、洪山区、青山区、东湖新技术开发区、武汉经济技术开发区)实施了一次大规模的问卷调查。本次调查按分层、定比、整群、随机抽样原则发放问卷。实际发放问卷1200份,有效回收问卷1047份,有效率达87.25%。

武汉市中心城区农民工的基本情况如下。

调查对象的性别分布:男性56.3%,女性43.7%。

调查对象的年龄分布:20岁以下6.2%,21~30岁41.0%,31~40岁28.6%,41~50岁20.6%,51岁及以上3.6%。调查的农民工中年龄最小的仅16岁,最大的63岁,平均年龄为33岁。武汉市现阶段有69.6%的农民工是21~40岁的中青年农民工,且30岁及以下的新生代农民工占比达47.2%。

调查对象的文化程度分布:小学及以下6.6%,初中41.6%,高中21.1%,中专或技校15.0%,大专10.9%,本科4.8%。也就是说,有69.3%的农民工的受教育程度在高中及以下。

调查对象的婚姻状态分布：有配偶，在农村，24.1%；有配偶，不在同一个城市工作，8.7%；有配偶，一起在城市居住，33.6%；未婚，30.3%；其他，3.3%。从调查数据可以看出，66.4%的有配偶的外出农民工中，近一半是夫妻双方在同一城市居住。

调查对象的职业分布：制造业，23.1%；建筑业，16.8%；装修业，6.4%；宾馆餐饮业，20.0%；批发零售业，11.0%；家政服务业，8.8%；交通运输仓储业，4.5%；市容管理、环卫，4.3%；物业管理、房地产中介，1.2%；其他，3.9%。

描述性统计分析的基本结论如下。

本项研究涉及57个问题211个测量指标。本文将"嵌入态"按三级指标进行定义、测量，并将测量指标和评估结果全部转化为空间指标。首先，根据农民工"嵌入态"的空间特征，以生存空间、交往空间、权利空间、精神空间4个维度作为整个指标体系的一级指标。每个一级指标下有3个二级指标（交往空间下有2个二级指标）；根据重要程度，每个二级指标下分别有2～6个3级指标，由此形成完整的三级指标体系，具体见表1、表2。

限于篇幅，三级指标的描述性统计分析已另文刊出，下面是二级指标描述性统计分析的基本结论。

生存空间 农民工的工作空间：流动性强，工作地点多变，职业社会声望低，劳动强度大，工资收入低，内部差异大，公平感缺失，发展空间小。农民工的居住空间：主要由雇主提供住所，以城中村和城乡结合部为主要居住地，居住条件差，且居住不稳定，但大多希望留在城市，尤其是大中城市。农民工的消费空间：消费层次低，消费空间边界性强，路边摊、大排档、门面店是他们主要的消费场所。

交往空间 农民工的交往空间分为内部交往空间和外部交往空间。农民工的内部交往空间：农民工的内部交往以亲缘和地缘为其就业的主要渠道，并以内部的强关系为主。农民工的外部交往空间：农民工的外部交往空间有了一定程度的拓展，大部分农民工在城市生活空间感受到认同，但有小部分农民工有较明显的社会排斥感。农民工的网络交往空间：手机上网是农民工主要的上网方式，对农民工拓展网络空间有着积极的社会意义，但由于缺乏固定的上网场所，网络空间的深度不足。

权利空间 农民工的基本人权空间：劳动合同签订率不高，社会保障项目不全，节假日休息的权利得不到保证，子女难以全面享受城市居民拥有的教育权利。农民工的社会组织空间：老乡会是农民工的主要社会组织形式，工会还没有成为农民工的首要组织，国家与农民工的关系处于"浮悬"状态。农民工的政治参与空间：参与的场域有限，渠道不畅，对政府的信任度存在一定的缺失，政治参与明显不足，特别是农民工漂浮于乡村与城市之间，造成相当比例的农民工在两个政治场域的"不在场"。

精神空间 农民工的信仰观念空间分为信仰空间和现代观念空间。农民工的信仰空间：农民工对党和政府的信任程度较高，但对社会主义共同富裕的信仰度不高，对自己的未来预期并不乐观，特别是对户籍制度改革的信心不足。农民工的现代观念空间：农民工的现代观念总体倾向于积极，其现代观念和城市居民的差距已经在缩小，但同时又有相当程度的消极、保守。农民工的生活感受空间：凡是正面、积极的词语选择率都偏低，凡是负面、消极的词语选择率都偏高，虽较少选择绝望，但多数人还是感觉钱不够用、劳累、工作不稳定和困惑，这也直接导致他们较低的融入意愿，对市民化信心不大。农民工的文化娱乐空间：以大众文化消费场所为主，对较有文化艺术品位和个体消费特色的场所少有光顾，文化娱乐空间的匮乏反映和导致的是农民工精神空间自由度的缺失，直接或间接地降低了农民工未来社会空间的开放性与建构性。

武汉市作为省会城市，以此指标体系来描述我国农民工"嵌入态"的空间生存现状，其制度背景与我国所有省会城市基本相同，具有较强的代表性。

三 农民工"嵌入-融入"度分析

农民工融入城市转化为市民是一个需要经历较长时间才能完成的巨大社会工程，必然包含一系列重大的制度化改革和城市空间的全新建构。近年来，学术界已提出农民工融入城市的问题。2006年调查显示，移民（农民工）社会融入度最大值为60分，最小值为2分，均值为37.8分（刘建娥，2011）。另有研究显示，根据5个一级指标、10个二级指标、20个三级指标进行"市民化程度"评价，城市农民工的市民化程度总体已基本达到54%，即相对于城市居民，农民工的市民化程度已经达到"半"市民化以上的水平（王桂新、沈建法、刘建波，2008）。这两项研究对我们很具启发性，但同为2006年的调查，用了各自设计的指标体系，得出的结果却相差甚远。我们认为五城市农民工抽样调查所得的农民工"社会融入度"均值（37.8分）过低，但上海调查的"市民化程度"（54%）又偏高。

另外，使用的评价术语一为"社会融入度"，一为"市民化程度"，特别是后文的结论为"农民工的市民化程度已经达到'半'市民化以上的水平"。从理论上说，"社会融入度"较为规范，"半"市民化则更为直观，作为对农民工市民化的分析工具而言，还缺乏应有的理论深度。

本项研究通过对 2012 年武汉市农民工的调查，在对农民工四大空间进行描述性统计分析的基础上，提出"嵌入－融入"度概念。我们认为，农民工从农村进入城市，必然经历一个从"嵌入"到"融入"的演化过程。"嵌入"是表征农民工虽然在城市工作和生存，但其身份还没有成为市民，还没有享受市民所拥有的一系列权利特别是工作及社会保障方面的相同待遇。"融入"则是表征农民工在各方面已经真正"城市化"、"市民化"了，已经融入城市社会，成为城市的市民。从"嵌入态"生存逐步演化为"融入态"，就是农民工从农民转化为市民的过程。图 2 是农民工从"嵌入"演化为"融入"的示意图。

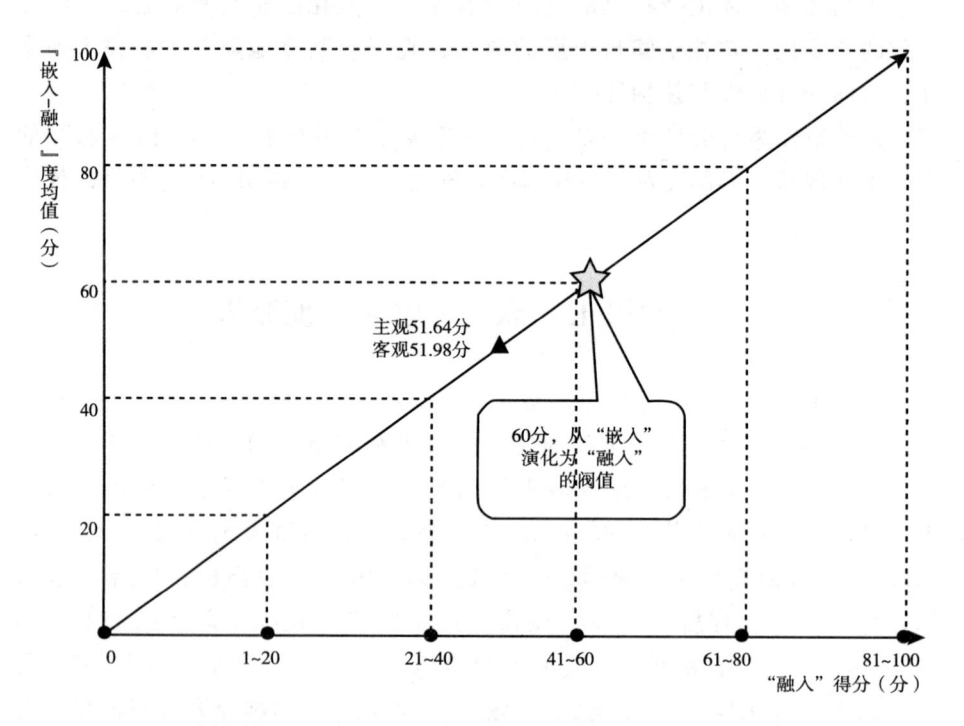

图 2 从"嵌入"演化为"融入"的示意图

注：其中 0 分为城乡二分，1～20 分为表层嵌入，21～40 分为中度嵌入，41～60 分为深度嵌入，61～80 分为初步融入，81～100 分为基本融入。

需要特别指出的有两点：一是我们认为，60分是农民工从"嵌入"演化为"融入"的阈值，这是一个先验判断；二是我们认为，农民工即使按照我们的指标体系测量得分为100分，仍为基本融入，是要表达农民工真正做到全方位融入城市，成为真正的市民，实际上要经历一个较长的历史时期，甚至两三代的长期发展，才能彻底完成。

以下我们分别对农民工的客观、主观"嵌入-融入"度进行分析。

（一）农民工的客观"嵌入-融入"度

本研究按照生存空间、交往空间、权利空间、精神空间对农民工"嵌入态"按三级指标进行定义、测量，本指标体系共包括一级指标4个，二级指标11个，三级指标38个，有效样本数228个。具体计算方法及三级指标均值见表1、表2。

表1　农民工客观"嵌入-融入"度指标体系

一级指标	二级指标	三级指标		均值（分）	具体计算（0~100分）
生存空间 L	工作空间 LA	相对收入	LA1	49.0	LA1 = 农民工月均收入/城镇在岗职工平均工资，超过平均工资为100。武汉市2012年城镇在岗职工平均工资为4079元
		工作性质	LA2	44.7	自主创业为100，自主经营为80，正式职工、合同工、劳务派遣工为50，临时工为20，失业为0
		城市稳定性	LA3	60.0	LA3 = 总计打工时间/打工城市个数/7×100 其中，计算值超过100以上为100，在一个城市最长打工时间超过7年及以上也为100
		工作稳定性	LA4	63.0	打工时间5年及以上的，LA4 = 100×(5-A)/5 打工时间不足5年，且换过工作，LA4 = 100×B/A/5 打工时间不足5年，且没换工作，LA4 = 100×B/5 其中，A为5年内换工作次数，B为在城市最长打工时间
		加班时长	LA5	48.6	每周工作5天及以下为100，6天为50，7天为0
		工作差距	LA6	46.5	与普通市民在工作上的最大差距是：选择培训机会少、没有晋升可能、工作时间长为80；选择"五险"不全为70；选择就业受歧视、工作不稳定为50；选择钱拿得少、劳动强度大为40；选择工资被拖欠为20（多选题，以最低得分为最终得分）

续表

一级指标	二级指标	三级指标		均值（分）	具体计算（0~100分）
生存空间 L	居住空间 LB	居住地点	LB1	55.4	LB1 = A + B，如在城市自购住房为100 A 为居住地点，居住在城市居民新社区为50，在城市居民老社区为30，在城中村为20，在城乡结合部为10； B 为居住地的提供方式，居住地是独立租赁住房为40，是合租或居住在亲友家为30，是雇主提供为20，居住在工棚或仓库为10
		人均住房面积	LB2	45.0	人均住房面积达到城市平均水平（30m²）为100，16~29m² 为 80，12~15m² 为 50，5~11m² 为 30，4m² 及以下为 10
		住房条件	LB3	72.0	LB3 = A + B A 为居住地的卫生间配备情况，是单独卫生间为70，是共用卫生间为50，无卫生间为0； B 为居住地的厨房配备情况，是单独厨房为30，共用厨房为20，无厨房为0
		居住稳定性	LB4	40.8	LB4 = A + B A 为居住时间，居住10年及以上为50，居住5~9年为40，居住4年为30，居住1~3年为15，居住不足1年为5； B 为一年内最多搬家次数，次数少于1次及以下为50，2次及以上为0
	消费空间 LC	就餐地点	LC1	62.0	单位食堂为100，工作的地方为60，快餐店为50，路边摊为10
		午餐消费	LC2	45.9	午餐消费金额日均10元以上为100，10元为60，5~9元为40，4元及以下为20
		消费地点	LC3	56.2	LC3 = (A + B)/2 A 为日常就餐地点，在餐厅、高档餐厅为100，快餐店为50，大排档为20，路边摊为10； B 为日常购物地点，在超市、商场、高档商场为100，门面店为50，路边摊为20
交往空间 C	社会交往 CA	社区服务	CA1	54.4	得到社会提供的医疗服务、计生服务、就业咨询、儿童保健服务为50，得到社会提供的技能培训、法律援助、社会救助为100，没有得到社区任何服务为0 （多选题，以最高得分为最终得分）

续表

一级指标	二级指标	三级指标		均值（分）	具体计算（0~100分）
交往空间 C	社会交往 CA	居民帮助	CA2	42.9	得到市民在生活用品方面的帮助及其他帮助为50,资金帮助为80,工作、子女教育、住房帮助为100,没有得到任何帮助为0（多选题,以最高得分为最终得分）
		朋友来源	CA3	69.6	城市居民朋友的来源是亲戚、同乡为20,是同学30,是网络、邻居为50,是工友为80,是工作为100,没有朋友为0（多选题,以最高得分为最终得分）
		社会距离	CA4	51.9	节假日没有请客、送礼情况为0,经常或偶尔给亲戚、老乡、同学请客送礼为10,经常或偶尔给工友请客送礼为50,偶尔给城市居民、客户请客送礼为60,经常给城市居民、客户请客送礼为100（多选题,以最高得分为最终得分）
	网络交往 CB	上网方式	CB1	54.1	通过网吧上网为30,通过手机或其他方式上网为50,在单位上网为80,利用自有计算机上网为100,不上网为0（多选题,以最高得分为最终得分）
		上网内容	CB2	40.4	上网主要是聊天、玩游戏和其他为30,学习知识、购物为50,查找就业市场信息、农业科技信息、上论坛、看博客为80,关心政治为100,不上网为0（多选题,以最高得分为最终得分）
权利空间 R	基本人权 RA	户籍信心	RA1	49.2	对"到2020年,户籍制度会取消"很有信心为100,有信心为80,没有信心为0,说不清楚为50
		社会保障	RA2	48.0	办理生育保险为20,办理城镇养老保险为40,办理工伤保险为60,办理失业保险为80,办理城镇医保为100,没有为0（多选题,以最高得分为最终得分）
		婚姻困难度	RA3	38.5	认为恋爱和婚姻中最大的困难是交往圈异性少为80,工作时间长为60,找城里人困难为40,租房难、居无定所为30,收入低为20
		权利受伤害	RA4	43.5	打工没有受到任何伤害为100,没有进行职业培训为90,没有购买"五险"为80,子女教育不公平为80,医疗无保障为70,就业歧视为50,同工不同酬为50,居无定所为40,工资被拖欠为20,被执法人员粗暴对待为10（多选题,以最低得分为最终得分）

续表

一级指标	二级指标	三级指标		均值(分)	具体计算(0~100分)
权利空间 R	社会组织 RB	群体活动参与度	RB1	36.7	打工期间参加老乡会和其他群体活动为 10,参加工友会为 30,参加社区活动为 50,参加工会、共青团为 100,没参加任何活动为 0 (多选题,以最高得分为最终得分)
		工会认同度	RB2	50.6	希望参加工会、想参加但没有工会为 100,单位有工会但无人组织、不知道单位是否有工会、无所谓为 0
	政治参与 RC	权利受损时的做法	RC1	50.8	权利受损时采取向媒体反映、争取法律援助、求助于人大代表为 100,向单位或相关部门反映为 80,上网、写标语展示、找政府为 50,把事情闹大为 20 (多选题,以最低得分为最终得分)
		改变现状的因素	RC2	48.9	认为改善农民工现状最主要的是提高自身素质为 0.2,政府提供职业培训为 0.3,公平就业、提高工资为 0.5,强制农民工参加各类社会保障、申请廉租房为 0.8,户籍改革为 1 此题多选二,如只选一项,加 0.5;两项总值相加后(理论值为 0.5~1.8)转成 10~100 的标准分
		关注议论国家大事	RC3	58.7	RC3 = A + B A:经常关注国家大事为 50,偶尔关注为 25,不关注为 0 B:经常议论国家大事为 50,偶尔关注为 25,不议论为 0
精神空间 S	信仰观念 SA	相信党和政府	SA1	58.9	对"党和政府值得信赖"表示很同意为 100,同意为 80,无所谓为 50,不同意为 20,很不同意为 0
		社会主义共同富裕	SA2	50.4	对"社会主义最终会实现共同富裕"表示很同意为 100,同意为 80,无所谓为 50,不同意为 20,很不同意为 0
		命运	SA3	71.5	对"经过努力奋斗,一定能改变我的命运"表示很同意为 100,同意为 75,无所谓为 50,不同意为 20,很不同意为 0
		法律保护自己	SA4	71.5	对"拿起法律武器保护自己,靠别人没有用"表示很同意为 100,同意为 75,无所谓为 50,不同意为 20,很不同意为 0
	生活感受 SB	生活感	SB1	45.8	SB1 = (A + 130)/260 A:没有任何感受为 0;选择有钱不够用、劳累、不稳定、困惑的,每选择一项减 10 分;选择没有前途、烦躁、空虚的,每选择一项减 20 分;选择绝望减 30 分;选择过得去、轻松、安定、有信心的,每选择一项加 10 分;选择有前途、愉快、充实的,每选择一项加 20 分;选择自信的加 30 分

续表

一级指标	二级指标	三级指标		均值（分）	具体计算(0~100分)
精神空间 S	生活感受 SB	融入意愿	SB2	53.3	城市定居意愿：最终会回农村为 0，也许会留在城市为 50，很想在城市但这太难了为 80，肯定不回农村为 100
		市民化信心	SB3	52.5	对"农民工成为城市人会越来越容易"很有信心为 100，有信心为 80，没有信心为 0，说不清楚为 50
	文化娱乐 SC	娱乐活动	SC1	40.2	没有任何娱乐活动为 0，有逛街、游戏厅玩游戏、喝酒、打牌活动的，有一项加 10；有看电视、打球、读书看报、听流行歌曲、跳舞唱歌活动的，有一项加 20，总分超过 100 为 100 分
		休闲场所	SC2	49.6	没去休闲场所为 0，去过游乐场、卡拉 OK 为 30，去过电影院、茶馆为 50，去过图书馆、高档会所为 80，去过博物馆、大剧院为 100（多选题，以最高得分为最终得分）
		旅游参与度	SC3	24.1	没有参与旅游为 0，参与过旅游为 100

一级、二级指标的计算方式、均值及权重见表 2。

表 2 农民工"嵌入 – 融入"态指标体系续表（N = 228）

	均值（分）	权重	公式
一、生存空间 L	52.2	0.25	L = 0.3LA + 0.4LB + 0.3LC
1. 工作空间 LA	50.6	0.3	LA = (LA1 + LA2 + LA3 + LA4 + LA5 + LA6)/6
2. 居住空间 LB	52.2	0.4	LB = (LB1 + LB2 + LB3 + LB4)/4
3. 消费空间 LC	53.8	0.3	LC = (LC1 + LC2 + LC3)/3
二、交往空间 C	55.4	0.25	C = 0.7CA + 0.3CB
4. 社会交往 CA	58.2	0.7	CA = (CA1 + CA2 + CA3 + CA4)/4
5. 网络交往 CB	49.0	0.3	CB = (CB1 + CB2)/2
三、权利空间 R	48.0	0.3	R = 0.5RA + 0.25RB + 0.25RC
6. 基本人权 RA	45.4	0.5	RA = (RA1 + RA2 + RA3 + RA4)/4
7. 社会组织 RB	50.0	0.25	RB = (RB1 + RB2)/2
8. 政治参与 RC	50.7	0.25	RC = (RC1 + RC2 + RC3)/3
四、精神空间 S	53.4	0.2	S = 0.4SA + 0.4SB + 0.2SC
9. 信仰观念 SA	62.5	0.4	SA = (SA1 + SA2 + SA3 + SA4)/4
10. 生活感受 SB	50.2	0.4	SB = (SB1 + SB2 + SB3)/3
11. 文化娱乐 SC	41.7	0.2	SC = (SC1 + SC2 + SC3)/3
客观"嵌入 – 融入"度 E	52.0		E = 0.25L + 0.25C + 0.3R + 0.2S

从以上两表可以看出，农民工的总体客观"嵌入－融入"度均值为52.0分，表明从总体上看，农民工处于"嵌入态"，与向"融入"演化的60分阈值差距不大，说明经过30多年的变迁，农民工已度过了艰难的"表层嵌入"、"中度嵌入"阶段，进入"深度嵌入"的关键时期，正逐渐向"基本融入"的方向演化。这是一个极其重要的结论。

从四大空间的均值来看，权利空间均值最低（48.0分），交往空间均值最高（55.4分），生存空间和精神空间均值分别为52.2和53.4分，四大空间差异较小，均在"深度嵌入"区间。但同时也要看到，农民工的权利空间相比于其他三个空间，得分最低，最多相差7.4分，表明当前农民工权利空间的缺失是制约农民工"融入"的最重要的因素。

（二）农民工的主观"嵌入－融入"度

为了更全面地测量农民工的"嵌入－融入"度，我们设计了农民工的主观"嵌入－融入"度量表，即以一般城市居民的现状为参照，请农民工在10个方面为自己打分，每个方面满分为10分，总分100分。

从均值来看，农民工的主观"嵌入－融入"度得分排在前三位的分别是："工作方面的现状"（6.24分）、"在与人打交道的过程中，被尊重方面的现状"（6.23分）、"居住方面的现状"（5.47分），得分在5.5~6.3分之间。其次是"消费方面的现状"（5.19分）、"在网上发表意见、观点方面的现状"（5.17分）、"城市归属感方面的现状"（5.11分），三者的差异极小，表明农民工已经明显感知到在这些方面与一般城市居民的差距。列在后四位的分别是"享受社区服务方面的现状"（4.43分）、"法律维权方面的现状"（4.44分）、"文化娱乐方面的现状"（4.67分）、"表达自己的意愿方面的现状"（4.69分），这四项的得分都在5分以下，农民工对这四方面的认同感明显不足。

表3 请在以下方面给您的现状打分（以一般城市居民的现状为10分，您得多少分？N=818）

单位：分

内　容	平均值	位次
① 您在工作方面的现状	6.24	1
② 您在居住方面的现状	5.47	3
③ 您在消费方面的现状	5.19	4
④ 您在文化娱乐方面的现状	4.67	8
⑤ 您在享受社区服务方面的现状	4.43	10

续表

内容	平均值	位次
⑥ 您在表达自己的意愿方面的现状	4.69	7
⑦ 您在法律维权方面的现状	4.44	9
⑧ 您在与人打交道的过程中,被尊重方面的现状	6.23	2
⑨ 您在网上发表意见、观点方面的现状	5.17	5
⑩ 您在城市归属感(我就是这个城市的市民)方面的现状	5.11	6
合　计	51.64	

农民工对在城市受到尊重的感觉评价较高,列第二位。进一步分析可以看出,八成以上的农民工在"被尊重"方面都给予了5分以上的评价,给予8分的比例高达22.6%,这与日常大众媒体报道歧视农民工的个案形成强烈的反差。可见,城市居民对农民工普遍能够给予最起码的尊重。

列第一位的工作方面的评价得分仅比列第二位的"被尊重"方面的评价得分高0.01分,可见,农民工对目前的工作状态总体还是比较满意的,只要能够做到同工同酬,他们就认为与一般城市居民的差别并不太显著。但是列第三位的居住方面的评价得分,则与前两者有着明显的差距,低了近1分,表明农民工对居住方面的满意度有待提高。列第四位的消费方面的评价得分略低于居住方面的评价得分,可以看出农民工还是充分认识到其与一般城市居市民在消费方面的差距。

"城市归属感方面的现状"评价得分为5.11分,列第6位,无论是得分还是名次都处于中间位置。总体来看,受城乡二元体制的约束,农民工在城市工作、生活中仍能感受到与一般城市居民的差距。近几年武汉市"居住证"等政策的出台缩小了农民工与一般城市居民在城市公共服务方面的差距,但就现状而言,农民工正陷入融入城市与被城市排斥的两难中。

"在网上发表意见、观点方面的现状"评价得分为5.17分,"表达自己的意愿方面的现状"评价得分为4.69分,分列第5位和第7位。就目前而言,农民工表达自己的意愿不是很顺畅,农民工对此的满意度不高。而"网络"这种新的表达意愿方式正逐步被农民工接受,农民工对它的期望值也相对较高。

列第9位的是"法律维权方面的现状",评价得分仅为4.44分,较第一位的"工作方面的现状"的评价得分低了近2分,明显可见农民工在此方面感受到的强烈不正义和不公平。从最后三位的排名可以看出,农民工对社区服务显然最不满意,其次是法律维权、文化娱乐。

为了分析农民工融入城市的主观"嵌入－融入"度的状况,我们将10项得分加总得出农民工融入城市的主观"嵌入－融入"度均值。结果显示，818份有效问卷的平均值为51.64分，中位值为52.00分。具体分段分值见图3。

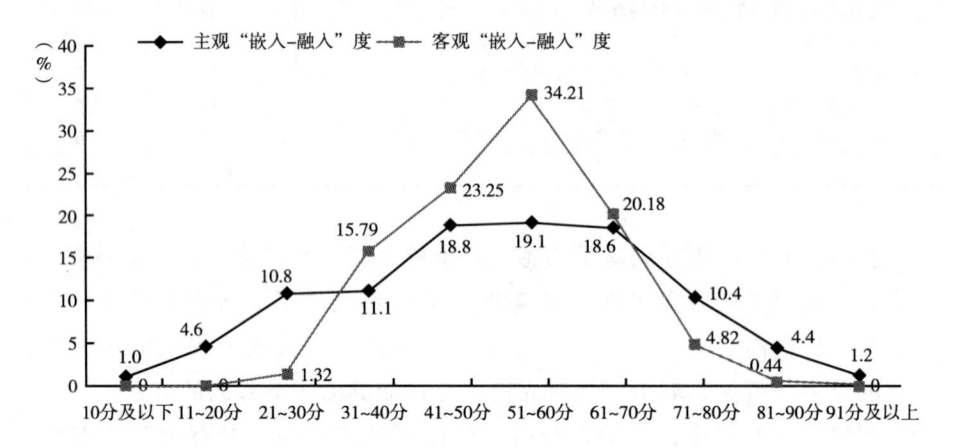

图3 农民工主、客观"嵌入－融入"度对比

为了进一步分析农民工主观"嵌入－融入"度的内部结构，我们将10项得分结果进行相关分析。

通过相关分析，我们发现，十个方面在 $\alpha = 0.01$ 的显著性水平上两两相关，因此拒绝零假设，十个变量间都具有显著的相关关系。

农民工在工作方面的评价得分与居住方面的评价得分，相关系数为0.689；消费方面的评价得分与文化娱乐方面的评价得分，相关系数为0.726；享受社区服务方面的评价得分与表达自己意愿方面的评价得分，相关系数为0.751；享受社区服务方面的评价得分与法律维权方面的评价得分，相关系数为0.701；表达自己意愿方面的评价得分与法律维权方面的评价得分，相关系数为0.815；城市归属感方面的评价得分与法律维权方面的评价得分，相关系数为0.629；城市归属感方面的评价得分与被尊重方面的评价得分，相关系数为0.682。

由此可以看出，法律维权与表达自己的意愿的相关系数最高，同时法律维权与享受社区服务和城市归属感也有很高的相关，表明农民工对法律维权的高度重视，因为这直接关系到他们在城市空间是否获得公正、公平的待遇，实际上这也是城市空间正义尺度的一种表现。同时可以看出，享受社区服务也与农民工表达意愿和法律维权有较高的相关，体现出社区工作对农民工在城市空间生活质量的改善起着非常重要的作用。最后，从城市归属感与法律维权、被尊重的相关系数看，后两者对农民工的城市归属感有着重要的影响。

（三）农民工主、客观"嵌入－融入"度比较

本次调查的客观"嵌入－融入"度，有效问卷数 228 份，最大值 86.85 分，最小值 22.50 分，均值 51.98 分，标准差 11.27，主观"嵌入－融入"度有效问卷数 818 份，均值 51.64 分，标准差 18.97。T 检验显示两者没有显著差异，且两者的相关系数为 0.6767，农民工的主、客观"嵌入－融入"度均值分别为 51.64 分和 51.98 分，两者均值差异不大，均低于 60 分，即从"嵌入"演化为"融入"的阈值。农民工的主观"嵌入－融入"度均值略低于客观"嵌入－融入"度均值。

理论上说，农民工的客观"嵌入－融入"度均值是通过一整套规范的指标体系——研究者基于对现状的客观描述和对事实的判断，选取效度高、代表性强的指标建立——计算出来的。但同时，由于受研究者主观判断和测量难度的限制，客观指标不可能穷尽所有指标，因而客观测量指标有可能准确也有可能不准确。

农民工的主观"嵌入－融入"度是农民工对自身生存状态的直接评价。从方法论上看，它一方面比客观指标更全面、更直接地从总体上反映农民工的生存状态，但另一方面也可能受调查对象情绪的影响，使其主观评价偏离实际情况。表现在分布上，主观评价更加离散，更符合正态分布。因而，主观指标可能更接近真实情况，且包含农民工的价值评价和情感取向。

表 4　农民工主、客观"嵌入－融入"度得分

	有效样本（个）	均值（分）	标准差	1~20 分 表层嵌入（%）	21~40 分 中度嵌入（%）	41~60 分 深度嵌入（%）	61~80 分 初步融入（%）	81~100 分 基本融入（%）
主观	818	51.64	18.97	5.60	21.90	37.90	29.00	5.60
客观	228	51.98	11.27	0	17.11	57.46	25.00	0.44

结合本次调查，从标准差来看，客观"嵌入－融入"度的标准差为 11.27，低于主观"嵌入－融入"度的标准差（为 18.97）。这表明，从客观"嵌入－融入"度看，农民工的内部空间分布差异并不大，但农民工在感受与一般城市居民的差距上却有着显著的差异，因而主观"嵌入－融入"度更为离散。这可能与农民工对空间公平的认知有关，越重视社会公平正义的农民工，越有可能感受到强烈的空间不正义感，这也直接反映在其自我评价的取向上。

从分段分值来看，客观"嵌入－融入"度上没有处于"表层嵌入"阶段的农民工，但主观"嵌入－融入"度上却有 5.60% 的农民工认为自己仍处于"表层嵌入"阶段，这一点值得我们注意。主观"嵌入－融入"度上和客观"嵌入－融入"度上分别有 21.90% 和 17.11% 的农民工处于"中度嵌入"阶段，两者差异不大，前者比后者高出 4 个多百分点。但在"深度嵌入"阶段，客观"嵌入－融入"度上有 57.46% 的农民工处于此阶段，但主观"嵌入－融入"度上却仅有 37.90% 的农民工处于此阶段，低于客观"嵌入－融入"度近 20 个百分点，表明有相当比例的农民工的主观评价出现了较大的分化，可能一部分农民工的主观评价高于实际状态，而另一部分农民工的主观评价低于实际状态。在"初步融入"阶段，主观"嵌入－融入"度上的百分比比客观"嵌入－融入"度上的百分比高 4 个百分点；在"基本融入"阶段，主观"嵌入－融入"度上的百分比比客观"嵌入－融入"度上的百分比高 5.16 个百分点，且有 5.60% 的农民工自认为已进入"基本融入"阶段，即已经融入城市。

总体上说，本研究的主观、客观"嵌入－融入"度均值的结果很相近，虽两者在内部分布上有一定的差异，但总体趋势基本一致，即处于"深度嵌入"阶段的农民工最多，另外分别有两成左右的农民工处于"中度嵌入"和"初步融入"阶段，较少的农民工处于"表层嵌入"和"基本融入"阶段。从总体上看，现阶段农民工的"嵌入－融入"度均值刚刚超过 50 分，属于"深度嵌入"阶段，正在向"基本融入"阶段迈进。但从理论上看，主观、客观"嵌入－融入"度哪个更能准确地反映农民工的真实情况，还需要进一步分析和验证。

四 讨论与小结

（一）空间社会学的独特视角，将农民工在城市空间生存现状方面的问题凸显出来

本研究虽然属于探索性研究，但还是在反映现状、揭示问题方面取得了很多新进展。本研究将空间社会学的一般理论与方法与中国城市化的实际相结合，特别是与农民工在城市空间中的生存状态相结合，推演建构出一套表征城市空间分析的二级和三级指标，并将之用于经验观察和分析，是本研究在理论和方法上的一次有益探索。

（二）"嵌入态"是对现阶段中国农民工生存状态的表征

不言而喻，农民工命运的演化与中国社会现代化的变迁是紧密联系在一

起的。本研究虽然是一项探索性的研究，但希望能通过农民工从"嵌入"走向"融入"道路的揭示，展现中国和谐社会建设的光明前景。

（三）本研究的结论具有以下政策含义

一是高度重视和优先解决农民工基本住房保障问题。在大城市普遍加大对"城中村"进行大规模改造的力度的情况下，各城市有关部门要在城市规划和社会保障性住房工作中，逐步探索将公租房、廉租房、经济适用房向农民工开放。尤其是在对农民工高度集中居住和工作的"城中村"进行改造的过程中，不能只管"城中村"的改造，不考虑农民工的利益诉求。

二是以城镇医疗保险改革为重要突破口，扩大农民工社会保障的覆盖率。我们在调查中发现，有一定比例的农民工办理了与城镇职工同样的医疗保险，差别只是农民工保费是以最低标准缴纳的，但也已大大提高了农民工的医疗保障水平，特别是与只有"新农保"的农民工相比，既方便又实用。因此，要通过有效的措施，争取在3~5年内，使农民工城镇医疗保险（城镇职保和城镇居保）覆盖率达到70%以上。

三是加大农民工法律维权力度。农民工法律维权需求最突出的方面是劳动权益不能得到充分保障，因此规范中小企业的用工制度，加大劳动部门的监管力度极为重要。用工制度不规范是造成农民工维权难的重要原因，特别是中小企业不依法履行与农民工签订劳动合同和为农民工办理社会保险等义务，而农民工又收集不到有效证据，无法确认劳动用工关系，导致农民工维权困难。劳动监察部门应以劳动密集型和用工量较少的中小企业为重点，清理劳动合同签订以及社会保险费缴纳情况，抓好农民工欠薪问题专项工作。

四是城乡二元户籍制度已成为农民工融入城市的主要障碍。在当前情况下，户籍改革阻力巨大，已成为对2020年全面建成小康社会构成严峻挑战。国家正在加快改革现行户籍制度。户籍制度改革分"两步走"：第一步，实现中小城镇户籍制度全面放开；第二步，实现大城市户籍制度基本放开。最终将基本实行全民统一的居住证制度。城市政府应加大改革力度，增加政府公共服务的内容，逐步缩小"居住证"人口与户籍人口在公共服务方面的差距，为实行全民统一的居住证制度创造条件。

五是新型城市化必须解决农民工的"人的城市化"问题。"嵌入态"与其说是对农民工生存状态的一种表征，不如说是对中国社会现实状态的一种真实揭示。处于"嵌入态"的不仅仅是农民工，其实是整个社会。在这种意义上说，"融入"不仅是农民工改变生存状态的必然要求，也是中国社会向公平正义的价值方向前进的必然要求。中国社会如果不能让农民工"融入",也就不能使自己从"二元结构"中"脱嵌"。农民工"嵌入态"的演化走向将从根本上决定中国的基本面貌。如果农民工不能从"嵌入"走向"融入",中国的新型城市化就不能取得成功。

参考文献

国家统计局:《2012年全国农民工监测调查报告》,http://www.stats.gov.cn/tjsj/zxfb/201305/t20130527_12978.html,2013年5月27日。

国务院发展研究中心"我国农民工工作'十二五'发展规划纲要研究"课题组:《中国农民工问题总体趋势:观测"十二五"》,《改革》2010年第8期。

国务院研究室课题组主编《中国农民工调研报告》,北京:中国言实出版社,2006。

哈维:《希望的空间》,胡大平译,南京:南京大学出版社,2006。

李培林主编《农民工:中国进城农民工的经济社会分析》,北京:社会科学文献出版社,2003。

李强:《农民工与中国社会分层》,北京:社会科学文献出版社,2004。

列斐伏尔:《空间的生产》,载包亚明主编《现代性与空间的生产》,上海:上海人民出版社,2003。

刘建娥:《农民工融入城市的影响因素及对策分析——基于五大城市调查的实证研究》,《云南大学学报》(社会科学版)2011年第4期。

吕红平:《农民工中的女性群体更需要社会关注》,《郑州大学学报》(哲学社会科学版)2004年第1期。

王桂新、沈建法、刘建波:《中国城市农民工市民化研究——以上海为例》,《人口与发展》2008年第1期。

文军、黄锐:《"空间"的思想谱系与理想图景:一种开放性实践空间的建构》,《社会学研究》2012年第2期。

张国胜:《中国农民工市民化:社会成本视角的研究》,北京:人民出版社,2008。

张天昱:《城市发展与管理视野下的农民工问题》,《人民日报》2011年4月7日。

逐利动机、劳资分立与利益政治

——清末民初学徒制工业化转型素描

王 星[*]

内容摘要：清末民初学徒制工业化转型过程中，学徒制呈现一种畸形的制度形态：对学徒工群体而言，学徒制是一种传授谋生技能的教育制度；而对资本家而言，学徒制实质上已经是一种劳动雇佣制度。一面是宗法家长制色彩浓厚的伦理性师徒关系；另一面却又是基于"自由契约"的非等价性市场交换关系。传统与现代在这种制度中被强制性地杂糅嫁接在一起，形塑学徒制制度变迁独特演化轨迹的是利益相关者的利益政治行为。而学徒制工业化转型过程中的利益政治也给近代中国经济和社会带来了严重后果。

关键词：学徒制工业化转型　劳资分立　利益政治

在近代中国历史上，晚清至民国初期是经济、政治社会治理机制发生巨变的时代。在经济上，工业实业兴起以及西方工业生产方式入侵对传统手工业生产造成巨大的冲击，被费孝通称为"背离者"[①]的支离破碎的小农社会群体中的大部分人在工业化浪潮中转变为工厂内的学徒工，成为日后产业工人阶级的主体。在政治社会治理机制上，国家政权体制发生了根本性变革，从帝国专制走向了威权政体（authoritarianism）。如汤森和沃马克所言，帝国

---

[*] 王星，南开大学周恩来政府管理学院社会工作与社会政策系副教授。
[①] 费孝通：《中国绅士》，中国社会科学出版社，2006，第77页。

专制统治依赖的是精英主义和社会等级制,① 从事工商业生产的"技能工人"——工匠——也被纳入严格的政治与社会等级制中。而晚清新政与民国初年的威权体制从政治上提升了工商业资产阶级的地位,同时也从意识形态上抛弃了重农抑商的理念。所有这些背景为学徒制工业化转型提供了机遇。

本文正是以学徒制工业化转型为切入点,试图讨论如下两个问题:一是刻画中国学徒制工业化转型的轨迹;二是对中国民间行会学徒制变迁轨迹进行制度解释,挖掘形塑学徒制走向的微观行动力量,进而思考制度变迁的动力议题。

一 行会学徒制与官局学徒制并立:清末民初学徒制工业化转型的演化图式

清末民初是中国政治、经济与社会文化体制经历巨变转型的年代。从技能形成角度而言,1840年鸦片战争之后,西方工业化生产技术对中国传统手工业技艺构成了强烈的冲击。1850~1872年,太平天国重建严格的"匠籍"制度更是给民间行会学徒制造成了巨大的威胁。② 甲午战争之后,晚清政府开始兴办实业,学徒制才重回历史轨道,并且形成了以工艺局为主体的官局学徒制与民间行会学徒制并立的技能形成格局。与民族工业兴起相伴随的是传统学徒制技能传承与规模化生产之间开始产生矛盾,学徒制转型的契机出现了。

(一) 民间行会学徒制形成系统的文本规则

中国民间行会学徒制的功能除了技能传承外,更重要的是赋予学徒入行从业的资格。这种社会分层功能在实际操作过程中,一方面表现为学徒工—帮工—师傅这样的身份等级体系;另一方面,对那些经过官局学徒制培训的掌握相应生产技能但未经民间行会学徒制培训的劳动力,行会行东们多采取排斥的态度,"从来没有当过学徒,只有伺候了三年人,你才会学到东

---

① 詹姆斯·R. 汤森、布兰特利·沃马克,《中国政治》,顾速、董方译,江苏人民出版社,2005,第26页。
② 彭南生:《行会制度的近代命运》,人民出版社,2003,第223~224页。

西"①。在清末民初时，类似的民间行会学徒制比较流行。根据玛高温（D. J. Macgowan）、马士（H. B. Morse）② 以及步济时（J. S. Burgess）等的调查研究，清末民初几乎所有的民间手工行会及商业行会均设有学徒制。仅在北京地区，42个工商业行会中，只有5个行会没有学徒制。其中，16个手工行会都设有学徒制；8个专业行会中，只有2个没有学徒制；在商业行会中，除了技能门槛较低的行业如猪肉、羊肉和青菜售卖行业没有学徒制外，③ 其他行业均设有学徒制④。民间行会学徒制已经形成系统的文本规则，主要包括如下几点。

1. 入徒条件有明文规定

清末民初，民间行会学徒制对学徒工入徒条件多有明文规定，内容主要包括学徒工的年龄、性别、文化程度、籍贯以及思想品德等方面。学徒工一般要求男性，年龄多在12～18岁。文化程度上，行业不同要求也不同，一般而言，依靠操作技能的手工业对学徒工的文化程度要求不高，而商业及一些特殊行业如刻字业则对学徒工的文化程度有一定的要求，如长沙刻字店条规规定"带徒必择已读书识字者，方易教授，免致后来不谙文理，滥刻"⑤。在籍贯上，行会学徒制为了维持在生产技能上的垄断，一些对技艺水平要求较高的行业多规定非本地、本帮的子弟不收。与此同时，行会对学徒工的思想品德也非常看重，要求学徒工遵守相关宗法礼俗以及行业纪律的规定。

2. 规定学徒工技能培训期限

清末民初，对学徒工技能培训期限进行统一规定几乎是行会的惯例。根据步济时对北京行会的调查，37个行会中设立学徒制的27个行会都规定了学徒工技能培训的期限，参见表1。尽管由于行业技艺差异导致学徒工技能培训期限不同，但一般而言，学徒时限多在3年及以上。

---

① 步济时：《北京的行会》，赵晓阳译，清华大学出版社，2011，第133页

② Macgowan, D. J. *Chinese Guild and Their Rules*（《中国行会及其行规》），*China Review*, Vol. XII, 1883；Morse 的《中国行会考》（*the Guild of China*）初版于1909年。两篇文章的中译本被收在彭泽益主编的《中国工商行会史料集》（上册）（中华书局，1995，第51～90页）中。

③ 猪肉售卖行业没有学徒制，雇员的薪酬是根据岗位而非技能水平进行等级排列的。第一等是买卖猪肉的，每月15元；第二等是杀猪的，每月11元；第三等是洗刮猪毛的，每月4.5元；第四等是临时工，打杂看门，每月1.5元。参见步济时《北京的行会》，赵晓阳译，清华大学出版社，2011，第133～134页。

④ 步济时：《北京的行会》，赵晓阳译，清华大学出版社，2011，第137页

⑤ 彭南生：《行会制度的近代命运》，人民出版社，2003，第232页。

表1　北京行会学徒工技能培训期限

单位：个

行会学徒制类型 \ 行会数量 \ 期限	3年	3.3年	4~5年	3~6年	7年	技艺过关
手工业行会学徒制	3	10	1		1	1
商业行会学徒制	13	1				1
专业行会学徒制			1	3		2
合　计	16	11	2	3	1	4

资料来源：步济时《北京的行会》，赵晓阳译，清华大学出版社，2011，第137页；经笔者整理而成。

手工业行会对学徒工技能培训期限进行规定，一方面是为了保证学徒工技能培训的质量；另一方面则是维护行业利益的需要，通过长的学徒期，行会既可以对行业内劳动力流量进行一定的控制，也可以让行东们更长时间地享受较低的劳动力成本支出。

3. 对学徒工的劳动薪酬做出了规定

在清末民初的行会学徒制中，学徒工已经具有双重身份——在作为廉价劳动力从事生产的同时以学徒工身份学习谋生技能。所以，在清末民初的手工行会或商业行会中，学徒工往往能够获得一定的酬劳。当然，学徒工的薪酬是非常低的，而且为了学习技能，通常在学徒期间，学徒工在完成生产任务外，还会承担师傅家族的一些杂役。由此可见，在清末民初的行会学徒制下，师徒关系已经体现出较强的市场雇佣色彩；而师傅对学徒工的照顾责任却依然延续了传统学徒制的宗法特征。

4. 对入徒和出徒仪式有明确规定

在行会学徒制下，行会对入徒和出徒仪式非常重视。在笔者看来，仪式不但是一种向外界尤其是行会告知师徒关系确立（或出徒获得师傅资格）的象征符号，而且是树立师傅家长制权威的一种方式。在行会学徒制下，无论是入徒还是出徒仪式，均包括如下内容：一是择吉日，这是传统习俗在行会学徒制中的体现。二是对师傅及保人行磕头大礼，行叩拜大礼既是传统习俗，又是师傅与徒弟身份等级地位的明示。三是明示师徒契约。入徒时签订师徒契约，称为"关书"；出徒时，师傅会在仪式上当众销毁契约。

（二）官局学徒制技能培训体系雏形已现

晚清时期的官局学徒制是新政的产物，其主管机构是光绪二十八年（1902年）设立的工艺局。晚清政府对官局学徒制寄予厚望，希望借此既能传习工艺又能振兴实业。因而晚清时期，官局学徒制获得了大规模发展。从光绪二十八年到宣统三年（1911年），在直隶、奉天、吉林等22个省，共设立工艺局228个，各种工艺传习所519个，劝工场10个。其中，农工商部工艺局和北洋工艺局规模最大，前者更是全国艺事的标准"模型"。在组织属性上，这些官管的工艺局、传习所、劝工场既是生产单位，又是培训学徒的教学组织。为了适应当时的经济社会形势，晚清时期的工艺局对官局学徒制进行了大规模的适应性改造，使之形成了与传统民间行会学徒制不同的特征。

1. 工匠来源社会化，从封闭世袭转向开放招募

在匠籍制度下，工匠不仅仅是一种谋生的职业身份，更是一种界定阶层地位的社会身份。因而，作为维持社会阶层结构的手段，前近代时期，无论是官局学徒制还是民间行会学徒制，对工匠身份都遵循封闭性的世袭传承方式。到晚清时期，工艺局打破了传统的封闭性世袭传承制，改向社会公开招募工匠。同时，根据技能水平差异，工艺局将工匠分为工师和工徒两种类型。工师属于技能传授者，工徒属于技能学习者，对二者都遵循公开招募的原则。与此同时，工艺局对招募条件有详细的制度性规定，《雇募工师条例》规定，"工师以技艺熟谙、品行端正、情殷传授者为合格"，《招募工徒条例》规定，（凡）年岁"以十六以上，二十二岁以下者"，且"身家清白，体质强壮，毫无疾病者，能稍识字者"均可应招入徒。社会化招募使官局学徒制发展迅速，光绪二十八年仅京师工艺局就"招集工徒五百名，聘募工师，分科传习"①。

2. 技能传授与帮困济贫并重

从晚清设立工艺局之初，官局学徒制就带有帮困济贫色彩，这主要体现在其所招募的工匠的身份和薪酬上。就身份而言，工艺局所招募的工匠以游民为主，还有孤贫儿童。《北京工艺局创办章程》明确规定了官局学徒制对社会贫困者的责任，要求招募工匠"穷无所归者为上；避难流离者次之"，对于不符合工匠招募年龄要求但"愿来习艺者"的"孤贫幼童"，工艺局也

---

① 章永俊：《北京手工业史》，人民出版社，2011，第368页。

要"亦准取保挂号,挨次传补"。当然,为了保障官局学徒制的培训质量,在招募社会流民和贫民方面,工艺局建立了登记注册和中间保人担保制度,对应招者的身份与品德进行较为严格的考核,要"一一问明来历籍贯,取有切实保人,登注册簿,方可收留"。在招募对象方面,工艺局认为"平日懒惰性成者又次之","甘心下流,近于邪僻者为下"。就薪酬来说,工艺局除了给予工师和工徒一定的劳动报酬外,还要给予相应的劳动福利待遇,包括衣、食、住及休息、医疗等方面的照顾。根据晚清政府《各科匠徒执事规则》,以及《雇募工师条例》和《招募工徒条例》的规定,工师患病,"由(工艺)局医治,并由局预备医药,并不扣发辛工"①。对于工徒,工艺局通过考核设立"官费工徒",给予伙食津贴——"每月酌给银元一元",对于离家较远的外地工徒,"由局酌备宿舍"。这些针对劳工的济贫福利措施,实质上对稳定工匠队伍、保障官局学徒制技能培训的质量起到了重要作用。

3. 构建制度化的技能等级晋升机制

与民间行会学徒制宗法色彩较浓的考核方式不同,清末民初的官局学徒制已建立起制度化的技能等级晋升机制。整个官局学徒制的技能等级序列共包括5个名目,分别为工徒—工匠—匠目—工师—艺士。工徒经过考核合格后可升为工匠或工师。匠目和工师除了承担生产活动外,还参与工徒日常技能学习的管理工作,但"应听(工艺局)管理及坐办监工约束"。工师分为二等工师和一等工师两类。从严格意义上说,"艺士"不属于技能等级序列,而是一种官职,是对技能出色、教徒有功的工师的一种奖赏。不过,工师晋升为"艺士"有较为严格的时间限制,只有效力三年以上的工师,如果"能改良旧法",且"工徒教育普及,进步迅速",则由工艺局"呈明本部赏给九品艺士职衔"。对于成绩优秀且效力六年以上的工师,则赏给"八品艺士职衔"。②

4. 技能培训内容从手工技艺转变为机器操作

与兴办实业相适应的是,清末民初学徒制技能培训的内容也发生了巨大变化——操作机器设备的技能成为主要培训内容。这在各地工艺局对培训工种的设置上得到了明显体现。比如,北洋工艺局在学徒技能培训上共设立了12个工种,除了传统手工技能外,新设机械、窑业、皂烛、火柴等行业科

---

① 彭泽益:《中国近代手工业史资料(1840~1949)》第二卷,三联书店,1957。
② 彭泽益:《中国近代手工业史资料(1840~1949)》第二卷,三联书店,1957。

目。光绪三十二年（1906年），袁世凯创办实习工场，设织染部，专门向学徒工传授"日本织布机器与新式织布方法"。农工商部工艺局认为加强学徒培训是兴办近代工业和产品更新的必备条件，培训学徒工"所设各工科，多系京中未有之艺事"。

5. 企校一体的新式学徒制培训模式兴起

晚清时期，在洋务企业或实业工厂中兴起了企校一体的学徒制培训模式，一般采用三种形式：①附设半日学堂，即学徒半日在厂办学堂学习理论文化知识，半日到车间学习手艺。福建工艺局采用此形式对工徒进行技能培训。②附设夜间学堂，即工徒白天学艺，晚上到夜间学堂学习理论知识。甘肃劝工局就采用此形式对工徒进行培训。③附设讲堂，工厂每天为学徒工安排一两个小时的讲课，内容包括工艺理论、文化知识等。北洋工艺局、农工商部工艺局、北京工艺局和热河驻防工艺厂等均采用此形式对学徒工进行培训。这种学徒制培训模式事实上已经突破了传统行会学徒制以谋生为目的的局限，提升了企业应对洋货经济侵略的能力，谋求企业利益成为洋务企业兴办厂内学堂的主要目的。所以，晚清时期厂内学徒培训模式得到迅速发展，不但在洋务企业中得到了广泛推行，而且一度发展为一种全国运动，成为设局办厂的通行做法。

当然，在晚清官管工艺局的推动下，国家力量对传统民间学徒制的改造还包括学徒时间、学徒群体规模以及学徒场地等方方面面。工艺局对学徒教育模式的改造，改变了传统民间学徒制的封闭性，克服了排他性弊端，为民国时期的学徒制现代化改造奠定了基础。

（三）学徒制的异化与廉价劳动力

就学徒工的劳动力价格而言，清末民初，不同行业的劳动力价格级差已经形成。技术工人的劳动力价格普遍高于学徒工，各行业学徒工的薪酬待遇稍有不同，但总体上极低且薪酬收入不稳定，具体参见表2。

表2 清末民初北京手工业学徒工与技术工人薪酬对照表

行业	学徒工薪酬	技术工人薪酬
地毯业	例不给薪，但供膳宿	一般月薪为六元六角 规模小的月薪为四元五角
珐琅业	由厂供食宿，并无工资	月薪两元
雕漆业	未满师学徒无工资	
纸绢花业	由行中给予食宿，但无工资	每月二至三十元不等

续表

行业	学徒工薪酬	技术工人薪酬
织布业	学徒初到,除年节酌得津贴外,殆无收入,既能织布,则勤恳者可以略得赶工之资	
织袜业	提供食宿,每月津贴,少则二三角,多者至一元五角	给食宿,每月工资三元至四元,另按货之多寡给予一元以下之奖赏
毛巾业	学徒月始津贴一元以下	每月八元至九元
景泰蓝制造业	初进学徒月只两元	最高者月达二十元
牙刷业	供食宿,无工资	供食宿,月资三四元至十二三元不等

资料来源:章永俊《北京手工业史》,人民出版社,2011,第451页。经笔者整理而成。

我们知道,技术工人与学徒工之间的劳动力价格级差对技能形成方式会产生较大的影响。表2显示,学徒工劳动力价格低廉,且与技术工人之间的工资级差巨大,而且行业内规模不同的厂家,工资差异也较大。这既容易刺激资本家[①]大量雇用廉价学徒工,也会加速学徒工的流动。在这样的背景下,大量的学徒工无法改变低技能、低工资的劳动状况,学徒制成为廉价劳动力来源的趋势开始显现,具体而言表现在如下几个方面。

1. 技术工人与学徒工数量比失衡,中小规模工厂尤甚

大量雇用学徒工是当时生产制造行业的普遍做法。《劳工月刊》发表的统计数据显示,1924年北京13家织布工厂中,共计雇用劳工1001人,其中学徒工465人,占劳工总数的46.5%。而雇工在100人以上的3家工厂中,学徒工占比为39.1%;雇工在100人以下的10家工厂中,学徒工占比为51.8%,技术工人与学徒工之比为1∶0.85。而创办于1912年的北京最大的织袜企业——华兴织衣公司,除了2名工头和2名职工外,其余28名工人全为学徒工,占工人总数的87.5%。最大的毛巾企业——利容毛巾厂,45名工人中学徒工30人,占66.7%。[②] 根据1924年包立德和朱积权所调查的207家地毯厂的数据显示,这些工厂共雇用劳工6834人,其中学徒工5066人,约占74.1%,技术工人与学徒工的比例为1∶2.9。除了纺织业外,其他行业比如制革业、皂烛业(如火柴厂)、建筑业、料器业等,也大量雇用学徒工。具体参见表3。

[①] 清末民初,在民族工业化浪潮中,大量工场业主转变为资本家,所以在下面的行文中,笔者将二者混同使用,为了避免歧义,特此说明。

[②] 章永俊:《北京手工业史》,人民出版社,2011,第451页。

表3　20世纪20年代北京手工行业学徒工雇佣情况表

行业类别	调查工厂数（家）	雇工总数（人）	学徒工占比（%）
地毯业	19	1868	58.7
制革业	2	63	49.2
皂烛业	6	65	26.2
料器业	1	130	84.9

资料来源：章永俊《北京手工业史》，人民出版社，2011，第414页；经笔者整理而成。

技术工人与学徒工数量比的失衡对学徒制技能培训质量产生了严重的影响。如包立德和朱积权1924年的调查显示，北京207家地毯厂中，有78家没有雇用一名技术工人，完全依赖1373名学徒工从事生产，没有人传授技能。技术工人与学徒工数量比在8以上（一个技术工人对8个以上的学徒工）的工厂数达57家，其中技术工人与学徒工数量比为1∶8的有20家，1∶10.9的有25家，1∶20.9的有12家。1个技术工人要同时给如此多的学徒工传授技能，很难保证技能传授的质量。可以说，学徒工廉价的劳动力价格成为工厂主们建立厂内学徒培训制的主要原因，学徒制的技能培训功能逐渐淡化。

2. 劳动时间与技能学习时间失衡

工时是衡量学徒工劳动强度的重要标准，同时也能反映学徒工接受技能培训的质量。晚清时期，无论是民间行会学徒制还是官局学徒制都对学徒工技能培训的时间进行了规定。不过，清末民初时，由于时局动荡以及随着资本主义的发展，这些关于学徒工劳动和受训时间上的安排受到了较大的挑战，学徒工长时和超时劳作现象非常普遍。根据包立德和朱积权对6834名地毯业工人的调查，有94.4%的工人每天实际工时为12～14小时，有93.3%的工人一周工作7天。而且学徒工劳动时间更长，在北京地毯业中，有43%的技术工人每天实际工时为12小时，而学徒工则以14小时最为普遍，占41%，具体可参见表4。① 在东北织布行业中，学徒工一般每天要劳作13～14小时，"每日月13小时，自上午5时起，至下午7时止"，在上海的机器修造业中，学徒工每天劳作时间甚至高达18～19小时。

---

① 步济时：《北京的行会》，赵晓阳译，清华大学出版社，2011，第140页。

表4 北京地毯业技术工人与学徒工劳作时间表

劳作时间(小时)	工厂数(家)	技术工人数量(名)	所占比例(%)	学徒工数量(名)	所占比例(%)
9小时	1	4	0.2	88	1.7
10小时	2	192	10.9	100	2.0
12小时	21	761	43.0	886	17.6
13小时	83	492	27.8	1893	37.6
14小时	99	319	18.0	2066	41.0
总　计	206	1768	100	5033	100

资料来源:《吾国地毯业概况》,《工商半月刊》第3卷第23、24号合刊,转引自章永俊《北京手工业史》,人民出版社,2011,第419页。

另外,除了传统"三节"外,学徒工基本没有假期,而且不能任意请假,"如有必要事故放假,须照请假天数补足","夜工缺席一次,应照日工半工补足之"。[①] 对于学徒工技能形成而言,长期的长时和超时劳动极大地压缩了其技能学习时间,高强度劳动也使学徒工再无多余精力投入技能学习。

3. 学徒仆役劳动与技能学习劳动失衡

清末民初,官局学徒制下的技能学习虽多为在岗培训,但技能理论学习与岗位实训是相对分离的。而在民间行会学徒制中,学徒工的技能学习是完全融入生产劳动过程中的,在此过程中,学徒仆役劳动与技能学习劳动完全由师傅支配,失衡现象严重。而且在资本主义工业化力量的冲击下,随着行会控制力的弱化,这种情况愈演愈烈。在大部分手工工场中,初学的徒工要从做炊事和勤杂工作开始,其一天的工作日程参见表5。

表5 初学徒工仆役劳动日程表

	时段		
	早晨	上午和中午	下午和晚上
杂役劳动内容	上街买粮食;生火、烧水、打好洗脸水、做早餐;叫醒其他技术工人;打扫工作地点,包括倒尿桶、拆铺、扫地等;伺候大家洗脸、喝水、吃饭;摆好座位、工具和工作物	再上街买菜;做饭和做菜;摆碗筷请工人吃饭;伺候资本家吃饭;收拾餐具和工作地点	做晚饭,重复做早饭和午饭时的劳动内容;下工后收拾工作地点,打扫和支铺等

资料来源:章永俊《北京手工业史》,人民出版社,2011,第419~420页;经笔者整理而成。

---

① 彭南生:《行会制度的近代命运》,人民出版社,2003,第270页。

在行会学徒制早期,让学徒工从事杂役劳动很大程度上意在树立师傅的权威,培养学徒工的忠诚。到了清末民初时期,随着生产技术分工的进一步发展以及手工工场规模的扩大,学徒的学艺时间实质上已经大为缩短。而在手工工场中,大量业主依然沿袭行会学徒制旧例,坚持三年学徒期。对资本家而言,对学徒工劳动结构的这种安排实质上是为了更多地进行劳动榨取,技能培训已经退居其次了。

总体而言,清末民初的学徒制处于传统与现代的交织之中,宗法家长制式的行会管理面临的内部挑战越来越多,而从官局学徒制中逐渐发展起来的现代性劳工教育元素因时局动荡以及与社会环境不匹配而难以普及。由此,围绕学徒制的工业化转型产生了错综复杂的利益政治,成为形塑清末民初学徒制工业化转型走向的重要力量。

二 清末民初学徒制工业化转型中的利益政治

清末民初,围绕学徒制工业化转型的利益政治行为更多地出现在产业内部,民间手工部门与官办工业部门中的学徒制彼此分立,国家干预更多地集中在官办工业部门中,而对民间手工业中的学徒制干预较少。

(一) 行会学徒制中的可信承诺建构及其特质

在晚清行会学徒制重建过程中,行会通过竞争管制、开业限制以及社会化风险分担机制等建构可信承诺,从而为保障学徒制的技能传承功能奠定了制度基础:①在竞争管制上,行会主要采用学徒工数量控制和劳动力市场控制两种手段。一般而言,行会严格限制行东之间争夺学徒工的行为,也会禁止行东们招募外地、外帮徒弟。违反行规的行东们会受到处罚,重者会被革逐学徒或取消带徒资格,甚至剥夺营业资格。[①]②开业限制是行会维护行东师傅利益的惯常手段,出师学徒如果要入行开业,必须向行会"报名注簿",如果要"收徒称工,亦向公所报名、入行注簿"[②]。③社会化风险分担机制是晚清时期行会学徒制为保障技能传承秩序而采用的重要措施。所谓社会化风险分担机制就是在师徒关系之中引入第三方担保人,称为引荐保证人,并且签订担保契约,称为"关书"或"保条"(参

---

① 步济时:《北京的行会》,赵晓阳译,清华大学出版社,2011,第174页。
② 彭南生:《行会制度的近代命运》,人民出版社,2003,第241页。

见下文保条样式）。一般而言，引荐保证人多为熟人朋友，或亲戚及有威望的人。

> 立投师字人郭玉芳，今凭引人李仕清投拜师傅
> 　　姜启林名下，学习缝艺，言定三载，愿出俸钱叁串叁百文正，供食制屌谷陆石整。其钱进师交半，出师全楚。其谷两年交楚。自拜之后，任师教训。师则教诲谆谆，弟则专心致志。倘有不听师言，任师责罚，年限未满，毋得自去另行。倘若性傲不遵，以及中途自废，毋许东逃西走。寒暑忧疾，不与师傅相干。出师之时，俸金交楚，抽工补足，此字发还，立此为据。
>
> 　　　　　　　　　　　　　董汉云
> 　　　　　　　凭引人　　漆友德　　等均花押
> 　　　　　　　　　　　　　刘梅生
> 光绪二十五年四月初三日　　立笔人　　郭玉云
> 　　　　　　　　　　　　　　　　　　　　衣钵真传

对于学徒制技能形成而言，引荐担保机制一方面可以借助熟人社会中的信任感快速在师徒间建构可信承诺，通过熟人介绍的学徒工一般"不找麻烦"，更好管理；另一方面也可以分担共享技能后师傅阶层面临的风险。比如北京的棚匠行会规定，如果学徒在契约期满之前擅自离去或终止契约，担保人必须赔付学徒的全部或部分食物钱。在中国学徒制的演化历史中，这种社会化风险担保机制一直延续到民国时期。

不过与德国行会组织在学徒制上的准公共性权力相比，中国行会组织的治理力尚显弱小，正如日本学者清水盛光所言，中国行会组织的典型特征是"经济势力强大"而"政治势力弱小"。[1] 这种差异使其中的行动者在关键转折时刻会有不同的选择取向。具体而言，英、德两国的行会学徒制与晚清时期的中国行会学徒制存在如下两点重要差异。

首先是行会学徒制的非强制性。与英、德两国的行会学徒制建立在"强制会籍制"[2] 基础上不同，中国民间传统行会基本上属于向全行业开放

---

[1] 清水盛光：《传统中国行会的势力》，陈慈玉译，《食货复刊》1985年第6期。
[2] 当然，在后来的工业化转型过程中，两国行会学徒制的强制性走向了不同方向，具体讨论参见西伦《制度是如何演化的》，王星译，上海人民出版社，2010。

的自愿组合的社会团体，入会或退出相对自由宽松：只要承认行规、交纳少量的会费就可入会，而退出也是自愿自便。"强制会籍制"一定程度上使英、德行会的权威制度化了，而中国行会的治理、合法性和权威则完全依赖于组织成员的认可与信任，这种权威来源使中国行会学徒制具有较强的弹性和适应性——能够适应工业化要求，迅速做出相应的调整。

其次是行会学徒制没有准公共权力。晚清时期，中国行会基本上是自发建立的，完全由自己制定和修正行规。一般而言，行会的治理秩序源于行业内部合作优势的驱动，恰如步济时所言，"谋生层面上的合作优势是行会力量的主要来源"①，行会成员之间的认可与信任是其行动合法性的根源。在这样的背景下，行会内部的事务以及各种纠纷多依赖组织内部商议仲裁，而且这种商议仲裁带有很强的情理性色彩，依循的多是行业内的习惯和惯例，政府很少干预（参见下文步济时对行会仲裁的描述）。只有在张榜公布、裁决纠纷、平息工潮或代官收税、承担官差之事时，才会请求官府给予"宪定"、"宪裁"、"宪断"。②

> 向行会申诉是完全可以的，求助于官方很少有用……行会仲裁一般是在行会年会上进行，由一些在行会里受尊敬的老人来审判那些违反行会规定的人……相关人会在寺庙（或茶馆）中见面，双方提供证词。审判成员听完证词，开个小会，然后做出决定。这是双方都得接受的决定，然后向审判成员鞠躬和彼此鞠躬，事情就结束了。半个小时足够解决一桩事情，如果送到官方，除了可能会遇到的推迟和不便以外，至少得一天的审判期。③

可见，晚清时期的行会在内部治理上是高度自治的，但并没有获得类似于英、德行会的准公共性权力。这也使中国行会的治理范围更多地局限于经济领域，难以扩展到地方社会和政治层面，也始终无法争取到参与城市治理的自治权。④ 这些特殊的制度属性使清末民初的行会学徒制工业化转型呈现完全不同的利益政治图式。

---

① 步济时：《北京的行会》，赵晓阳译，清华大学出版社，2011，第113页。
② 虞和平：《商会与中国早期现代化》，上海人民出版社，1993，第160页。
③ 步济时：《北京的行会》，赵晓阳译，清华大学出版社，2011，第172~173页。
④ 魏文享：《中间组织：近代工商同业公会研究（1918~1949）》，华中师范大学出版社，2007，第112页。

(二) 逐利动机、劳资分立与学徒抗争

清末民初,在国际和国内宽松市场环境的推动下,近代中国原动力工厂和手工工场均获得了较大的发展。1912年全国25种手工行业中,手工作坊和手工工场为16313家,1914年为15485家,1915年增至16140家,1916年下降到13736家。在吸纳工人数上,1912年鼎盛时期为485971人,1914年下降到396039人,1916年增加至410881人。在这25种行业中,同一行业内厂家数量最少的为刺绣业,有8家;最多的为造纸业,厂家数多达2788个。另外,织物业有2130个厂家,窑瓷业有2214个厂家,制油及制蜡业有1703个厂家。[①]

对行会学徒制而言,长期以来,同行之间激烈的人才争夺是威胁技能传承效果的一个重要因素。在早期的行会学徒制中,行会通过组织自治权限定学徒期限以及制定相应的惩罚措施来应对挖人外部性的问题,而且大部分雇佣学徒手工业主是基于谋生动机组织生产的。但是到了清末民初,资本主义市场力量得到了充分释放,工场业主们从事生产的动机从谋生转向了逐利,而且相互之间的恶性竞争导致其开始不择手段地招募廉价劳动力,学徒工甚至童工成为其首选。如方显廷所言,(资本家)"欲图微利,故不免竞争,竞争之方法类多克扣其学徒"[②]。

于是,学徒工数量限制的行规被打破了。清末民初,大规模招募学徒工现象开始出现。比如上海的眼镜业、履业、油漆木器业,以及北京的理发业等都取消了学徒工数量的限制。甚至一些技艺要求较高的手工工场也开始大规模招募学徒工,比如南京刻扇骨坊在招收学徒工时也是"并无定额,多多益善"。有学者指出,这种转变是传统行会由封闭性转向开放性的体现,有利于手工行业生存与积累原始资本。[③]但从技能形成的角度来说,清末民初工场业主们大量招募学徒工意在剥削其廉价的劳动力,是资本主义生产下资本家逐利动机驱动下的产物,根本与技能传承无关,不利于生产技能的积累与创新。

资本家强烈的逐利动机恶化了普通劳工和学徒工群体的生存状况,也使传统行会学徒制内的师徒矛盾逐渐让位于雇主与雇工之间的对立,学徒工群体的集体性反抗行动开始出现,并且呈现爆发频繁、涉及厂号数量多、波及工人数量庞大等特点。这在孙本文对上海劳资纠纷的调查研究中得到了证明

---

① 彭南生:《行会制度的近代命运》,人民出版社,2003,第243页。
② 方显廷:《天津地毯工业调查》,南开大学经济研究所,1930,第76页。
③ 彭南生、严鹏:《试论近代工商业学徒对中国早期工业化的影响》,《徐州师范大学学报》(哲学社会科学版) 2009年第4期。

逐利动机、劳资分立与利益政治

(见图1)。在1927年发生的117起劳资纠纷中,涉及的厂号数量达11698家,波及的工人数高达881289人;1928年发生的118起劳资纠纷中,涉及的厂号数有所减少,为5433家,波及的工人数有204563人;在1929年发生的108起劳资纠纷中,涉及的厂号数为1011家,波及的工人数则达65557人。从全国范围来看,到1933年,上报南京国民政府实业部的劳资纠纷数量达849起,涉及的工人数达379140人。[①]

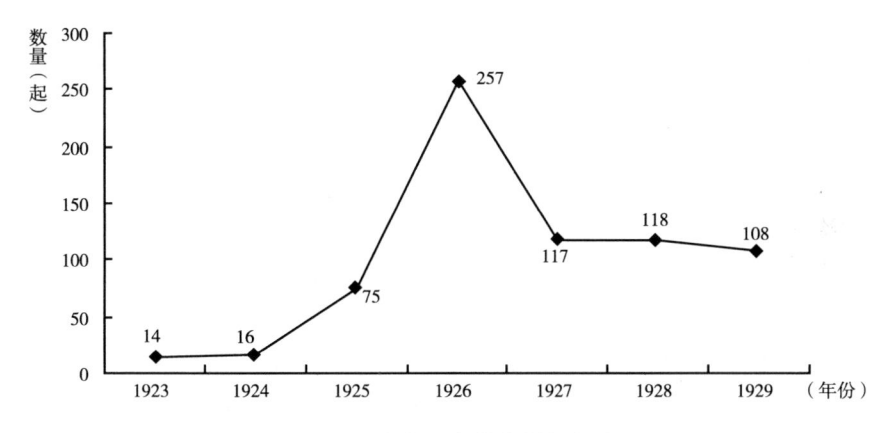

图1 1920年代上海劳资纠纷数量图

资料来源:孙本文《现代中国社会问题》(第四册),商务印书馆,1943,第159页;经笔者整理而成。

具体来说,清末民初,劳工主要采用如下几种手段进行抗争。

(1) 公开性罢工。从19世纪晚期开始,手工业行会学徒制中已经出现了一些反抗低工资的零星罢工行为,比如1885年北京靴鞋业和玉石行业就发生了反对业主师傅的罢工。不过劳工抗争高潮出现在20世纪初,据《剑桥中国晚清史》记载,当时大约发生了59次罢工事件,其中1898~1899年有10次罢工,1904~1906年有15次罢工,1909~1911年有34次罢工。

(2) 结成帮会或加入秘密会社以寻求组织保护。在传统行会学徒制时期,并无明确的学徒工劳工组织,而是一体化于行会之中的,通过宗法家长制进行组织整合。因此,业主师傅与学徒工存在共同利益,"行规不仅谋求于行东、业主的利益,对于保障伙计、学徒的职业、工资及其升迁前途都是有利的",因而学徒工一般难以结成对抗雇主的组织。[②] 到了清末民初,随着劳资

---

① 实业部劳动年鉴编纂委员会编《二十二年中国劳动年鉴》,实业部,1934,第二至三编。
② 朱英等主编《中国近代同业公会与当代行业协会》,中国人民大学出版社,2004,第345页。

分立趋势日益明显,雇工组织开始出现。这些雇工组织多是以行业为分界,且随着工人技能水平的差异而不同。当时的雇工组织通常有以下三种类型。

第一种是劳工俱乐部,此类组织主要是以康乐活动、业余学习以及联络感情为目的,它们与劳工抗争行动关系不大。比如1902年为开平矿工、铁路工人和泥瓦工开办的唐山俱乐部,1906年在广州建立的邮电职工俱乐部,以及1909年在广州成立的机器研究公会均属于此类型。

第二种是技术工人组织,此类组织多为旧式行会的延续,属于手工业中的自愿性社团,主要功能是保护受雇于新式机器工厂的技术工人的利益。作为交换,技术工人要向行会组织交纳一定的费用。而且此类行会组织依然在一定程度上控制着技术工人的劳动市场,无论是机器工厂要招募技术熟练工,还是技术工人要找工作,均要通过此类组织代理,这成为此类组织权威的来源。此类组织在工业化程度较高的上海、广州等大城市比较常见,涉及的行业技术工人主要是机工、木工和织工。不过,在民国初年民间结社合法化后,此类旧式行会慢慢解体消失了。

第三种是帮会或秘密会社,这类组织多由学徒工(非熟练工人)组成,组织结构相对松散,涉及的行业多是对技能水平要求较低的城市苦力行业或一般手工业,具体参见表6。另外,还有一些地区和行业中的学徒工加入一些秘密会社以寻求保护,比如晚清时期,大量矿工和搬运工加入三合会。学徒工通过自组织增强了抗争力量。

表6 清末民初上海雇工组织状况表

单位:人

行业	工人数	雇工组织名称	备注
成衣业	47000	轩辕公所	
理发业	不详	罗祖公所	
酱业	2000	酱业伙友联谊会	成立一个月,被资方分化瓦解
鞋业	26000	履业公所	
木工行业	70000多	木业公所	公所内各工人小团体同时并存
猪鬃业	10000人以上	鬃业公所	议定行规10条,防止业主剥削工人
码头搬运业	30000人左右	有秘密团体,名称不详	
码头外搬运工	2000多	肩运公会	
中餐馆工人	不详	同业相扶社	团体固定

资料来源:转引自朱英等主编《中国近代同业公会与当代行业协会》,中国人民大学出版社,2004,第327页,经笔者整理而成。

清末民初，大部分学徒工（非熟练工人）的组织化抗争行动是针对资本家（业主）的，原因也多是出于经济上的不满。1900~1910年间，有案可查的罢工有47次，大多数罢工主要是反对低工资和恶劣的劳动条件。这些抗争行为很少直接围绕学徒制技能培训的内容展开，其中比较相关的是1882年开平煤矿发生的罢工事件。19世纪80年代，开平煤矿招聘一千多名工人，其技术工人是高价从汕头和广州招聘来的，其他非技术工人（学徒工）主要是从当地农民或流动劳动力中低价招聘的。这种薪酬差异导致1882年非技术工人联合起来进行罢工，要求与南方技术工人同工同酬。[①] 不过，对学徒制技能培训的核心议题，例如，学徒制的管制权、学徒制技能考核与认证权，以及对学徒制制度属性的认定（是属于劳动雇佣制度，还是教育制度）等，中国行会学徒制工业化转型中所发生的利益政治均没有涉及。

（三）工厂主们的应对行动策略

清末民初，随着资本主义生产关系的渗透与自由市场力量的释放，资本家与学徒工群体围绕学徒制展开了一系列利益斗争。不过有趣的是，斗争的议题却偏离了学徒制作为一种技能形成机制的核心属性。而围绕劳工福利的各种抗争行动，实质上意味着行会学徒制的制度属性已经发生了改变——转变为一种劳动用工机制。在晚清时期，行会学徒制内部的纠纷通常由组织内部自行仲裁解决，晚清封建政府很少干预，同时也缺乏相应的法律和政策工具。所以，资本家依然坚持维持行会学徒制作为一种教育机制的表面形式，采取各种应对抗争的行动策略以驯服工人，制造甘愿。

首先是学徒用工机制上的畸形嫁接。清末民初，工场业主们雇用劳工往往是通过各种中间人如把头和包工头，基本上采用两种用工机制：第一种是包工头招工制，也被称为包身依附制，是指企业委托包工头全权招工，在受雇期间，企业只与包工头形成交换关系，与直接从事生产的劳工无劳动雇佣关系。比如创办于1865年的江南制造局到了清末民初，开始推行包工制，工厂不再雇用和培训学徒工，而是将工活分包给各级工头或老板。当时江南制造局的生产流程中，对冷作工、木工、油漆工、锻工、铸工等工种多采用分包形式，这部分工种约占所有工序工种的7/10。另外采用所谓的点工形式，如车工、钳工、铜工等，约占1/3。在包工制中，一般的雇佣劳工分为

---

① 费正清：《剑桥中国晚清史》，中国社会科学出版社，1985。

三个等级，即领班—工人师傅—学徒。其中一些大的包工头有几十个学徒工，比如分包锻工的张连福、丁连生、张桂福等。一般而言，包工制依然沿袭传统的地缘性和血缘性招工的传统，强调帮口对学徒工的控制，比如锻工中的无锡帮规定，只允许招收无锡人为学徒，而且还限于技术工人的儿子，每个人只能介绍一名。① 笔者以为，这种用工机制不但削弱了资本家投资技能培训的责任，降低了风险，而且实质上强化了对学徒工的控制。

第二种是合同学徒制，即以学徒工身份来招募劳工，并且签订学徒合同，同时遵循旧式行会惯例对学徒工群体进行管理。合同学徒制其实沿用了中国前近代时期契约学徒制的用工方式。资本家此举实属一种剥削学徒工廉价劳动力的行动策略，如彭南生所言，此举意在"役使学徒和经过学徒培养的工人忠心耿耿地为其服务"②。具体而言，资本家们的行动策略由两个层面构成。

（1）冒宗法家长制的父爱主义之名。传统行会学徒制中的家长制是父权和父爱主义一体两面的。无论是师徒关系的宗法化，还是师徒结对中的传统仪式及保荐机制，既是行会业主师傅树立权威和维护阶层利益的方式，也是学徒工技能学习和谋生利益的保证机制。在工业化转型过程中，很多资本家依然沿用传统方式招募和管理学徒工：①在师徒关系上强调"一日为师，终身为父"的伦理原则。②严格限定学徒工技能培训年限，中途辍业将会受到惩罚。有些行会还通过满师证书制度对学徒工的流动进行控制，如上海打铁业就规定，"学徒实习期满，由师傅率同到会缴纳费银二元领取证书"，"同业嗣后不得录用无证书之学徒充当伙友"。③ ③沿用旧式社会化风险分担机制——保荐制。不过，同业组织在沿用旧例对学徒工群体进行义务和身份上的规定同时，却对师徒技能传授及学徒工劳动保护缺乏相应行动。相反，清末民初同业组织基本上取消了限定学徒工数量的旧规，导致大部分企业中的技术工人与学徒工数量比严重失衡，根本无法保证学徒工技能学习的质量。

（2）行廉价利用学徒工劳动力之实。学徒工劳动力价格低廉是显而易见的，对于资本家而言，大量雇用学徒工是其节约成本实现利润最大化的理性选择。而由于对学徒制技能传授过程缺乏监管，因此资本家维持学徒工学艺期限的旧式规定，实质上是为了更长时间地利用其廉价劳动力。当然，在

---

① 上海社会科学院经济研究所编《江南造船厂厂史（1865～1949）》，江苏人民出版社，1983。
② 彭南生：《行会制度的近代命运》，人民出版社，2003，249 页。
③ 彭南生：《行会制度的近代命运》，人民出版社，2003，第 246 页。

实际的生产过程中，资本家为了克服消极怠工现象，通过减少或免除学徒工学费的方式来激励其劳动积极性。而且在一部分规模较大的工厂中，已经初步建立起工资等级制度，如山东颜料业学徒制规定，"所有学徒之每日食宿，概由厂中供给，以后学徒技进，工资即逐渐增加"①。但总体而言，学徒工的薪酬较之于当时的生活开支而言，仅能够维持学徒工基本的生活，而且薪酬安全性极低。

其次是"满一批、散一批"策略。这是指资本家在学徒工满徒后即将成为领取工资的工人时，就将其解雇或迫其辞工，然后重新雇用另一批学徒工从事生产。这就出现了一种有趣的现象，英、德学徒制面临的挖人外部性困扰在中国学徒制中却完全不成为问题；相反，中国的资本家们还想方设法地加快满徒学徒工的流动。清末民初，大部分行业中均出现了学徒工流动率高的情况，而且有很多学徒期满的学徒工被推向劳动力市场后面临失业甚至被迫改行，所学技能在岗位上无用武之地。一项对北京地毯业的调查显示，117名工人中有101名工人失过业或改过行（进入新行业后又需要从学徒工做起），很多工人被解雇（或被迫辞工）的次数甚至有几十次，参见表7。这种情况在纺织业、机器修造业等新兴行业中也大量存在，在天津、上海以及广州等大城市尤其明显。

表7　北京地毯业部分工人就业流动情况表

单位：岁、次

姓　名	现在年龄	当学徒年龄	被解雇次数（包括被迫辞工）	在一个厂待的最短时间	失业后做过什么工作
王　俊	61	14	50	一个月	小工、拉车、当兵
张永发	62	15	30	半年	看过风水
王贤德	59	16	36	几天	种地、巡警
崔占宝	52	13	45	一个月	小工、日本劳工
荣庆裕	55	13	35	半个月	小工、小买卖
孔　义	58	14	22	一个月	拉车
王振生	55	14	30	几个月	
邓东禄	59	15	21	半个月	卖瓜、卖烧饼、短工
于永祥	52	15	20	几天	
邹鸣鑫	60	18	15	几天	卖破烂、卖布头、拉车
石文兴	59	17	13	半个月	小买卖

① 朱英等主编《中国近代同业公会与当代行业协会》，中国人民大学出版社，2004，第345页。

续表

姓　名	现在年龄	当学徒年龄	被解雇次数（包括被迫辞工）	在一个厂待的最短时间	失业后做过什么工作
李占福	59	15	13	三个月	小买卖
李伯林	53	15	9	几个月	
邓仲起	52	13	10	三个月	拉车
苏　德	61	14	31	一个月	
邸　旺	59	16	16	一个月	小买卖
何　庆	57	13	27	几个月	拉车
王荫山	58	15	6	两年	拉车
龙　江	55	13	11	一个月	
裴金祥	56	15	10		杂工

资料来源：包立德、朱积权《北京地毯业调查记》，载彭泽益《中国近代手工业史资料（1840～1949）》第三卷，中华书局，1962。

从技能形成的角度看，"满一批、散一批"策略是不利于技能培训质量的提高与技能积累的。但资本家通过此举一方面加快学徒工群体的流动，从而增加其团结难度进而瓦解其组织化抗争行动，另一方面可以使工厂从学徒性质的滚动式雇工中长期获得超额利润。

三　结语

总之，在清末民初行会学徒制工业化转型的过程中，资本家与学徒工之间的斗争形塑了其演化轨迹，使之呈现一种畸形的制度形态：对学徒工群体而言，学徒制是一种传授谋生技能的教育制度；而对资本家而言，学徒制实质上已经是一种劳动雇佣制度。一面是宗法家长制色彩浓厚的伦理性师徒关系；另一面却又是基于"自由契约"的非等价性市场交换关系。于是，在清末，转折动荡的年代烙印也强烈地投射到学徒制上，传统与现代在这种制度中被强制性地杂糅嫁接在一起，形成了学徒制工业化转型过程中利益相关者独具特色的行动选择方式。当然，在劳资双方权力与力量不对称的情况下，学徒工的各种抗争行动并不能改变学徒制沦为廉价用工制度的尴尬境遇。

今天，如果我们用历史的眼光来审视清末民初行会学徒制的工业化转型过程，就会看到，资本家疯狂的逐利行为给近代中国经济和社会带来了严重的消极后果。在经济上，由于学徒制沦为廉价的用工制度导致一线生产工人的技能水平日趋下滑,使产品质量和标准不断下降,进而影响了产品的市场竞争力,直至最后导致整个行业的衰败。比如北京的地毯业,其编制的地毯曾经在1903年获得美国圣路易斯州国际博览会一等奖章,在国际市场上大受欢迎。可是短短几年后,却由于"学徒艺术欠佳,出品恶劣"导致"中外商人收买者,颇存观望,该业几成停顿状态"。[①] 即便是传统技艺非常出色的北京景泰蓝行业也面临这种困境,由于"作品类出学徒之手,艺术不精,出品恶劣,中外商人,皆不敢尽量购买"[②]。而且更加糟糕的是,学徒制沦为廉价用工制度后产生了马太效应,进一步恶化了近代手工业的境遇:大量满徒但学艺不精的学徒工被抛向劳动力市场,"学徒三四年期满毕业后,不以超升工人,必应遣散另招,则失业者必须另谋生计而同业竞争愈烈"[③],可是手工工场却粗制滥造,降价销售,恶性竞争,从而导致整个行业的产品质量和生产标准不断下降。[④] 经济产业的衰败直接辐射到社会层面,随着经济形势的恶化,在职劳工的境遇也每况愈下,导致劳工抗争行动频发,成为影响社会稳定的一个重要因素,也使已经非常严峻的失业问题雪上加霜。显然,这个时候,依赖行业自身已经无法克服学徒制工业化转型过程中的种种危机,国家力量介入干预已势在必然,只等新政权的稳定与新国家力量的形成。

[①] 《经济半月刊》1928年第2卷第14期。
[②] 池泽汇等:《北平市工商业概况》,北平市社会局,1932。
[③] 《中国地毯工业之沿革与制法及其销路》,《中外经济周刊》第75号,1924年8月16日。
[④] 彭南生:《行会制度的近代命运》,人民出版社,2003,第275页。

科学社会学视野下的默会知识转移
——科林斯默会知识转移理论解析

王增鹏 洪 伟[*]

内容摘要：知识经济时代，知识转移是以企业为代表的组织获取竞争性资源的有效方式之一。在此过程中，默会知识的转移既是难点，也是重点。但受限于默会知识理论的缺乏与研究方法的单一，默会知识转移研究至今还未形成一个相对独立、完整的理论体系。以科林斯为代表的科学社会学家在实地考察知识转移过程的基础上，深入分析了默会知识的内容及其社会根源，提出了系统的默会知识转移理论。这对此后的默会知识转移研究无疑具有重要的启发意义。

关键词：知识转移 默会知识 默会知识转移 科学社会学 科林斯

1996 年，经济合作与发展组织（OECD）首次提出"知识经济"（knowledge-based economy）的概念[1]，表明人类在经历农业经济、工业经济时代之后，正式走入知识经济时代。如今，知识已取代土地、劳动力和资本，成为基础经济资源。[2]它不仅是在宏观层面上推动国家、地区乃至全球经济发展的基础，也是界定企业等微观组织核心竞争力的关键要素。[3]从以知识为基础的角度看，企业本身就是生产、转移[4]、整合[5]、存储[6]知识的共同体。因此，随着全球化程度的不断加深，想方设法通过战略联盟的方式，从竞争

---

[*] 王增鹏，清华大学社会科学学院科学技术与社会研究中心研究生，研究方向为科学社会学；洪伟，清华大学社会科学学院科学技术与社会研究中心副教授，研究方向为科学社会学、校企合作等。

伙伴或高校、国家实验室等公共研究机构获得外部知识资源，已逐渐成为大多数企业的最优选择。各领域内获得成功的正是那些不仅能够有效生产知识，而且能将自己放置在外部新知识环境中，以期重塑自身能力的企业。[7]

在知识转移过程中，默会知识往往占了很大比重。Karnani 对德国 148 家 1973~2009 年间成立的大学衍生企业进行有效问卷调查后的分析结果显示，只有45%的衍生企业应用大学已编码的知识，其余55%的企业全部应用大学所拥有的默会知识。[8]此外，知识的默会度还会影响组织间的合作关系。在企业结成的战略联盟中，默会知识越多，越会引起双方关系的不稳定，从而更容易导致合作失败；[9]反之，企业所拥有的知识的编码程度越高，则越会加速其知识转移。[10]所以，默会知识是知识转移的重点和难点，其转移成功与否直接决定了整个知识转移的成败。

虽然默会知识是知识转移过程中不能忽略且必须跨越的重要障碍，但在知识管理领域，独立、系统的默会知识转移研究几乎是空白。反倒是在科学社会学领域，以科林斯（H. M. Collins）为代表的科学社会学家，借助20世纪70年代兴起的科学社会学微观研究方法，在实验室中进行人类学观察，发现了默会知识及其转移的诸多特点，逐渐形成一套相对完整的默会知识转移理论。这对当下主流的默会知识转移研究无疑具有重要的启发意义。

本文第一部分首先厘清默会知识研究与知识转移研究的合流过程，也即默会知识转移研究的缘起，之后分析散见于知识管理领域与默会知识转移相关的论述，并指出其不足；第二部分将重点介绍科学社会学家科林斯从20世纪70年代起一直持续到现在的默会知识转移研究工作，对其理论内涵和意义做出解析。当然，由于科林斯实证研究的场域主要在实验室，观察群体也是清一色的科学家，将他的理论应用到不同情境下的知识转移实践中是否完全合适，值得后继的实证研究进一步探讨。第三部分就此给出小结与反思。

一 默会知识转移：缘起与现状

作为客观发生的社会现象，知识转移活动几乎贯穿整个人类社会发展历程。Segman 通过历史分析，将知识转移实践追溯到了史前时代。[11]而书写语言这种显性知识转移的重要中介，直到公元前3000年才出现。因此，在文字出现之前，人类在相当长一段时间内的知识转移都是以师徒代际相传的默会形式进行的，显性知识转移并不突出；只是到了现代社会，随着知识编码化程度的提高，人类社会才更依赖显性知识转移。[12]默会知识转移是一个多学科交叉研究领域,从本质上讲,它是默会知识概念被引入知识转移研究的结果。两者的合流过程,实质上也是理论界对知识转移过程中默会知识重要性的确认过程。

(一) 默会知识与知识转移

"默会知识"的概念最早由波兰尼[13]提出,之后又有进一步补充与发展[14]。如今看来,波兰尼默会知识研究的贡献主要有三个方面:第一,他最早确认了默会知识的存在,即我们所知要比所言的要多。比如,在其著名的骑自行车例子中,他指出我们虽然能顺利地骑车,却无法告知他人骑车到底要遵循哪些具体的规则,换言之,即使我们不知道骑车的具体细节与规则,仍可以学会骑自行车,这种骑车的能力是默会的。第二,他在与显性知识对比的意义上界定了默会知识的内涵,并为默会知识的表述提供了可能性。波兰尼认为人类的知识分为两种,一种是以书面文字、图表和数学公式表述的知识,另一种是我们做某事的行动中所包含的知识,前者为显性知识(explicit knowledge)或言明知识(articulated knowledge),后者为默会知识(tacit knowledge)或非言明知识(inarticulated knowledge)。但他同时指出,不可言喻的知识并不代表无法被表述,而仅仅是不能完全将其表述出来而已。这一洞见为之后默会知识与显性知识之间的动态转换提供了可能。第三,他将默会知识放到比显性知识更为优先的位置。在波兰尼看来,知识的最终载体是个人,而且一切知识要么是默会的,要么源于默会。这便充分肯定了个人的创造力,为持续的知识生产提供了可能。

波兰尼虽然没有在知识转移的意义上论述默会知识,而且对默会知识内容的讨论也比较粗糙,但他的诸多洞见还是启发了包括哲学、心理学、社会学、管理学、经济学以及人工智能领域的诸多学者。[15]特别是上述三个方面的内容,为知识生产与转移的可能性提供了理论基础。

知识转移①的思想由 Teece 在 1977 年提出[16],Teece 提出该思想的初衷

---

① 这里的知识转移将技术转移包含在内。从概念出现的时间上看,技术转移要先于知识转移。前者最初作为解决南北问题的一项重要战略,于 1964 年在第一届联合国贸易发展会议上一份呼吁支援发展中国家的报告中被首次提出。对两者关系做细致论述,必然又要退回到对知识和技术概念的分析,而由于学科与理论视角不同,得出的结论也不尽相同,更何况对技术转移概念本身就有纷繁复杂的理解。因此,此处不对两者关系做具体讨论。但需要指出的是,无论怎样界定,技术绝不仅仅是器物或工具的综合体,特别是在技术转移过程中,没有知识要素的参与是不可能的,技术转移的本质是知识转移。从这个角度看,(转下页注)

是为了反对仅仅将工具、设备等技术的"硬件"内容考虑在技术转移成本之中的简单方法，他认为使用或运行这些"硬件"的信息或非具形化（unembodied）知识才是影响技术转移成本的核心因素，技术转移成本实质上就是为了传递并吸收所有相关的非具形化知识所需要的成本。此后，知识转移这一提法逐渐明晰，针对该领域的研究也快速兴起，同样吸引了包括经济学、管理学、社会学、人类学、组织行为学和心理学等学科在内的诸多学者，[17],[18]最终成为一门横跨多学科的交叉研究领域。Reisman 曾仿照化学元素周期表，给出了 173 个涉及知识转移的要素[19]，足见该领域研究的复杂性。

当然，这些要素都是随着研究的不断深入而逐渐增加的：在理论研究的初始阶段，知识转移只关注纯技术因素，而没有将知识考虑在内；随后人们发现，没有知识的参与，纯粹的技术转移不可能持续进行。于是，20 世纪80 年代，在知识管理和组织学习理论兴起后，知识的重要性逐渐凸显；[20]但在初期阶段，人们也只关注显性知识，企业知识管理的所有内容仅仅是知识的编码与存储，知识转移似乎只依靠文字或图表等显性内容即可完成。而之后的知识转移实践证明，要成功地完成知识转移困难重重[21],[22],[23],[24]，非单纯的显性知识所能决定。能否克服默会知识的转移障碍，成为决定知识转移成败的关键。

因此，直到 20 世纪 90 年代，由波兰尼于 50 年代末提出的默会知识研究才真正与知识转移研究合流，成为知识转移理论研究的重要内容。默会知识研究与知识转移研究合流的过程，实际上也是学界对默会知识重要性的确认过程。这一方面把默会知识提到前所未有的重要位置，但另一方面，过于关注论证知识转移过程中默会知识要素的重要性，反而使后者丧失了独立性。默会知识似乎仅是影响知识转移效率的一个自变量，其具体转移过程、特点及条件反倒成了无人问津的"黑箱"。相较于纷繁复杂的知识转移理论样态，默会知识转移理论显得过于单薄，至今没有取得实质性突破。

（接上页注①）知识转移的外延要更为广泛，包含了技术转移，两者并不冲突。也因此，学界一直都是交叉使用这两个概念，未做具体区分。不过从近来的研究看，在意识到知识在技术转移过程中的核心作用后，技术转移概念正逐渐被知识转移概念替代。当然，也有学者对此持异议，认为技术转移与知识转移在很多方面都存在不同〔例如 Gopalakrishnan, S. & Santoro, M. D. Distinguishing between knowledge transfer and technology transfer activities: The role of key organizational factors. Transaction on Engineering Management, 2004, 51 (1): 57 - 69〕。在国内，多以科技成果转化概念替代技术转移概念。

(二) 知识管理文献中的默会知识转移

随着越来越多的企业通过战略联盟进行组织学习，组织间的知识转移研究已经发展为知识管理中一个有特色的研究方向，研究对象涵盖跨国公司间的知识转移[25]、合作公司间的知识转移[26]、校企间的知识转移[27]、总公司和子公司之间的知识转移[28]等。Winter 曾对知识的维度做过详细的分类，以帮助人们理解知识转移过程中的障碍：默会知识 vs. 显性知识；不可传授的知识 vs. 可传授的知识；未言明知识 vs. 言明知识；无法观察的知识 vs. 可观察的知识；复杂知识 vs. 简单知识；系统知识的一部分 vs. 独立知识。[29]这种分类后来被应用于知识管理的一些研究中。但是，默会知识只被视为造成知识转移困难的一个维度，其和不可传授的、未言明的、无法观察的知识如何区分，并未得到很好的说明。

类似地，Von Hipple 提出了信息粘滞度的概念，其定义为"为了将一个单位的信息以可用的形式传递给特定地点的特定的信息寻求者所必须增加的费用"[30]。信息粘滞度源于信息的默会度（tacitness）、信息总量和信息寻求者与提供者的特征（例如，缺乏相关经验的信息寻求者会觉得该信息很难理解，这就增加了信息粘滞度）。Simonin 提出知识模糊性的概念，并将模糊性的来源分解为知识的默会性、知识的特殊性、知识的复杂性、知识接收方的经验、合作伙伴的保密倾向、文化距离、组织距离。[31]应该说这两项研究做得相当细致，但是他们提出的有关知识本质的粘滞度和模糊性，既来自知识本身的默会性、复杂性、特殊性，又来自外部的一些社会与境（如知识转移方和接收方的关系，接收方的经验、组织和文化上的差异，等等）因素，在概念界定上依然不够清晰。

更多的研究干脆放弃对知识本质的探讨，将所有模糊不明、难以言传的知识统称为默会知识，然后专注于研究什么样的条件有助于默会知识的转移。例如，多项研究已经显示地理距离阻碍知识和技术的传播[32],[33],[34],[35]并降低哪怕是同一个组织内部的沟通效率[36],[37]。这就是许多公司都将开发实验室设在制造车间附近[38],[39]，或将研发部门设在有大学的大城市的原因。Feldman 和 Lichtenberg 观察到，当组织间传递的知识是默会知识时，会出现地理上的集聚现象。[40]Audrestch 和 Stephan 也发现，传递默会知识的费用随距离增加。[41]

Boschma 则提出，地理上邻近只是有助于组织学习的一个方面，在社会、组织、制度等其他维度上邻近也至关重要。[42]例如，社会邻近会降低不确定性、增强沟通意愿,[43]而这些都有助于默会知识的传递[44]。组织和制度上邻近则会带来在微观和宏观层次上的文化相似性,更有助于知识接收方融入知识转移方的情境,理解和消化其转移的知识。洪伟和苏毓淞通过经验研究发现,地理、社会、制度、组织上邻近的确提高了校企合作的概率,但这些邻近效应具体如何作用于默会知识的转移,则没有足够的经验研究加以说明。[45]

另外,还可以通过增加信息寻求者的相关知识来克服默会知识在传递中面临的困难。Cohen 和 Levinthal[46],[47]提出,公司通过研发工作积累的知识和经验将提高它们对外部知识的吸收能力(absorptive capacity),从而比那些没有相关经验的公司获益更多。类似地,Pavitt 提出:"即使只是知识的借用者,也必须有他们自身的技能,并在开发和生产上有所投资;他们不可能把别人开发的技术无偿占为己有,而是要付出不菲的代价。"[48]上面提到,这些外在于待转移知识的变量在 Von Hipple[30]和 Simonin[31]的研究中成了信息粘滞度和知识模糊性的来源,是将知识本身的特性和用于调和这些特性的手段混为一谈了。

总之,无论是个人到团队、团队到个人、团队到组织、组织到团队还是组织到组织之间的知识转移,都受到众多因素的影响。[49]总体而言,这些影响因素几乎都与知识转移方、知识转移中介、知识转移对象、知识转移环境、知识接收方以及知识转移方与接收方的关系六个方面有关[50],[51],[52],[53]。针对这六个方面及其相互之间纷繁复杂的关系的研究虽多,却也显示出诸多不足:一是对默会知识的界定不够清晰,分类不够彻底[54],导致在分析过程中不能全面展示默会知识的转移过程,使人误认为默会知识就是那些等待被显明的知识,所有知识都可以被陈述或外化;① 二是从分析层次上看,已有研究综合考虑了个体到团体再到组织的知识转移与转换过程,但没有细致考察默会知识在个体层面上如何转换,个体层面的知识转换与社会语境又有何关联;三是虽然众多学者都指出默会知识最好的转移方式是转移双方的持续互动,但他们并没有深究造成默会知识转移障碍的根本原因,即未说明面对面交流的默会知识转移形式,到底从哪些方面给知识转移双方提供了突破知识默会性障碍的条件;四是虽然知识转移领域汇聚了众多学科的研究成果,但主流研究还是集中在知识管理与组织学习领域,

---

① 这一观念在人工智能领域尤其盛行,很多知识工程师认为所有知识都能够从专家那里抽离出来,输入专家系统,最终机器会取代人类。

其他学科（如知识社会学）的最新研究成果，并没有凸显出来。

造成以上理论现状的原因在于：一方面，知识理论对默会知识的讨论不够深入，以至于它被引入知识转移研究中时，并没有太多可以发挥的内容；另一方面，知识转移领域偏重定量研究和知识转移模型的建构，只是将默会知识放置到整体知识转移的背景下，或者验证默会知识是否影响到知识转移、在什么条件下影响，或者寻找影响默会知识转移的外部环境，默会知识完全成了知识转移过程的一个自变量，丧失了自身的独立性。

其实，早在知识转移研究兴起的前十年，科学社会学家科林斯就发现了技术转移过程中存在的默会知识问题，并将其作为解释诸多"反常"现象的原因。但直到现在，他的理论成果也未引起足够重视。因此，将科学社会学视野下的默会知识转移理论引入知识转移领域，一方面可以填补该领域的理论研究空白；另一方面，从科学社会学的角度对知识转移现象做出论述，增添了新视角，可以带给我们更多新的理论启示。

二 科林斯：默会知识转移的科学社会学研究

科林斯（H. M. Collins）对默会知识的关注始于他对TEA激光器复制过程的实证考察[55],[56]，之后他继续围绕这一问题做了大量深入、细致的工作[57],[58],[59],[60],[61],[62]。除此之外，科林斯还从行为研究角度[63],[64]反驳人工智能可以完全模仿和替代人类行为的观点，开辟了一个全新的专识与经验研究①（Studies of Expertise and Experience，简称SEE）领域[65],[66],[67],[68]。这三个领域相互关联，形成专识与经验研究、默会知识研究和行为研究遥相呼应的理论体系。默会知识处于整个研究工作的核心，往上为专识与经验研究提供基础，往下为行为研究提供理论分析来源。[54]

（一）默会知识转移的濡化模型

自20世纪70年代初开始，科林斯深入英国与北美的TEA激光器建造实验室进行定性研究。在观察中他发现了诸多有趣的现象。例如，没有哪一个实验室能够仅仅通过已发表的TEA激光器建造方面的文章，而成功地造

---

① 专识与经验研究被科林斯称作科学学（science studies）的第三波[65]，因而被寄予厚望。科林斯现在英国卡迪夫大学知识、专识与科学研究中心（Center for the Study of Knowledge, Expertise and Science），重点从事与该领域相关的研究工作。

出 TEA 激光器；同样，也没有哪一个科学家是从没有亲身体验的"中间人"那里获取信息而成功地建造激光器；更为奇怪的是，即使曾经参与过激光器建造并有过成功先例的科学家，在另外一个实验室建造第二台激光器时，也无章可循，并且完全有可能失败。

科林斯就此指出知识流动的以下特征[56]：首先，它只在与成功的实践者有私人联系的地方传播；其次，它的传播过程是无形的，因此，科学家在完成工作之前，并不能确定自己是否掌握了该领域的专业知识；最后，知识是如此变幻无常，以至于即使是师生关系也不能保证知识的传播。

知识的这些特征被科林斯放置到默会知识的领域加以解释，并提出了知识转移的算法模型（algorithmical model），和与之相对应的知识转移濡化模型（enculturational model）。在知识转移的算法模型中，知识作为一种信息，像计算机执行程序员的算法指导计算机完成程序那样，能够指导接收者完成相关工作；而知识转移濡化模型则把知识视为社会技能，或者至少是以社会技能为基础，接收方必须深入转移方的生活，才能完成知识转移。

意识到默会知识重要性的科林斯，结合实地经验研究，深入分析了默会知识的内容[59]，将其细分为五种不同的类型：隐藏知识（concealed knowledge）、错配知识（mismatched salience）、示例知识（ostensive knowledge）、未被注意到的知识（unrecognized knowledge）以及未/无法认知的知识（uncognized/uncognizable knowledge）。

"隐藏知识"是指，知识转移方出于各种原因而刻意隐藏以防止知识接收方有效获取的知识，杂志没有足够空间发表太多文章细节，也算是一种知识隐藏行为。当然，科林斯并不十分看重这类知识，认为它不是实质意义上的"默会知识"，因为既然知识转移方知道如何隐藏知识，就必然知道如何显示它。"错配知识"是指知识转移方掌握，却由于知识转移双方的不充分交流而被知识转移方所"遗漏"，或者知识转移方"所答"非知识接收方"所需"的知识。引起知识错配的原因是，在完成某项工作时，有非常多的重要的潜在变量需要处理，而知识转移方不可能把每个细节都表述出来，也不知道哪些细节对对方是重要的。要解决这个问题，需要知识转移双方进行持续的且长时间的交流。"示例知识"是指文字、图表、照片等无法传递，只能通过直接指示的方式来完成转移的知识。它与错配知识的区别在于，在前一种情况中，知识转移方原则上可以将知识内容全部书写出来，只要有足够的时间与条件；但示例知识却不是这样，因为知识转移方除了以直接指示的方式让知识接收方理解外，根本就无法用其他方式表达，即使他理解所有知识内容。"未被注意到的知识"是指对完成工作而言十分关键但连知识转移方都可能不知道其重要性和原理的知识。要想将这部分知识显性化只能寄希望于科学发展，以使相关原理逐渐被人理解；或者知识接收方有很强的能力，可以将它转换到自己可理解的知识范畴中。"未/无法认知的知识"就如同我们不必注意自己是如何组织词语、短语就能说话一样，是最为基本的知识，只能通过学徒式或者无意识濡化的方式获取。

（二）默会知识的分类与特性

在最近的研究中，科林斯又将上述五类默会知识加以整合，按照默会程度（弱、中、强），将其划分为关系默会知识（Relational Tacit Knowledge, RTK）、身体默会知识（Somatic Tacit Knowledge, STK）与集体默会知识（Collective Tacit Knowledge, CTK）（见图1）[54]。其中，关系默会知识包括上述五类默会知识的前四类，身体默会知识与集体默会知识是对未/无法认知的知识的再次细分。

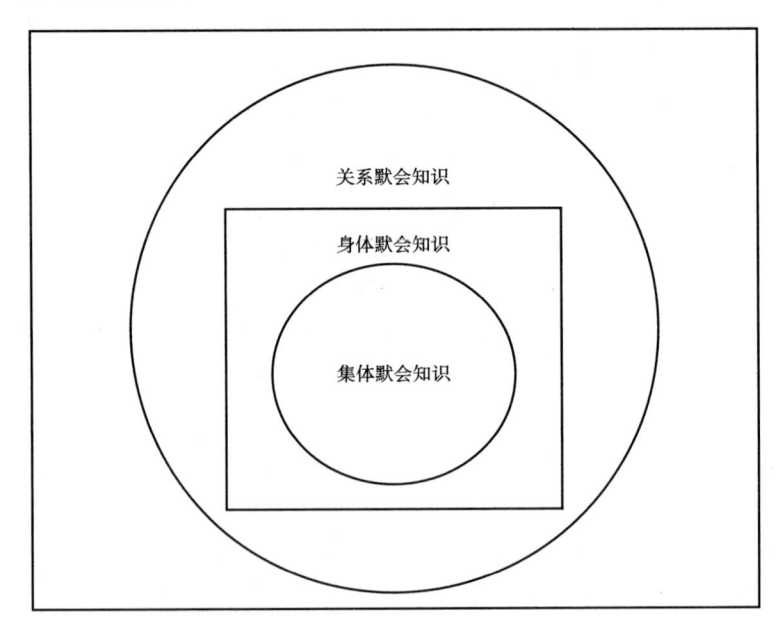

图1 默会知识的分类[54]

对于关系默会知识，我们有可能将其全部显示出来，因为造成其"默会"的根本原因是社会生活的偶然性——人类关系、历史、传统与逻辑的偶然性——所致，也即它跟社会特有的组织方式有关，而这些条件并非不能改变。从这种意义上说，在默会知识的转移过程中，根本就没有什么知识本身的默会性障碍，有的只是不同的特有社会组织方式，成功的知识转移就是突破特有社会组织方式障碍的过程。同样，对身体默会知识而言，它是人类身体与大脑的本性使然，我们可以通过改变自身身体状况来获取身体默会知识，就像学骑自行车一样；也可以通过科学研究了解身体与大脑的构造，将其工作原理显示出来，再加以模仿，就如同已设计出的骑自行车的机器人一样。但是集体默会知识却不可能被完全显示出来，因为它背后隐藏的是社会本性，只有那些拥有共同生活形式的人才可理解其内容。知识接收方想要获取知识内容，前提是与知识转移方拥有共同的生活形式，或者深入对方的环境，学习对方特有的语言与行为方式。科林斯认为，在同一学习过程中，一般会包含对所有这三类知识的获取（RTK + STK + CTK），并没有严格的顺序。也正因如此，前人往往混淆了不同种类的默会知识，如波兰尼所举的骑自行车的例子，他实际上错把身体默会知识与集体默会知识放到一起看待。纯粹的骑车能力是一种身体默会知识，但如果骑车人上路，就需要理解社会规则并有意无意地躲闪车辆，因此需要集体默会知识的参与。综合以上几点，我们将科林斯有关默会知识特性[①]的论述总结如下（见表1）。

表 1 默会知识的分类与特性

默会知识的种类		形成原因	能否显性化	获取途径
关系默会知识	隐藏知识	社会生活的偶然性（关系、传统、历史、逻辑）	能	知识转移双方的社会互动
	错配知识			说出秘密；多提问、回答；示例；等待科学研究取得进展；
	示例知识			
	未被注意到的知识			
身体默会知识		身体/大脑的本质	能	亲身体验/科学探究
集体默会知识		社会本质	不能	社会濡化

科林斯对默会知识的分析具有重要意义。首先，他将默会知识细分为不同种类，为进一步研究默会知识的转移提供了基础；其次，与之前知识转移研究仅仅强调组织间持续交流是默会知识转移的最有效方式却避而不谈其有效性的根源不同，科林斯找出了其中的原因，即社会特有的组织方式、人类身体的本质以及社会本质造就了知识的默会性，我们之所以用持续交流的方

---

① 在知识转移研究领域，强调共有知识、文化与组织距离、伙伴相似性、先在知识/经验以及组织惯例的重要性，其根本原因就在于科林斯在此处强调的默会知识本质及其转移障碍。

式跨越默会知识的转移障碍，是因为知识的默会性不在于知识本身，而是隐藏在它所寄生的载体中。持续的社会互动能够让隐藏的知识显现，让双方都没有意识到的重点知识凸显，让知识接收方有时间深入转移方的"社会生活"去接受濡化……这便道出了默会知识转移的第一层意义：默会知识的转移首先是通过转移双方的持续互动而打破三层默会知识障碍的交流过程。

但是，正如 Davenport 所言，知识如果没有被吸收，那就谈不上转移，知识转移是传递（transmission）＋吸收（absorption）的过程。[69]它既是一种交流行为，也是一种转译（translation）行为。[70]因此，与其说是"这是我的知识（this is what I know）"，还不如说"这是对你而言的我的知识（this is what my knowledge means for you）"。[71]知识的转移代表了组织开发并提升自身惯例以促进对现有和新获取知识的整合的能力。[72]仅通过互动打破交流的障碍，实现信息传递，并不能被称作成功的知识转移。因此，科林斯明确指出，默会知识的本质问题与默会知识的转移联系在一起，而默会知识的转移又与知识从一种类型转为另一种类型相关。[54]对于那些不能直接被接收者吸收的默会知识，首先要在个人层面上将之转换为接收方可理解的形态后，转移才是可能的，默会知识的转移伴随着知识转换。

三 小结

自 20 世纪 90 年代默会知识研究与知识转移研究合流形成默会知识转移研究进路至今，已有几十年的时间。然而，相较于枝繁叶茂的知识转移理论成果，默会知识的转移研究还处在幼年阶段，并没有形成独立、系统的研究。一方面，对默会知识在知识转移过程中重要性的理论论证已足够充分；另一方面，现有的理论与方法又无力支撑起更为深入、细致的默会知识转移研究。因此，本文在分析当下默会知识转移研究现状的基础上，引入科学社会学的研究成果，目的是要从新的视角切入该领域的研究，以期突破现有的理论困境。

科林斯的研究表明，默会知识的转移同时包含关系默会知识、身体默会知识和集体默会知识这三部分内容，它既是一个跨越社会生活偶然性、身体本质与社会本质障碍的过程，也是一个知识转换过程。其中关系默会知识与身体默会知识可以在互动中显性化，而集体默会知识则需要知识接收方深入知识转移方的群体中接受濡化，将关键知识内容内化后才能完成转移。

当然，对科林斯的论述也有进一步探讨的可能。例如，由于他的观察多是立足于实验室技术转移项目,被观察群体是清一色的科学家,都受过正统学术训练,一开始就处在相同的"生活形式"中,因此知识转移方和知识接收方的异质性不强。而在实际的技术转移项目中,知识转移双方很可能具有差异化的知识背景,存在知识转移的不对称性。[73]在这种情况下,默会知识的转移与转换很可能跟科林斯所述有所不同。另外,科林斯考虑的是知识接收方如何转换知识范畴,但在实际的技术转移项目(如校企合作研发的项目)实施过程中,知识转移方也受知识接收方的反作用。尤其是在转移初期,他们要想方设法走入知识接收方的情境中。[20]因此,双向互动的默会知识转移,不仅要关注知识的接收方,还要关注知识的转移方。在项目实施初期,知识转移方如何调整自身的知识范畴,对接收方的情境做出回应?在项目完成后,他们又如何调整原有知识范畴,以一种接收方更能理解的形式将默会知识展现出来?这些都是需要我们在实地研究中进一步考察的问题,也是我们期待能够对默会知识转移理论做出新贡献的出发点。

参考文献

OECD. *The Knowledge-Based Economy*. Paris: OECD Publications, 1996.

Drucker, P. F. *Post-Capitalist Society*. New York: Harper Business, 1993.

Leonard-Barton, D. Core capabilities and core rigidities: A paradox in managing new product development. *Strategic Management Journal*, 1992, 13: 111 – 125.

Kogut, B., Zander, U. Knowledge of the firm and the evolutionary theory of the multinational corporation. *Journal of International Business Studies*, 1993, 24 (4): 625 – 645.

Grant, R. M. Toward a knowledge-based theory of the firm. *Strategic Management Journal*, 1996, 17 (Winter Special Issue): 109 – 122.

Nelson, R. R., Winter, S. G. *An Evolutionary Theory of Economic Change*. Cambridge, MA: Harvard University Press, 1998.

Gold, A. H., Malhotra, A., Segars, A. H. Knowledge management: An organizational capabilities perspective. *Journal of Management Information Systems*, 2001, 18 (1): 185 – 214.

Karnani, F. The university's unknown knowledge: Tacit knowledge, technology transfer and university spin-offs findings from an empirical study based on the theory of knowledge. *Journal of Technology Transfer*, 2012, March, published on line.

Borys, B., D. Jemison. Hybrid organizations as strategic alliances: Theoretical and practical issues in organizational combinations, 1987, working paper no. 951, Stanford

University.

Zander, U., Kogut, B. Knowledge and the speed of the transfer and imitation of organizational capabilities: An empirical test. *Organization Science*, 1995, 6 (1): 76 – 92.

Segman, R. Communication technology: An historical view. *Journal of Technology Transfer*, 1989, 14 (3, 4): 46 – 52.

Gorman, M. E. Types of knowledge and their roles in technology transfer. *Journal of Technology Transfer*, 2002, 27 (3): 219 – 231.

Polanyi, M. *Personal knowledge: Towards a post-critical philosophy*. Chicago: University of Chicago Press, 1958.

Polanyi, M. *The Tacit Dimension*. London: Routledge & K. Paul, 1967.

Gourlay, S. Tacit knowledge, tacit knowing, or behaving? 3rd European Organizational Knowledge, Learning and Capabilities Conference; 5 – 6 April 2002, Athens, Greece.

Teece, D. Technology transfer by multinational firms: The resource cost of transferring technological know-how. *Economic Journal*, 1977, 87 (346): 242 – 261.

Zhao, L., Reisman, A. Toward meta research on technology transfer. *IEEE Transactions on Engineering Management*, 1992, 39 (1): 13 – 21.

Wahab, S. A., Rose, R. C., Osman, S. I. W. The theoretical perspectives underlying technology transfer: A literature review. *International Journal of Business and Management*, 2012, 7 (2): 277 – 288.

Reisman, A. Transfer of technologies: A cross-disciplinary taxonomy. *The International Journal of Management Science*, 2005, 33: 189 – 202.

Daghfous, A. Organizational learning, knowledge and technology transfer: A case study. *The Learning Organization*, 2004, 11 (1): 67 – 83.

Kogut, B., Zander, U. Knowledge of the firm, combinative capabilities, and the replication of technology. *Organization Science*, 1992, 3 (3): 383 – 397.

Argote, L. *Organizational Learning: Creating, Retaining, and Transferring Knowledge*. Norwell, MA: Kluwer, 1999.

Szulanski, G. Exploring internal stickiness: Impediments to the transfer of best practice within the firm. *Strategic Management Journal*, 1996, (17): 27 – 43.

Rogers, E. M. The nature of technology transfer. *Science Communication*, 2002, (23): 323 – 341.

Inkpen, A. C., P. W. Beamish. Knowledge, bargaining power, and the instability of international joint ventures. *Academy of Management Review*, 1997, 22 (1): 177 – 202.

Appleyard, M. M. How does knowledge flow? —Interfirm patterns in the semiconductor industry. *Strategic Management Journal*, 1996, Winter Special Issue, 17: 137 – 154.

Rossi, F. The governance of university-industry knowledge transfer. *European Journal of Innovation Management*, 2010, Vol. 13 (2), pp. 155 – 171.

Lyles, M. A., J. E. Salk. Knowledge acquisition from foreign parents in international joint ventures: An empirical examination in the Hungarian context. *Journal of International Business Studies*, 1996, 27 (5): 877 – 903.

Winter, S. Knowledge and competence as strategic assets. In D. Teece (ed.), *The Competitive Challenge*. Ballinger, Cambridge, MA, 1987.

Von Hipple, E. "Sticky information" and the locus of problem solving: Implications for innovation. *Management Science*. 1994, 40: 429 – 439.

Simonin, B. L. Ambiguity and the transfer of knowledge in strategic alliances. *Strategic Management Journal*, 1999, 20: 595 – 623.

Acs, Z. J., Audrestch, D. B., Feldman, M. P. R&D spillovers and recipient firm size. *Review of Economics and Statistics*, 1994, 76: 336 – 340.

Polanyi, M. *The Tacit Dimension*. London: Routledge & K. Paul, 1967.

Scott, A. *New Industrial Spaces*. London: Pergamon, 1988.

Tyre, M. J., Von Hippel, E. The situated nature of adaptive learning in organizations. *Organization Science*, 1997, 8: 71 – 83.

Hough, E. A. Communication of technical information between overseas markets and head office laboratories. *R&D Management*, 1972, 3: 1 – 5.

Tomlin, B. Inter-location technical communications in a geographically dispersed research organization. *R&D Management*, 1981, 11: 19 – 23.

Hatch, N. W., Mowery, D. C. Process innovation and learning by doing in semiconductor manufacturing. *Management Science*, 1998, 44: 1461 – 1477.

Kenney, M., Florida, R. The organization and geography of Japanese R&D: Results from a survey of Japanese electronics and biotechnology firms. *Research Policy*, 1994, 23: 305 – 323.

Feldman, M. P., Lichtenberg, F. R. The impact and organization of publicly-funded research and development in the European Community. *NBER Working Paper* #6040, 1997.

Audrestch, D. B., Stephan, P. E. Company-scientist locational links: The case of Biotechnology. *American Economic Review*, 1996, 86: 641 – 652.

Boschma, R. A. Proximity and innovation: A critical assessment. *Regional Studies*, 2005, 39: 61 – 74.

Lundvall, B. A. Explaining interfirm cooperation and innovation: Limits of the transaction-cost approach. In: Grabher, G. (ed.), *The Embedded Firm*: On the *Socioeconomics of Industrial Networks*. London: Routledge, 1993.

Maskell, P., Malmberg, A. The competitiveness of firms and regions: "Ubiquiti-fication" and the importance of localized learning. *European Urban and Regional Studies*, 1999, 6: 9 – 25.

Hong, Wei, Yu-Sung Su. The effect of institutional proximity in non-local university-industry collaborations: An analysis based on Chinese patent data. *Research Policy*, 2013, 42 (2): 454 – 464.

Cohen, W. M., Levinthal, D. A. Innovation and learning: The two faces of R&D. *The*

Economic Journal, 1989, 99: 569 – 596.

Cohen, W. M., Levinthal, D. A. Absorptive capacity: A new perspective on learning and innovation. *Administrative Science*, 1990, Quarterly March: 128 – 152.

Pavitt, K. The objectives of technology policy. *Science and Public Policy*, 1987, 14: 182 – 188.

Sun, P. Yih-Tong, Scott, J. L. An investigation of barriers to knowledge transfer. *Journal of Knowledge Management*, 2005, 9 (2): 75 – 90.

Bozeman, B. Technology transfer and public policy: A review of research and theory. *Research Policy*, 2000, 29: 627 – 655.

Argote, L., Ingram, P., Levine, J. M., Moreland, R. L. Knowledge transfer in organizations: Learning from the experience of others. *Organizational Behavior and Human Decision Processes*, 2000, 82 (1): 1 – 8.

Rothaermel, F. T., Agung, S. D., Jiang, L. University entrepreneurship: A taxonomy of the literature. *Industry and Corporate Change*, 2007, 16 (4): 691 – 791.

Easterby-Smith, M., Lyles, M. A., Tsang, Eric W. K. Inter-organizational knowledge transfer: Current themes and future prospects. *Journal of Management Studies*, 2008, 45 (4): 677 – 690.

Collins, H. M. *Tacit and Explicit Knowledge*. Chicago: University of Chicago Press, 2010.

Collins, H. M. The TEA set: Tacit knowledge and scientific networks. *Science Studies*, 1974, 4: 165 – 86.

Collins, H. M. *Changing Order: Replication and Induction in Scientific Practice*. Chicago: University of Chicago Press, 1992.

Collins, H. M. Expert system and the science of knowledge. In Bijker, W. E., Hughes, T. P., Pinch, T. J. (eds.), *The Social Construction of Technological System: New Direction in the Sociology and History of Technology*. Cambridge, MA: MIT Press, 1987.

Collins, H. M. *Artificial Experts: Social Knowledge and Intelligent Machines*. Cambridge, MA: MIT Press, 1990.

Collins, H. M. Tacit knowledge, trust, and the Q of sapphire. *Social Studies of Science*, 2001, 31: 71 – 85.

Collins, H. M. What is tacit knowledge? In Theodore R. Schatzki, Karin Knorr Cetina, Eike von Savigny (eds.), *The Practice Turn in Contemporary Theory*. London: Routledge, 2001.

Collins, H. M. *Gravity's Shadow: The Search for Gravitational Waves*. Chicago: University of Chicago Press, 2004.

Collins, H. M. Bicycling on the moon: Collective tacit knowledge and somatic-limit tacit knowledge. *Organization Studies*, 2007, 28: 257 – 262.

Collins, H. M., Kusch, M. *The Shape of Actions: What Humans and Machines Can Do*.

Cambridge, MA: MIT Press, 1998.

Ribeiro, R., Collins, H. The bread-making machine: Tacit knowledge and two types of action. *Organization Studies*, 2007, 28: 1417 – 1433.

Collins, H. M., Evans, R. The third wave of science studies: Studies of expertise and experience. *Social Studies of Science*, 2002, 32: 235 – 296.

Collins, H. M., Evans, R., Ribeiro, R., Hall, M. Experiments with interactional expertise. *Studies in History and Philosophy of Science*, 2006, 37: 656 – 74.

Collins, H. M., Evans, R. *Rethinking Expertise*. Chicago: University of Chicago Press, 2007.

Collins, H. M., ed. Case studies in expertise and experience, special issue. *Studies in History and Philosophy of Science*, 2007, 38 (4).

Davenport, T. H., Prusak, L. *Working Knowledge: How Organization Manage What They Know*. Boston: Harvard Business School Press, 1998.

Liyanage, C., Elhag, T., Ballal, T., Li, Q. P. Knowledge communication and translation—A knowledge transfer model. *Journal of Knowledge Management*, 2009, 13 (3): 118 – 131.

Seaton, R. A. F. Knowledge transfer. strategic tools to support adaptive, integrated water resource management under changing conditions at catchment scale—A Co-evolutionary approach. The AQUADAPT Project, Bedford, 2002.

Zahra, S. A., George, G. Absorptive capacity—A review, reconceptualisation and extension. *Academy of Management Review*, 2002, 27 (2): 185 – 203.

Lam, A. Embedded firms, embedded knowledge: Problems of collaboration and knowledge transfer in global cooperative ventures. *Organization Studies*, 1997, 18: 973 – 996.

英雄伦理与抗争行动的持续性

——以鲁西农民抗争积极分子为例[*]

吴长青[**]

内容摘要：在中国乡村抗争研究中，农民抗争的动机经常被理解为一种"受损逻辑"。虽然受损逻辑能够部分解释抗争行动的发起，但是并不能够解释在利益得以补偿、伦理关系得以修复的情况下，抗争为何会继续进行。本文在对鲁西农民抗争积极分子进行研究的基础上指出，推动抗争积极分子持续抗争的动机是一种由抗争行动本身带来的、突出的、不同于受损逻辑的"英雄伦理"。这种英雄伦理发展出了互助连带机制、等级区分机制、友情再造机制三种机制，从而推动着抗争的持续进行。然而，这三种机制在推动抗争持续进行的同时，也存在着各自内在的限制。最后，笔者讨论了"英雄伦理"对于理解中国乡村抗争政治的贡献。

关键词：英雄伦理　抗争政治　集体行动　抗争积极分子

一　研究问题

（一）"受损逻辑"的局限

对中国乡村抗争行动的研究主要集中在两个方面：一是关注为何抗争，

---

[*] 本文原稿发表于《社会》2013年第5期，选入论文集时经过修改。
[**] 吴长青，北京大学社会学系。

亦即抗争行动的原因与动机；二是关注如何抗争，亦即抗争行动的形式与策略[①]。目前的学术研究对抗争的形式与策略给予了较多的关注，这些研究遵循着"策略"的解释逻辑，而对于抗争动机或抗争行动的伦理维度并没有进行认真的研究[②]。在相对有限的学术研究中，农民抗争的动机常被看作"受损逻辑"。乡村抗争行动也因此被理解为是"维护合法权益""讨说法""争口气"。具体来看，这种受损逻辑又包含两个方面："利益受损"与"伦理受损"。

"利益受损"逻辑倾向于认为：农民之所以发起抗争运动，或是因为他们既有的权益受到侵犯[③]，或是因为主动争取本该属于他们却没有得到的权益[④]。二者虽然一个具有防御性，一个更具有主动性，但都认为抗争的起因在于"利益受损"，抗争者因为利益被损害或没有得到满足而进行抗争。

另一种以"伦理受损"为取向的研究对这种过于强调利益的解释提出了批评。斯科特的"道义经济"的解释认为，农民抗争行动并非因为利益受损这样的直接关系，而是因为政府行为侵犯了其"生存伦理"[⑤]。斯科特的研究强调了农民抗争行动的基础不是利益或理性而是伦理，但是其过于强调"剩下多少"的物质论又受到了批评。应星的研究指出，农民抗争者在尚未触及利益底线时，"气"就可以成为一种推动抗争者为尊严而战的重要因素[⑥]。然而，应星"气"的概念仍然只是把农民抗争的动机理解为反应性[⑦]的，看作对既有伦理关系的一种恢复，忽视了抗争行动所产生的增量效

[①] 从社会运动理论的发展史来看，这两个方面也同样主导着西方社会运动的研究。参见 McAdam, Doug, 1989, "The Biographical Consequences of Activism." *American Sociological Review* 54 (5)。

[②] 吴长青，2010，《从"策略"到"伦理"：对"依法抗争"的批评性讨论》，《社会》第2期。

[③] O'Brien, Kevin J. &Lianjiang Li, 2006, *Rightful Resistance in Rural China*. New York and Cambridge: Cambridge University Press；吴毅，2007，《"权力—利益的结构之网"与农民群体性利益的表达困境——对一起石场纠纷案例的分析》，《社会学研究》第5期；应星，2007a，《草根动员与农民群体利益的表达机制——四个个案的比较研究》，《社会学研究》第2期；于建嵘，2007a，《利益表达、法定秩序与社会习惯——对当代中国农民维权抗争行为取向的实证研究》，《中国农村观察》第6期。

[④] 田先红，2010，《从维权到谋利——农民上访行为逻辑变迁的一个解释框架》，《开放时代》第6期。

[⑤] 詹姆斯·C. 斯科特，2001，《农民的道义经济学：东南亚的反叛与生存》，程立显等译，南京：译林出版社。

[⑥] 应星，2007b，《"气"与中国乡村集体行动的再生产》，《开放时代》第6期；应星，2010，《"气"与中国乡土本色的社会行动——一项基于民间谚语与传统戏曲的社会学探索》，《社会学研究》第5期。

[⑦] Tilly, Charles, 1978, *From Mobilization to Revolution*. Reading, MA: Addison-Wesley.

果，从而忽视了农民的抗争动机在抗争过程中所发生的变化。可以看出，这一解释仍然未能超越"受损逻辑"的解释框架。

受损逻辑固然可以解释农民在抗争之初的抗争动机，但是抗争一旦发起，抗争行动本身就会对抗争者的伦理进行重新塑造。在这一过程中，抗争者的抗争动机在不断地突破原来的受损逻辑，进而支配后续的抗争行动。应星的研究指出，经历过抗争的草根行动者今后抗争行动的三种路向：退隐、续进以及待机而动①，而后两种情况则更为常见②。如果按照"受损逻辑"的解释，农民抗争者在利益得以补偿、怨气得以消解、伦理关系得以恢复的情况下，他们就会停止抗争，重新返回到日常生活中去。但事实上，许多抗争积极分子③并没有退出抗争行动，反而是积极地投入到类似的抗争事件当中。如何理解这些"停不下来""没有回去"的抗争积极分子的抗争动机？这使得我们需要寻找"受损逻辑"之外的理论解释。

（二）突生的"英雄伦理"

西方社会运动研究为理解运动参与者动机提出了另外一条线索：社会运动本身就会产生一种吸引潜在群体加入的效果。早期的情感研究发现，运动本身能够为参与者提供更大的力量感与英雄感。勒庞指出，在群体之中，个体摆脱了自己卑微无能的感觉，会感觉到一种短暂但却巨大的力量；在他们冲动、易变的同时又表现出舍己为人、自我牺牲、不计名利、渴望平等的极高道德境界④。如果说勒庞所研究的还是一个"暂时性群体"的参与者动机，霍弗则研究了持续地参与到运动中的参与者的动机。社会运动的参与者

---

① 应星，2011，《"气"与抗争政治》，北京：社会科学文献出版社，第183页。
② 在《大河移民上访的故事》一书中，应星重点研究了许老师经历过抗争之后继续领导抗争的案例。在他看来，草根行动者在一次抗争行动结束后依然保持着对基层政府可能以各种名义实施报复的高度警惕，他们只有通过继续领导抗争才能更好地保护自己。然而，应星更倾向于把这种继续抗争看作一种应对物质或伦理受损的保护机制。他并没有注意到抗争行动的经历对抗争者的观念所带来的复杂变化，以及这种观念的变化对后续抗争行动的影响。（应星，2001，《大河移民上访的故事》，北京：三联书店。）
③ 大体而言，抗争积极分子是介于普通抗争者与抗争领袖之间的一类群体。与见好就收、局限于个人诉求的普通抗争者相比，这些抗争积极分子不会轻易退出抗争，反而是热衷于参与到各种利益相关或利益无关的抗争行动当中。在特定条件下普通抗争者也会转化为抗争积极分子。与为民代言、进行集体动员的抗争领袖或草根行动者相比，抗争积极分子并不一定进行集体动员成为抗争领袖，更多的情况下，他们只是独自抗争的个体。在特定条件下一些积极分子也会转化成为抗争领袖。
④ 吉斯塔夫·勒庞，2007，《乌合之众》，冯克利译，桂林：广西师范大学出版社，第67、71~72页。

觉得自己的人生已经败坏到无可救药的地步,他们最深的渴望是过新生活,通过认同一件神圣事业而获得自豪、信心、希望、目的感和价值感这些他们本来没有的元素[1]。早期情感研究看到了运动的发起,并非由于受损逻辑,而是由于社会运动本身所带来力量感、英雄感。但是早期情感研究有两个问题:一是只能解释个体层面的现象,而无法解释合作的问题;二是把参与者看作非理性的、不成熟的个人及厌弃私人生活的人。

美国1960年代兴起的资源动员理论和政治过程理论,克服了早期情感研究的问题:一是不再把参与的个体看作非理性、不成熟的,而是具有理性决策能力的;二是引入资源、组织、策略等概念,解决了合作何以可能的问题[2]。值得一提的是,美国社会运动研究的关注点,开始由抗争的"早期阶段",转向抗争的"后期阶段",亦即从关注社会运动的"兴起与过程",转向关注社会运动的"后果与影响"[3]。这一转向使学者开始关注社会运动本身为参与者带来了什么。麦克亚当对"自由夏日"运动志愿者的研究指出,"对那些志愿者而言,这个夏天是他们生命的一个分水岭,是一个可以把他们的个人生平分为'之前'与'之后'的时间节点"[4]。然而,麦克亚当的研究更为强调"社会运动组织"的重要性。在高风险的社会运动中,社会运动组织高度密集的互动、组织成员共同价值观的分享,深刻地影响了组织成员。但问题在于,麦克亚当所论述的社会运动组织在中国乡村抗争中并不存在。中国的乡村抗争常常是松散的、插曲性的,而不是有组织的持续作用[5]。那么,这些松松散散,甚至经常是一个人的抗争,如何能够为抗争者提供麦克亚当意义上的强烈震撼呢?

与关注社会运动组织的麦克亚当不同,欧博文、李连江试图研究这些零零散散的抗争会产生什么样的影响,对政府的信任是否变化,对政策改变是否有影响,以及个人生平发生何种变化[6]。他们的一项经验研究考察了抗争

---

[1] 埃里克·霍弗,2008,《狂热分子》,梁永安译,桂林:广西师范大学出版社,第28页。
[2] Tilly, Charles, 1978, *From Mobilization to Revolution*. Reading, MA: Addison-Wesley.
[3] Giugni, Marco, Doug McAdam & Charles Tilly (eds.), 1999, *How Social Movements Matter*. Minneapolis: University of Minnesota Press
[4] McAdam, Doug, 1988, *Freedom Summer*. New York: Oxford University Press; McAdam, Doug, 1989, "The Biographical Consequences of Activism." *American Sociological Review* 54 (5).
[5] O'Brien, Kevin J. & Lianjiang Li, 2006, *Rightful Resistance in Rural China*. New York and Cambridge: Cambridge University Press. p. 4.
[6] O'Brien, Kevin J. & Lianjiang Li, 2005, "Popular Contention and its Impact in Rural China." *Comparative Political Studies* 38 (3).

对个人生平的影响，试图解释一个机会主义的普通抗争者为何会变为坚定的抗争者[①]。其研究发现，抗争领袖之所以在政府打压中没有退出，是因为抗争激发了他们英雄式的荣誉，群众的支持使他们更加坚定。虽然他们的研究看到了一种英雄伦理的生成，但仍然存在两个方面的问题。首先，他们把这种荣誉简单地等同于积极分子与普通村民之间代言与被代言的关系，而没有看到他们之间既合作又对抗的复杂关系。其次，他们只是把这种荣誉限定在乡村社区中，却并没有注意到在抗争过程中，乡村社区已经成为其失望之处，而不再是荣誉之源，那么他们持续抗争的动力又会来自何处呢？我们需要在此基础上对抗争积极分子的英雄伦理及其运作机制进行重新审视。

本研究以抗争积极分子作为研究对象，从分析他们的抗争动机入手，研究推动他们持续抗争的动力机制。本研究所用到的个案材料主要是由笔者于2008年、2009年在鲁西地区搜集的，少数个案来自鲁中、鲁南。与既往中国乡村抗争政治研究中以"事件"为中心的研究方法不同，本文对抗争积极分子的研究更多是以"人物"为中心来理解各种抗争积极分子在处理各种事件时的逻辑与观念。因此，本研究也不局限于选择固定的田野点，而是以人物之间的社会交往范围为田野来搜集资料。由笔者的主要联络人介绍他自己的朋友，再由后者介绍各自的朋友圈子，依此逐渐扩展。这种方法的好处是克服了既有研究过于强调抗争积极分子的"地方性"，从而更好地抓他们"流动性"的特点。

二 互助连带机制

（一）在"群体"关系中重建英雄荣誉

杨尚辉曾经是村庄里有名的种植能手，把农业种植当作自己的生命。然而，2005年的土地调整事件不只是改变了土地的划分，更改变了杨尚辉的生命历程。他不再把种植庄稼放在第一位，而是将更多的精力投入到这场旷日持久的抗争行动中。

2001年，杨尚辉所在的东村完成了土地承包，并颁发了30年的土地使用证。杨尚辉经过很大的努力修整土地，养肥了土地。但在2005年，村干部为了使"自己人"分得更多的土地，而以机动地过多为由要求重分土地。

[①] Li, Lianjiang & Kevin j. O'brien, 2008, "Protest leadership in rural China." *China Quarterly 193*.

2005年夏天,村干部从喇叭上喊,合同作废,另分地呢。村民都不想分,分了新地都不种,都种老地。一是因为老地都把地力培肥了,花了不少力气;另一个是种久了对地有感情。都不愿意分地,分了之后也种老地。种了之后,被弄了,让别人种,结果因为这乱打架。

当时我也没想着整这个事。他们来串门的说,这原来三十年的合同,说弄就弄了,也忒不合理了。我一想,也是这么回事,确实有点窝囊,找他们说说理去。①

这则材料表明:在土地调整之初,杨尚辉只是觉得不合理,并像其他村民一样,照常种自己的老地。但由于此时土地权属不明,他原土地里种的庄稼被其他村民所毁。这时虽然面对着利益受损,但也只是村民之间的邻里纠纷,杨尚辉还没有形成抗争的意识。

杨尚辉真正地具有抗争意识,是在"窝囊"的概念出现在他头脑中以后。这种"窝囊"的概念来源于两个层面:一是来源于个体层面的利益受损,政府没有依据的土地调整使得既有合同失效、庄稼被毁,遭受到本不应有的损失,这是一种个体层面的"窝囊"。二是来源于群体层面的伦理受损。杨尚辉本来在村庄共同体中享有较高的荣誉,而政府的不法行为则使这种荣誉不再,这是一种群体层面的"窝囊"。因此,杨尚辉重建共同体荣誉、反抗窝囊的抗争行动,就不再只是简单的个体层面的利益诉求,同时也是要在群体的层面上去获得一个总体的解决,以重建乡村共同体中的荣誉,这才是其抗争的真正动机。

正是在这种背景下,杨尚辉带领本村村民发起了上访、诉讼等一系列抗争行动,并引起了县、乡政府的关注。政府人员多次进行私下调解,并愿意给他以个人经济赔偿。然而,在他本可以接受经济补偿并全身而退时,他却拒绝了乡政府的"调解",而是选择持续抗争。

如果我只是维护我自己的话,我钱也拿到手了。我要是跟他说,给我多少钱就散伙了,那乡镇早就给我多少钱就散伙了。……经济要求我一点也没有,我就一点小小的要求,你给我立案,公正合理地给我判决。我要求啥,我不要求钱。后来,那个李庭长说,你怎么这么犟啊,如果你要求的条件,乡镇达不到,你再告他们乡镇也可以。我就是没有这要求,我就

---

① 材料来源:访谈,YSH2009011101。

是看看，这个合同，是有效还是没效。我就是看看，这个法律是不是只约束老百姓不约束政府。①

对于杨尚辉来说，其个人诉求本来很好解决，只要他接受乡政府的调解、接受他的个人经济赔偿，就可独善其身、全身而退。但是他并没有这样做。政府的调解与补偿，只是考虑了抗争积极分子个体的利益得失，却忽视了他与其他村民之间的连带关系。单独地接受经济赔偿虽然可以在个体层面上获得利益补偿，却并没有去除群体层面的窝囊概念，不能使他重建乡村共同体的荣誉。因此，他并没有接受政府调解，而是持续抗争。

（二）在"集体"行动中生成英雄荣誉

与杨尚辉不同，牛治才在乡村中的经济地位并不高。但是他有着村民少有的高学历（高中毕业），以及异乎常人的胆识。1996年，他因不满镇政府违法征收税费问题而发起一个涉及全乡镇的"集体官司"，规模达10个行政村，500多户，接近1万人。县法院不同意他们的"集体诉讼"，让他们单独诉讼。1996年11月12日初审判定为：包括牛治才在内的13户获得了局部胜利，被退还了棉花定金款、报刊款、募捐款等费用。牛治才对这种"局部胜利"不满，提出上诉。在1997年1月3日他被行政拘留，15天后被放回，被镇政府安排到镇办水泥厂上班。但是工作不到一个月，他又开始组织上访诉讼。1997年8月17日，在他和其他村民即将去北京的路上，被镇干部中途拦回，并以"越级上访"为由押到山东省第一劳教所，1999年5月29日才得以释放。之后，他在为自己的遭遇申诉的同时，也开始帮助周边的村民进行抗争。

牛治才案例给我们留下两个有意思的问题。第一个问题是：为何在"单独诉讼"更好解决的情况下，他却选择了"集体诉讼"？

在牛治才的案例中，我们可以看到两种相反的力在起作用：一个是县法院的"分"，另一个是牛治才的"合"。县法院试图把这个案子拆分成若干的小案子，目标在于：一方面增加案源，另一方面是为了不至于使事态扩大而影响到基层政府的稳定。而牛治才却自始至终偏好"集体诉讼"。单独诉讼虽然风险较小、容易实现，但只是从个体层面上解决问题，无法使牛治才在乡村共同体中构建自己的荣誉。政府"分化"的策略，实际上是要打破这种群体的连带关系，也正因为此，牛治才更偏好这种具有英雄气概色彩的"集体诉讼"形式。

---

① 材料来源：访谈，YSH2009011101。

第二个问题是：牛治才本有很多次机会退出抗争，返回到私人生活中去，但他为何依然卷入抗争行动中？

一份关于牛治才的官方档案记录了一则如下信息：

> 1997年1月3日，（牛治才）因串联煽动群众上访，被行政拘留15天。放回后，金山镇为做好牛（治才）的工作，将其安排在镇办水泥厂工作，每月工资300多元，到水泥厂不到1月，就又多次召集外来群众煽动上访，影响厂内工作被除名。①

牛治才在谈到这一情况时，给出了自己的说法：

> 他们在镇水泥厂里给我找活，给500块钱②，光在那里养着我，还叫我科长，97年那时候，500块钱还挺显眼的。他意思就是，你看，这待你这样子你还告呢。我说不是我愿告你，就是因为你犯错误，屡教不改，我就给你纠正，我就是干这活的啊。我不纠正这不麻烦了？这兄弟姐妹咋过啊？③

水泥厂的工作虽然使其经济状况有了极大改善，与镇政府的关系也已经得到极大改善。但是这种日常的事务显然不能熄灭其抗议的激情。一句"我就是干这活的啊"，描述出他已经把抗争作为一项"事业"。更为重要的是，他在抗争过程中已经发展出了"拟亲属关系"式的互助连带机制。在抗争之前，"兄弟姐妹"的概念不曾出现在他的话语中，正是在与政府的较量中才成为一种对抗政府不法行为的连带性力量。正是这种连带性力量，显示出其"照顾"兄弟姐妹的责任与胆识，其敢于和邪恶力量做斗争的英雄气概。

三　等级区分机制

（一）乡村共同体的崩溃与"勇敢个人"的诞生

鲁西绳县狮子口村石春喜的抗争事件起因于揭发村干部。1998年石春

---

① 档案《呈请劳动教养审批表》，1997-08-30。
② 在司法档案的记载中，镇水泥厂为其所付的工资是300元；而在笔者对其访谈中，这个数字变为了500元。我们且不追究哪一个更为真实，重要的是这种差异所反映的信息。对于抗争者而言，将工资数额提高，更能表现出其不贪金钱、不畏强权的英雄气概。
③ 访谈，NZC2009011301。

喜因不满村干部石连升的作为（靠办结婚证、计划生育证、火化证发财，村里偷盗成风）而向乡政府举报，结果这封"举报信"戏剧性地落在了村干部的手中，一系列围绕"报复"的乡村暴力也就随之而来。最初的报复主要集中在两方面：一是村干部通过广播公布石春喜的"告密"行为；二是揭发他私藏枪支的行为。紧接着，由于私藏枪支的原因，他与另外三个和村干部有过节的人被派出所拘留。石春喜的抗争是在他从拘留所出来以后，他开始物色自己的同伴，找媒体、公检法部门。

石春喜的抗争经历了一些重要的变化：一是从私下的"告密"，变为公开的上访、诉讼；二是他起初拥有一起抗争的同伴，后来却变成了一个人的抗争。在抗争公开以后，在抗争变为一个人的事业以后，他变得更为坚定，更加具有英雄气概。这些变化，和政府的"维稳"、乡村的暴力以及家庭的困扰密切相关。

首先，政府的"维稳"客观上导致了抗争积极分子将矛盾从私下转为公开化，从个人的矛盾变为集体的议题。政府出于"维稳"的考虑，"把问题解决在基层"，而把揭发信又返回到乡村干部那里。这是矛盾由私下转为公开化的开始。其次，来自乡村的暴力在使普通抗争者逐步退出的同时，也使抗争积极分子更为坚定。村干部的"解密"，把石春喜定义为乡村的"公敌"，使得乡村内的集体行动难以发生。最后，家庭的困扰也是构成普通抗争者退出的一个重要原因。石春喜不但极力突破乡村的困境，而且也突破了家庭的困境，这是其他抗争者没有做到的。石春喜的家庭曾经是一个坚强的战斗堡垒，妻子和子女认真地经营家务农作，石春喜则是在外面上访告状。

面对着政府的打压，乡村的暴力，以及家庭的困扰，普通抗争者逐渐退出抗争。石春喜对自己的同伴表示失望，并立志抗争到底。那么，接下来的一个问题是：当这种以地缘为基础的乡村共同体不再起作用时，抗争积极分子持续抗争的伦理观念又将有什么新的特点呢？

（二）英雄气概的德行与道义的等级区分

鲁西古县抗争积极分子王炳山，常常骑着一辆破旧的自行车出入古县政府部门，自行车的后架上常常插着一把长柄的斧头。关于他与普通村民的关系，他表达了这样的态度：

一开始告状的时候吧，（村民说）"俺小胆，靠他娘他（村支书）六家人俺不敢趟，俺给你摊两个钱行不。""你摊多少？""你说拿多少就拿多少，拿一千行不？""嗨（笑），干脆，我就是要饭吃不沾你的。"他们是宁愿摊钱，不敢露头。

我说了，我能治他。（村民说）"俺不敢！"一开始有几个敢的，跟着我以后，我不让他跟了。人家年轻，把人家打毁了，你让人家怎么过啊？他说，"不要紧，俺不怕他"。"你不怕我怕。我不是怕他，我是怕你吃了亏。要是把你胳膊腿打折了，你孩子娘们怎么过啊？我这是啥时候死啥时候算，我只要办不了他，你放心，我就不活着了。"我就跟村里这样表态。①

面对可能的暴力，王炳山展现了一种普通村民所不具备的英雄气概。首先，他将英雄气概视为自己的一种德行，并将其与金钱区别开来。他可以去要饭，但绝不会丧失自己的英雄气概。其次，他认为家庭是有碍于英雄气概的实现的。他之所以能够像英雄一样去抗争，不仅是因为他具有英雄气概的德行，而且因为作为一个单身汉，没有限制这种英雄气概的家庭。于是，抗争积极分子的英雄伦理不但发展出一种互助连带机制，而且发展出一种等级区分机制。抗争积极分子与普通抗争者之间出现一种等级的划分，亦即没有英雄气概的人、具有不充分英雄气概的人、具有完全英雄气概的人。在王炳山的眼里，普通村民要么是没有英雄气概，要么是具有不充分的英雄气概，而只有自己才具有完全的英雄气概。那些不敢出面，或中途退出的人被视为怯懦，而唯有敢于坚持的人才是真正勇敢的，具有英雄气概的。

四 友情再造机制

（一）抗争共同体的再形成

虽然普通抗争者的退出使抗争积极分子处于一种孤立无援的状态，但是许多抗争积极分子因共同的抗争经历与体验而惺惺相惜，交往频繁，从而构成一个跨区域的朋友圈子。

在石春喜②的日常生活中，"朋友"是一个非常重要的关键词。早在他抗争期间，就不断地和其他抗争者结成朋友关系。2001年，当他看到作家阎方

---

① 访谈，WBS2009080501。
② 石春喜的抗争故事，笔者在第三部分中已经有所交代。这里探讨的是他与其他抗争积极分子之间的交往活动。

写的《怨》① 时,他感同身受,就写了一封信给书中的主人公。

正会哥、嫂子,书田哥、嫂子,你们好!

(1) 我是在济南日报社开会的时候,买了一本书,这本书写得太好了。正会哥书田哥你二位也是为咱上坡村的老百姓打抱不平,也是为龙城县的农民,为咱全中国的老百姓带了个好头。咱们早晚一天得胜利。贪官最怕告,最怕上访,最怕给他们这些贪官恶霸暴(曝)光。自古以来奸臣最怕忠臣,最恨清官;可是现在清官太少了。现在的县乡村干部比过去的土匪没什么两样,他们这些贪官不为农民办好事办实事,却在对付举报上访群众上有两招,他们总是认为天高皇帝远县官不如现管。咱们上访群众站得正什么也不怕一直给(跟)它(他)们干到底。

(2) 书田哥正会哥,我是山东省绳县西寨乡狮子口村人,我叫石春喜,今年三十四岁,小学文化。因我村支书石连升,文盲法盲,经常不务正业,在九一年利用送礼当上村支书,自从上任以来经常打骂群众、无恶不作、贪污等问题,我在九八年九月份向乡县等有关部门举报了石(连升)的一些问题,却被石连升知道,举报信却到了石连升手里,他便经常打击报复我,先后拘留我三次,在监狱里五个月,又被绳县法院判了两年半,受的罪和正会哥差不多,我是敢面对现实敢说实话的人,和我一块告的人一个个吓的(得)不敢告了,现在就只有我自己告,我要一直告到底,告到这个村霸支书下台。现在石连升已经下台。他因为上房顶从房顶上摔下来了,现在梁城医院住院还没出来。老百姓说,这是他贪污打骂群众不得好,叫老天爷看见了。当初我告石连升的时候,乡干部通过关系劝我说:春喜,别告了,没好,光吃亏。如果想当官给你个官当当,想要钱也好说,给你钱也行。我说,我一不要官,二不要钱,我就是看他贪污打骂群众我就告他。其实告贪官真不容易,不少花钱也挣不了钱,咱们得想个办法,告状没钱不行,咱得把经济搞上去。前些日子我到了山东定州市,那儿的地很多,人少地多,五六十元一亩地,哪(那)里草也很多,发展养羊是条好门路,如果正会哥书田哥想去,可以到那里看看去。钱哪里不能挣?咱们把告状上访这些劲用到致富上,咱们也不比谁差。现在养布尔山羊很挣钱,我们这里小尾羊特别多,品种也很好,想来买就住我家就行。我现在种了三十

---

① 书名、作者及书中所涉及的人名、地名均作技术处理。信件中的段落序号为笔者所加。

八亩地的杨树苗，107，108，2001，都是新品种；现在国家正搞西部大开发，退耕还林，种树苗也很挣钱。

（3）我把《怨》这本书邮到晋宁市卫山县城关镇南集村崔善联那里去了。他很想看看，也很想和你俩交朋友，我把你们的电话也给它（他）写上了。他也是个很敢告的人，因为告贪污被打过被拘留十五天，南方周末报也采访过他。总而言之，咱们得走上挣钱的路，咱们共同挣钱共同发财，一起与贪污盗窃的官做斗争，宁可死也不怕它（他）们。

（4）我自从告石连升以来，对我家的打击也不小。我父亲叫石守更，高级教师，从教三十多年，至今拖欠工资不发，医药费不给报销，一切补助也没有，这都是乡县个别干部打击报复我。我从前养猪，每年百十头，现在也不能养了，和书田哥差不多。我想秋后有空到你们那里看看去，我也想见见阎老，他太敢写了，都写到农民的心里去了，我在这里说句心里话：阎老，太谢谢您老人家啦！您为中国的农民敢说实话，敢写，你为敢告贪官的农民兄弟出了口气！

（5）我们南谷县出了个农民律师周立光，上过中央电视台社会经纬，也是个敢告贪官县霸、乡霸的律师。正会哥书田哥，我想给你们写的很多很多，先写到这里吧，你们有空到我们这里来玩，收到信给我来个电话，来封信，我很想知道是什么结局，现在发展到哪一步？排（拍）电视剧了吗？请回信，谢谢你们。[①]

这是一封出于抗争者之间惺惺相惜之情而写出的信件，在更深处反映的是石春喜结交远方朋友的愿望。

在信的第一段和第二段的前半部分，分别是在谈论抗争者双方的英雄气概。在第一段，石春喜首先赞扬他们敢于抗争的精神；接着在第二段，开始介绍自己的英雄气概。他用自己敢于抗争，不接受权力、金钱的诱惑的英雄气概来对应书中主人公的勇敢精神。在第二段的后半部分，他正式提出了这种愿望，信件内容从他们抗争的相似经历，过渡到在经济上的共同发展、生活上的相互往来。在第三段中，石春喜提到了自己的朋友圈子，这里面包括卫山县的崔善联，以及在第五段提到的南谷县农民律师周立光。从石春喜在他们的名字前加的形容词来看，他一般都会用两个字："也""敢"。"也"字，突出他们和自己一样，有志同道合之意。而"敢"字，则是突出他们

[①] 石春喜书信（2001-09-26）。

的英雄气概。另外，他用了"共同挣钱""一起斗争"，表达他自己想和正会哥、书田哥不但在抗争中而且在经济生活中组建朋友关系的愿望。在第四段，石春喜表达了自己想要看望他们的想法。而在第五段，则提出了希望他们也能过来看看自己的想法。

在对信件进行结构与内容的分析之后，我们可以发现，乡村共同体与抗争积极分子共同体已经具有了不同的含义。对于石春喜而言，乡村共同体已然破灭，一种远方的，由真正具有英雄气概的抗争者组成的共同体才是他所需要的。当然，由于空间的原因，这种跨越乡间的联系只是在有限的程度上发挥着作用。它只是呈现私人之间的友情联系，而并不具有组织的意义。这种联系的维护，也只是靠"礼物"的往来，互相的走动才得以维系的。

（二）地位竞争与相互拆台

抗争者积极分子抗争的原因多种多样，而他们走到一起却是因为彼此共同的英雄气概。然而，不久后他们又因为同样的英雄气概而陷入相互拆台的内讧之中。以下讨论的这个抗争共同体的成员，主要包括王炳山、孟洪山、何梦坤、朱红玲、徐祥然等人。

有着"齐鲁大侠"称号的何梦坤，在描述当初团体形成时是这样说的：

> 原先在古县，以我为中心，在古县有七八个人跟我学打官司。我自从代理他们的案子以后，他们觉得好，都愿意跟我学。他们都是我的学生，现在都不在一起了。因为性格不合。现在还有两三个干着呢，老孟和祥然还干着呢。祥然是有了官司找我，离了我他弄不成。老孟是瞎忽悠，有个事他只有忽悠你上访，其他他弄不成，再一个他光收钱。万尚乡一个案子，他以大家的名义收了三千块钱，忽悠人家叫人家上访。物以类聚，人以群分，只有志同道合的人才能走到一起。①

在对建立团体情况的描述中，何梦坤强调了自己的中心地位，以及他和同伴之间的师徒关系。而在提到团体分裂的原因时，他最重要的批评对象是孟洪山，首先强调他以收钱为目的；其次强调他在司法诉讼中的无能为力，只会用上访等非司法手段抗争。他对徐祥然的批评不那么强烈，因为徐祥然还对他有依赖。对于王炳山和朱红玲这两个后来者，他都不屑于提到。因为

---

① 访谈，HMK2009011501。

在他看来，他们并不像自己那样代理官司。

而笔者在对孟洪山的访谈中，又发现另外一套说辞：

> 孟洪山：这个何梦坤，他说是行，但是具体操作上也没听说咋样。我跟他打交道一年，古县的"乌云罩"这个材料就是俺们写的，他写这个材料的时候就是老太太的裹脚，又臭又长。他一个最大的缺点是吃喝，你一吃一喝就影响大事了。你得先办了事，你一吃一喝这就影响不好。他弄了案子以后叫你治，他在后面收钱。原来我们四五个在一块。我那时候怎么打算的呢，周立光一偏瘫，我就对老周说，我说人越多了越好啊，他治了我这一个那个他治不了。结果操作起来不行，他们有些人目的就不纯，为了取财这也是目的，为了出名也是个目的，真的是为了法，为了大伙的利益，这也是目的。老周就不喜欢老何，一看他鹰鼻子鹰眼的就不像个好人。连王银龙就跟他不一样，他说老孟你可加强小心。
>
> 笔者：你刚才说四五个，其他人的情况呢？
>
> 孟洪山：有朱红玲，是个女的，七里堂村的。她们村现在弄了五百多亩地。这都是我帮助她打官司，她弄会的。还有王炳山，村里卖了五十多亩宅基地，村主任偷了一百多立方石灰。还有徐祥然。基本上一弄到真事就够呛了，我也不是说人家不行。这些人都是我操作起来的。老何呢，那次王银龙来，写材料，他说，这个人不行，你别跟他打交道啊老孟。这老周呢，那次开庭呢，妇女查体要钱，他说，"老孟"，他也不知道听谁说的，"俺在哪儿打的材料，打了多少份，在哪儿住的旅馆，住了多少天，外面县委都知道"。①

在团体建立的问题上，孟洪山同样强调了自己的核心作用，他说这些人都是自己"操作"起来的。对于团体瓦解的原因，他和何梦坤的观点是一致的，就是并非志同道合。而孟洪山把自己划在了"为了大伙的利益"一边，把其他人划在了或为"财"或为"名"的另一边。他的主要批判对象是何梦坤，徐祥然次之，两个后来者王炳山和朱红玲只是被顺便提及。他对何梦坤的批评在于他的吃喝，还包括以收取钱财为目的，写的材料又臭又长不着要点，鹰鼻子鹰眼不像好人，向政府泄露消息等。而对于徐祥然、王炳

---

① 访谈，LMC&MHS2009061201。

山和朱红玲的评价，他和何梦坤有着某种相似性，只是把处于优越地位的人物换作了自己而已。

仅从批评话语的结构来看，何梦坤和孟洪山应当说是这个团体曾经的核心人物。从双方的说法来看，两者都在强调自己是具有英雄气概的，而对方却是以收取钱财为目的。由于英雄伦理发展出等级区分机制，抗争积极分子总是把自己看作在道德上处于优越地位的英雄，而将其他人的任何缺点都作为自己英雄气概的反衬。尤其是当这种团体关系越来越亲密时，每个人的缺点都会暴露无遗。而这些缺点一方面被自己忽视，而另一方面又被别人用来反衬自己的英雄气概。这些都构成了团体解体的要件。

五　结论与讨论：英雄伦理与抗争政治

从以上分析可以看出，"受损逻辑"只是构成了抗争行动发起的一个初始动机。而抗争行动一旦发起，就会超出受损逻辑的解释，抗争者转而被一种"英雄伦理"所支配。在抗争过程中，抗争积极分子的英雄伦理不断地发展出三种机制：互助连带机制、等级区分机制、友情再造机制。（1）互助连带机制使抗争积极分子把他人的诉求包含在内，使他们在本可以接受调解情况下拒绝调解，在本可以退出的情况下却持续抗争。（2）等级区分机制使抗争积极分子在面临各种抗争困境之下，把退出者看作怯懦的人，而把自己看作真正具有英雄气概的人。他们对英雄形象的自我塑造，使得他们把自己的"勇敢"转化为"勇敢的"行动，进而持续抗争。（3）友情再造机制使得他们在对乡村共同体失望的同时寻找到新的希望。抗争积极分子之间因类似的抗争经历而形成基于友情的抗争共同体。尽管这种抗争共同体存在其内在的限制，仍会使抗争积极分子不断地卷入到更多的抗争行动当中。

鲁西农民抗争积极分子的"英雄伦理"在一定程度上和两个结构性环境有关：一是区域文化传统，二是社会转型环境。在这两种结构性环境因素之外，英雄伦理同时也是抗争积极分子在抗争过程中的一种崭新的、能动性的创造，换言之，它是由抗争行动本身所带来的，并同时对抗争行动的进行起到支配性作用。在这个意义上，这种"英雄伦理"便赋予中国乡村的抗争政治一些新的内涵。

英雄伦理发展出的互助连带机制说明，英雄伦理不同于西方现代语境下追求自我保存的"勇气"概念。在由霍布斯所开启的"为自我保存而斗争"

的西方现代传统中[1]，"勇气"体现在人们勇敢地保卫自己的生命、捍卫个人权利[2]。大体来看，耶林所谓的"为权利而斗争"，也是这一自我保存逻辑的展开[3]。而中国文化传统中所推崇的英雄伦理，并不是那种追求自我保存的勇猛英雄，而是关怀民众、忧患国家的有德英雄。浦安迪对《水浒传》中英雄气概的讨论指出，从"路见不平、拔刀相助"到"替天行道"，这些发自民间的江湖"义气"，体现出一种关怀民众、忧患国家的倾向[4]。因此，中国乡村抗争政治中的英雄伦理，推崇一种为民代言，把他人诉求包含在内的一种道德义举。当然，他们身在乡村社会结构中的底层位置[5]，和那些脱离乡村社会结构的江湖英雄断然不同[6]。另外，他们追求公民权利的宣称与诉求，也使他们不再只是重视江湖道义的传统英雄。但是，并不能因为他们对公民诉求的宣称而把他们看作追求公民权利、大公无私的公民斗士[7]。这要涉及他们在抗争行动中所表现出的等级性伦理的问题。

英雄伦理发展出的等级区分机制说明，英雄伦理与所谓的"公民权利意识""公民的勇气"[8] 等概念并不相同。在一些研究中常常把农民的抗争过程看作公民权利觉醒、公民勇气增强、公民社会的形成过程[9]。但是，本研究发现抗争积极分子所形成的英雄伦理与公民伦理大有区别。一方面抗争积极分子的英雄伦理并不热衷于平等，而是强调等级性，它强调个人在群体关系中的道德优越性；另一方面它也并不具有公共性，积极分子建立的朋友关系往往只是局限于私人联系，亦即是一种相对封闭性的社会关系，它还难

---

[1] 参见应星对霍布斯 passion 概念的讨论。(应星，2010，《"气"与中国乡土本色的社会行动——一项基于民间谚语与传统戏曲的社会学探索》，《社会学研究》第 5 期。)

[2] 曼斯菲尔德认为，勇气的概念从霍布斯到洛克有一个转变，但都是建立在自我保存的契约个人主义框架内。(哈维·C. 曼斯菲尔德，2009，《男性气概》，刘玮译，南京：译林出版社，第六章。)

[3] 在耶林那里，自我保存不只意味着生命的保存，还意味着作为人类生存条件的权利；当任意行为侵害了这一生存条件时，就为主体的主张提供了契机。(鲁道夫·冯·耶林，2007，《为权利而斗争》，郑永流译，北京：法律出版社，第 12～13 页。)

[4] 浦安迪，2006，《明代小说四大奇书》，沈亨寿译，北京：三联书店，第四章。

[5] 应星，2007a，《草根动员与农民群体利益的表达机制——四个个案的比较研究》，《社会学研究》第 2 期。

[6] 王学泰，2007，《游民文化与中国社会》，北京：同心出版社。

[7] 于建嵘，2007b，《中国当代农民的维权抗争——湖南衡阳考察》，香港：中国文化出版社。

[8] Swedberg, Richard, 1999, "Civil Courage (Zivilcourage): The Case of Knut Wicksell." *Theory and Society* 28 (4).

[9] 沈原，2007，《社会的生产》，《社会》第 2 期；于建嵘，2007b，《中国当代农民的维权抗争——湖南衡阳考察》，香港：中国文化出版社。

以发展成一种公共的援助机制。从这个意义上说，英雄伦理具有一些中国传统文化的要素，但我们也需要把它和常常讨论的乡土伦理区别开来。

英雄伦理发展出的友情再造机制说明，英雄伦理与乡土伦理大有不同。其一，它是生成的，而不是先在地存在的。比如，斯科特的"生存伦理"过分强调了既已存在的价值对后续抗争的影响作用。抗争行动本身在不断地形成崭新的伦理，从而引导着抗争的进行。其二，英雄伦理不再受限于乡村，而是超越了乡村，从而形成了基于友情的抗争共同体。抗争积极分子已经不再把乡村看作生命所系、价值所依的地方，而是从乡村之外寻找力量。这对抗争积极分子英雄伦理的形成具有更大的影响。

本研究只是对抗争积极分子的抗争伦理做一个尝试性分析，以解释一些重要但却被忽视掉的经验现象。然而仍然有一些新的因素需要在未来的研究中进一步考察。虽然笔者是在抗争政治的脉络中研究抗争伦理，但是抗争伦理不仅引导着抗争行动的进行，而且塑造了抗争积极分子日常生活的多个层面，它甚至构成了他们日常生活的一个重要面向。因此，对抗争政治的研究就需要超越原有的"抗争者—政府"的互动框架，把抗争者的日常生活带入分析中来。这时我们不再只是关心抗争行动是否挑战了国家政权的边界；我们更要进一步发问：抗争行动是否"挑战"或"冒犯了"抗争者的日常生活？如果日常生活被一种抗争伦理所支配、所塑造，那么这对抗争行动又会有怎样的影响？这些问题无疑需要进一步的探讨。

参考文献

Giugni, Marco, Doug McAdam &Charles Tilly (eds.), 1999, *How Social Movements Matter*. Minneapolis: University of Minnesota Press

Li, Lianjiang & Kevin j. O'brien, 2008, "Protest Leadership in Rural China." *China Quarterly* 193.

McAdam, Doug, 1988, *Freedom Summer*. New York: Oxford University Press.

——, 1989, "The Biographical Consequences of Activism." *American Sociological Review* 54 (5).

O'Brien, Kevin J. &Lianjiang Li, 2005, "Popular Contention and its Impact in Rural China." *Comparative Political Studies* 38 (3).

——, 2006, *Rightful Resistance in Rural China*. New York and Cambridge: Cambridge University Press.

Swedberg, Richard, 1999, "Civil Courage (Zivilcourage): The Case of KnutWicksell." *Theory and Society* 28 (4).

Tilly, Charles, 1978, *From Mobilization to Revolution.* Reading, MA: Addison-Wesley.

埃里克·霍弗，2008，《狂热分子》，梁永安译，桂林：广西师范大学出版社。

古斯塔夫·勒庞，2007，《乌合之众》，冯克利译，桂林：广西师范大学出版社。

哈维·C. 曼斯菲尔德，2009，《男性气概》，刘玮译，南京：译林出版社。

浦安迪，2006，《明代小说四大奇书》，沈亨寿译，北京：三联书店。

沈原，2007，《社会的生产》，《社会》第2期。

詹姆斯·C. 斯科特，2001，《农民的道义经济学：东南亚的反叛与生存》，程立显等译，南京：译林出版社。

田先红，2010，《从维权到谋利——农民上访行为逻辑变迁的一个解释框架》，《开放时代》第6期。

王学泰，2007，《游民文化与中国社会》，北京：同心出版社。

吴毅，2007，《"权力—利益的结构之网"与农民群体性利益的表达困境——对一起石场纠纷案例的分析》，《社会学研究》第5期。

吴长青，2010，《从"策略"到"伦理"：对"依法抗争"的批评性讨论》，《社会》第2期。

鲁道夫·冯·耶林，2007，《为权利而斗争》，郑永流译，北京：法律出版社。

应星，2001，《大河移民上访的故事》，北京：三联书店。

——，2007a，《草根动员与农民群体利益的表达机制——四个个案的比较研究》，《社会学研究》第2期。

——，2007b，《"气"与中国乡村集体行动的再生产》，《开放时代》第6期。

——，2010，《"气"与中国乡土本色的社会行动——一项基于民间谚语与传统戏曲的社会学探索》，《社会学研究》第5期。

——，2011，《"气"与抗争政治》，北京：社会科学文献出版社。

于建嵘，2004，《当前农民维权活动的一个解释框架》，《社会学研究》第2期。

——，2007a，《利益表达、法定秩序与社会习惯——对当代中国农民维权抗争行为取向的实证研究》。

——，2007b，《中国当代农民的维权抗争——湖南衡阳考察》，香港：中国文化出版社。

社会建设进程中西部职业结构 30 年嬗变及特征分析*

周芳苓　刘玉连**

内容摘要：研究表明，西部改革开放的发展史，从某种意义上讲既是该地区职业结构的变迁史，也是该地区社会建设的重要体现。30 余年来，西部地区职业结构经历了"类别结构"和"等级结构"的双重变迁，形成了"速度慢""变动小""程度浅"的变化过程和"阶层化""等级化""一致性"的变动格局，并呈现"差距化""非常规化"和"逆向现代化"的本土化特征；从职业结构形态上看，正逐步实现从"倒丁字型"向"类葫芦型"的演变，但整体上尚处于传统向现代过渡的特定阶段，表现为"中部变大仍较小、底部变小仍很大"。由此指出，受"欠发达""欠开发"等多重因素的影响与制约，西部地区职业结构要实现从"传统型"向"现代型"的彻底转变，还需经历一个曲折、漫长、艰难的发展历程。

关键词：西部地区　职业结构　变迁过程　本土特征

---

* 本文系笔者主持的国家社科基金项目"西部'两欠'地区的职业结构变迁研究"（项目批号：09XSH016）的部分成果；贵州省社科规划一般课题"发展与差距：梯度格局下贵州社会结构变迁研究"（项目编号：13GZYB39）的阶段性成果。本文初稿曾在中国社会学会 2013 年年会上宣读，感谢史昭乐、李国和、庄勇、李建军等老师对本文所提供的宝贵意见与有益帮助。受篇幅所限，在收入本文集时，笔者对文中相关部分进行了删改。

** 作者简介：周芳苓，男，贵州省社会科学院社会研究所副研究员、贵州省社会学学会副秘书长，研究方向为应用社会学，主要从事社会结构、社会分层与社会流动研究；刘玉连，女，贵州民族大学民族学与社会学学院副教授、硕士生导师，研究方向为城市社会学、农村社会学。

一 问题的提出

在经济转轨、社会转型的大背景下，整个社会系统及组成部分均处于不断调整与振荡的环节之间，并呈现大汇聚、大碰撞、大综合的变动格局。职业结构作为社会系统的子系统和社会结构的重要组成部分，往往以其独特的视角与关联，透视着一个国家或地区经济社会发展的脉搏与轨迹，体现着一个国家或地区经济发展和社会建设的现状与特点、问题与困境、规律与趋势，因而也越来越成为社会学及其他学科关注和研究的重要内容。

然而，值得指出的是，在已有社会结构的研究中，极少有学者将"西部地区"作为关注和探讨的视域，而对该地区职业结构的专题研究则更是难以寻觅。显然，这与西部地区作为拥有70%国土面积和近1/3人口的特定地位不相称，也与西部大开发等国家的政策关怀与精神要求不相符。基于此，如何在广泛开展职业结构研究的基础上，将目光聚集在这一片富饶而贫困的神奇土地上，并运用科学的方法和扎实的调研，对改革开放30年来西部地区职业结构的发展与变迁进行全面、系统、深入的研究与总结，既是科学认识西部地区经济社会发展所处阶段的客观需要，也是推进西部地区社会建设的重要内容。

基于上述分析与理由，本研究以2010年"西部地区职业发展与结构变迁状况"问卷调查数据[①]为基础，通过客观剖析职业结构的变迁过程及特点，职业结构形态的演变及特征，旨在科学定位西部地区经济社会发展所处的阶段，并为该地区加快社会建设步伐及制定政策提供现实依据和实证支持。需要强调的是，本研究中的分析与结论，仍主要反映和体现的是样本对象的状况，虽具有较好的代表性及一定的推论价值，但仍需结合西部地区职业发展的真实现状进行客观的考察和理解。

二 职业结构的变迁过程及特点

目前，在社会学研究中，"类别结构"和"等级结构"成为分析职业结

[①] 调查数据：本次调查范围涉及贵州、云南、四川、陕西、甘肃等西部五省区的10个县（市、区）、40个街道办（乡镇）、80个社区（行政村），共发放调查问卷1000份，回收有效问卷820份，有效回收率为82.0%，符合大型社会调查的要求与标准。若无特殊说明，本研究中的分析数据均来源于此次问卷抽样调查。

构变迁的两大维度。在本文中，我们同样从"类别结构"和"等级结构"入手，科学分析和探讨西部地区职业结构的变迁过程与特点。

（一）职业结构的变迁过程

1. 类别结构的变迁

改革开放以来，经济体制改革、制度政策松动、社会流动加快、"四化"水平提高等领域的全力推进，极大地促进了西部地区经济社会的发展，也加快了该地区职业结构的发展与变迁。具体来看，西部地区社会职业结构的发展与变迁，又主要体现在各类职业人口的相对规模的变化上（刘玉连、周芳苓，2011：96~97）。从表1可以看出，与1982年相比，经过30年的发展，西部地区职业结构中各类职业人口的变动是明显的，主要体现在：一是社会高层职业群体的比重平稳下滑；二是社会中层职业群体的比重不断提升；三是社会底层职业群体的比重持续下降。

表1　1982~2010年西部地区各类职业人口的比重及变化

单位：%

职业类别 \ 基本状况	1982年	1990年	2000年	2010年	增减幅度	1982~2010年均增长
国家机关、党群组织、企事业单位负责人	1.24	1.23	1.18	1.17	-0.07	-0.21
各类专业技术人员	4.43	4.50	4.98	5.81	1.38	0.97
办事人员及有关人员	1.17	1.45	2.40	3.33	2.16	3.81
商业、服务业人员	2.84	3.86	7.16	13.41	10.57	5.70
生产工人、运输工人和有关人员	9.89	9.24	9.10	14.33	4.44	1.33
农、林、牧、渔劳动者	80.35	79.68	75.12	61.86	-18.49	-0.93
不便分类的其他劳动者	0.07	0.04	0.07	0.09	0.02	0.90
总　计	100.00	100.00	100.00	100.00		

资料来源：根据1982年、1990年、2000年和2010年中国人口普查数据进行计算。

（1）农、林、牧、渔劳动者的比重持续下降。1978年以来，随着家庭联产承包责任制、市场经济体制、产业结构调整等重大经济改革的推进，不仅促进了农村劳动力的社会分化,而且加速了农村过剩劳动力向第二、三产业转移,并实现了向生产工人、个体劳动者、商业服务业人员等职业角色的转型。在这一背景下,西部地区农、林、牧、渔劳动者的相对规模不断缩小。具体来看,在1982~2010年期间,西部地区农、林、牧、渔劳动者的相对规模已由改革之初的80.35%下降到目前的61.86%,整体缩小了18.49个百分点,年均递减0.93%。农、林、牧、渔劳动者所占比重的持续下降,无疑对促进西部职业结构的改善,实现从传统结构向现代结构的转变,都具有极其重要的作用。

(2) 生产工人、运输工人和有关人员的比重稳中有升。改革开放以来,不仅西部地区生产工人、运输工人和有关人员的绝对规模有所扩大,而且其在职业结构中所占的比重也有所提升,整体呈现稳中有升的态势。具体来看,1982~2010年期间,工人在西部地区职业结构中所占的比重由9.89%上升为14.33%,扩大了4.44个百分点,年均递增1.33%。这说明,在西部地区职业结构中,工人这一职业群体所占的比重还较小,远远低于同期全国比重(22.49%),表明当前西部地区仍是一个工业尤其是制造业不发达的地区。显然,这一发展现状与西部地区进入工业化加速发展的黄金时间不相符,不利于该地区整体职业结构的改善,值得引起重视。

(3) 商业、服务业人员的比重快速提升。市场经济的快速发展、产业结构的调整与升级,不仅促进了西部第三产业的发展与繁荣,而且也极大地促进了商业、服务业等从业人员的快速发展。自改革开放以来,西部地区商业、服务业人员在职业结构中所占的比重获得了较大提升,由1982年的2.84%迅速上升到2010年的13.41%,整体提高了10.57个百分点,年均递增5.70%。这表明,30年来商业、服务业人员成为西部地区增长速度最快的职业群体,其在职业结构中所占比重已十分接近于工人群体的比重,并呈赶超之势。

(4) 办事人员及有关人员的比重较快提高。随着经济社会发展,办事人员成了一个国家或地区社会职业结构的重要组织部分,其发展速度的快慢在一定程度上影响着该国家或地区现代职业结构的形成。具体来看,改革开放以来,西部地区办事人员及有关人员获得了较快发展,其所占比重提高较快,已由1982年的1.17%提高到2010年的3.33%,提高了2.16个百分点,年均递增3.81%,成为增长速度仅次于商业、服务业人员的职业群体。显然,该职业群体比重的较快提升,顺应了西部现代职业结构的发展要求,有利于促进中层职业人口的发展壮大,对改变西部传统的职业结构形态也具有重要的作用。

（5）各类专业技术人员的比重小幅增长。随着改革的深化，开放的扩大，社会主义市场经济体制的建立和完善，西部地区经济社会取得了持续、快速、稳定的发展，现代化程度不断提高。为适应现代化和市场化发展的要求，西部教育、科技、文化、卫生、体育等社会事业获得了全面发展，这极大地促进了各类专业技术人员的发展，其在职业结构中的比重也保持着较快的增长。具体来看，在1982~2010年期间，西部专业技术人员在职业结构中的比重已从1982年的4.43%上升到2010年的5.81%，整体提高了1.38个百分点，年均递增0.97%。不难看出，西部专业技术人员在职业结构中所占的比重还不够大，低于同期全国比重（6.84%），整体保持着小幅度的增长。

（6）国家机关、党群组织、企事业单位负责人的比重平稳下滑。与全国一样，国家机关、党群组织、企事业单位负责人在西部地区也经历了一个绝对规模扩大而相对规模逐渐缩小的变化过程。具体来看，单位负责人这一职业人口经过30年来的发展，其在西部地区职业结构中所占的的比重已从1982年的1.24%逐步下降到2010年的1.17%，下降了0.07个百分点，年均递减0.21%，成为该地区职业结构中相对规模缩小的又一个职业人群。由此可见，改革开放以来，该职业人口在西部地区职业结构中所占的比重呈现平稳下滑的状态。

上述分析表明，改革开放以来，西部地区职业的类别结构变迁，可谓是"喜忧参半"。从喜的方面看，知识型和事务型的职业群体（各类专业技术人员、办事人员及有关人员等）的比重都保持了一定幅度的增长，逐步适应西部经济社会又好又快发展的需要。从忧的方面看，体力型和半体力型职业群体的比重有升有降，但该壮大的职业群体没有真正壮大起来（如商业、服务业人员、生产工人、运输工人和有关人员），该缩小的没有真正缩小（如农、林、牧、渔劳动者）。

2. 等级结构的变迁

在职业结构的研究中，等级参数（如职业的收入、权力及声望特性）通常体现了职业结构的不平等性，它是研究职业分层和划分职业等级的重要指标。而采取什么理论或标准来描述或划分职业等级及地位，往往取决于研究者对"社会职业"的认识或价值判断。社会学普遍认为，构成职业地位的主要因素是权力、财富和声望，因此，从很大程度上讲，社会阶层地位就是职业地位。进一步看，由于社会职业的分层能够较直观地反映当前社会阶级或阶层的状况，因此，无论是社会职业中的收入分层，还是权力分层，抑或是声望分层，实质上都是职业等级的具体表现形式。

在这里，参照国内有关社会分层的理论，我们按照社会分层的职业划分办法①，对西部职业发展过程中的等级结构及其变迁予以关注，并着重考察该地区社会职业的收入分层、权力分层和声望分层问题，以全面认识和了解改革开放30年来西部地区职业等级结构形态的分化及特点。

（1）职业收入及等级评价。职业收入是指工作中获得的工资、薪金等收入，或通过合法手段获得的劳动报酬。研究表明，经济分化是职业分层现象的一个最主要的内容。经济差距或者说收入不平等是职业分化的基础，也是职业分化的主要表现形式。由于缺乏以往的跟踪数据，因此，在这里我们主要通过2001年和2010年两次抽样调查数据的对比分析，来反映西部地区社会职业之间的收入分层及等级变化。具体来看，2001～2010年期间，西部社会职业群体之间的收入分层不断明显化，不同职业群体的收入高低，主要与其职业的层次、文化的高低等因素相关，即职业层次越高、文化程度越高，则职业收入也越高。这说明，西部各职业收入的高低变化与职业地位、文化等级之间呈一定程度的相关，但尚不明显，未能保持线性相关关系。

进一步看，通过开展人们对不同社会职业收入的高低评价调查，也形成了相应的收入等级层次。在本研究中，我们设计的评分方法是：如果你认为某一种职业的收入高，则给该职业收入的评分就高；相反，如果你认为某一种职业的收入低，则给该职业收入的评分就低，其评分范围为1～100分。调查统计结果表明，社会职业的收入评分高低与职业层次高低之间基本上呈现一致性的状态。换句话说，社会层次高的职业，人们对其职业收入的评分也高，反之亦然。具体来看，在被调查者看来，企业管理者、领导干部和私营企业主的职业收入是最高的，其收入评分均高于80分，排在前三位，分别为84.0分、83.8分和83.1分；专业技术人员被排在第四位，其收入评分为74.5分；处于中间位置的有办事人员、个体劳动者、商业服务业人员，其职业收入评分介于60～70分之间，分别是65.5

---

① 参照陆学艺《当代中国社会阶层研究报告》中职业划分办法，本研究将社会职业划分为十种类型：领导干部、企业管理者、私营企业主、专业技术人员、办事人员、个体劳动者、商业服务业人员、产业工人、农业劳动者和无稳定职业者。

分、65.8 分和 67.5 分；工人、农民和无稳定职业者则处于倒数三位，其职业收入评分是最低的，均不足 60 分，分别为 58.3 分、48.2 分和 40.2 分（见表 2）。

表 2　2010 年西部地区社会各职业收入高低的等级评分

单位：分

职业类型\基本状况	职业收入高低	
	等级评分(1~100 分)	位序排列
领导干部	83.8	2
企业管理者	84.0	1
私营企业主	83.1	3
专业技术人员	74.5	4
办事人员	65.5	7
个体劳动者	65.8	6
商业服务业人员	67.5	5
工人	58.3	8
农民	48.2	9
无稳定职业者	40.2	10
平均值	67.1	

资料来源：2010 年"西部地区职业发展与结构变迁状况"抽样调查数据。

（2）职业权力及等级评价。社会学研究认为，职业权力是指人们对工作对象拥有的调度权、支配权、控制权等，或简单地说，是指人们对组织资源的占有程度，且该权力有大小之分。就本研究而言，通过人们对不同社会职业的权力大小进行评价，最终形成社会职业的权力等级层次。具体来看，我们设计的权力等级评分方法是：如果你认为某一种职业的权力大，则该职业权力的评分就高；相反，如果你认为某一种职业的权力小，则该职业权力的评分就低，其评分范围为 1~100 分。

2010 年被调查者对列举的十大社会职业权力的评价情况表明，领导干部职业权力高居首位，其等级评分高达 87.6 分；企业管理者、私营企业主处于二、三位，分别达到 79.5 分和 74.3 分；而被认为职业权力最小的是工人、农民和无稳定职业者，其评分均较低，分别只有 50.1 分、43.6 分和 36.1 分；专业技术人员、办事人员的评分介于 60~70 分之间，分别为 67.5 分和 60.6 分；个体劳动者、商业服务业人员的评分则不足 60 分，分别为

56.4 分和 58.4 分（见表 3）。这表明，越是职业层次高的职业人群，人们对其职业权力的评分也越高，其职业权力也越大。

表3　2010年西部地区社会各职业权力的等级评分

单位：分

职业类型 \ 基本状况	职业权力大小 等级评分（1～100分）	位序排列
领导干部	87.6	1
企业管理者	79.5	2
私营企业主	74.3	3
专业技术人员	67.5	4
办事人员	60.6	5
个体劳动者	56.4	7
商业服务业人员	58.4	6
工人	50.1	8
农民	43.6	9
无稳定职业者	36.1	10
平均值	61.4	

资料来源：2010年"西部地区职业发展与结构变迁状况"抽样调查数据。

（3）职业声望及等级评价。社会学家普遍认为，职业声望是指人们对各种职业所做的主观评价，表现为职业的社会声誉。就本研究而言，通过人们对不同社会职业的声望好坏进行高低层次的评价，最终形成某种职业的声望等级及排序。具体来看，我们设计的职业声望评价方法是：如果你认为某一种职业的社会声望高，则该职业声望的分数就高；相反，如果你认为某一种职业的社会声望低，则该职业声望的分数就低，其评分范围为1～100分。

从表4中的数据可以看出，当前被调查者对列举的十大社会职业声望的评价呈现高低有别的形态。目前人们对领导干部的职业声望评价仍是最高的，显居首位，高达80分以上；企业管理者、私营企业主和专业技术人员三大职业的声望评价也较高，均高于70分，居于第二、三、四位，分别达到78.6分、74.7分和71.1分；被排在第五位的是办事人员，其职业声望评价为63.4分；而个体劳动者、商业服务业人员、工人、农民、无稳定职业者的社会声望评价相对较低，均低于十大职业声望的平均值（62.9分），且处于最后五位，其职业声望评价分别只有58.7分、60.4分、53.3分、48.4分和36.7分。

进一步看，在2001~2010年期间，人们对10种职业的声望等级评价基本是一致的，但也呈现一些新特点、新变化。一是人们对各种职业的声望评价整体上呈上升趋势，其评价指数普遍提高，平均评价指数由45.6分提升到62.11分；二是私营企业主的职业声望评价提高，由2001年的第四位上升到2010年的第三位，而专业技术人员的声望评价则相应下降了一位；三是10年来个体劳动者的职业声望评价有所降低，由第六位落到第七位，而商业服务业人员的声望地位则相应上升到了第六位。

表4 2001~2010年被调查者对十大社会职业声望的等级评价[①]

单位：分

职业类型\基本状况	职业声望高低评分(1~100分)			
	2001年	位序排列	2010年	位序排列
领导干部	80.1	1	84.0	1
企业管理者	66.7	2	78.6	2
私营企业主	58.5	4	74.7	3
专业技术人员	61.0	3	71.1	4
办事人员	56.3	5	63.4	5
个体劳动者	36.8	6	58.7	7
商业服务业人员	35.1	7	60.4	6
工人	32.1	8	53.3	8
农民	21.0	9	48.4	9
无稳定职业者	8.3	10	36.7	10
平均值	45.6		62.9	

资料来源：2001年"当代中国社会阶层结构变迁研究"子课题"贵州省六县市社会阶层结构抽样调查数据"；2010年"西部地区职业发展与结构变迁状况"抽样调查数据。

[①] 在这里，对2001年职业声望的测量方法及换算方法进行说明。2001年职业声望的职业抽样框由81种职业构成，随机分成8组，每组共11个职业，以每组的小学教师作为参照职业，并分别赋值（11分）。通过对各个职业的得分进行标准化转换后，使各职业得分在0~100分之间，并最终得出社会各职业声望的高低评分及等级位序。为了便于与2010年调查数据进行对比分析，按照本研究中的职业分类标准，我们将被调查中的81种职业划分为"十大职业群体"，以利于纵向之间的比较与分析。

由此表明，社会职业的声望评价虽是一种来自人们心理的认知与态度倾向，但这一倾向往往受社会职业收入、职业权力等因素的影响；换句话说，职业声望的高低评价从很大程度取决于职业收入高低、职业权力大小的不同。显然，上述私营企业主、专业技术人员、个体劳动者职业声望的变化正好印证了这一事实。

综上所述，从人们对职业收入、职业权力和职业声望的等级评价，可以看出三者之间基本上具有一致性的评价倾向。由此表明，当前广大就业者对社会职业收入、职业权力和职业声望的高低评价是理性而真实的，具有较高的可信度。

（二）职业结构变迁的特点

改革开放30年来，从总体上看，西部地区职业结构变迁与全国之间保持了基本一致的变动态势。主要体现在：一是体力型和半体力型职业群体的相对规模有所缩小，但比重仍然偏大；商业型与服务型职业群体的相对规模快速扩展，比重迅速提升；知识型与事务型职业群体的相对规模较快扩大，但比重仍旧不高；管理型和经营型职业群体的相对规模逐渐缩小，比重下降。

进一步看，受经济、政治、社会等发展滞后的影响与制约，西部地区职业结构变迁又呈现本土化的发展特征。

1. 职业结构变迁的差距化

第一，西部地区与全国各类职业群体的相对规模的扩展或缩减速度之间存在较大的差距。具体来看，西部地区不仅低层职业人口的转移明显慢于全国，而且中、高层职业人口的扩展也显明慢于全国。以低层职业人口中的农、林、牧、渔劳动者为例，西部地区在1982～2010年期间的相对规模缩小了0.23倍，而全国缩小了0.33倍，后者是前者的1.43倍；全国的年均递减速度（1.41%）是西部平均递减速度（0.93%）的1.52倍。进一步看，若把两者的中、高层职业人口的年均递增速度进行比较，则西部地区的平均增速（1.59%）也小于全国平均增速（1.98%）。由此可见，这种差距化的发展有利于全国职业结构的优化（即低层职业人口比重的缩小），而不利于西部地区职业结构的改善（即增长过快的农村劳动力难以使低层职业人口的比重迅速缩小）。

第二，西部地区与全国之间各类职业人口的比重增幅大小不同。在1982～2010年期间，无论是知识型、事务型职业人口，还是体力型、半体力型职业人口，西部地区的平均增幅与全国相应的增幅都存在差异。通过数据对比可以看出，西部地区商业服务业人员、生产工人和不便分类的其他劳动者的平均递增幅度（5.70%、1.33%和0.90%）均大于全国的平均递增幅度（5.11%、1.23%和0.38%）；而单位负责人、专业技术人员和办事人员的平均增减幅度（-0.21%、0.97%和3.81%）均小于全国的平均幅度（0.48%、1.07%和4.38%）。

由此可见，与全国相比，西部地区职业结构的发展差距是较大的，也是明显的。若以改革开放以来各职业人口比重的年均递增或递减速度推算，则西部地区至少还需要20年才能达到当前全国的发展水平（以非农职业人口为例）；若以农业职业人口为测算口径，则西部地区至少需要30年才能达到当前全国的发展水平。

2. 职业结构变迁的非常规化

事实表明，西部地区职业结构的发展与变迁，已打破了"一元经济"（即一切由"计划经济"决定）的发展模式，而呈现"双维驱动"（即由"市场经济"和"制度力量"的共同作用）的职业结构变迁类型。与发达国家或地区之间的发展模式相比，西部地区职业结构的变迁轨迹更多体现的是一种"非常规化"的发展路径。这种"非常规化"的职业结构变迁，主要是通过农村劳动力的空间流动（即劳务输出）得以实现的（刘玉连、周芳苓，2011：98）。换句话说，西部地区庞大的底层职业人口（以农业劳动者为主体）的分化与流动，不是通过发展当地工业、商业、服务业等经济手段加以解决，而是利用东西之间的区域发展差距及推拉力，并以非产业化、非城市化的人口迁流形式进行吸纳。

值得指出的是，尽管规模庞大的农民流动一直备受关注且争议颇多，但是这种"非常规化"就业流动及职业转变，不仅大大降低了西部地区农、林、牧、渔劳动者的比重，而且整体上促进了西部地区职业结构的改善。显然，这无疑是西部地区职业结构变迁的本土化特征，也是该地区作为主要劳动力输出地的基本特点。

3. 职业结构变迁的逆向现代化

西部地区职业结构变迁的"非常规化"因素，不可避免地会引起该地区职业结构发展的"逆向现代化"趋势。而这种趋势又主要取决于该地区职业结构发展的不稳定性、风险性等因素。

第一，职业结构变迁的不稳定性。纵观今后几十年，对于西部地区来说，其庞大的农民工群体的就业去向及形态，必将继续对该地区职业结构的发展产生巨大影响。然而，更值得关注的是，作为游离性很大的就业人群，当前绝大部分农村务工人员多是吃"青春饭"（即主要通过出卖体力来获取报酬）的，一旦该特殊职业人群失去年龄优势而老化，其大部分成员必将因丧失劳动能力而被迫离开城市，重新回归为农民或无业者。不仅如此，诸如国际金融危机、产业升级与调整、劳动密集型行业弱化等方面的影响，也可能会迫使传统型农民工变得"无用武之地"（刘玉连、周芳苓，2011：98）。总之，无论从现实情况看，还是从制度政策看，西部地区职业结构的发展形态都将因"农民工"职业身份的临时性而变得不稳定。

第二，职业结构变迁的风险性。庞大的农民工群体的就业政策设计与选择，在很大程度上影响着西部地区乃至全国职业结构的发展形态。然而，受城乡二元分割的制度壁垒、工业化水平的相对低下、市场化发展的低级阶段、城镇化进程的相对缓慢等多重因素的影响与制约，加上职业结构变迁过程中"非常规化"现象的存在，西部地区职业发展与结构变迁的进程障碍重重，并使其现代化过程蒙受巨大的压力和挑战。可以预见的是，在国家没有彻底消除城乡二元结构，建立健全全民社会保障体系等之前，广大农民工的职业身份转变将成为空谈（刘玉连、周芳苓，2011：98）。所有这些，都将使西部地区职业结构的变迁面临巨大的风险和危机。

总之，无论是职业结构变迁的不稳定性，还是职业结构变迁的风险性，都有可能使西部地区职业结构的发展面临困境。这些困境主要来自职业结构变迁中的"逆向现代化"过程。事实上，无论是出于何种原因，一旦大量农村劳动力流动受阻或城市农民工就业无门，都将造成大量农村剩余劳动力的滞留和农民工的返乡，并重新引发农、林、牧、渔劳动者这一职业人群的膨胀，进而导致西部地区原本缩小的低层职业人口比重出现大幅度反弹，呈现"现代"向"传统"的"逆向"变动趋势。

综上所述，改革开放以来，西部地区职业结构经历了一个速度较快而相对滞后的变迁过程。从类别结构上看，表现出"速度慢""变动小""程度浅"的变迁过程；从等级结构上看，表现出"层次化""等级化""一致性"的变动格局。与此同时，西部地区职业结构变迁还呈现"差距化""非常规化""逆向现代化"的发展特征。所有这些，都充分反映了西部地区职业结构变迁的区域性特点与本土化特征。

三 职业结构形态的演变及本土特征

通过对改革开放30年来不同时期职业结构发展的比较分析，有利于客观反映西部地区职业结构形态的演变过程，有利于科学认识该地区职业结构发展的本土特征。

（一）职业结构形态的演变过程

为了更直观地考察和分析改革开放以来西部地区职业结构形态的演变与特点，在本研究中，我们首先根据职业对权力、经济、文化等要素的综合拥有程度，将社会职业大体分为"上层职业""中上层职业""中层职业""中下层职业"和"底层职业"五大职业群体。然后，又根据职业对体力、技术、能力等要素的要求与相关性特征，把社会职业大体分为"体力型和半体力型""商业型和服务型""知识型和事务型""管理型和经营型"等职业类别。根据上述职业群体划分，并结合人们对各职业收入、权力、声望的综合评价及等级，我们采用人口普查数据资料，画出1982年和2010年西部地区职业结构形态图（见图1和图2）。

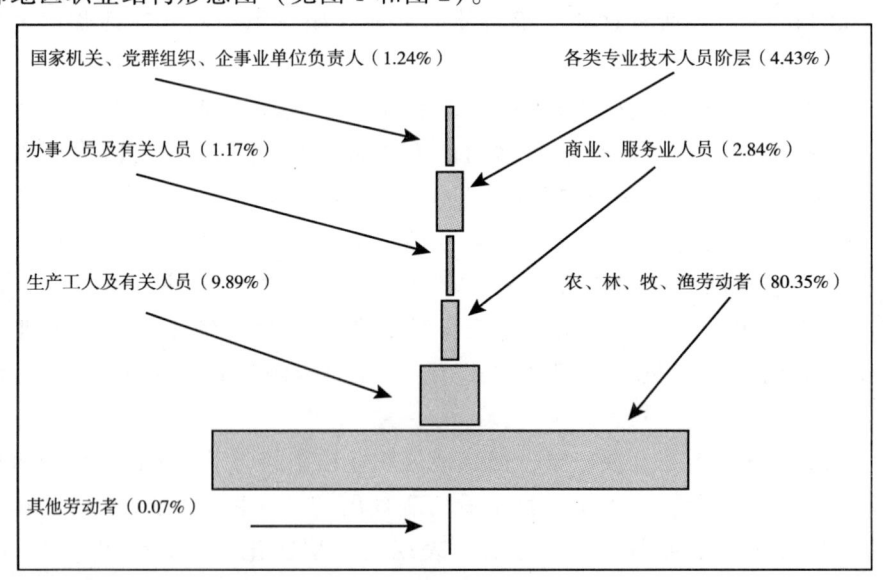

图1 西部地区职业结构形态（1982）

国家机关、党群组织、企事业单位负责人（1.24%）
各类专业技术人员阶层（4.43%）
办事人员及有关人员（1.17%）
商业、服务业人员（2.84%）
生产工人及有关人员（9.89%）
农、林、牧、渔劳动者（80.35%）
其他劳动者（0.07%）

资料来源：根据1982年中国人口普查数据进行整理。

显然，从图 1 到图 2 的发展变化，客观上反映了改革开放 30 年来西部地区职业结构形态的演变过程。不难看出，与 1982 年相比，到 2010 年西部地区职业结构形态已发生明显的变化，呈现出"中部变大仍较小、底部变小仍很大"的结构形态。

国家机关、党群组织、企事业单位负责人（1.17%）

各类专业技术人员（5.81%）

办事人员及有关人员（3.33%）

商业、服务业人员（13.41%）

生产工人及有关人员（14.33%）

农、林、牧、渔劳动者（61.86%）

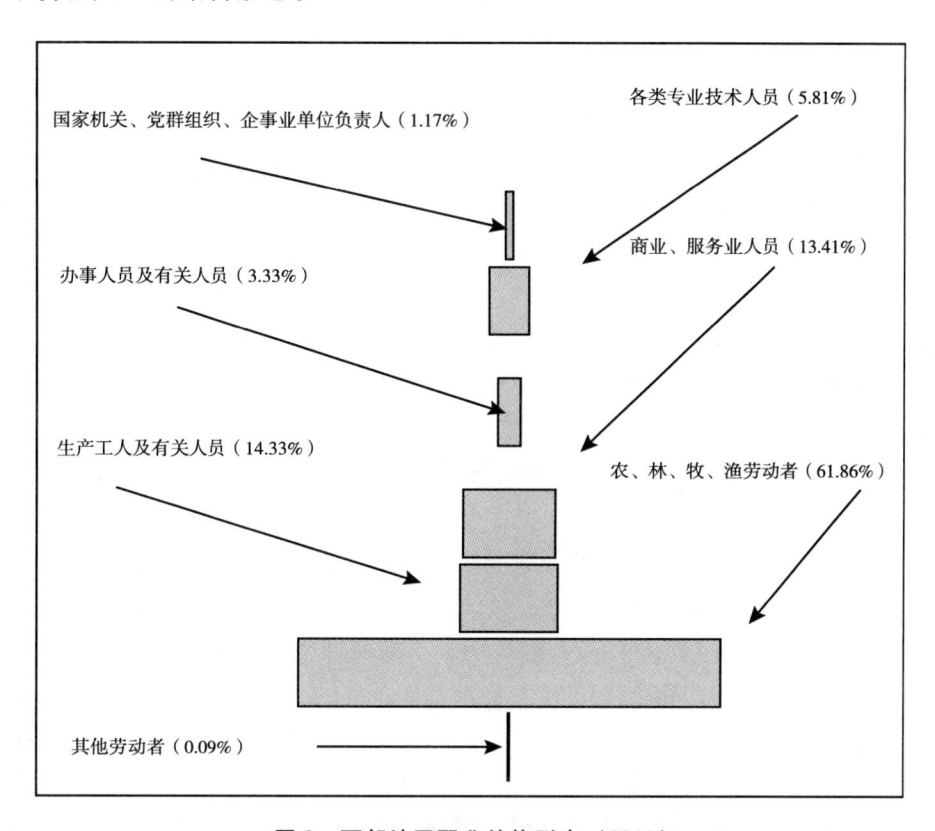

其他劳动者（0.09%）

图 2　西部地区职业结构形态（2010）

资料来源：根据 2010 年中国人口普查数据进行整理。

具体来看，在 1982~2010 年期间，西部地区职业结构形态的演变过程主要体现在以下几方面：第一，以体力型为主体的底层职业人口的主体地位仍未消除，比重过大，这表明农、林、牧、渔劳动者的转移水平还很低；第二，以商业型、服务型和半体力型为主的中下层职业人口的整体规模有所壮大，但比重不足，表现为商业服务业人员、生产工人的绝对规模和相对规模均扩展迅速；第三，以知识型与事务型职业人口为主体的相对规模获得较快扩展，但比重优势仍不明显，表现为专业技术人员、办事人员尚未形成规模化发展格局，其所占比例仍偏小。

上述分析表明，经过30年来的发展，西部地区职业结构形态已由"顶尖底宽"的倒丁字型结构，逐渐发展成为"上小下大中部稍大"的类葫芦型结构，整体上有了较大的改善，但仍未能完全摆脱传统的结构形态，因此，尚处于"传统"向"现代"过渡的特定阶段。

（二）职业结构形态的本土特征

从总体上看，西部地区职业结构形态的演变，大体上与全国呈现相似的发展轨迹。但是，由于受经济、政治、社会、文化、区位等多重因素的影响与制约，西部地区职业结构形态的演变呈现"本土化"特征。

第一，以体力型为主体的底层职业人口的相对规模逐步缩小，但在职业结构中仍居主导地位。到2010年，西部地区职业结构中"农、林、牧、渔劳动者"这一职业人群仍占社会职业总量的61.86%，其比重远远高于全国平均水平（48.31%）。显然，这说明该地区底层劳动力的转移缓慢，力度不够。

第二，以半体力型为主体的中下层职业人口的相对规模得到扩展，但在职业结构中未能形成群体优势，其主体性地位仍不突出。到2010年，西部地区职业结构中"商业、服务业人员""生产工人、运输工人和有关人员"这两大半体力型职业人群所占比重整体提升了15.01个百分点，但仍不到社会职业总量的1/3（27.74%）。这表明，当前西部地区工业、服务业等发展水平低，民营经济、私营经济等发展滞后，影响了对社会劳动力的吸纳能力。

第三，以知识型和事务型为主体的中间层职业人口获得一定发展，所占比重逐步提高，但在职业结构中相对规模仍旧偏小。到2010年，西部地区职业结构中"各类专业技术人员""办事人员及有关人员"这两大知识型、事务型职业人群所占比重仅为9.14%，尚不足社会职业总量的1/10。显然，这一现状既不利于该地区整体职业结构形态的改进，也不利于该地区现代职业结构形态的构建。

第四，以管理型和经营型为主体的上层职业人口整体比重呈逐年下降的趋势（年均递减0.21%），且在职业结构中的相对规模较小。到2010年，西部地区职业结构中"国家机关、党群组织、企事业单位负责人"这一职业人群所占比重仅为1.17%，远远低于同期全国平均水平，而企业经营型职业人口更是如此。所有这些，同样不利于该地区职业结构形态的改善与优化。

综上所述，当前西部地区职业结构仍处于体力型职业人口（农民、工人）占绝对主体的传统结构形态，因此，要实现向非体力型职业人口占主体的现代结构形态的转变，西部地区还有相当漫长的路要走。

四 结论与思考

研究表明，西部地区职业结构正逐步实现由"传统"向"现代"结构形态的演化，尽管这种演化的程度与水平有限，但相对于改革开放初期，当前西部地区职业结构的发展水平已有了较大的提高，并逐步趋于合理化。然而，值得指出的是，由于受"欠发达""欠开发"等多重因素的影响与制约，西部地区职业结构要实现从传统形态向现代形态的彻底转变，还需经历一个曲折、漫长、艰难的发展历程。

在这里，尚有几个问题值得引起关注和思考。

第一，关于农村劳动力流动对西部地区职业结构变迁的影响与作用。西部地区农村劳动力的大量外流，不仅对降低该地区农业从业人员的比重起到了重要作用，而且对改善该地区职业结构形态也发挥了重要作用。换句话说，如果排除这种人口外流对缩小农业劳动者比重的积极作用，则西部地区职业结构的整体变迁及改善程度就没有那么明显。具体来看，如果不考虑农村过剩劳动力的外流，那么，在1982～2010年间，西部地区农、林、牧、渔劳动者在职业结构中所占的比重就不可能从改革之初的80.35%下降到61.86%，而是继续保持较高的比例，甚至可能出现反弹。事实上，自20世纪80年代以来，西部地区农村剩余劳动力为了寻求生存和发展机会，在东西发展差距不断扩大的刺激下，越来越多的农村青壮年劳动力开始走出家门，来到城市，从而实现了由"农民"向"民工"的角色转变，这成为西部地区职业结构变迁过程中的一大特色。

第二，关于加快城镇化步伐对西部地区职业结构变迁的影响与作用。在西部地区，尽管通过加速城镇化步伐推进了"农民居民"向"城镇居民"转变的进程，但这一过程更多是一种空间上的迁移，尚未真正实现职业化的身份转变，换句话说，这种局部意义上的城镇化更多具有政策性、行政化的特征，而没有真正实现农业人口在职业身份、工作方式、文化观念等方面的转型，与"市民化"相差甚远！所有这些，客观上将不利于西部地区整体职业结构的根本改善。

第三，关于推进社会建设对西部地区职业结构变迁的影响与作用。改革开放以来，从全国到地方，以经济建设为中心的步伐快速推进，取得了显著的成效，但是以劳动就业、社会保障、文化教育等为主要内容的社会建设速度较慢，于是经过30余年的非同步发展后，形成了当前社会建设远远滞后于经济建设的发展格局。这种格局的存在，不仅难以顺应"农民"向"市民"身份的转型，也不利于现代职业结构形态的构建。

参考文献

陆学艺：《当代中国社会阶层研究报告》，社会科学文献出版社，2002。

李春玲：《断裂与碎片：当代中国社会阶层分化实证分析》，社会科学文献出版社，2005。

刘玉连、周芳苓：《西南地区职业结构变迁及其发展趋势分析——以贵州省为典型个案》，《前沿》2011年第4期。

国务院人口普查办公室、国家统计局人口统计司：《中国1982年人口普查资料》，中国统计出版社，1985。

国务院人口普查办公室、国家统计局人口和就业统计司：《中国2010年人口普查资料》，中国统计出版社，2012。

制度安排与流动人口社会融合[*]

周　皓[**]

内容摘要：本文利用"人口迁移与儿童发展"跟踪调查（PSDMC）的家长数据，讨论了制度因素和个人流动经历对流动人口社会融合的影响。结果表明：个体流动经历影响流动人口初期的社会融合水平，但对其发展轨迹的影响并不显著；制度因素对于流动人口社会融合水平的影响显著存在，但制度的不同方面对社会融合有不同的影响作用。迁入地政府所重视的流动人口管理制度（如暂住证制度）并没得到流动人口的认同和关注；而与流动人口生活和工作相关的用工政策及其对所提供的各类服务的态度影响到流动人口社会融合的现状和社会融合的发展与变化。本文认为制度因素，特别是以往所认为的以户籍制度为根本的二元制度，是阻碍流动人口社会融合的根本因素，这一理论命题需要进一步的审慎检验。

关键词：社会融合　制度安排　生活经历　流动人口

"社会融合"是一个动态的、渐进式的、多维度的、互动的概念（杨菊华，2009），是迁入（或流入）人口在迁入地逐步接受与适应迁入地的社会文化，以此构建良性的互动交往，并最终形成相互认可、相互"渗透、交融、互惠、互补"。当前的相关研究中，从理论背景、理论框架建构、概念

---

[*] 感谢国家社科基金（12BRK002）和北京大学李斌社会学基金对本研究的支持与资助。
[**] 周皓，北京大学社会学系副教授、北京大学中国社会与发展研究中心研究员。

界定和操作化定义，到研究内容等都呈现多元化状态，需要进一步的澄清、统一与深入（悦中山等，2009；杨菊华，2010）。但至少有一点共识，即户籍制度及附带的就业、教育、医疗、养老等涉及流动人口生活的制度安排和由此产生的流动人口与本地居民之间的差异和割裂，是形成流动人口"过客"心理，影响流动人口社会融合及其发展轨迹的重要原因（李培林，1996；王春光，2001；马广海，2001；朱力，2002；李强，2002）。目前对制度安排与流动人口社会融合关系的研究基本只有理论讨论，未有实证研究，且未关注不同制度对流动人口社会融合的不同影响作用。尽管李强等（1999）提出并讨论了生命历程视角下社会变迁与个人发展之间的关系，但实证研究仍然很少用到这种研究范式与具体方法，这与事件发生时间的确定以及因果关系的推断等存在困难有关。为此，本文将在已有研究的基础上，利用调查数据，考察制度安排与生活经历对流动人口社会融合的影响作用。

一 研究综述

国内已有许多有关社会融合的研究，且不乏综述性文献。如杨菊华（2009）从理论的角度，王桂新等（2008）从人口城市化的角度，张文宏等（2008）对新生代流动人口的社会融合的状况与因素的分析，任远等（2006）从定义及影响因素（特别是资本或市场）两个方面的讨论，朱考金等（2007）从融入状况的评价及影响因素出发，胡杰成（2008）从社会学的角度（包括现代性、社会化、社会整合、社会分层与社会流动、社会网络等）等，对目前流动人口社会融合研究做了很好的总结。悦中山等（2009）、嘎日达等（2009）则分别从美国研究与欧洲研究的社会融合角度，总结了国外社会融合研究中的历史进程与最新进展。笔者亦曾从理论构建、操作化定义与指标体系两个方面进行了梳理与总结（周皓，2012）。因此，本文将只简单总结流动人口社会融合的现状及影响因素两个方面。

从融合的现状研究来看，由于流动人口不稳定的职业与较低的经济收入状况决定了他们很难与迁入地居民之间实现经济融合（李强，2004），表现出"经济吸纳、社会拒入"的现状（马广海，2001），由此直接导致较低程度的社会融合状况（周晓虹，1998；徐志，2004；张时玲，2006；钱文荣、张忠明，2006）。当然流动人口在一定程度上也能够融入迁入地社会，特别是在文化融合与身份认同方面，即他们将参照群体由原来的迁出地群体，改变为现在的城市人、城市的生活方式、行为模式和价值观念，从而促进他们的现代性发展（周晓虹，1998；徐艳，2001；蔡志海，2004），但他们融合的状况可能是选择改变自我，融入城市，或者是在城市中重建乡村的生活环境和文化（江立华，2004）。目前流动人口的社会融合还表现出心理融合、身份融合、文化融合和经济融合依次降低的趋势（张文宏、雷开春，2008）。从社会距离的角度看，流动人口与市民的社会距离属于远距离等级，双方交往机会很少，主观距离较大。特别是市民对农民工持排斥态度，双方交往具有非对称性（卢国显，2006）。这一点在新生代流动人口中体现得更为明显（郭星华、储卉娟，2004）。

制度安排是影响流动人口社会融合的最根本、最重要的因素。尽管通过流动，农民工的收入和经济地位得到显著提高，但其总体的社会地位没有发生与其经济地位相应的明显变化，这主要是受户籍身份以及与此相联系的各种福利待遇的影响（李培林，1996）。在社会地位向上流动的职业渠道、经济渠道、政治渠道、教育渠道和婚姻渠道等各种渠道中，城市农民工的地位变迁都受到了户籍制度的阻碍，这导致城市农工仍然居于城市社会分层的最下层（李强，2000，2002）。"农民工"实际上是一种制度性身份，是我国现有的社会体制，包括基于户籍制度的一整套制度设计和安排，造就了农民工群体、农民工现象和农民工问题（王春光，2004）。

除制度因素以外，影响流动人口社会融合的主要因素还包括：流动人口本身的人力资本（如受教育状况和职业技能等）（赵延东、王奋宇，2002；张新玲等，2007；张文宏、雷开春，2008）；社会资本（李培林，1996；彭庆恩，1996；王春光、BEJA Jean Philippe，1999；项飙，2000；刘林平，2001；渠敬东，2001；赵延东、王奋宇，2002；曹子玮，2003；曾旭晖，2004；张文宏、雷开春，2008）以及在流动人口的迁移决策中起到重要影响作用（杨云彦，1996）的社会网络（王春光、BEJA Jean Philippe，1999；赵延东、王奋宇，2002；赵定东、许洪波，2004）。当然社会网络的作用（特别是新型社会资本）既有正向的促进作用（赵延东、王奋宇，2002），也有反向的阻碍作用（朱力，2002；吕青，2005）。

二 研究假设

毋庸置疑，制度安排对流动人口社会融合具有重要的影响作用，但不同的制度可能具有不同的作用。具体而言，以迁入地政府与民众的利益为出发点的管理制度（如户籍制度、暂住证制度等）和以流动人口利益为出发点的服务制度（如用工制度等）对流动人口的影响作用应该是各不相同的。前一种管理制度对流动人口的社会融合从某种意义上说，应该具有负向的作用；而后一种服务制度则应该具有正向的作用。由此导出的两个相对应的假设为：

假设1a：管理制度对流动人口的社会融合具有负向的作用；

假设1b：服务制度对流动人口的社会融合具有正向的作用。

从生命历程的角度来看，有过迁移/流动经历的人可能更容易再次迁移/流动（周皓，2004），尽管这一结论是从家庭户角度考察得到的。这种多次迁移的倾向性既可能是由于流动人口在流入地的社会融合状况不好，或者是其工作状态等不佳而再次选择流动，也可能是由于流动人口已经熟悉了流动过程及其可能遇到的困难与问题，而使他们更容易适应不同的地域文化，有助于他们较好地融入新的迁入地社会。这种相悖的解释差异在于流动经历对流动人口社会融合的影响作用的方向，但至少可以肯定的是，流动经历对流动人口的社会融合具有影响作用。由此本文的第二个假设为：

假设2：流动经历有助于流动人口的社会融合。

三 有关概念及其定义

1. 社会融合指数的构建

社会融合是一个多维度的概念。根据已有的理论框架，社会融合包括了经济适应、文化适应、社会适应、结构融合和身份认同这五个维度（周皓，2012）。本文有关社会融合的操作化定义如下：经济方面选用住房及家庭收入来测量。文化适应选用语言（平时在家说哪里的话）和居住时长这两个变量。社会适应因素选用是否喜欢北京、对农村的看法，以及您觉得北京人对外地人和北京人是否有区别这三个变量，前两个是受访者对社会与环境的感知，而第三个变量则用于说明流动人口是否感受到歧视。结构融合因素包括了两个方面——在迁入地的社会交往结构和与老家的联系，前者用居住的社区、喜欢北京人和朋友圈三个变量来测量，以表示引力，后者用老家是否还有土地和老家是否还有亲人这两个变量来测量，以表示推力。身份认同，将利用"您觉得自己是北京人吗"和今后在北京的居留意愿这两个变量来测量。

从模型的角度考虑，众多的变量势必会降低统计效率，也不利于后续研究，因此，本文拟用二阶因子分析构建社会融合指数。即首先利用五个维度内各个变量构建各维度的综合指数；然后再将各维度的指数构建成社会融合指数。通过二阶因子分析得到的社会融合指数则具有均值为零，方差为1的特点。因此，以下描述部分就不再包括社会融合指数。

2. 制度因素

制度因素的操作化定义相对比较困难。本文将以被访者对于制度的了解程度以及他们的感知来予以测量。

（1）与户籍制度相对应的是流动人口的暂住证制度，这是流动人口管理中最重要的一项制度。但这一制度在执行过程中并没有真正地被落实。许多流动人口未办理过暂住证，或者是暂住证失效。暂住证的有无可以很好地反映被访者对制度的了解与遵守情况。

（2）流动人口对于用工制度及流动人口管理与服务的了解、体验与评价是决定他们是否能够在经济上达到与本地常住人口相同水平，在生活与工作过程中是否能够享受平等与合理的制度安排，进而直接影响到他们的社会融合状况的重要因素。本研究中设计了三个问题："您是如何看待现在北京市对待流动人口的用工政策""您是如何评价流动人口的管理""您是怎样评价现在北京市给流动人口提供的一些服务"。其中第一个问题是有关用工政策的，第二个问题是有关管理体制的，第三个问题是有关流动人口服务的。这三个问题可以被看成分别对应经济、工作与生活这三个方面。而且，最为关键的是，在几轮跟踪调查中这三个问题都具有相同的问题及选项，因此也就具有相同的测量效果，为比较前后三轮调查之间的变化提供了基础。

3. 个人的生活经历与生活态度

有过迁移与流动经历的人口由于已经习惯抱着"过客心理"在迁入地随遇而安的状况，他们只把迁入地习惯性地当作暂住地，不会也不愿意花更多精力在融入社会之中。因此，相对来说，他们的社会融合状况可能会更差一些。这种迁移经历对于流动人口社会融合的负向作用同样也可能会随着迁移经历的丰富而逐步增强。但可惜的是本研究的实际调查中未能很有效地刻画流动人口的迁移经历，因此，只能以二分类变量来刻画流动人口是否曾经有过迁移经历。

表 1 连续与虚拟变量的描述性分析

	第一轮			第二轮			第三轮		
	案例数	均值	标准差	案例数	均值	标准差	案例数	均值	标准差
年龄	1124	36.0125	4.3475	1043	36.9147	4.5442	1057	37.6377	4.7743
性别	1200	0.5650	0.4960	1149	0.5379	0.4988	1213	0.5301	0.4993
受教育水平	1199	10.2002	2.7862	1140	10.3579	2.7783	1190	10.3193	2.8628
流动原因（R＝主动迁移）	885	0.3243	0.4684	719	0.2921	0.4550	851	0.2221	0.4159
迁移经历（R＝无）	1318	0.2003	0.4004	1251	0.1383	0.3453	1286	0.1532	0.3603

表 2 分类变量的描述性分析

	分类	第一轮		第二轮		第三轮	
		案例数	比例	案例数	比例	案例数	比例
暂住证	办过、仍有效	751	77.99	627	86.96	785	90.65
	办过无效	123	12.77	76	10.54	56	6.47
	没有办过	89	9.24	18	2.50	25	2.89
	合计	963	100	721	100	866	100
用工制度	很好	182	16.08	127	11.74	174	16.84
	有些好	213	18.82	210	19.41	248	24.01
	不好也不坏	306	27.03	407	37.62	343	33.20
	有些差	129	11.40	119	11.00	103	9.97
	很差	52	4.59	31	2.87	22	2.13
	不知道	250	22.08	188	17.38	143	13.84
		1132	100	1082	100	1033	100
管理	很好	244	21.63	165	15.25	194	18.76
	有些好	278	24.65	221	20.43	223	21.57
	不好也不坏	396	35.11	339	31.33	335	32.40
	有些差	176	15.6	154	14.23	123	11.90
	很差	34	3.01	38	3.51	27	2.61
	不知道			165	15.25	132	12.77
		1128	100	1082	100	1034	100
服务	做得很好	225	20.62	174	16.59	222	21.85
	有些好	319	29.24	300	28.60	276	27.17
	不好也不坏	382	35.01	395	37.65	350	34.45
	有些差	112	10.27	126	12.01	134	13.19
	做得很差	53	4.86	54	5.15	34	3.35
		1091	100	1049	100	1016	100

在生活经历方面还可以包括流动人口在迁移前后生活的改变,特别是移民对于这种改变的评价。如果他并不满意迁移后生活的改变,势必会影响到他的融合状况。但是这个方面的测量只有在第一轮调查中加入了,在后两轮的调查中并没有相对应的变量来进行对比分析。因此,这个变量只在第一轮调查的模型中出现,且仅作为参考与验证。

人力资本因素以受教育水平与流动的目的这两个变量为代表。受教育水平将用受教育年限来表示。流动的目的在调查中被分为9类:务工经商、工作调动、分配录用、学习培训、拆迁搬家、婚姻迁入、随迁家属、投亲靠友及其他。前四类为主动迁移,后四类为被动迁移,为简化模型将迁移原因划分为主动与被动两类,以主动迁移为参照组。

最后则是一些必要的控制变量,如个体的年龄、性别等。

有关变量的描述见表1和表2。需要说明的是,虽然分类变量是以类别的形式给出,但是,在实际的操作过程中,除了暂住证这一变量以外,其他几个五分类或七分类的变量都被视为连续变量加入到模型中,而不是分类变量。这样做的好处是在不损失统计精度的情况下,更好地具有统计效率,即用最少的变量来解释。

四 影响因素的分析

由于本文中所使用的数据是多轮调查的跟踪数据,而每一轮调查数据同样可以被视为横截面数据,因此,分析过程将数据视为两种不同类型,采用不同的方法进行。首先按照横截面数据,分别讨论三轮调查中各变量的影响作用机制;然后再综合多轮调查的跟踪数据,利用固定效应与随机效应模型来分析,以反映自变量的变化对流动人口社会融合的影响作用。

1. 按照横截面数据处理的结果

按照截面数据对流动人口社会融合影响因素的回归分析结果见表3。表中共列出了六个模型。每轮调查分别有两个模型,分别检验人力资本、生活经历与制度因素的影响作用。为简约起见,以下对分析结果的讨论也从上述三个方面展开,不再赘述每个模型的结果及其比较。

(1) 作为控制变量的个体特征对流动人口社会融合的影响作用都不显著。社会融合指标的得分在性别之间并没有显著的差异,在各年龄之间也没有显著的差异。要注意的是这两个变量的方向,在没有加入制度因素之前,两性之间的差异呈现正向,即男性的得分相对高于女性(尽管不显著),但在控制了制度因素及迁移前后的生活体验以后，则表现为男性低于女性，但仍然是不显著。这种不同方向的影响作用可能与男性和女性的生活体验及感悟有关。

（2）从人力资本的角度来看，受教育水平对流动人口社会融合的状况具有显著的影响作用，且受教育水平越高的，社会融合指数也就越高。这一结果在三轮调查中表现出的一致性，验证了以往研究中有关受教育水平与流动人口社会融合状况之间的关系。但需要强调的是，事实上受教育水平对流动人口社会融合的影响作用并非是线性的。如果将受教育水平按照分类变量来处理，那么所得的结果有一定的差异：所有各组的社会融合指数均高于参照组，但是只有大专和大学以上的流动人口在第一轮和第三轮数据中显著，而小学至高中各组所对应的社会融合指数与参照组之间并没有显著的差异。也就是说，尽管随着受教育水平的提高，流动人口的社会融合状况可能会有所改善，但是在大学以下各组的流动人口中社会融合状况并没有显著的差异。而当前流动人口的受教育水平基本上是以初中和高中为主，如何通过更为有效的成人教育，来提高他们的受教育水平，将是促进他们在迁入地社会融合状况的一个非常重要的方法。

从迁移原因看，如果流动人口属于主动性的迁移与流动，那么他们在迁入地的社会融合状况相对会比较好。而被动迁移（如随迁或婚姻迁入的）的流动人口的社会融合状况则相对会较差。这一点只在第一轮调查中得到了验证，而在第二、三轮调查中则未能成立。

再从迁移经历看。上述的理论分析曾提到，流动人口如果曾经有过迁移经历，那么，他们的社会融合状况相对会比较差。但这一假设仅在第一轮数据中有所验证，在第二、三轮调查中则并未能验证。第一轮数据的分析结果表明，在控制了制度因素以后，有迁移经历的流动人口与无迁移经历的流动人口之间在社会融合状况上存在显著的差异，而且方向是一致的，即前者低于后者。但是这种情况也有可能产生另外的结果。如在第三轮调查中，在未控制制度因素时，迁移经历对于社会融合的影响作用与上述假设相反，即有迁移经历的，其社会融合状况会更好，但控制制度因素以后则不再显著。因此，迁移经历，作为流动人口生命历程中重要的事件，对于流动人口社会融合状况的影响作用仍然需要再做进一步的验证与讨论。

（3）制度因素。制度因素主要包含四个变量：是否持有有效的暂住证、对流动人口用工政策的看法、对流动人口管理的看法以及对为流动人口提供的服务的看法。四个变量分别对应的是暂住证制度、用工政策、管理、服务四个方面的内容。

表3 流动人口社会融合影响因素的回归分析结果

	第一轮		第二轮		第三轮		跟踪样本
	模型Ⅰ	模型Ⅱ	模型Ⅰ	模型Ⅱ	模型Ⅰ	模型Ⅱ	随机效应模型
性别	0.0013 (0.0472)	-0.0436 (0.0466)	0.0081 (0.0548)	0.0201 (0.0558)	0.0753 (0.1165)	0.0527 (0.0794)	-0.1801* (0.0845)
年龄	0.0037 (0.0057)	0.0025 (0.0056)	-0.0023 (0.0062)	-0.0053 (0.0064)	0.0207 (0.0122)	0.0119 (0.0089)	0.0135 (0.0095)
受教育年限	0.0403*** (0.0105)	0.0575*** (0.0103)	0.0454*** (0.0119)	0.0574*** (0.0120)	0.0636* (0.0254)	0.1241*** (0.0180)	0.0726*** (0.0184)
迁移原因 (R=主动)	-0.0961 (0.0495)	-0.0975* (0.0484)	-0.0471 (0.0596)	-0.0159 (0.0614)	0.6429*** (0.1370)	0.0980 (0.0894)	0.0107 (0.0772)
迁移经历 (R=无)	-0.1218* (0.0498)	-0.1357** (0.0485)	-0.0299 (0.0601)	-0.0384 (0.0603)	0.6415*** (0.1319)	0.0598 (0.0862)	-0.0487 (0.0768)
暂住证 无效(R=有效)		-0.0059 (0.0680)		-0.0600 (0.0881)		0.0511 (0.1499)	-0.1109 (0.1197)
没办过 (R=有效)		0.2157 (0.1354)		0.2429 (0.1936)		0.4168 (0.2745)	-0.4131 (0.3152)
用工政策		-0.0443** (0.0149)		0.0123 (0.0229)		-0.0438 (0.0369)	-0.0668* (0.0272)
对管理的评价		-0.0774** (0.0258)		-0.0678** (0.0240)		-0.0646 (0.0376)	-0.0255 (0.0323)
对服务的评价		-0.1056*** (0.0238)		-0.1725*** (0.0265)		-0.1450*** (0.0414)	-0.1443*** (0.0372)
常数项	-0.4518* (0.2286)	0.0563 (0.2325)	-0.3285 (0.2563)	0.2610 (0.2811)	-1.7580*** (0.5201)	-0.5964 (0.3923)	-0.2282 (0.4151)
N	788	721	648	585	707	592	481
R^2 (within)	0.029	0.146	0.024	0.150	0.078	0.144	0.0638

随机效应模型：R^2 (between) = 0.1882; R^2 (overall) = 0.1293; Wald chi^2 (10) = 60.47; Prob > chi^2 = 0.0000; Standard errors in parentheses; * $p<0.05$, ** $p<0.01$, *** $p<0.001$。

结果表明，是否办理暂住证以及暂住证是否有效对流动人口的社会融合状况没有影响作用。这一方面说明流动人口对暂住证制度的了解与认识程度都与其社会融合状况无关系。另一方面则需要从制度建设的目的与意义角度，重新审视暂住证制度的存在是否能够真正起到管理与服务的作用。

从用工政策来看，在第一轮调查结果中可以看到，用工制度对于流动人口社会融合的影响是非常显著的。注意，这里用工制度的评价体系是由很好到很差的五分类变量，数值越高，评价也就越差。因此，用工制度的评价与社会融合状况之间，在数据上显示负向关系，在实际含义的角度来看则应该是正向的。即如果流动人口对于用工制度的评价不高，那么其社会融合状况也会相对较差；反之，如果流动人口对用工制度的评价较好的话，那么其社会融合状况也会相对较好。因此，流动人口对于用工政策的评价会影响到他们的社会融合状况。但第二、三轮调查数据并不支持这一结果。即流动人口用工政策在后两轮调查中并不对其社会融合的状况产生影响。

这种用工政策在三轮调查中表现出的不同的影响，在流动人口管理问题上也同样存在。第一、二轮调查数据的分析结果均表明，流动人口对管理制度的认识显著地影响着他们的社会融合状况。且流动人口对管理制度的评价越高，其社会融合状况也就会越好。但第三轮的调查数据却呈现不显著的影响作用。

制度因素中的第四个方面——对服务的评价则在三轮调查中表现出高度的一致性。在三轮调查数据的分析结果中可以看到，流动人口对迁入地政府所提供的服务的评价会显著地影响流动人口的社会融合状况。类似于用工政策的评价，这个变量的作用也是负向的，主要是因为其编码同样也是负向的，得分越高，说明评价越差。因此，流动人口对服务的评价越好，他们的社会融合状况也就会越好。

综合上述四个因素在模型中的结果，可以看到，制度因素的四个方面中，为流动人口提供的各种服务是影响流动人口社会融合的主要也是关键的方面；暂住证制度对流动人口社会融合的影响则并不显著；对用工政策的评价与对管理制度的评价态度会对部分人群的社会融合状况产生影响。

2. 按照跟踪数据处理的结果

上述分析都是针对每一轮调查进行的数据分析。但正如前面提到的，截面数据只能反映一个时点的状况，因果推断中也可能存在同时性问题，也不能反映样本在一段时期内的变化。只有在多轮调查中被跟踪的样本才能反映出他们的变化与发展，也可以利用原因的变化来解释结果的变化。因此，以下将利用跟踪数据的特点及其相应的方法来进行分析。

本项目的调查以流动儿童为抽样单位和跟踪对象，因此，流失的儿童样本也就无法对应地找到家长样本，势必导致部分家长样本的流失。而且，每一轮调查中家长的调查问卷是以自填方式进行的，且在指定由父母亲哪一方来填写时都是随机的，因此，即便是被跟踪的流动儿童的家长，填写问卷的家长（父亲或母亲）可能在三轮调查中都不相同。为了能够更好地体现跟踪的情况，我们需要先通过辨认再选择出被跟踪的样本，最终得到207个被跟踪的家长，其中，女性80人，男性127人。有关这批被跟踪样本的具体情况，见表4。需要再次重申的是，这批被跟踪的样本并不具有推断总体的代表性，而只能就样本进行分析，所得结论也只能适用于这批跟踪样本。

表4 被跟踪的家长的基本情况

有关特征	案例数	均值	标准差	最小值	最大值
性别	207	0.6135	0.4881	0	1
受教育水平	207	9.7923	2.2383	3	16
基期年龄	200	35.6150	4.0570	28	51

针对跟踪样本的随机效应模型的分析结果见表3的最后一列。

首先，分析选用了随机效应模型，而非固定效应模型。选用此模型的优点在于，模型可以包括那些不随时间发生变化的自变量。但更根本的原因是检验结果表明随机项与自变量具有一定的相关性。

其次，个体特征部分。上述每一轮数据各自分析的结果中，个体特征对流动人口社会融合的状况并没有影响。但跟踪样本的分析表明，尽管年龄变化对流动人口的社会融合状况并没有太大的影响，但是，不同性别的流动人口在社会融合的变化上却有着显著的差异。相对女性而言，男性流动人口的社会融合会逐步下降。即社会融合的发展趋势存在性别差异。

再次，个体的人力资本因素。在人力资本的三个因素中，迁移原因与迁移经历并不会对他们社会融合的变化产生影响作用，但受教育水平却会影响他们的变化情况。随着受教育水平的提高，流动人口的社会融合状况也会随着时间推移而变得越来越好。尽管不知道他们总体的变化趋势，但是，对于较高受教育水平的流动人口，其社会融合状况相对会变得越好。这个结果从跟踪的角度验证了人力资本对流动人口社会融合的影响。

最后，制度因素。模型结果与截面数据分析的结果基本相同。从暂住证制度的角度看，是否办理暂住证及其有效性、对流动人口管理制度的态度这两个方面对于流动人口社会融合状况的变化并没有显著的影响；但流动人口对用工政策态度的变化、对所提供服务的态度的变化这两个因素却对其社会融合的变化有着显著的影响。因此，综合来看，制度因素对流动人口社会融合状况的变化的影响确实是存在的，但是制度的不同方面对其社会融合起着不同的作用。

五　结论与讨论

1. 结论

本文利用截面数据和跟踪数据两种类型的数据及所对应的不同的分析方法，讨论了人力资本、个体生活经历及制度因素对流动人口社会融合的影响。主要结论可以概括为以下几点。

第一，个体生活经历只对流动人口初期的社会融合状况产生影响，但并不对其发展历程或发展轨迹有显著的作用。而且这种影响作用在不同的群体之间可能会有不同的作用。对于某些群体，因为有迁移经历而使其社会融合状况更差；但对于某些群体而言，这种作用则可能是相反的。因此，生活经历对于社会融合的异质性影响作用尚需要做更深入的分析。

第二，以受教育水平为代表的人力资本因素在流动人口的社会融合中起到了非常重要的作用。流动人口的受教育水平不仅会影响到他们社会融合的状况，更会影响到流动人口社会融合的发展轨迹。

第三，制度因素对于流动人口社会融合的影响作用是显著存在的，但制度的不同方面所起的作用可能是不同的。迁入地政府所关注的流动人口管理制度（如通过暂住证制度的管理或其他相关的管理等），不管流动人口是否认同，也不会对他们的社会融合状况及其发展产生影响。但是，流动人口所关心的，与他们的生活息息相关的用工政策及对流入地政府所提供的各类服务的态度，则不仅会影响流动人口社会融合的状况，也会影响社会融合的发展与变化。因此，制度因素，特别是原来我们总是认为的以户籍制度为根本的二元制度，是阻碍流动人口社会融合的根本原因，这种理论命题需要再进一步审慎检验。

2. 讨论

上述分析结果只是根据有限数据得到的初步结果，研究结果需进一步的探讨。其中存在的主要问题如下。

第一，数据的代表性及其统计推断问题。统计分析都是建立在调查数据的基础之上。数据的代表性既是抽样方法与统计数据的问题，又会影响到统计结果的推断。以本研究的数据为例，本数据并不具有代表性。正如文中已经多次提到的，本研究以儿童就读的班级为抽样单位，因此，从成年流动人口的角度来看，抽样框与研究对象之间存在着严重的覆盖误差，即那批未婚的流动人口，已婚但没有子女的流动人口，已婚且有子女但子女不在北京的流动人口等都会因为抽样框问题而未能包括在现有的调查数据之中。因此，目前所得的结论也只能针对那些已婚有子女，且子女就读于该区域内各学校中的成年流动人口，而不能推断到全体流动人口上。特别是跟踪的样本更可能无法推论总体。正是因为这种抽样方案及其中存在的覆盖误差，本文并没有使用复杂抽样设计的数据统计分析方法。

第二，社会融合指数构建的方法问题。本文通过二阶因子分析的方法，构建得到了社会融合指数。为保证多轮调查结果之间的可比性，在社会融合指数的构建过程中，不仅各维度包含相同的变量，而且还要求因子结构在各轮调查中保持相同。这可能是导致根据第二、三轮调查数据得到的标准化的社会融合指数的均值与方差分别不等于0和1的原因。而且这种方法未能考虑社会变迁所导致的因子内部结构的变化，进而影响结果。因此，这种构建方法仍有待商榷。

第三，对三轮数据分析结果间差异性的理解。上述分析结果表明，部分自变量在各次调查中所表现出的显著性与作用并不相同。对此，一方面，可以解释为由于样本的差异而导致分析结果的差异；另一方面，从理论与实证的角度来看，前期的分析结果为后续的分析提供了基础，而后续的分析则是对前期分析所得的理论的再检验。上述将三轮调查数据视为截面数据的分析框架，既是对已有理论的检验，也是对三轮数据的分析结果的相互对比检验。如以受教育水平为代表的人力资本因素的显著作用，制度因素中暂住证制度对流动人口社会融合的不显著的影响作用，流动人口对所提供服务的态度的显著影响等，这些结果在三轮数据中表现出的一致性，说明这几个结论可以适用于不同的流动人口，也可以视为对理论的反馈与验证。但对用工制度的态度、对管理的态度这两个因素在不同模型中所表现出来的不一致性，则说明这些因素可能只适用于部分流动人口。这种利用多次调查的数据进行假设—检验的分析方法，体现了跟踪调查数据的优点。

第四，对结果的理解：以受教育水平为代表的人力资本因素对于社会融合的作用。上述结果表明人力资本的影响作用是显著的，且这种影响作用主要表现为受过高等教育水平的流动人口群体与高中及以下受教育水平的流动人口群体之间的差异。对这一结果可以从两个方面来理解。其一，受教育水平越高的流动人口，其社会经济条件等各方面都会相对较好，对迁入地生活的适应能力也越强，就越能更好地融入迁入地社会。即教育因素对社会融合的作用既有着直接的作用，还有通过其他因素而产生的间接作用。其二，从流动人口的社会需求与政策诉求而言，受过高等教育与未受过高等教育的两类人群是完全不同的。在当前流动人口以初中和高中受教育水平为主的情况下，如何针对后一种人群设计政策体系（如兴办有效的成人教育以提高其受教育水平等），以促进他们以及流动人口整体的社会融合水平，将是今后政策研究中的关键。

第五，结果的延伸：流动人口的管理与服务问题。在流动人口的管理中，暂住证制度是重要的管理与服务手段之一，为迁入地政府在流动人口管理中提供了极大的方便。抛开暂住证的办理情况，上述的分析结果表明，暂住证的办理情况和流动人口对迁入地政府管理措施的态度等，都不会影响流动人口的社会融合状况。这可以从另一方面解读为，流动人口认同这种管理方法，但是这种管理方法对社会融合状况及其变化的无效性，不得不让我们再次思考这样一个老问题：对流动人口，是应该以管理为主，还是以服务为主。尽管政府在很早以前就已经提出了由管理向服务的转变，但是在真正的实施过程中效果如何却是值得考虑的。而分析中所得到的结论：流动人口对于用工政策与所提供的服务的认可程度会显著地影响流动人口的社会融合，这一点则证明了流动人口更需要的是服务。因此，提供宽松、平等的用工政策，并改善为流动人口所提供的各种服务，将是促进流动人口社会融合的主要政策措施。

第六，流动人口社会融合包括了多个方面，如经济与文化、社会因素、结构因素及其身份认同等。但本文仅以社会融合综合指数为基础，而未从社会融合的各个维度来予以讨论。各种因素对社会融合的不同方面可能具有不同的影响作用，这需要在今后的研究中予以更多的关注。

本文对流动人口的社会融合问题做了粗浅的探索，结果亦是初步的。在数据的代表性、社会融合指数的构建、制度因素的操作化定义等方面都尚可商榷。但有关结论却引人深思。

参考文献

蔡志海：《流动民工现代性的探讨》，《华中师范大学学报（人文社会科学版）》2004年第4期。

曹子玮：《农民工的再建构社会网与网内资源流向》，《社会学研究》2003年第3期。

曾旭晖：《非正式劳动力市场人力资本研究：以成都市进城农民工为个案》，《中国农村经济》2004 年第 3 期。

嘎日达、黄匡时：《西方社会融合概念探析及其启发》，《国外社会科学》2009 年第 2 期。

郭星华、储卉娟：《从乡村到都市：融入与隔离——关于民工与城市居民社会距离的实证研究》，《江海学刊》2004 年第 3 期。

胡杰成：《农民工城市融入问题研究综述》，《兰州学刊》2008 年第 12 期。

江立华：《论农民工在城市的生存与现代性》，《郑州大学学报（哲学社会科学版）》2004 年第 1 期。

李培林：《流动民工的社会网络和社会地位》，《社会学研究》1996 年第 4 期。

李强：《中国城市中的二元劳动力市场和底层精英问题》，载《清华社会学评论特辑》，鹭江出版社，2000 年。

李强：《户籍分层与农民工的社会地位》，《中国党政干部论坛》2002 年第 8 期。

李强：《农民工与中国社会分层》，社会科学文献出版社，2004 年。

李强、邓建伟、晓筝：《社会变迁与个人发展：生命历程研究的范式与方法》，《社会学研究》1999 年第 6 期。

刘林平：《外来人群体中的关系运用——以深圳"平江村"为个案》，《中国社会科学》2001 年第 5 期。

卢国显：《我国大城市农民工与市民社会距离的实证研究》，《中国人民公安大学学报（社会科学版）》2006 年第 4 期。

吕青：《新市民的社会融入与城市的和谐发展》，《江南论坛》2005 年第 2 期。

马广海：《农民工的城市融入问题》，《山东省农业管理干部学院学报》2001 年第 3 期。

彭庆恩：《关系资本与地位获得》，《社会学研究》1996 年第 4 期。

钱文荣、张忠明：《农民工在社会的融合度问题》，《浙江大学学报（人文社会科学版）》2006 年第 7 期。

渠敬东：《生活世界中的关系强度——农村外来人口的生活轨迹》，载柯兰君、李汉林《都市里的村民——中国大城市的流动人口》，中央编译出版社，2001 年。

任远、邬民乐：《城市流动人口的社会融合：文献述评》，《人口研究》2006 年第 3 期。

王春光：《新生代农民工的社会认同与城乡融合之间的关系》，《社会学研究》2001 年第 3 期。

王春光：《农民工在流动中面临的社会体制问题》，《中国党政干部论坛》2004 年第 4 期。

王春光、Jean Philippe BEJA：《温州人在巴黎：一种独特的社会融入模式》，《中国社会科学》1999 年第 6 期。

王桂新、王利民：《城市外来人口社会融合研究综述》，《上海行政学院学报》2008 年第 6 期。

项彪：《跨越边界的社区——北京"浙江村"的生活史》，三联书店，2000年。

徐艳：《关于城市边缘人现代性的探讨——对武汉市260名农民工的调查与分析》，《青年研究》2001年第11期。

徐志：《进城民工家庭的城市适应性：对福州市五区132户进城农民工家庭的调查分析与思考》，《福州大学学报（哲学社会科学版）》2004年第1期。

杨菊华：《从隔离、选择融入到融合：流动人口社会融入问题的理论思考》，《人口研究》2009年第1期。

杨菊华：《流动人口在流入地社会融入的指标体系——基于社会融入理论的进一步研究》，《人口与经济》2010年第2期。

杨云彦：《改革开放以来中国人口"非正式迁移"的状况》，《中国社会科学》1996年第6期。

悦中山、杜海峰、李树茁等：《当代西方社会融合研究的概念、理论及应用》，《公共管理学报》2009年第2期。

张时玲：《农民工和城市社会的关系分析》，《黄冈师范学院学报》2006年第4期。

张文宏、雷开春：《城市新移民社会融合的结构、现状与影响因素分析》，《社会学研究》2008年第5期。

张新玲、赵永乐、林竹等：《农民工就业：人力资本和社会资本的耦合分析》，《农村经济》2007年第12期。

赵定东、许洪波：《关系的魅力与移民的社会适应：中哈移民的一个考察》，《市场与人口分析》2004年第4期。

赵延东、王奋宇：《城乡流动人口的经济地位获得及决定因素》，《中国人口科学》2002年第4期。

周皓：《中国人口迁移的家庭化趋势及影响因素分析》，《人口研究》2004年第6期。

周皓：《流动人口社会融合的测量及理论思考》，《人口研究》2012年第3期。

周晓虹：《流动与城市体验对中国农民现代性的影响——北京"浙江村"与温州一个农村社区的考察》，《社会学研究》1998年第5期。

朱考金、吴磊：《农民工城市融入问题文献综述》，《辽东学院学报（社会科学版）》2007年第3期。

朱力：《论农民工阶层的城市适应》，《江海学刊》2002年第6期。

影响工人组织忠诚的非正式机制
——两种类型的初级社会连带

朱　妍[*]

内容摘要：既有对组织忠诚的研究强调正式制度安排的影响，而对于非正式制度缺乏系统考察。有一些研究指出，工人的初级社会连带对组织忠诚会产生影响，但这些研究并没有对影响的方向和机制进行深入探讨。本研究依据对上海制造业企业中管理层的访谈试图呈现，工人拥有两种类型的初级社会连带，其作用效果是有差别的：包含有高层管理者甚至所有者的垂直型初级社会连带对促进员工的组织忠诚有正向作用，而仅包含普通工人的水平型初级社会连带对促进员工的组织忠诚有负向作用。作者试图从正式制度与非正式制度之间的关系角度来对这一分野进行解释，并在拓新理论的基础上提出进一步研究的方向。

关键词：垂直型初级社会连带　水平型初级社会连带　正式制度　非正式制度

一　问题的提出

近年来，全国各地劳动争议案件数量居高不下[①]，企业工人的短工化现

---

[*] 朱妍，上海社会科学院社会学研究所，复旦大学社会学系博士候选人。
[①] 根据《中国劳动统计年鉴》的数据，2008年以来，全国每年受理的劳动争议案件均超过60万件，每10万城镇就业人员中劳动争议案件的数量在150~200件之间，这一数字远超经济高速发展期的中国台湾和韩国。这两地的数据可以参见玛丽·E.加拉格尔，2010，《全球化与中国劳工政治》，杭州：浙江人民出版社；具海根，2004，《韩国工人——阶级形成的文化与政治》，北京：社会科学文献出版社；具海根，2004，《从农场到工厂：韩国的无产阶级化历程》，《开放时代》第10期。

象明显，在与企业发生劳动争议时，雇员往往采取机会主义策略，加剧了劳动关系的紧张程度。这些现象不仅挑战了工人阶级政权的合法性，也影响了产业发展乃至经济增长。因此，如何协调劳动关系仍将长期成为研究者和政策实践者关注的议题。

关于工厂劳动关系的研究试图回答的核心问题是：在何种情况下，企业组织对于员工实施的激励与控制策略是有效的，员工会更倾向于接受管理，对企业有更强烈的归属感和忠诚度；反之，在什么情况下无效，甚至激发出各种抗争策略[1]。研究者发现，组织忠诚（organizational commitment）不仅是评价劳动关系的重要方面，而且对员工的工作表现、满意度、组织绩效、转工率等都有显著的正向影响[2]。

有不同理论试图解释员工的组织忠诚，并可以追溯至不同的理论渊源，但大都强调组织内部的正式制度安排，例如薪资结构、权威等级、技术流程、争议协调机制等塑造了工人的行为模式和态度意识，但对于企业内部的非正式制度缺乏重视[3]。

本文认为，对于处在工业化进程中的经济体来说，大量农村剩余劳动力构成了新兴产业的工人群体，他们旧有的社会关系在身份转换过程中或多或少地得以保留，形成企业内部的非正式制度，并影响到他们在工作场所的意

---

[1] 参见约翰·R. 康芒斯，2010，《集体行动的经济学》，北京：中国劳动社会保障出版社；理查德·海曼，2008，《劳资关系：一种马克思主义的分析框架》，北京：中国劳动社会保障出版社；托马斯·寇肯、哈瑞·卡兹、罗伯特·麦克西，2008，《美国产业关系的转型》，北京：中国劳动社会保障出版社；Bendix, R., 1956, *Work and Authority in Industry: Managerial Ideologies in the Course of Industrialization*. London: Transaction Publishers; Dunlop, J. T., 1958 *Industrial Relations Systems*. Boston, MA: Harvard Business School Press。

[2] Cheng, Bor-Shiuan, Ding - Yu Jiang & Jean H. Riley, 2003, Organizational Commitment, Supervisory Commitment, and Employee Outcomes in the Chinese Context: Proximal Hypothesis or Global Hypothesis? In *Journal of Organizational Behavior*, 24: 313 - 334; Cole, Michael S. & Heike Bruch, 2006, Organizational Identity Strength, Identification, and their Relationships to Turnover Intention: Does Organizational Hierarchy Matter? In *Journal of Organizational Behavior*, 27: 585 - 605; Meyer, J. P., Becker, T. E., & Vandenberghe, C., 2004, Employee Commitment and Motivation: A Conceptual Analysis and Integrative Model. In *Journal of Applied Psychology*, 89: 991 - 1007; Vandenberghe, Christian & Michel Tremblay, 2008, The Role of Pay Satisfaction and Organizational Commitment in Turnover Intention: A Two-sample Study. In *Journal of Business and Psychology*, 22 (3): 275 - 286.

[3] Burawoy, Michael, 1979, *Manufacturing Consent*. Chicago, IL: The University of Chicago Press; Klein, Stuart., 1971, *Workers under Stress: The Impact of Work Pressure on Group Cohesion*. Lexington, KY: University of Kentucky Press; Lincoln, James & Arne L. Kalleberg, 1985, Work Organization and Workforce Commitment: A Study of Plants and Employees in the （转下页注）

识态度。

基于对上海制造业企业管理层的访谈,笔者提出,劳工在工厂中所享有的初级社会连带关系(primary social ties)是影响组织忠诚的非正式机制;随后进一步区分了两种类型的初级社会连带,即包含有高层管理者甚至所有者的垂直型初级社会连带与仅包含普通工人的水平型初级社会连带,认为不同类型的初级社会连带会对工人的组织忠诚产生不同的影响;诉诸制度理论中正式制度与非正式制度之间的关联,笔者试图解释为什么两种类型的初级社会连带关系的影响会出现差异,并提出进一步研究的方向。

二 影响组织忠诚的正式与非正式机制

研究者将组织忠诚定义为"个体对特定组织目标与价值的认同,以及对组织事务的参与"[1],认为组织忠诚是一种较为稳定的心理特征,有助于促使员工服从组织权威、保持较高的工作与创新积极性、维持员工与组织之间的长期稳定雇佣关系、降低转工倾向等[2]。因此,员工的组织忠诚是考量劳动关系的重要维度。

哪些因素影响了员工的组织忠诚?既有研究提出了不少解释路径。布雷弗曼、布若威、爱德华兹等新马克思主义者,强调劳动过程、内部劳动力市场、工会等劳资争议调处机构的作用[3],认为生产过程的特殊设计培育了工人竞争性的个体主义(competitive individualism)[4]。而受到韦伯科层制理论启发的研究者则强调"非人格化"的法理型权威,认为要通过严格界定的

(接上页注③) U. S. and Japan. In *American Sociological Review*, 50 (6): 738 - 760; Lincoln, James & Arne L Kalleberg, 1996, Commitment, Quits, and Work Organization in Japanese and U. S. Plants. In *Industrial and Labor Relations Review*, 50 (1): 39 - 59; Sinclair, Robert R., Michael C. Leo & Chris Wright, 2005, Benefit System Effects on Employees' Benefit Knowledge, Use, and Organizational Commitment. In *Journal of Business and Psychology*, 20 (1): 3 - 29;理查德·海曼, 2008。

[1] Mowday, R. T., Steers, R. M., & Porter, L. W., 1979, The Measurement of Organizational Commitment. In *Journal of Vocational Behavior*, 14: 226.

[2] Meyer, Becker & Vandenberghe, 2004.

[3] 哈里·布雷弗曼, 1979,《劳动与垄断资本》,方生等译,北京:商务印书馆; Burawoy, 1979; Burawoy, Michael & János Lukacs, 1985, Mythologies of Work: A Comparison of Firms in State Socialism and Advanced Capitalism. In *American Sociological Review*, 50 (6): 723 - 737; Edwards, Richard, 1975, The Social Relations of Production in the Firm and Labor Market Structure, In *Politics and Society*, 5: 83 - 108。

[4] Burawoy, 1979, 104 - 105.

职务等级让雇主的管控具有形式上的合理性,要对工序进行简化和机械化,对工人实施直接的物质性激励,以此实现"科学管理"[①]。

这些解释的理论渊源虽有很大差异,但都强调正式的科层制度安排,如企业组织架构、生产过程和日常管理实践等对工人组织忠诚的影响。这些解释忽视了企业组织中非正式制度的影响作用。本文对企业非正式制度的关注有两个逻辑起点:一是霍桑实验及后续兴起的人际关系学派和群体动力学对科学管理理论的批评,这一批评背后的意涵是注意到工业化进程中劳动者的社会关系出现了部分更替与延续,而这种社会关系的变化对他们如何理解自己作为雇佣工人的社会角色会有深刻影响;与之相关的第二个起点是制度主义强调的正式制度嵌入非正式制度中,其中的含义是契约关系的执行效果往往取决于涂尔干所说的"非契约性要素",进入工业生产场所的劳动者对劳动关系的理解并不仅仅由雇佣契约等正式制度决定,他们所处的社会关系会影响其对制度的适当性判断,对劳雇关系的文化性理解等。

强调正式科层制度与科学化管理的理论从来都不乏批评。霍桑实验的参与者以及之后兴起的人际关系学派和群体动力学理论就指出,研究者高估了正式制度的作用,却忽视了员工之间的非正式关系会对士气和生产表现产生重要影响[②]。霍桑实验发现,工业化会伴随旧有社会关系的解组和新社会关系的生成,而劳动者对于社会关系变迁和存续的回应会影响他们在工业生产中的态度和行为。例如,前工业化社会存在许多协作式生产和劳作,但科学化的生产流程管理往往会让个体原子化作业,忽视了旧有社会关系下的协作愿望会多少留存下来。因此,工厂中的非正式关系并不一定妨害了劳动关系和生产绩效。

对中国工业组织中劳动关系研究来说,这一视角尤为相关。强调生产过程中正式制度安排的研究多考察成熟的工业生产系统,在这些系统中,工人群体的构成比较稳定,劳动者与生产资料之间的关系也较单纯。但对于处在工业化进程中的经济体来说,大量的农村剩余劳动力构成了新兴产业工人群

[①] 戴维·英格利斯,2010,《文化与日常生活》,张秋月、周雷亚译,北京:中央编译出版社,第51~53页;马克斯·韦伯,2009,《经济与社会》(第一卷),阎克文译,上海:上海人民出版社;Guillen, Mauro F. , 1994, *Models of Management: Work, Authority, and Organization in a Comparative Perspective*. Chicago, IL: University of Chicago Press.

[②] Franke, R. H. & J. D. Kaul, 1978, The Hawthorne Experiments: First Statistical Interpretation. In *American Sociological Review*, 43: 623 - 643; Mayo, Elton, 1933, *The Human Problems of an Industrial Civilization*. New York: Macmillan; Roethlisberger, F. J. & William Dickson, 1939, *Management and the Worker*. Cambridge, MA: Harvard University Press.

体，这些劳动者所拥有的旧的社会关系既发生了变化，又以各种形式保留了下来，这些社会关系对工人的意识态度产生了深刻影响[1]。然而，梅奥等人对于工业化进程中人的角色与社会关系变化及其后果的关注却没有得到应有的继承和深化，之后导向的人际关系学派和群体动力学理论着力呈现组织内部的群内群际互动，却未将这种互动的模式与后果放置于社会变迁的背景之下[2]。

强调正式制度的理性化科学管理理论与强调非正式制度的人际关系学派构成了理论上的对立，而制度理论试图综合两种观点。制度主义关注正式制度与非正式制度之间的关系[3]，强调正式制度嵌入在非正式制度中。在企业组织中，雇主会同被雇者制定一系列的正式契约关系，包括劳动过程、技术流程、薪酬与晋升机制、奖惩规则等，这些正式要素嵌入在一种非契约性的规范结构中，从而极大地影响了正式制度的执行效果。这种"非契约性的规范结构"是人们对于激励与管控措施是否"适当"（appropriate）的判断[4]。这种规范结构往往附着在雇员之间或雇员与雇主的社会关系上，给原本非人格化的雇佣关系加入多重角色的权责义务[5]，影响员工对于正式制度适当性的判断，继而影响他们的服从、忠诚与工作表现。

从制度主义的视角出发，研究者可以回应梅奥等人早年关注的问题。工业组织中存在的非正式社会连带是前工业化时期人际关系特征的持续，这使得工业组织中的劳动关系情况更为复杂。对于中国工厂而言，这种非正式社

---

[1] Smelser, Neil J., 1959, *Social Change in the Industrial Revolution: An Application of Theory to the British Cotton Industry*. Chicago, IL: University of Chicago Press.

[2] 闻翔，2013，《"乡土中国"遭遇"机器时代"——重读费孝通关于〈昆厂劳工〉的讨论》，《开放时代》第1期。

[3] Nee, Victor, 1998a, Norms and Networks in Economic and Organizational Performance. In *The American Economic Review*, 88（2）: 85–89; Nee, Victor, 1998b, Sources of the New Institutionalism. In Mary C. Brinton & Victor Nee (eds.), *The New Institutionalism in Sociology*. New York: Russell Sage Foundation.

[4] Baron, James N., 1988, The Employment Relations as a Social Relation. In *Journal of the Japanese and International Economics*, 2: 492–525; Beynon, Huw & R. M. Blackburn, 1972, *Perceptions of Work: Variations within a Factory*. New York: Cambridge University Press; Dore, Ronald, 1973, *British Factory, Japanese Factory*. Berkeley & Los Angeles, CA: University of California Press.

[5] 赫伯特·西蒙，1988，《管理行为——管理组织决策过程的研究》，杨砾等译，北京：北京经济学院出版社；赫伯特·西蒙，2002，《西蒙选集》，黄涛译，北京：首都经济贸易大学出版社；White, Harrison C., 1992, *Identity and Control: A Structural Theory of Social Action*. Princeton, NJ: Princeton University Press.

会连带主要表现为基于血缘、亲缘、地缘、族群等初级社会关系的连带形式。这种初级社会连带对考察中国工厂的劳动关系尤为重要,一方面,中国新兴产业工人群体中绝大多数是由农村富余劳动力向非农产业转移而构成,而户籍等级制度分割导致这一群体难以在城镇中快速建立起社会支持系统,他们与故土仍然保持较为紧密的关联,在城市中也会根据来源地而构造类似"族群"的小群体庇护模式,因而维持初级社会连带有着实际的效用;另一方面,即便这一群体在身份转化过程中出现了新的社会连带关系,他们也会对不同类型的社会连带区分亲疏程度,而初级社会连带位于差序格局之同心圆的内圈,对于他们的态度和意识都会产生更为直接的影响。

　　已有不少研究对于工人的初级社会连带对劳动关系的影响做了有益的探索,但存在不足。首先,既有经验研究在初级社会连带的作用方向上并没有达成共识。有的研究强调,初级社会连带会制造较高的忠诚度,成为工人服从管理和控制的基础。例如,有学者提出"关系霸权"的概念来解释建筑行业中工头如何利用同乡关系约束工人的不满,并制造服从[1];而对家户式工厂劳动关系的研究也发现,家户工与雇主之间的雇佣关系会变得拟亲化,从而影响了雇工的公平观念,当他们服从雇主时也不会感到任何张力[2]。而另一些研究则提出,工人在工厂中拥有基于血缘、亲缘和地缘等初级社会连带,会强化小群体意识,从而与作为更大共同体的组织目标产生冲突,削弱服从与组织忠诚,甚至会成为工人发起抗争的依赖资源。对上海早期工业化进程中工人生活与政治的研究为这一观点提供了坚实有力的支持[3],而对他国的研究也有类似的发现,认为工人的初级社会连带影响劳工对工厂管理模

---

[1] 周潇,2007,《关系霸权:建筑工地的控制与反抗》,载郑也夫、沈原、潘绥铭编《北大清华人大社会学硕士论文选编》,山东人民出版社;沈原、周潇,2007,《"关系霸权":对建筑工劳动过程的一项研究》,载《市场、阶级与社会:转型社会学的关键议题》,北京:社会科学文献出版社。

[2] 陈秋虹,2011,《家庭即工厂:河北北镇乡村工业化考察》,载郑也夫、沈原、潘绥铭编《北大清华人大社会学硕士论文选编》,中国青年出版社,第23页;童根兴,2005,《北镇家户工——日常实践逻辑与宏观政治经济学逻辑》,载郑也夫、沈原、潘绥铭编《北大清华人大社会学硕士论文选编》,山东人民出版社,第304~315页;谢国雄,1997,《纯劳动:台湾劳动体制诸论》,南港:"中央研究院"社会学研究所筹备处。

[3] Goodman, Bryna, 1995a, *Native Place, City, and Nation: Regional Networks and Identities in Shanghai, 1853 – 1937*. Berkeley, CA: University of California Press; Honig, Emily, 1992, *Sisters and Strangers: Women in the Shanghai Cotton Mills, 1919 – 1949*. Stanford, CA: Stanford University Press; Perry, Elizabeth, 1993, *Shanghai on Strike: The Politics of Chinese Labor*. Stanford, CA: Stanford University Press.

式的认知，塑造了特殊的劳工抗议模式[①]。

其次，仅仅了解工人的组织忠诚会受到初级社会连带的影响，并不能增进我们对影响机制的深入了解，需要对此进行更为细致的考察。我们已经知道工人的取向和态度是由于正式雇佣关系的"嵌入性"所致，但"嵌入"发生的机制仍不清楚，而搞清楚这一机制其实是提出了比"嵌入"更近似的解释机制[②]。

工人所处的初级社会连带会对其组织忠诚产生影响，那么影响的方向和机制是什么？下一节将依据田野调查的资料对这一问题做尝试性解答。

三 组织忠诚的非正式机制：两种类型的初级社会连带

笔者分别于 2012 年 12 月至 2013 年 2 月和 2013 年 5 月对上海 4 家制造业企业中不同层级的管理者进行了深入访谈，访谈内容包括企业的招工及人员流转情况、晋升与奖惩制度、生产组织与薪资给付方式、企业中是否存在小群体、对于不同渠道招聘入厂的员工的管理方式等。在访谈中，笔者发现，不同类型和层级的初级社会连带对员工组织忠诚的影响并不一致：包含了中高层管理者甚至所有者的垂直型初级社会连带并不具有威胁性，对于促进员工的组织忠诚会产生正向作用；而仅仅包含了普通工人或者部分基层管理者（例如工段长、班组长）的水平型初级社会连带则会阻碍员工形成较高的组织忠诚，从而成为消极怠工甚至劳资冲突的潜在诱因，通常被认为需要严加防范。

劳动密集型制造业企业的生产工人每年的自愿流转率超过 15%，有时甚至高达 30%。为了填补每年自愿流转掉的大量生产性岗位，招工成为这些企业重要的例行任务。招工渠道主要包括本地劳务中介、招聘会现场招聘、校园设点招聘、张贴和散发招工启事以及老员工关系介绍。

规模较大、技术含量较高的企业更倾向于选择制度化的招聘渠道。例如，访谈中的 A 企业是一家大型股份制企业，隶属于某集团公司，目前有 4300 余名员工，其中一线生产工人 2600 人，技术工人占 1/3，每年的招聘规模为 350～400 人。该公司在业内很有声望，也能为地方社会提供大量就业岗位，创造税收收入，因此很受地方政府的青睐和扶持。近年来，公司的招聘大多通过校园招聘、政府组织的招聘会、招聘网站合作来完成，这些途

[①] Bendix, 1959; Chakrabarty, Dipesh, 1989, *Rethinking Working - class History: Bengal, 1890 - 1940*. Princeton: Princeton University Press.

[②] Portes, Alejandro, 2010, *Economic Sociology: A Systematic Inquiry*. Princeton, NJ: Princeton University Press.

径招聘的员工总量超过90%。

但对于规模较小，操作工艺较为简单的企业来说，制度化的招聘渠道就显得成本过高，这些企业的一线员工流转率很高，全年不同时期都有员工流失并需要及时补充，而需要补充的一般都是技术要求较低的普工职位。因此，这些企业一般较少采取校园招聘和网站协作招聘，更多地采用非正式化的渠道。例如在附近张贴招工广告或通过在职员工介绍，而通过这些渠道招聘来的员工，可能或多或少存在一些连带关系，例如同乡、同族亲戚，甚至是家庭成员。对于依靠各种连带关系介绍入职的员工，企业管理层存在较深的顾虑，认为这种招工方式往往连带亲戚或同乡，可能会发生有紧密连带关系的员工群聚在某一部门的情况，挑战企业管理者的权威。

> 对于老员工介绍来的工人，我们控制的比例是10%左右，就是怕他们起哄。比方说有的工人不想加班，他就招呼老乡一帮子人联合一起旷工。公司有200个工人，介绍来的大概也就20多个，大多数是老乡介绍的。……民营企业，讲老实话，工人对于规章制度的遵守情况不太好，这是没办法的。有归属感的（工人）也比较少，基本上就想挣点钱养家糊口，很现实的考虑。我们要不停地对工人做指导和监管，中国人的企业就是要靠处罚和奖励，但是处罚和奖励也是有条件的，针对一两个人可以（有用）的，但如果他们是一帮子，你更加没法管了。（访谈对象102号，某民营保健器械生产企业生产部门经理。）

这位经理的观点对于企业管理层如何看待员工之间的初级社会连带很具有代表性。对于管理者而言，工业化生产对这些来自农村的务工者的改造除了包括观念意识、行为举止，还包括社会关系。

> 这些工人遇到了什么事情，他们的逻辑不是参照制度，而是找亲戚老乡朋友，然后直接冲到你办公室，谁权力大他们找谁……我坚决杜绝这种事情。我下面有个助理把这些事情都挡掉了，让他们该找谁找谁，不要越级，也不要一堆人一起上。他们以为人多可以解决得更好，我说制度在那里，人多人少都一样。谁再来找我，我要赶出去的，不仅赶出去，还要处分罚款，最严重的直接开除。你看你在我这里坐了这么久，有没有人来找我啊，这说明都规范了。（访谈对象101号，某民营保健器械生产企业总经理。）

这位管理者感到，要让这些"农村出来的"学会一种个体导向的制度化思维并不容易，"他们在农村的时候就是七大姑八大姨，谁都和他有关系"，现在要学会"为自己负责"，花了他不少心血。他坚持不直接管理工人，而是通过正式制度来间接管理。他坚信通过科层化的逐层负责制可以削弱"人治"特征，而这是一个高效率现代化企业所必需的。

强调科层制度安排是民营企业，尤其是中小型民营的突出特征。这些企业往往移植了台湾企业的科层制管理模式：在总经理下设若干职能部门，由经理负责；每个职能部门下面又有二级部门，负责人被称为"课长"；之下又设了"班组长"。科层制度安排原本是为了提高效率，然而僵化的科层制也会加剧"委托－代理"困境，尤其是在强调逐层管理的科层制中，所有者或中高级管理者通常无法对一线工人实施有效的监控，这也使得直接监督工人的基层管理岗位成为缓解或加剧"委托－代理"难题的关键。

在访谈中，我们发现，作为企业基层管理者的课长/主管和班组长在大多数中高层管理者的眼中，是潜在的"委托－代理"问题的制造者，而不是上下沟通的桥梁。作为中层管理者的部门经理对此格外留意。

> 我们的基层管理人员，也就是主管和班组长，基本上都是在一线员工中提拔的，他们一般和厂里的普通工人很熟悉。为了防止形成派系，通常每两三年我会让他在几个车间内部调动。从培养人的角度，我也会希望他掌握不同的生产工艺和产品。我本人也在不同的工艺部门做过很多不同工作。（访谈对象301号，某股份制电气设备企业生产部门经理。）

基层管理者也会介绍自己的亲友和同乡来企业应聘，其中一部分会被录用，而在具体工作岗位的安排上会由部门经理来控制。

> 班组长介绍人过来，我们一般都放到其他人的班组。这就是为了防止闹事情，跟我们的管理对着干。在安排工作的时候我们就要考虑不要同一个地方的人太多，进来以后再想要调岗什么的就比较困难了。（访谈对象401号，某台资电子企业人事专员。）

在企业的中高层管理者眼里，普通工人之间的连带关系是需要警惕的，因为他们会群聚起来成为企业的管理与控制手段难以有效控制的小群体。而对于拥有一定管理权限的班组长，企业管理者有着更深的戒备，这一群体不仅不被看作"自己人",相反,他们所拥有的那一点资源和自由度可能成为笼络人心、凝聚小群体的有效黏合剂。因此,对于由基层管理人员介绍员工入职,企业主要负责人更不会采纳。

> 有小组长会要介绍工人过来,但是我们不太采用,我们不要管理人员介绍。比如说我是组长,我介绍过来的人,我就会对他偏心,那我管理这个部门可能就不会做到公平了。因为他们的文化水平就这么低,你要叫他怎样怎样(指公平对待工人)他做不到的。(访谈对象201号,某民营金属制品公司总经理。)
>
> 组长介绍过来的(人)很少,他们带了一帮人过来,哪一天带头的那个人要走了,就把一帮子人都带走,那对你公司(会)产生很大的影响。补人也一下子补不过来,要走就走一帮,起哄也是一帮人跟着起哄,对公司(来说)损失很大。这些工人文化水平低,他才不管你公司的需要,就看眼前利益。他如果心眼不好,看你公司现在发展很快,他私底下结帮结派,想办法跟公司提出一些无理要求,也有可能的。比如罢工啊,虽然我们现在没有(罢工),但要防止嘛。别的公司就有这种情况。(访谈对象202号,某民营金属制品公司人事。)

可见,管理者对于一线员工之间,或是层级较低的管理者(如工段长、小组长等)与一线员工之间的连带关系比较警惕,认为这种水平型连带会对企业管理造成潜在威胁,因而倾向于在人员招聘、岗位安排等环节都加以控制。

与这种仅仅包含普通工人和基层管理者的水平型社会连带不同,当有层级较高的管理者(如部门经理、总经理等)加入其中时,社会连带关系就变得垂直化了,而这种垂直型连带不仅不会引起警惕,还被看作凝聚员工、约束不满、减少争议的砝码。

周潇在他的研究中记录了这样一段内容:"去年我们一个老表,我带班的时候,他不听话,天天晚上打牌,白天不上班,我一早把他拽起来,弄到地上,他就怕,甩(打)了他两下子,就听话了。要不是亲戚,不是老表,我哪会打他啊?外省的,不听话就不听话,你做一天有一天的钱,不做就没得。"[①] 说明当上下级之间共享了某种超越雇佣关系的关系纽带时,雇主或

---

① 周潇,2007:419。

者管理者可以利用这种关系纽带更轻易地获得服从。蔡禾与其同事对于建筑行业的研究也发现了"逆差序格局",即当工资总额不足时,包工头会先将工资发放给"关系"疏远的工人,之后才发给与其关系较近的雇员,后者因为各种关系纽带在利益受损的情形下仍能维持忠诚[1]。

  笔者的田野访谈也对此提供了支持。访谈中的一家企业,产品制作周期和检验周期较长,标准化程度较低,客户对产品的生产要求和工艺要求差异很大,所以对工人的熟练程度和技术要求都比较高。为了适应产品的属性,该企业的主要生产作业形式是小组合作式生产。企业管理者意识到这种生产模式可能会有助于员工内部的小群体的团结,在2010年本田事件发生之后,企业就更为谨慎。为了避免小组作业导致的小群体化,也为了招到合格的技术工人,企业都会采取多种渠道招聘新人,在工作岗位分配等各个环节着力排查隐患,并辅之以正式的规章制度,这些因素都降低了工人之间水平型初级社会连带关系的滋长。然而,如果考察企业的管理层,我们会发现不同层级的管理者之间存在着比较紧密的地缘或准地缘关系,大约1/3的管理者或行政人员,其本人或配偶是温州人。形成这一现象的原因是,该企业的母公司早年发迹于温州市,而上海公司成立伊始,从温州公司处调来了一批人员,并放置于不同层级的管理岗位。副总经理是温州人,负责公司的日常营运与公共关系,他告诉笔者,目前手下最为得力的一群干部大都是温州人或温州人的家属,包括企业的人事经理,若干生产部门的正副经理等,"他们都很熟悉温州人做企业的风格,也都把企业当成是自己要做事业的地方"。

  在管理实践中,所有者和中高层管理者甚至会通过将自身嵌入这种垂直型的社会连带关系来确保员工的忠诚。在另一家生产保健器械的企业中,一个核心部门的员工大都来自江苏启东,当笔者问及工厂管理方对此是否有顾虑时,总经理表示毫不在意。

    我不忌讳的。他们有很多企业忌讳这个。这个部门70%都是江苏启东介绍过来的,经理也是启东人。也有人跟我讲,他们万一一起搞你一下,你很被动的。但是我不担心。我知道这个经理和我是一条心,而且也是我的股东。我给他股份,让他安心在我这里做。(访谈对象101

---

[1] 蔡禾、贾文娟,2009,《路桥建设业中包工头工资发放的"逆差序格局":"关系"降低了谁的市场风险》,《社会》第5期。

号，某民营医疗器械企业总经理。）

除了这位经理之外，该企业的管理层绝大多数是上海某郊区的本地人，他们大多是公司成立初期就进入企业的，当地人一般看重就业的稳定性，不会动辄跳槽，随着企业发展也就逐渐得到晋升，成为企业的核心成员。而对于如何保证那些非本地人的管理层与公司同心同德，总经理认为"立场"最为重要，而"立场"则是需要通过日常观察与仪式性的行动或话语来考察的。

> 我的用人首选标准，不是能力第一，而是立场第一，能力第二。我用什么人，和他的人品无关，要看他的立场。我要的人就是全身心放在公司、放在产品、放在团队。凡是在公开场合没有发过誓一直要跟着我的，一律不用。我们提拔的干部，尤其是那几个不是我们SJ本地人的，都是在酒桌上发过誓的，要永远跟着我干下去的。这就是立场，就是价值观的高度一致。（访谈对象101号，某民营医疗器械企业总经理。）

我们可以看到，总经理表示对某部门内部的初级连带关系并不介意，是由于他已经通过让渡物质利益让这个小群体中的核心成员（即部门经理）嵌入企业的管理层。这种嵌入一定程度上瓦解了研发部内部小群体的封闭性，并建立了另一种类似初级关系的垂直型连带机制，而其中包括了总经理、研发部经理以及他的下属。事实上，这个人是否可靠，可否委以重任，总经理的评判标准首先是他的来源地，如果是本地人，那么就天然有了可信度；如若不然，总经理会通过仪式性的话语和实质性的利益与其建立一种"准初级社会连带"关系，以此来促进忠诚。

四　正式制度与非正式制度：一致与冲突的限度与条件

企业的正式管理制度都旨在提升员工的组织忠诚，那么考察以员工的初级社会连带为载体的非正式制度究竟是促进还是削弱了组织忠诚，实质就是考察这种基于非生产性社会关系的非正式制度多大程度上与正式制度作用方向一致或冲突。

而两者之间的不同关系恰恰是社会学制度主义一直以来试图回答的问题[1]。研究者认为,当正式制度与非正式制度"耦合"(couple)时,正式制度对个体行为的规范会特别有效,因为监督与惩罚都可以通过非正式制度来完成,交易成本大为降低,正如周雪光在《"关系产权":产权制度的一个社会学解释》一文中提出的模式。而当正式制度与非正式规范"脱耦"(decouple)时,有两种情况,一是正式制度仅仅为了获得合法性,不具有规制效果,仅有仪式性功用[2],类似于古尔德纳研究的石膏厂在管理模式改革之前的"纵容模式"(indulgency model)[3],在这种情况下,正式制度只是摆设,日常人际互动都由非正式制度来实施。二是非正式制度成为正式制度的对立,也就是正式制度与小群体成员的利益相抵触,这时会激发成员抵制正式制度的作用。克罗齐埃对"联合工厂"的研究就表明了这种关系模式,精细化的分工如何导致不同技术工种的工人群体互相钳制,使得工厂内部的协调生产难以顺利展开[4]。"联合工厂"中包括了生产工人、维修工人、工程师、车间管理者等不同等级的雇员,等级制度对雇员之间的服从关系做了精细的规定,但事实上,这些规定几乎没有效力。维修工人和工程师垄断性地占有专业知识与技术,为了显示自己的地位重要,与占有职务级别权力的管理者们讨价还价,他们"尽其一切可能使他们的职务保持为一种依靠经验和难以定义的职务,并阻止其理性化……全力保住他们的全能师傅的角色……不肯接受可能损及他们行动自由的任何减轻负担的做法"[5]。在这种情况下,新引进一些规定详尽的正式制度,反而导致了工人普遍的不合作。

从访谈资料中我们发现,基于水平型初级社会连带的非正式制度会与企业正式制度产生潜在冲突,从而削弱了企业正式制度的效果,降低了员工的组织忠诚;而基于垂直型初级社会连带的非正式制度则与企业正式制度"耦合",从而强化了企业正式制度的效果,提升了员工的组织忠诚。

---

[1] Nee, 1998a, 1998b; Peng, Yusheng, 2004, Kinship Networks and Entrepreneurs in China's Transitional Economy. In *American Journal of Sociology*, 109 (5): 1045 - 1074;郭云南、姚洋、Jeremy Foltz,2012,《正式与非正式权威、问责与平滑消费:来自中国村庄的经验数据》,《管理世界》第1期;彭玉生,2009,《当正式制度与非正式规范发生冲突:计划生育与宗族网络》,《社会》第1期。

[2] 周雪光,2005,《"关系产权":产权制度的一个社会学解释》,《社会学研究》第2期。

[3] Gouldner, A., 1954, *Patterns of Industrial Bureaucracy*. New York: The Free Press.

[4] 米歇尔·克罗齐埃,2002,《科层现象》,刘汉全译,上海:上海人民出版社;克罗戴特·拉法耶,2000,《组织社会学》,安延译,北京:社会科学文献出版社,第34~38页。

[5] 米歇尔·克罗齐埃,2002:189。

然而，对于既有理论和田野资料，我们仍然存有疑惑：首先，我们看到水平型初级社会连带可能会削弱员工的组织忠诚，而垂直型初级社会连带则会强化员工的组织忠诚，但对于这两种社会连带的作用机制我们仍不清楚。与之相关的第二个疑惑是，如果我们不了解社会连带的作用机制，就无法排除两种机制中分别存在的反向作用，即水平型社会连带存在强化组织忠诚的作用，而垂直型社会连带则也可能削弱组织忠诚。以垂直型社会连带为例，如果雇佣契约中的非契约性因素是一系列对雇主和雇员权利义务的朴素规定，并且这些规定会上升为一种行为准则或惯例，那么，这些准则中既可能含有要求雇员忠诚的元素，也可能包含对雇主更高的要求和约束，而当雇主或管理者未能做到时，这种非契约性因素也会削弱员工的组织忠诚。我们并无理由假定，这些惯例都仅仅指向对雇员的约束，而不会成为雇员要求雇主照顾与妥协的筹码。

要了解初级社会连带的作用机制，就要回答不同类型的初级社会连带对人们来说意味着什么，以及人们为什么服从附着在这种社会连带上的非正式制度。对于这一疑问，一般有过度社会化和低度社会化两种解释路径。低度社会化强调效率与收益，通常将非正式制度看作人们互惠关系中的权责与义务规定，认为人们服从非正式制度是因为这种服从符合群体期待，或是因为担心不服从会遭到群体制裁，总之是因为人们能够从服从中获得各种收益。而过度社会化视角则强调归属或认同某一个群体后自然产生的内心驱动，大体上基于社会整合的自然内化机制。

现实通常是居于低度社会化与过度社会化之间：人们之间存在稳定的互动关系模式是因为被错综复杂的利益牵连，当缺少利益关联时，小群体都无法形成，非正式规范的作用更是缺乏指向；而如果仅仅从利益驱动的角度来理解这种服从，我们又很难解释为何很多收益为负，但符合规范的行为也会发生，服从行为显然有非利益驱动的道德性（morality of cooperation）[①]。由此可见，非正式规范的作用既是为了回应各自的利益诉求，也是为了维系和协调双方的关系[②]。波特斯在研究中举例，当族群内的某位成员向同族群的人提供帮助时，他可能并不期待从直接受惠者那里获得回报，而是因为帮助的行为能从他的族人那里获得首肯和地位，对于这位受到帮助的人来说，他

[①] 道格拉斯·C. 诺思，2009，《制度、制度变迁与经济绩效》，杭行译，韦森译审，上海：格致出版社。

[②] Mayhew, Leon H., 1982, Introduction. In Talcott Parsons *On Institutions and Social Evolution*. Chicago & London: University of Chicago Press, p. 10.

也因为同处于这个族群而对对方的施惠行为有稳定的预期①。在这样的案例中，施惠与受惠方都一定程度上归属并认同这个小群体，同时，他们又能够稳定地预期对方的反应并对此做出符合群体期待的行为。

目前仍然很不清楚的问题包括：在多大程度上群体成员服从非正式制度是出于对利益得失的考量；如果我们获知理性主义逻辑的有效边界，就可以了解正式制度与非正式制度在何种条件下是一致的，而又在何种条件下会产生冲突；从而我们可以知道，两种类型的初级社会连带对于促进或削弱组织忠诚，乃至影响工厂的劳动关系究竟起到了何种作用。要回答这些问题还需要更精细的研究设计，这将留待下一步研究进行探究。

---

① Portes, 2010.

附录一　2013年年会41个分论坛目录

(按论坛申报时间排序)

序号	论坛名称	主办单位	负责人
1	中国特色新型城镇化道路与政策	江苏省人民政府参事室 江苏省社会学会 河海大学公共管理学院	宋林飞
2	青年博士论坛	北京大学 南京大学	谢立中 周晓虹 成伯清
3	社区建设的新挑战:继承与发展	中国社会科学院社会学研究所 社区信息化研究中心	王　颖 宋　煜
4	城市化进程中的流动人口服务与管理问题探索	主办:广州市社会工作研究中心 广州市社会工作学会 承办:广州粤穗社会工作事务所 广州大学公共管理学院社会学系	谢建社
5	"怎样上好方法课?" ——社会研究方法教学研讨会	中国社会学会方法研究专业委员会	范伟达 白红光 沈岱易
6	城镇化发展战略与中国的城市化发展道路	中国社会学会城市社会学专业委员会	潘允康 张鸿雁
7	不平等与社会正义:国际比较的视野(英文)	中国社会科学院社会学研究所	李春玲

续表

序号	论坛名称	主办单位	负责人
8	城镇化中的美好乡村建设	安徽省社会学学会	黄家海 王开玉 蔡宪
9	社会建设的理论与实践——从城镇化到城乡一体化	北京工业大学人文社会科学学院	陆学艺 唐军
10	新型城镇化进程中的社会管理	上海行政学院社会学教研部	马西恒
11	社会分层与流动论坛	中国社会学会社会分层与流动专业委员会 山东大学哲学与社会发展学院社会学系	吴愈晓
12	流动人群突发性事件的防控与处置	广州市公共安全重点研究基地 广东警官学院珠三角公共安全研究所	马建文
13	中国家庭研究:现状、问题与前景	中国社会学会家庭社会学专业委员会 复旦大学家庭发展研究中心(筹) 上海社会科学院家庭研究中心	徐安琪
14	新型城市化与地方社会发展	南开大学社会学系	赵万里
15	经济社会学:理论评析与中国经验	浙江大学社会学系 香港树仁大学社会学系	刘志军 高崇
16	犯罪与当代中国社会转型	犯罪社会学专业委员会 上海政法学院应用社会科学研究院 上海政法学院社会管理学院 城市公共安全与社会稳定科研基地(央财项目)	吴鹏森
17	性别发展与美丽中国建设	中国社会学会性别社会学专业委员会 浙江省社会科学院妇女与家庭研究中心 浙江省社会科学院旅游休闲研究中心	王金玲
18	网络社会学与虚拟社会管理	华东政法大学社会发展学院 广州大学社会学系	何明升 谢俊贵

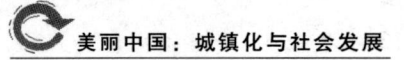

续表

序号	论坛名称	主办单位	负责人
19	2013年农村社会学论坛——新时期的中国农村发展	华中农业大学文法学院、农村社会建设与管理研究中心 中国人民大学社会学理论与方法研究中心 华东理工大学社会学系	钟涨宝 陆益龙 杨发祥
20	社会心理学专题一:群体心理与群际过程	南开大学社会心理学系	乐国安 汪新建
21	中国城镇化建设与工程社会学	哈尔滨工业大学人文学院	尹海洁
22	城镇化与中国体育发展	中国社会学会体育社会学专业委员会 华南师范大学民族体质与健康研究中心	杨文轩
23	政治社会学论坛	复旦大学社会学系	刘　欣 桂　勇
24	社会网暨社会资本论坛	哈尔滨工程大学	刘　军
25	第四届中国海洋社会学论坛:海洋社会变迁与海洋强国建设	中国社会学会海洋社会学专业委员会 中国海洋大学 上海海洋大学	韩兴勇 崔　凤
26	质性社会学:理论方法探索及其研究实践	陕西省社会科学院社会学研究所 陕西省社会学会	尹小俊 杨红娟 张春华
27	社会组织与社会管理创新	上海大学社会学院 中国社会转型与社会组织研究中心	李友梅 黄晓春
28	中国梦:生活方式视角	中国社会学会生活方式专业委员会 中国休闲方式研究委员会 黑龙江省社科院社会学研究所 哈尔滨工程大学人文学院 飞亚达(集团)股份有限公司 同济大学艺术与传媒学院广播电视编导系 哈尔滨工业大学学报(社会科学版)编辑部	王雅林 马惠娣 王爱丽

续表

序号	论坛名称	主办单位	负责人
29	城镇化与城乡统筹	清华大学社会科学学院 中华女子学院性别与社会发展学院 中南大学社会学系 福州大学社会学系	李 强
30	美丽中国:移民与社会发展	主办:中国社会学会移民社会学专业委员会 河海大学中国移民研究中心 贵州省水利水电工程移民局 协办:三峡大学水库移民研究中心	施国庆 陈绍军 王应政
31	社会建设的地方经验	中国社会科学院社会政策研究中心 贵州民族大学中国西部社会建设调查研究暨实验中心	王春光 孙兆霞
32	消费社会学	中山大学社会学与社会工作系 上海大学社会学院	王 宁 吕大乐 张敦福
33	转型与创新:中国经济社会学发展的新阶段	中国社会学会经济社会学专业委员会 中国人民大学社会学理论与方法研究中心 贵州大学人口社会法制研究中心	刘少杰 杨军昌
34	流动人口与城市融合	北京市委党校社会学教研部(北京人口所)	侯亚非
35	社会工作:社会建设和创新社会管理的实践经验研究	贵州大学法学院 贵州省社会学学会	庄 勇 李建军
36	社会心理学专题二:社会心态	中国社会科学院社会学研究所 社会心理研究中心 南京大学社会学院	翟学伟
37	科学社会学分论坛:社会学视野中的科学与技术	清华大学科学技术与社会研究所 科技部中国科学技术发展战略研究院	李正风 赵延东 赵万里
38	人口老龄化阶段中的社会政策与养老服务	南开大学-香港中文大学社会政策联合研究中心 复旦大学社会政策研究中心	关信平 倪锡钦

续表

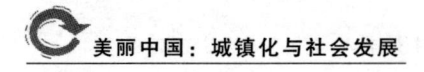

序号	论坛名称	主办单位	负责人
39	民族地区社会建设与社会管理	贵州民族大学民族学与社会学学院 贵州省社会科学院社会研究所	吴晓萍 王国勇 黄德林
40	中国梦与中国西部社会发展:第四届西部社会学	兰州大学社会与经济发展研究评价中心 兰州大学哲学社会学院	陈文江
41	从美丽山地到美丽中国:山区社会与文化发展研究	贵州民族学与人类学高等研究院	纳日碧力戈 索晓霞

附录二 2013年获奖论文与优秀论坛名单

（一）中国社会学会2013年学术年会优秀论文获奖名单

【一等奖9篇，二等奖21篇】

（按第一作者姓氏拼音排序）

姓名	工作单位	题目	获奖等次
柴民权 管　健	南开大学周恩来政府管理学院社会心理学系	群际关系的社会结构特征与新生代农民工的认同管理策略：基于社会认同理论的视角	一等奖
李　骏	上海社会科学院社会学研究所	组织规模与收入差异：1996~2006年的中国城镇社会	一等奖
刘　军 郭莉娜	哈尔滨工程大学社会学系	关系对联盟的影响——一项实验研究	一等奖
吴　琼	沈阳师范大学	以技术共同体为视角的"通钢"研究	一等奖
肖　林	中国社会科学院社会学研究所	国家渗透能力建设——社区治理挑战下的国家应对策略	一等奖
严　霞	中山大学社会学与人类学学院	"公款吃喝"何以成为非正式制度：一个中国县级政府的个案研究	一等奖
郑广怀 孙　慧	南京大学社会学院	非正式就业中的劳动控制——以中大布市小型制衣厂为例	一等奖
郑卫东	华东政法大学社会发展学院	农民工维权意愿的影响模式研究——基于长三角地区的问卷调查	一等奖

续表

姓 名	工作单位	题 目	获奖等次
曾 芸	贵州大学人文学院	当"社区参与"遭遇行政路径依赖——以世行"贵州省文化与自然遗产保护和发展"项目为例	一等奖
陈 涛	北京大学社会学系	失范缺失了什么？	二等奖
狄金华 钟涨宝	华中农业大学社会学系暨农村社会建设与管理研究中心	黑地作为一种治理资源：变迁中的基层治理——基于鄂西南河村的个案分析	二等奖
胡宝荣	中国人民公安大学社会学教研室	论户籍制度与人的城镇化	二等奖
黄荣贵 桂 勇 孙小逸	复旦大学社会学系	微博空间组织间网络结构及其形成机制——以环保NGO为例	二等奖
江立华 谷玉良	华中师范大学社会学院	居住空间类型与农民工的城市融合途径——基于空间视角的探讨	二等奖
黎相宜	中山大学亚太研究院	跨国空间下的消费价值剩余转移——以福州官镇移民为例	二等奖
马继迁	常州大学社会工作系 南京大学社会学院	农民工就业质量的省际差异：江苏与浙江的比较	二等奖
石发勇	上海政法学院	维权抗争、参与群体状况与暴力犯罪行为——以2012年反日游行示威为例	二等奖
汤艳文	上海大学社会学系	嵌入差异与街区公共服务供给：上海市F街道社区养老服务的组织与管理研究	二等奖
王程韡	清华大学社会科学学院	舌尖上的中国梦：论禁欲、食文化与国家发展	二等奖
王 晶	中国社会科学院社会学研究所	生命历程、代际支持与农村老年精神健康研究	二等奖
王 铁 曹 莹	武汉市社会科学院新农村研究中心	"嵌入"还是"融入"——中国新型城镇化与农民工"嵌入态"生存	二等奖
王 星	南开大学周恩来政府管理学院社会工作与社会政策系	逐利动机、劳资分立与利益政治——清末民初学徒制工业化转型素描	二等奖
王增鹏 洪 伟	清华大学社会科学学院科学技术与社会研究中心	科学社会学视野下的默会知识转移——科林斯默会知识转移理论解析	二等奖

续表

姓名	工作单位	题目	获奖等次
吴长青	北京大学社会学系	"英雄伦理"与抗争行动的持续性——以鲁西农民抗争积极分子为例	二等奖
徐红映 谢桂华	中国人民大学社会学系	近朱者赤:同辈群体对个体学业表现的影响研究	二等奖
尹海洁 侯博文	哈尔滨工业大学社会学系	嫦娥探月工程社会影响分析	二等奖
甄志宏 高柏 冯秋石	上海大学社会学院	政府建构还是市场建构:义乌小商品市场的兴起	二等奖
周芳苓 刘玉连	贵州省社会科学院社会研究所 贵州民族大学民族学与社会学学院	社会建设进程中西部职业结构30年嬗变及特征分析	二等奖
周皓	北京大学社会学系	制度安排与流动人口社会融合	二等奖
朱妍	上海社会科学院社会学研究所	影响工人组织忠诚的非正式机制——两种类型的初级社会连带	二等奖

（二）中国社会学会2013年学术年会优秀论坛组织奖获奖名单

【共9个】

（按论坛申报时间排序）

论坛名称	主办单位	负责人
青年博士论坛	北京大学 南京大学	谢立中 周晓虹 成伯清
社会建设的理论与实践——从城镇化到城乡一体化	北京工业大学人文社会科学学院	陆学艺 唐军
社会分层与流动论坛	中国社会学会社会分层与流动专业委员会 山东大学哲学与社会发展学院社会学系	吴愈晓
性别发展与美丽中国建设	中国社会学会性别社会学专业委员会 浙江省社会科学院妇女与家庭研究中心 浙江省社会科学院旅游休闲研究中心	王金玲

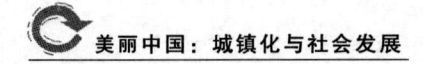

续表

论坛名称	主办单位	负责人
2013年农村社会学论坛——新时期的中国农村发展	华中农业大学文法学院、农村社会建设与管理研究中心 中国人民大学社会学理论与方法研究中心 华东理工大学社会学系	钟涨宝 陆益龙 杨发祥
社会工作:社会建设和创新社会管理的实践经验研究	贵州大学法学院 贵州省社会学学会	庄　勇 李建军
科学社会学分论坛:社会学视野中的科学与技术	清华大学科学技术与社会研究所 科技部中国科学技术发展战略研究院	李正风 赵延东 赵万里
政治社会学论坛	复旦大学社会学系	刘　欣 桂　勇
第四届中国海洋社会学论坛:海洋社会变迁与海洋强国建设	中国社会学会海洋社会学专业委员会 中国海洋大学 上海海洋大学	韩兴勇 崔　凤

图书在版编目(CIP)数据

美丽中国:城镇化与社会发展:中国社会学会2013学术年会获奖论文集/吴大华,李建军主编. —北京:社会科学文献出版社,2014.7
(中国社会学会学术年会获奖论文集)
ISBN 978 - 7 - 5097 - 6190 - 8

Ⅰ.①美… Ⅱ.①吴… ②李… Ⅲ.①城市化 - 关系 - 社会发展 - 研究 - 中国 - 文集 Ⅳ.①F299.21 -53 ②D668 -53

中国版本图书馆CIP数据核字(2014)第133666号

中国社会学会学术年会获奖论文集(2013·贵阳)
美丽中国:城镇化与社会发展

主　　编／吴大华　李建军

出 版 人／谢寿光
出 版 者／社会科学文献出版社
地　　址／北京市西城区北三环中路甲29号院3号楼华龙大厦
邮政编码／100029

责任部门／社会政法分社　(010) 59367156　　责任编辑／谢蕊芬　杨桂凤 等
电子信箱／shekebu@ ssap.cn　　　　　　　　责任校对／张俊杰
项目统筹／童根兴　　　　　　　　　　　　责任印制／岳　阳
经　　销／社会科学文献出版社市场营销中心　(010) 59367081　59367089
读者服务／读者服务中心 (010) 59367028

印　　装／三河市尚艺印装有限公司
开　　本／787mm×1092mm　1/16　　　　　印　张／24.75
版　　次／2014年7月第1版　　　　　　　　字　数／435千字
印　　次／2014年7月第1次印刷
书　　号／ISBN 978 - 7 - 5097 - 6190 - 8
定　　价／89.00元

本书如有破损、缺页、装订错误,请与本社读者服务中心联系更换
▲ 版权所有　翻印必究